國家圖書館出版品預行編目資料

國際私法／劉甲一著. ——修訂三版四刷.——臺北
市；三民，民90
面；　公分
參考書目：面
ISBN 957-14-0179-X　(平裝)

網路書店位址　http://www.sanmin.com.tw

著作人　劉甲一
發行人　劉振強
著作財產權人　三民書局股份有限公司
臺北市復興北路三八六號
發行所　三民書局股份有限公司
地址／臺北市復興北路三八六號
電話／二五〇〇六六〇〇
郵撥／〇〇〇九九九八——五號
印刷所　三民書局股份有限公司
門市部　復北店／臺北市復興北路三八六號
重南店／臺北市重慶南路一段六十一號
初版一刷　中華民國六十年十月
修訂二版一刷　中華民國七十一年九月
修訂三版一刷　中華民國七十五年十一月
修訂三版四刷　中華民國九十年四月
編　號　S 58338
基本定價　陸元肆角
行政院新聞局登記證局版臺業字第〇二〇〇號

ISBN　957-14-0179-X　(平裝)

第四版改訂序

自民國六十年十月本著第一版出版時起至今已閱十年多，在此十年多之期間內，英美德法日等國家學者，前後相繼著成國際私法上重要大作，又另於上列諸國法學專門雜誌上陸續發表有關斯門法律之新論文，而此數年來，吾國最高法院亦作有判決，關於涉外民事關係有所闡釋。茲乃參照此等資料，將本著內容酌加局部性修改，稍為補詳，且新加涉外商事關係準據法一編，爰特改版問世，希於學術上及實務上，更能有所助益。特此簡誌略為改訂之序。

劉甲一　謹識

中華民國七十年十二月

於國立台灣大學法學院

序

本書係就諸國際私法問題作全般性之研討。國際私法，因晚近國際交易愈益發達，愈見重要。國際私法學亟需予以發展，固不待言。玆將積稿整理增編付梓問世，希能對於斯一門法學，稍有貢獻。至希讀者諸彥不吝教正。

劉甲一謹識

中華民國六十年九月

於國立臺灣大學法學院

國際私法 目次

第一編　序　論

第一章　國際私法之意義

一、引　言

國際私法萌芽於中世紀末而後始漸具其雛型，遂與其他法律並行存立而特具其固有之法規範體系，可謂係一門比較新興之法律。時至今日，仍處於成長過程中。各國有關此一部門之成文立法既不十分發達，而全般性之國際立法又未臻成熟。因此，斯法現仍以學理成份居多。其定義亦因學者所持之理論觀點與對於其範圍看法之不同，而未一致。其中有認爲國際私法乃對於涉外關係由內容不同之數國法律中選擇其應適用之法律者。然選定特定國家法律爲應適用之法律，其意不外乎是要決定該國就涉外關係具有法律制定權（以下簡稱制法權）。就法律適用之外表下定義之方法，忽略此點。又有謂國際私法除制法權外並就內外法域決定管轄者。余固贊成採取法權觀點，並進而認爲國際私法應係爲特定社會目的而規律涉外關係之法的整體，凡與涉外關係直接有關之規範，應盡悉包括在國際私法中，因而斯說又稍嫌狹隘。

玆先分有關涉外關係之國家法權爲「制法權」及「管轄權」。前者謂制定應適用於特定涉及關係之實體法之權。後者謂處理案件並依裁判及其他方式，創設足爲他國所承認之權利之權。而與涉外關係有關之規範，不僅規定此兩權，並約束其行使。據此定義可將國際私法定義謂其係規範涉外關係而分配有關國家之制法及管轄權限並制約其行使之法律也。玆將此定義析述如次：

二、國際私法規律涉外關係

特定法律必各有特定而法律上有意義之社會關係卽「法律的社會關係」爲其規範之對象。法律的社會關係可分爲涉外關係、國內關係及國家間關係三種。而國際私法卽係以涉外關係爲其規範之對象。涉外關係係以私人爲雙方或一方當事人，故與純以國家爲當事人之國家間關係有別。再者，涉外關係又與外國法益關涉，卽具備所謂「外國因素」（*Foreign element, ausländisches Element*），故又與國內關係不同。

三、國際私法分配制法權限

(1)國際私法係就特定涉外關係決定制法權限應屬何國。申言之，就特定涉外關係而數個有關國家均具制法權時，乃由國際私法於此數制法權國中選定主要制法權國。國際私法對於制法權之分配常用於涉外關係指定其所應適用法律之方式。如就此分配制法權之方式釋之，國際私法係特定涉外關係有內容不同之數國法律並行存在，發生「法律衝突」之情形時，指定所應適用之法律，藉以劃定各國法律之適用範圍，解決法律衝突。所謂「選擇法律」（*Choice of law, Gesetesauswahlung*）便是其劃定法律適用範圍之程序，而國際私法學者謂國際私法爲「適用規範」（*Anwendungsnorm*）實乃指其具有劃定法律適用範圍之作用，亦屢稱其所內含之法規範爲「抵觸規範」（*Kollisionsnormen*），即係由於其有依劃定法律適用範圍解決法律衝突之效能而然。反面，劃定法律適用之範圍，只關於制法權之分配，只是國際私法之主要功能，尚非其全部。「選擇法律」、「適用規範」及「抵觸規範」只可以表現此功能，固不足爲其代名稱。

(2)國際私法指定對涉外關係所應適用之法律，藉此以期劃定與涉外案件有利害關係國家法律之適用範圍，作爲規範涉外關係之用。固然涉外關係亦可依制定一超越各國法律之「統一法律」（*Unification of law*），藉其普遍適用予以規範。日內瓦統一票據法之制定，即其適例。惟其與普遍適用於世界各國之「統一法律」之理想，距離尙遠。其他法律更屬如此。故依「統一法律」規範涉外關係，應屬長期目標。涉外關係之法律規範固然仍須藉重國際私法矣。

四、國際私法分配管轄權限

(1)爲期規範涉外關係能奏實效，必須由有關國家行使管轄爲之。玆所謂管轄，其意義應特加詳明，即僅以學者所稱之「法域管轄」爲限。而與國內法上之法院管轄無關。再就法規範之次序言之。國際私法在國內法院管轄未分配前，分配國家間之管轄，應爲所謂「一般管轄法」（*régles déterminand compétence générale*）。而國內法應爲所謂「特別管轄法」（*régles déterminand compétence spéciale*）。至於管轄之行使，則須由國家機構爲之。其最主要者爲「法院」。惟其他機關依法律得發生司法作用者，亦得行使管轄。

(2)國際私法係就特定涉外關係同具管轄之有關國家之中，指明應由何國管轄，並區分管轄之主要例外情形，而且規定管轄行使爲發生域外效力之要件。

五、國際私法制約制法及管轄權限之行使

國家就特定涉外關係具備法律適用及管轄之權限時，理應以職掌人類社會公權力之地位，爲國際間之公斷人而公平合理地規律涉外關係上之法律爭執。爲期國家機關能本乎斯旨而行使法權，國際私法乃設定其制約之規範。如規定其行使不得違反對外國人之待遇標準，其行使對人管轄權，必須對當事人之授籍合法等是也。

第二章　涉外關係之構成

一、涉外關係與外國因素

法律的社會關係因構造上發生所謂「向外導伸現象」(*nach aussen Gerichtes*)而致就當事人、行爲與標的物三種觀點與外國關涉，具備「外國因素」，而構成涉外關係。玆就此三個觀點析述如次：

(1)　當事人觀點

舉凡權利主體均得爲玆所謂法律的社會關係之當事人，現今法制上，權利主體之範圍，當屬廣泛，應包括個人、公司、其他私法曁國家其他公法人。其中國家具有主權，而公法人又藉其國家之權威，居於優越之權力地位，兩者固可爲私人交易之當事人，惟亦得據其權力地位對私人權益實施公權，因而成爲當事人者。由於國家及其他公法人可依此兩種方式形成或參與法律關係，因此，爲研明外國因素之當事人觀點，自應注意如次兩點。當事人之雙方或一方須爲個人、公司或其他私法人，且至少其中之一爲外國人或在外國設有住所者，此其一。外國政府從事私人交易或徵收其本國國民或外國人之財產，或就其企業經營實施經濟統制等公權行爲者，此其二。而只惟當事人之一方爲外國人或外國公司法人或外國政府，即使其行爲及標的物均在國內，亦致令其法律的社會關係具備外國因素而構成涉外關係。

(2)　行爲觀點

構成特定法律的社會關係之行爲，分爲法律行爲、事實行爲、訴訟行爲、與犯罪行爲四種。此等行爲係由數種要素合成，且亦有可分原因行爲及結果者，無必全部發生於外國，甚至僅有其中之一部發生於外國者，該法律關係卽因而具備「外國因素」，乃構成涉外關係。申言之：(A)行爲要素之一，例如契約，其要約或承諾發生在外國者；(B)行爲本身發生在國內，但其結果發生在國外者，例如，因國內侵權行爲而在外國發生損害，在國內發行票據，而其付款地在外國者是。凡此幾種情形，均具備「外國因素」而構成涉外關係。

(3) 標的物觀點

卽使雙方當事人均爲中華民國國民，其構成行爲，如債權契約、物權行爲等發生在國內，然只要其標的物置在外國者，亦足以構成涉外關係。標的物在構成行爲未成立前，已在外國，抑或於其成立後，暫由國內移至外國，則不在所問。

凡是當事人間法律關係就上述三個觀點中之一有外國因素者，足認爲於當事人間有涉外關係。最高法院六十九年度臺上字第一七二八號民事判決就此亦作有重要之闡釋，玆將其有關內容析述如次。在該案，雙方當事人均爲日本國公司，一方爲壽工藝株式會社（以下簡稱爲「壽會社」），他方爲旭工藝株式會社（以下簡稱爲「旭會社」），旭會社曾立承諾書將其所有臺灣旭工藝股份有限公司股份十五萬多股轉讓與「壽會社」，因未依約將該項股份過戶，壽會社乃提起訴訟請求「旭會社」履行契約。「壽會社」抗辯謂該項股份之轉讓乃係爲逃避訴外人「岸本製作所」對「旭會社」之强制執行，兩造通謀而爲虛僞意思表示並以「壽公司」所具念書一紙爲證，「壽會社」自不得依此項虛僞轉讓請求「旭會社」過戶股份並爲轉讓登記。第一審曾爲「旭會社」敗訴之判決。嗣經臺灣高等法院臺中分院認定「壽會社」關於該項股份轉讓之虛僞意思表示之主張爲有理，以第一審判決因而卽屬無可維持，遂將其予以廢棄，爲有利於「旭會社」之判決。「壽會社」因不服臺中高分院之判決，向最高法院提起上訴。經最高法院指出該股份轉讓，因當事人有日本國國籍，自應認爲其法律關係爲涉外法律關係，並以臺中高分院未依涉外民事法律適用法第六條第一項第二項之規定定其應適用之法律，遽依我國法律爲上訴人不利之判決，顯有違背法令之情形，而依此理由將臺中高分院之判決廢棄，發回同高分院更審。（註）

（註）本判決之裁判要旨有如次重要之闡析，即：查本件兩當事人均爲日本國營利法人，旣在我國就涉外民事法律關係發生爭執，自應依我國涉外民事法律適用法定其應適用之法律，我國涉外民事法律適用法第六條第一項及第二項分別規定：「法律行爲發生債之關係者，其成立要件及效力依當事人之意思定其應適用之法律」。「當事人意思不明時，同國籍者依其本國法（下略）」云云。原審未依此項規定決定本件應適用之法律，遽依我國法律爲上訴人不利之判決，「顯有違背法令之情形」。詳見「司法院公報」第二十二卷第九期六十八頁——六十九頁。

基於上述，可謂一、卽使行爲（包括契約之要約之承諾）全部均在中華民國境內發生而無如異地契約之情形，且標的物亦在中華民國境內，如當事人之雙方，或至少，其一方爲外國人，則可成立涉外關係。二、縱當事人均爲中華民國國民，如行爲之一部或全部在外國發生者，因該行爲而生之法律關係，亦仍屬涉外民事法律關係。三、如當事人均爲中華民國國民而其行爲亦皆在中華民國境內發生，則其法律關係亦屬涉外法律關係。

二、涉外關係之基本分類

上面所列涉外關係三觀點中，實以當事人爲主，行爲及標的物爲從。涉外關係之性質，尤爲當事人之地位所影響，依此決定涉訟法律關係爲私法的平等關係時，卽使尙非涉外關係，如其行爲或標的物有

「外國因素」者，仍屬茲所謂涉外關係。因之，研討涉外關係之構成等，首須研明當事人觀點，旁及其餘兩種附隨觀點。

涉外關係依當事人地位是否互有優劣之差，而分爲涉外支配關係及涉外平等關係。國際私法可謂係關於涉外平等關係之法律。若一方當事人優越於他方當事人者，謂之涉外支配關係。反之，雙方當事人互無優劣者，稱爲涉外平等關係。茲所謂當事人間之優劣，係純就形式觀點言之。換言之，乃以當事人究竟以私人地位或支配之權威地位參與涉外關係爲標準而爲區別。因之，就所謂「普通商事約款」(*allgemeine Geschäftsbedingungen*) 發生涉外保險問題時，該契約雖因保險公司之經濟上優越地位，具備「附從契約」(*contrat d'adhésion*) 之特異性質，殊難謂其雙方當事人互爲平等，然保險公司既以私人地位參與該涉外關係，至多發生如何糾正其優越以維持當事人間眞正平等之問題，却未能否認其爲涉外平等關係焉。又如國家政府與外國人或外國公司訂立承攬契約，純係以「經濟地位」爲之，兩者地位互無優劣，其關係應屬涉外平等關係。反之，當事人之一方以對於他方之支配地位參與涉外關係者，無論該涉外關係之內容如何，概屬涉外支配關係。例如徵收，國家以支配地位剝奪或撤銷外國人財產權，故應屬涉外支配關係之範疇。卽使其依「强制買賣」(*compulsory purchase*) 以僞裝平等者亦然。此外，國家政府對於外國人之企業經營予以管制，或對於涉外平等關係上之訴訟所爲裁判及執行行爲，或授國籍予個人或公司法人者，其涉外支配關係亦因而形成。

第三章　國際私法之範圍及其構造

第一節　國際私法之範圍

一、國際私法範圍之理論

(1)　學說之分類

國際私法規範之範圍如何，究竟限於抵觸法一種，抑或管轄法規範、外國人法及國籍法亦包括在內，至今仍屬一個純粹理論問題。綜觀各國學者之看法，可分爲嚴格限制主義、限制主義及概括主義三種，而此三種不同見解，當係各依其對國際私法所作不同定義而建立者，玆析述三者之內容如次。

(A)　嚴格限制主義

採嚴格限制主義者謂：國際私法係專以解決法律衝突爲其職責，從而舉凡與法律衝突無關之法律規範概不包括於國際私法之範域內，因此，國際私法規範，應以解決法律衝突之「抵觸法規」(*Kollisionsnormen*) 一種爲限。沃耳福 (*Martin Wolff*) 便是採此說，沃氏於其所著「德國國際私法」(*Das internationale Privatrecht Deutschlands*)（一九五四年版）一書中，就國際私法曾作定義謂國際私法係決定應適用何國法律以解決特定涉外關係，且以其所具備之要件能發生何種法律效果之問題爲其功能。國籍法與所謂「外國人法」(*Fremdenrecht*)，對特定涉外關係發生數種法律競合之情形，應如何擇一適用，未爲規定，應不包括於國際私法範域內。沃氏當亦未忽略國籍，惟其所以論及國籍，實因其爲決定屬人法之連結因素所必要，乃以之爲「連結因素論」(*Lehre der Anknüpfungsbegriffen*)之一部分而予研討而已。

(B) 限制主義

採限制主義者，與採嚴格限制主義者所下之定義相類似。如古立治（*Goodrich*）謂：「國際私法係處理一國法律適用之範圍問題，並決定應由何國法律支配某特定法律關係（*legal situation*）之法律」。惟此似只唯例示定義而已。外觀上雖似限以抵觸法爲國際私法，實却未有嚴定限制之意。且看其另一段之釋述：「國際私法，其一部分係關於一國在某種範圍內得由其立法或執行部門管制在其領域內或他國所行爲之法律效果，並規定一國對於何種人具有管轄權限」。由上可知古氏之國際私法定義，係以「抵觸法」居首位，兼攝「管轄規範」，至於國籍法及外國人法則摒棄於其範圍之外，密爾(*Beale*)、戴西（*Dicey*）、且雪兒（*Cheshire*）等英美學者亦採類似之看法。英美國際私法學者將國籍法摒棄於國際私法範圍外，係因其關於行爲能力適用「住所主義」（*Principle of domicile*）而國籍在國際私法上應用之機會少所致，其只討論住所法制而忽略國籍亦即基於此理由。依據上述，可知英美學者對於限制國際私法之範圍，未採嚴格之看法，並盡其兼顧實用之能也。

(C) 概括主義

採概括主義者，認爲舉凡涉外關係之問題均應受國際私法之規範。依列伯爾（*Lérebours*）與比佐湼爾（*Pigeonière*）二氏之看法，此項問題可分爲三種卽「國籍法問題」、「外國人之地位問題」及「因私人涉訟關係而發生之法律及管轄權之衝突」。因而可謂國際私法規範包括「國籍法」、「外國人法」、「抵觸法」及「管轄法規範」四種。由於「住所地法」在法國亦居於準據法之地位，藉以輔助本國法，故於評論國籍法之中，亦旁及住所地法制。

此三種學說關於國際私法範圍所言，略可以如次簡表概示，以資比較。

學　說	國際私法規範
嚴格限制主義	抵觸法規範
限 制 主 義	(1)抵觸法規範、(2)管轄法規範、(3)住所法規範。
概 括 主 義	(1)抵觸法規範、(2)管轄法規範、(3)外國人法、(4)國籍法、旁及(5)住所法。

(2)　概括主義之理論根據

國際私法規範之範圍，應以其「構成規範之同一性」(*hemogénéité* normative) 爲標準確定之。至於何謂「規範同一性」，則限制主義學者與概括主義學者所採之觀解不同。限制主義學者，以解決法律之衝突爲其規範同一性，彼輩以爲「抵觸法規範」以「法律之衝突」爲其存立之基礎。並以解決其衝突爲職責。至於國籍法及外國人法並非以「法律之衝突」爲基礎，故未具有與「抵觸法規範」同一之規範性質，從而應由國際私法規範除外。此固爲一種看法，原無可厚非，惟問題却在據何種理由謂法律規範之同一性質。限制主義學者之同一性觀念實得自「法律衝突」狀態及解決該項衝突之作用，此不外乎是偏重法律技術一者之形式主義，而忽略其爲特定社會共同價值而規範涉外關係之本義，且因其固執形式，於日益複雜之國際社會關係必發生與現實脫節之弊，故未便謂其妥適。國際私法應爲謀求私益之公平保護及國際社會交易之健全發展而規範私人權益在國際社會上所發生之涉外問題，此一切功能目的之觀點，亦可作爲確定法律規範同一性之根據。就此觀點言之，非僅「抵觸法規範」一者，卽國籍法與外國人法亦均就涉外問題發生同一之規範作用，概括主義既有法律同一性之根據，並能協調形式與實質之構造，比較妥切。

二、實體法吸收抵觸法之理論之批判

一般限制主義者，謂國際私法僅限於劃定「私法」之地域適用範圍，或從內國法律與外國法律之關係謂其係決定兩者範域之「適用規範」(*Anwendungsnorm*)，亦即只爲「抵觸法規範」者。此種看法已有過於狹小之嫌，其中且有主張其應歸入實體法之說者，認爲「抵觸法規範」與民商法等實體法互有一體之關係，兩者無從區別，而試以實體法吸收抵觸法規範。斯說寓有否認「抵觸法規範」爲國際私法規範而居於獨立地位之意，其所以作如此主張，係依據如次看法：

抵觸法規範如涉外民事法律適用法事第一條規定：「人之行爲能力，依其本國法」，此一規定，原適用於實際，始有意義。當事人爲中華民國國民時，依該條規定就其行爲能力應適用中華民國民法。民法第十二條規定：「滿二十歲爲成年」。其第十三條規定：「未滿七歲之未成年人無行爲能力。滿七歲以上之未成年人有限制行爲能力。未成年人已結婚者，有行爲能力」。其第十五條又規定：「禁治產人無行爲能力」，其他第七十五條至第八十五條亦爲有關行爲能力之規定。而涉外民事法律適用法第一條所謂本國法，乃將此等詳細規定，概略爲一體，終於成爲「人之行爲能力依其本國法」之規定。在本質上，不外乎是民法實體法規之形態而已。

按涉外案件終須依實體法規予以處理，無庸爭論。惟對國內案件係直接適用實體法，而對於涉外案件，則須先依「抵觸法規範」決定應適用之「實體法律」而後始適用此實體法律。換言之，對於涉外案件間接適用實體法，由此足見，前者與後者雖然同樣適用實體法，但其適用之方式互有差異。因之，斯派學者所以採實體法吸收抵觸法之看法，實係緣因誤認對於涉外案件之法律適用方式而然，昭然若揭。故不能據以討論國際私法規範之構造。

第二節 國際私法規範之構造

依上面之說明，國際私法規範應包括「抵觸法規範」、「管轄規範」及由「國籍法」與「外國人法」等所構成之「規準規範」三種。國際私法規範之所以區分爲上述三種規範，實基於如次理由，卽：

(1)抵觸法規範與管轄規範互無同一性關係。前者規範所謂「制法權」（*Compétence législative*）之衝突問題。亦卽確定對於特定涉外案件所應適用之法律。後者規範所謂「管轄權」（*Jurisdiction, compétence*）問題。卽決定對於特定涉外案件之「適法審判權」。而依前者所決定之「制法權國」未必與後者所決定之「管轄權國」一致，抵觸法規範之所以與管轄規範有若是劃分者，實係因國際私法所規律之涉外關係，屢與私益互相關涉而然。兩者之區別程度，因涉外關係所涉及私益性質之濃淡而有差異，私益性質愈益濃厚，兩者之區別愈趨明晰。反之，若公益性質較重，則法院地國愈須獨佔其制法權以保其公益，從而，選擇法律之餘地少。於是產生抵觸法規範被管轄規範吸收之現象，其結果遂致兩者互相混淆而其界限不明。至於涉外平等關係，則其重心置於私益觀點，並以私權之取得及實現爲其目標。例如，基於契約取得債權，因而發生涉外契約關係，或由於債務未獲履行而請求履行，因而發生涉外債權關係是也。於此情形，其所適用之抵觸法規範，尤與管轄規範劃分清楚，然於涉外支配關係，由於其重心在國家對於私人權益所具之公權（如徵收權、經濟統制權等），雙方當事人間缺少平等權利義務關係，而私益問題則以如何抵制國家公權之方式發生，故論私益在此關係內所具備之性質，係附隨的，從而，抵觸法規範之獨立性較少，而其與管轄規範之區別亦不十分明顯。

⑵國籍法及外國人法，既無分配「制法權」，或確定「管轄權」之直接作用。其法律作用與抵觸法及管轄規範均有所不同。因此，在國際私法規範中，另成一類。國籍法之作用爲分別私人之權利地位（如國民、外國人是）。而外國人法則以確明其所取得具有權利之分量及範圍爲其作用。前者依定國籍之歸屬關係，以助「制法權」及「管轄權」之分配及確定。後者則設定行使「制法權」及「管轄權」時所應遵守之標準。斯二者之作用有二。其一乃輔助抵觸法規範及管轄規範分配權限之作用，其二乃設定行使制法權及管轄權之限制條件。斯二者本身雖未逕自分配「制法權」或「管轄權」，然均係爲此兩種權力之行使設定規準。故合稱爲「規準規範」。

第四章　國際私法之地位

第一節　總　說

在人類社會關係遽趨發展之現代，各種法律不但在形態上日益複雜，而且法律規範之性質亦有所變動。如今，形態相似但性質不同之法律交織錯綜，而形態互異但性質相同之法律又並行存在。欲辨認國際私法之特徵以確定其地位，當須考慮及此，勿一昧堅執實證主義的法律形式論理，並須兼顧法律之實質功用，以求現實之看法。

形態與國際私法規範相似者，有所謂「時際法」(*inter-temporales Recht*)。此亦係爲解決法律之衝突，指示應適用之法律，其形態自與「抵觸法規範」酷似，如民法總則施行法第十八條第二項規定：「民法總則施行前之法定消滅時效，其期間較民法總則所定爲長者，適用舊法」。其規定係以民法總則與舊法就有關消滅時效法規衝突爲前提，而規定解決兩者衝突之法，乃爲時際法規之一，而與抵觸法規如涉外民事法律適用法第九條外觀上頗多類似。涉外民事法律適用法第九條規定：「關於由侵權行爲而生之債，依侵權行爲地法」。此條文之規定係以侵權行爲地法與他國法律就有關侵權行爲之法規衝突爲前提，規定應適用侵權行爲地法，以資解決。觀其外表，尚難與民法總則施行法第十八條第二項區別。再稽考他國法制，如德國民法施行甚且概括此二者一併規定，因立法體制之合一而更是類似，易互混淆，惟時際法係解決新舊法之衝突，卽解決同一國法律之規定數者就時間所發生之法律衝突，而「抵觸法規範」，則係解決同時並存之數國法律間之衝突。前者劃定法律適用之時間界限，後者劃定法律適用之地域界限。兩者形態雖然相似，然而功能互異，各屬不同之法律範域焉。

他面，國際私法規範中，有關民商法律問題者甚多，是否可與民商法律同視爲私法而就公私法之區別，確明國際私法之地位？此問題係因兩者規範對象中有所相同而發生者。同樣的，國際公法，向被學者認爲「實體法」，而國際私法被視爲「程序法」，以資區別。國際公法亦含有國際訴訟程序之法律規範，國際私法規範中，亦有如「外國人法」等偏重實體法規者，兩者之區別，自非單純易解之事。況且兩者均係規範國際社會上之法律問題。因其發生基礎相同，難免有類似吻合之處。所謂「國際私法與國際公法之關係」問題，其關鍵在如何就類似同之中，辨認兩者之異別，而就兩者異別之中，發現接觸之處。本章再分節詳細討論國際私法爲公法或私法之問題及「國際私法與國際公法之關係」，藉以明瞭國際私法之地位。兩者在討論上互有前後之次序。公私法之區別原係國內法律之問題，未涉國際法。要就其討論，尤須國際私法具備國內法之性質。但此須俟其與國際公法之關係經研明後始能作成結論。因此，在本章，先討論國際私法與國際公法之關係，而後決定應否及如何討論國際私法爲公法或私法。

第二節　國際私法與國際公法之關係

第一項　學說之分類

關於國際私法與國際公法之關係，現有兩種相對立之極端見解。有以爲將法律分爲國際法與國內法，則國際私法與國際公法之間互無關連，唯有後者始爲國際法，而前者，則不然，應屬國內法。此說謂之國內法說。有以爲國際私法與國際公法均應屬同一範域之國際法律者，此說謂之國際法說。介在兩者之中，尚有中間性之學說，並立有各種理論根據。依其傾向於國際法或國內法而分爲相對國際法說或相對國內法說。玆將此等學說分別詳析並略抒管見如次。

第二項　國內法說與國際法說

一、國內法說

國內法說學者否認國際私法與國際公法之關連，其說法有二：一者依據法律規範具有强制制裁性等之理論觀點，認爲僅國際私法爲法律，而國際公法則不是法律；二者認爲國際私法與國際公法雖然同屬法律，然關於其制定、內容、當事人、實質及權利救濟程序，兩者互異。

採第一說法之學者依據奥斯汀（*Austin*）分析法學派之法律觀念而認爲唯有「國家主權者之命令」（*Commands proceeding from a sovereignty*），方爲法律。由於國際公法之制定係出於各國之共同協議，尚非出於「國家主權者之命令」，故不屬法律。反之，國際私法具備「國家主權者命令」之性質，堪稱嚴格意義之法律。戴西（*Dicey*）謂：「關於選擇法律及管轄權之規則（*Rules governing choice of law and jurisdiction*），論其性質，猶若『詐欺法規』（*Statute of Frauds*）一般，應屬英國法律之一部分，而外國法律，則須經國家主權者之認許，始能發生實效」，便是採此一看法。

採第二說法之學者，認爲國際公法(1)規定國家之權力主體地位；(2)由各國共同協議制定；(3)其內容普遍一致，並由國際社會依外交手續、仲裁、報復、戰爭等爲權利之救濟；(4)規定法律實質關係之實質法。但國際私法規定私人之權利主體地位，由國家立法機關制定，由國內法院依訴訟法所規定之方法爲權利之救濟，並以就法律關係決定應適用之法律爲其內容。其情形與一般國內法大略相同。足見兩者雖然均屬法律，惟其制定、內容、當事人、實質及權利救濟程序既不同，而性質亦互異，其間應無關聯，各自分屬國際法及國內法之不同法域。

二、國際法說

斯說爲德國薩維尼（*Savigny*）所倡導。薩氏認爲有「各國國民互相交通所形成之國際法團體」（*Völkerrechltiche Gemeinschaft der intereiander verkehrender Nationen*）之存在，而國家爲其構成主體並依此地位而處理涉外案件。無論何國管轄，就同一涉外案件，應負適用同一抵觸法則並爲同一內容之判決之義務。其理論承認現有某種抵觸法則爲各國處理涉外案件時所必須遵守。巴當（*Bartin*）之所謂「人類普通法律共同團體」（*Communauté juridique universélle du genre humain*）理論，或奴斯巴姆（*Nussbaum*）之「國家間法律說」（*Law of nations doctrine*），認爲舉凡國際私法原則，均由國際法所派生並具備强制規範效力，斯說亦係與薩氏之說出乎同軌。

三、兩說之比較

國內法說學者之中，有否認國際法之法律規範性質者，實係低估國際法之權威，而採「純粹權力主義」（*Pure power theory*）之謬見。斯輩學者縱使有承認國際法爲法律者，亦僅顧及「抵觸法規」之規範對象及其成立與適用方式等形式觀點，而堅持國際私法爲國內法。此種見解是否適合於現代國際法之觀念，頗有商榷之餘地。玆分別就其規範對象之主體，及成立及適用程序觀點予以檢討。先就規範對象之主體觀點言。國際法雖仍以國家爲其首要主體，然個人甚至公司法人至少亦得依條約之規定，而具備國際訴訟能力，猶如國家一般。自然法學派學者力主個人始終爲國際法主體。其所說是否準確，固容有參研之餘地，但如今國際實際已明示，其爲國際法主體之可能性，勢必增高，而其在某種範圍內，得爲主體，幾無庸爭議，何況國家不只是公權行爲（*Act jure imperii*）之主體而已。常因從事經濟行爲（*Act jure gestiones*）而成爲交易主體，卽所謂「貿易國家」（*Etat commerçant*）。尤於後者場合，國家雖然酷似私人，然仍不失爲國際法之主體。由此表裏兩面觀之，一因國際法主體不限於國家，二因主體之私人資格未必妨碍其爲國際法主體，僅以主體包括個人、公司其他私法人，或因國家以私人資格參加，卽認國際私法爲國內法，難免有不切合現代國際實際之嫌，再就其成立及適用程序觀點言，國家在其領土內係以主權者及國際社會構成員之雙重身份主司法律之制定及其適用。換言之，國家一方面爲國內社會之機關，另一方面又爲國際社會公權之代表，而對特定涉外關係制定及適用同一之法律。因國家具備此雙重資格，未便僅以抵觸法規係由國家機關制定適用一事，卽斷定國際私法爲國內法。

他面，薩維尼之輩主張現有特定抵觸法則具有國際法則之性質。薩維尼謂：「人之能力依其住所地法」、「物權之變動依物之所在地法」、「法律行爲之方式依行爲地法」等，均屬具備國際法效力之法則，以此爲根據而認爲國際私法卽由此等法則所構成，故純屬國際法。尙有志特爾曼（*Zittelmann*），其看法比薩維尼保守，未敢直言國際私法純屬國際法。但仍認現有具體之特定抵觸法則，均具國際法效力。此抵觸法則謂：⑴人法問題依國籍決定；⑵物法問題依物之所在地法；⑶其他依屬地法。此種看法於學者間，引起爭議。沃耳福曾謂：「現有許多抵觸法規確屬所有國家所共通或共同於多數國家者，但已非『超國家法律』（*Supernational law*），現則被視爲各該國內法律體系之一部分。如英國國際私法、德國國際私法等，其餘類推」。並論謂，此等抵觸法規所以共同於各國者，因各國引承法規區別說爲共同傳統，或因各國法系相同，或因各國互訂雙邊或多邊條約，據此採取共同法則而然，故未便據此遽謂此等抵觸法則具有國際法效力。沃耳福之論評雖未確中正鵠，然至少足以指明薩維尼之輩所說混淆理想與現實。按薩氏上列法則實屬抵觸法之一種而已，只爲其一部分，而未概其全。卽使未便概謂其爲國際法則，尙須就其他管轄、準則規範觀點，分別研明國際私法究竟有無與國際公法同具國際性質。因此，既不贊同國內法說又未至肯認薩維尼之國際法說者，日益增加並趨採折衷相對化之看法，於是相對國際法說風靡於晚近學界焉。惟在採取相對國際法說者之間，又難免有不同之傾向，有謂其係以國內法爲本位而傾向於國際法者。亦有强調其與國際公法同爲國際法，但仍認其含有國內法觀念者。莫衷一是。玆將此等相對國際法說之內容析述如次。

第三項　相對國際法說之傾向

一、國際法傾向之國內法說

斯說僅承認國際私法於國內法中略具國際法性質，其說法可分兩種。

一者，就特殊問題，例外認其爲國際法，密爾（*Beale*）所說便是其例。他曾於其所著「抵觸法論」（*Treaties on Conflict of Laws*）第一册中，一方面承認國際私法之管轄，在本質上可構成國際法問題，他方面又謂，抵觸法規範，一般說來，不具有國際法效力。意卽限於管轄權特殊問題，始具有國際法性質。

二者，附帶條件承認其具備國際法性質，如志德曼（*Cheathman*）及斯達克（*Starke*）認爲僅限於條約明文規定適用特定抵觸法則或國際法院處理涉外案件時，國際私法援用國際公法原則爲依據，與其發生關連而具備國際法性質，但國際法本身不致當然如此。

二、國內法偏向之國際法說

斯說一面强調國際私法爲國際法，他面，承認國際私法具備國內法觀點，而就此觀點力求闡明其與國際法有性質上之關連。斯托維爾（*Stowell*）指出國際私法應屬國際法，但承認法律運用上，國際私法亦有國內法性質謂：「素以法律衝突或國際私法聞名之法律體系係由國家法院運用並爲國內司法體系之一部分」。他面又認其於此國內觀點，亦仍寓有國際法之意味。斯氏謂：「國家於此場合係以執行相當於海上捕獲法院（*Prize Court*）所應執行之職務而運用法律，斯時國家所應適用之法律雖爲國家法律之一部分，然應適用與外國相同之管轄權原則，此係國家所應負擔之國際法義務」。

四烈（*Pillet*）指出否認國際私法與國際公法之關連者，實只看法律適用之外表而忽略「法律衝突」問題之本質。四烈釋「法律衝突」問題之本質謂：「法律衝突實卽主權之衝突」。因此，「國際私法之範疇問題常涉及國家間之主權關係，從而觀念上，並無具備足以將其由國際公法分開之特異性質，尤以管轄權衝突（*Conflit de compétence*）問題爲然。蓋審判權（*Droit de juge*）卽係主權之主要屬性故也。

三、兩說之比較研討

傾向國內法之國際法說認爲國際公法居主要地位，而國際私法只居於從屬地位，不應與國際公法並列以論，國際私法之爲國際法，自非依藉其與國際公法之關聯不可。斯派學者，屢舉實例論證「國際公法導引國際私法」、「國際私法係由國際公法所派生」，據此以形容國際私法對國際公法之從屬關係。

傾向國際法之國內法說者，認爲國際私法與國際公法地位平等，應有概括性之法域包括兩者於其體系之中，既無任何一者從屬於他者之偏向關係，僅可謂二者間互有共同關係或交錯關係而已。斯派學者尤以布朗（*Brown*）闡釋此關係最爲明確。氏謂：「國際私法應不再視之爲居於孤獨且低劣地位之法律，其與國際公法間之界線不甚明確。兩者均屬於國際法律（*Law of nations*）之一部分，並構成其不可久缺之因素」。此觀觸於第二次世界大戰時卽被提出，因其未忘作適當保留，且立論穩定，近數年來，響應者遽增。如吉素普（*Jessup*）之提倡「超國家法」（*Transnational law*）及歐洲學者構想之「統一的普通法律秩序」（*Einheitlich gedachte Universlordnung*），均爲其着例。

國內法說及薩維尼式之絕對國際法說之不能苟同，已如前述。相對國際法說之中，究以傾向國內法之國際法說抑或傾向國際法之國內法說何者較爲妥切，以及如何確定國際私法與國際公法之關係，當成爲關於「國際私法與國際公法關係」問題之討論中心。余意，此一問題應就國際私法之構成因素，諸如「抵觸規範」、「管轄規範」、「準則規範」等分別研析國際私法本身之國際法的構造，再就該構造部分研討其與國際公法之關係。

第四項　國際私法之國際法的構造

一、抵觸法規範

抵觸法規範之形成及適用，是否受有國際法之干涉？關於身份能力，適用本國法或住所地法等準據法則，其法律選擇之自由，國際法有無加以約束？關於此一問題，貝克特（*Beckett*）否認國際法之干涉，並謂其不致於約束國家選擇法律之自由。貝氏舉例謂：「A國向國際法院起訴主張B國因其未適用於國際間被共認之抵觸法規則而侵害A國國民之利益，在此情形，國際法院亦不能據以遽認B國有違法行爲」。茲所謂選擇法律之自由問題亦往往以國家應否負擔適用外國法律義務之方式而被提出。埃格（*Ago*）便是依此方式進行討論，並謂抵觸法規範，雖有將外國法律轉質爲內國法律之機能，惟亦不至於使國家負擔適用外國法律之義務。按國家拒絕適用外國法律而引起外國政府抗議之實例，固屬甚尠，惟此係因該國際爭執常被視爲尙屬輕微，外國政府鮮有力求確切解決者而然。

他面，布斯達門特（*Bustamente*）等學者，藉布斯達門特法典爲例，主張現有「關於貨幣之債，其支付之方式、應支付之貨幣及支付之方法，依領土管轄國法律」等少數抵觸法原則，爲多數國家所共採，至少可以證明其爲「文明國家所承認之一般法律原則」，並具備國際法效力。或有論者，鑑及各國有關此等原則之看法頗有出入，因而謂其有失普遍原則之本義，而欠少「一般法律原則」之國際法效力。國際法上，即使因各國之價值觀念互異而致產生國際法則之多元體系，對其解釋互有歧異，尙難否認其有國際法原則之效力。然至少在未能確認國家有適用此等抵觸法則之義務感（*Sentiments obligatoires*）之前，即就多數國家所採取之實例，遽然斷定其爲「一般法律原則」而認爲國際法則，是否穩當，亦有疑義。

抵觸法規範是否國際法，此問題若僅就其法規之文義研討，恐將失確，而上列看法即犯此弊。余意以爲抵觸法規範是否國際法原則，實與立法管轄權問題互有關連，故應就此加以研討。制定抵觸法規並依以選擇應適用之法律，應屬內國立法管轄事項。內國管轄權固屬相對，應受國際法之規範，並經由國際法授權國家以定其管轄之範圍。然現今國際法既尙未發達至詳確規制內國管轄之程度，實難認爲各國應負擔制定普遍且具體之抵觸法則之義務，如布斯達門特所舉者然。且卽使有此法則，亦非致令各國負擔採取同一抵觸法規之義務。其內容比較廣泛且抽象，至多概示國家依何種法律適用程序以處理涉外案件及如何制定抵觸法而已。此或可謂其關於抵觸法規之制定，附條件授權，而各國依此附條件授權所制定與適用之抵觸法規，則尙屬國內法律也。法律規範秩序有高低之分，國際法爲高，國內法爲低，依此可將抵觸法規範分爲「高次序抵觸法規範」及「低次序抵觸法規範」。則此種經附條件授權所制定之抵觸法規應具備國內法性質，卽爲低次序抵觸法規範。統制其制定之法則，則具備國際法性質，卽爲高次序抵觸法規範。此高次序抵觸法規範所規定之限制可約略如次：

第一、遵守選擇法律程序之義務

關於涉外案件，不應直接適用國內法律。其應適用之法律，卽所謂準據法，須依選擇法律之程序決定，該程序並以抵觸法規範之方式確定之。

第二、尊重內外國法律平等之義務

選擇法律時，內外國法律，應屬互相平等，非有特定之例外情形，不能偏重國內法律而一概拒絕外國法律之適用，不限制適用之例外。包括：(1)該外國法律違反國內公共秩序或善良風俗者；(2)應適用其法律之外國與本國互無正常邦交者；(3)應適用其法律之外國有侵害自國國民既得權及其他權益之行為。

第三、不差別適用外國法律之義務

抵觸法指定外國法律為應適用之法律時，外國法律應互有平等適用之機會。

抵觸法之低次序規範如「涉外民事法律適用法」之規定，其制定係屬國內立法事項，其制定固宜遵守高次規範之廣泛限制。惟除此之外，國家即無須制定與多數國家相同之抵觸法規範。

二、管轄規範

管轄規範，諸如「對物管轄」（*jurisdiction in rem*）、「準對物管轄」（*quasi-jurisdiction in rem*）、「對人管轄」（*jusisdiction in personam*）、「對於公司法人之管轄」、「實體與程序之區分」（或權利與救濟之區分）等原則，係以決定國家處理涉外案件之審判及執行行為是否合法，而他國是否對其應負承認義務為其本旨。關於此等法律規範，各國均未設詳細規定，但其國內法院或曾作有關判例。甚且於民事訴訟法中設有關於外國判決之承認之規定，而亦漸有採認共同法則之趨勢。吾人能否據此即認此等共同法則為國際法則，或所謂「一般法律原則」，雖未便遽斷，惟至少其為各國管轄之準繩者，諒非可視為單純國內法則。傾向國內法之相對國際法說，雖未至於肯定抵觸法規範具備國際法性質，然關於管轄權，尚能承認現有「管轄豁免」之國際法原則，確保國家之涉外管轄準則。

余意，各國長期反覆適用「對物及對人管轄」、「身份能力之原則管轄及例外管轄」、「法律行為方式之管轄」等管轄法則，或將使此等法則發展成為國際習慣法，惟迄今，尚未至如此，各國法制仍互有歧異。但此歧異並未致放任無羈，仍設有準則以拘束各國之管轄法則焉。各國制定之管轄法規係具體的，而此準則乃屬廣泛抽象者，卽如：(1)屬地連繫原則，卽人必須有住所或居所於管轄國內，物必須現置於管轄國內；(2)國籍原則，卽人必須具有管轄國之國籍，猶憶關於徵收等涉外支配關係問題，各國均力避否認他國就置於其國內之私人財產行使徵收及其他權力行爲之域外效力，藉此更能確認屬地連繫等準則之國際法拘束力。再者，美國最高法院於新近判例，試對發生在英國之違反托拉斯法之行爲加以處罰，因而導致英美法界熱烈爭論其是否符合國際法原則，堪爲另一佐證。此等國際準則以其廣泛內容居於高次序規範之地位，而上列「對物管轄」、「對人管轄」等規則，卽各國依此國際準則之授權所制定者，其本身或可謂爲國內法則，然僅爲管轄規範之一部分而已，固未便因而卽謂管轄規範爲國內法。而謂管轄規範具備國際法準則及國內法則之雙重構造，較爲妥切。

三、準則規範

(1) 緒　說

各國對於國籍之取得或喪失，公司國籍之決定，外國人特殊財產權之取得及其地權利救濟程序上地位等事項均各自規定其要件。關於國籍之原始取得，有「出生地主義」、「血統主義」、「兼出生之血統主義」；關於其繼受取得，有各種不同之「歸化」條件。關於公司法人之國籍，有「設立準據法主義」、「公司住所地主義」、「股東國籍主義」。關於外國人之法律地位，有「平等待遇主義」、「不差別待遇主義」、「最優惠條款」、「相互主義」，關於外國人之訴訟地位，有「訴訟救助條件」、「公平審判」，莫衷一是。其中尙無普遍、確定之具體規則，因此，學者間頗有認國籍法及外國人法等準則規範爲純粹國內法者。玆就國籍法及外國人法分別詳述其內容並討論視兩者爲純粹國內法是否適宜如次。

(2) 國籍法

論者或謂國籍之確定，不受國際法之規律，其授予、剝奪或其「衝突」之解決，純係出於國內管轄事項，因此，國籍法應屬國內法，縱使其與國際私法或國際公法問題有關連者，亦然。余不否認各國有擇採上列有關授籍之立法主義之自由，並得依其自定之國籍標準以處理其領土管轄範圍內之涉外案件，然並未達到認爲此一自由係屬絕對，甚且自由至就任何觀點均不受規律之地步。實者，此一自由係由「內國管轄」之國際法概念所派生者，況且國際法院於一九五五年努特博姆(*Nottebohm*)一案之判決，認爲國家授籍必須遵守「純正聯繫之原則」(*Principle of genuine connection*)。申言之，國家爲處理涉外關係上之問題而必須決定當事人之國籍時，當須遵守此一原則，方能發生國際效力，違反時其國籍之決定係屬違反國際法，他國或國際司法機關得否認其效力。由此足見，國籍法係有由國家依內國管轄權所制定之國內國籍規則與國籍國際法則兩者所合成之二元構造。

(3) 外國人法

論者或謂：各國對於外國人得享有何種權利，並得依何種程序尋求權利救濟，均有決定之自由，甚且有其特權，而不受國際社會之任何干預。以是，設定外國人之權利，及規定其權利救濟之外國人法，與國際法應無關連，而獨立成爲國內法之一部分。然者，國家予外國人以訴訟救助或其他權利救濟或適用抵觸法規範時，倘發生程序上之遲緩或無效率等情形，甚且對外國人之訴訟力圖阻碍，即足以構成國際法上拒絕審判(*Denial of justice*)之違法行爲。若其操縱選擇法律之程序導致外國人所負擔之義務已超越其國民所應負擔義務之範圍，而發生之損害已超出國民所應忍受損害之範圍時，則已違反應予外國人以與其國民平等待遇之國際準則，故就外國人法之完整結構觀之，實無將此國際法則除外之理由。從而外國人法並非純爲國內法，乃係其與國際法合成之法律也。

第五項　國際私法之雙重規範構造

一、緒　說

國際私法既然具有國際法與國內法之二元法規範構造，則其國際法規範之性質如何，其與國內法規範之關係如何，均須予以詳明。玆分段析述如次。

二、國際法規範部分之性質

國際私法之國際法性質，或因涉外關係當事人身份之不同，而有强弱之分。若行爲地或標的物所在地均在外國，只惟雙方當事人均屬國民時，因其涉外關係問題主要係牽涉到國民，故缺少科爾遜（*Kelsen*）所謂「引發國際法問題所需之特性」（*Specificity of the guidance*）。法院地國就此問題之處理，享有極廣泛之裁量自由。因此，有些學者據此觀點，認爲國際私法不具備國際法性質。惟國家虛待自國國民，國際法亦非不再干涉。一九四八年十二月之聯合國人權宣言聲明尊重人民基本權利之意念。一九五〇年歐洲人權規約亦規定人民之權利爲其本國所侵犯者，得逕向歐洲理事會起訴，皆係此一發展趨向的明證。吉素普教授嘗謂：「尊重人類之尊嚴及其基本權利，至少對於聯合國會員國言，應屬一種義務，國家已不能僅以被害人爲其國民爲理由而卽祛除國際干涉」。惟卽使吉素普教授所言正確，然亦只限於人民之基本權利自由，迄未克全面適用於涉外關係。因此，涉外關係如以國民爲雙方當事人，而其所涉者未必爲基本權利及自由時，國際私法之國際法性質當比較微弱。至於涉外關係當事人之一方爲外國人時，雖尙未有確定而具體之國際法規範約束國家，然至少對其已立有合理之界限。國際私法之國際法性質，因而較强。

國際私法之國際法性質，亦因國際私法規範爲國際機構所適用或爲國內機構所適用而强弱不同。國際私法規範爲國際法院、國際仲裁法庭或其他國際機構所適用者，其强度與國際公法相同，如在一九二七年伊利諾中央鐵路公司一案，美墨國際訴訟委員會判決云，違反契約，其自體或屬國內法案件，但一經向國際訴訟委員會起訴，卽成爲國際法案件，而所適用法律選擇之原則，卽具有國際法性質。常設國際法院法官布斯達門特曾在一九二九年巴西貸款案件中論謂：關於契約應依當事人意思決定其所應適用之法律，乃係世界各國所共認者。當事人未明示應適用之法律而涉訟契約爲「附從契約」，如本案之貸款契約者，關於貸款契約，應以借款人本國之法律爲準據法律。但關於貸款契約，尙有一些事項，不容由當事人意思所決定者。如付款、應支付之貨幣及付款之方法等事項，卽應專一適用屬地法。布斯達門特引布斯達門特法典爲例說明之。惟本案當事國一方爲法國，而法國並未簽訂該法典之條約。因此，關於本案之爭訟，布斯達門特法典，並不構成國際法院規程第三十八條第一項規定中所列國際法源之一。然可視其爲「由諸文明國家所承認之法律一般原則」，而爲具有證明力之證據。若由國內法院適用時，或可作爲抵觸法之「素材」，但尙不至於對其發生國際法上之絕對拘束力。換言之，卽其國際法拘束力尙屬微弱。而由國際訴訟機構適用者比較有力。

三、國際法部分與國內法部分之關係

（一）國際法部分之「規範範型」地位

國際私法之規範構造上，國際法部分固應隨國際社會關係之進化及國際立法工作之發展而成熟。然因其位居於高次序之規範，常居於所謂「規範範型」（*Idealbild*）之地位而引導國內法部分之生長。國內法部分雖係因國內社會之規範必要而發生及存續，然並未當然具備國際法性質，惟亦適應國際法部分之規範而發展。現代國際社會，由於各國自由發展其國內國際私法規範之結果，而致其規範內容參差不一。吾人固不能求其完全一致，然亦應互相合作，而致力於減少其歧異，俾便漸策共同規則之成立，藉以充實國際法部分之內容，而達國際私法應有之目的。

（二）國際法部分與國內法部分之適用關係

因國際法部分與國內法部分互有密切之關係，因之，國內法部分之規範與國際法部分之規範，在適用上發生如次關係：

(1)在國內適用程序上，兩者之關係猶如一般法與特別法之關係。因此，國際法部分之規範與國內法部分之規範衝突時，依特別法優先於一般法之原則，應優先適用國際法部分之規範。志特爾曼(*Zittelmann*)曾試設「違反國際法之國內國際私法」（*völkerrechtswidriges innerstaatliches IPR*）之概念，認爲「國內國際私法」規範卽使違反國際法仍應適用。此看法忽略國際法部分之「規範範型」所發生之引導作用。勿宜苟同。

(2)國內法部分未置設直接有關規定時，宜擇國際法部分之相關規範，依解釋以予補充適用。

第六項　國際私法與國際公法之相互關係

主張相對國際法說者，有認國際私法與國際公法有從屬關係，前者之法則係由國際公法所派生。此一看法乃引承分析法學派之傳統，尙難苟同。余意以爲兩者係互相平等，交錯影響，兩者接觸之處，形成共同之國際法律。此國際法律不僅是國際公法一者，實包羅國際公法與國際私法兩者之廣泛法域。法律之歷史沿革上，尙有此廣泛法域之前例，再徵諸晚近各部門法律形態之日益錯綜，則兩者平等交錯之說法，實較妥切。關於這一點，須另行詳析討論。玆略示兩者間交錯及共同關係之情形如次。

(1)國際公法法則發生在先，而國際私法受國際公法之影響，以形成法律原則者，此情形尤其在旣得權原則、「承認」對抵觸法規範之效力及管轄豁免，最明顯。

(2)國際私法法則發生在先，而國際公法受國際私法之影響所形成之法律原則者，包括國籍法則、外國人法、管轄衝突之解決原則。

(3)國際私法與國際公法之間，存有關於審判程序、解釋等問題之共同原則。

第三節　國際私法之公私法地位

國際私法若僅具備國際法規範一種，固無庸論及其公私法地位。惟國際私法亦具有國內法之規範。因此，必須進而討論其爲公法或私法。玆專就其國內法觀點論述其公私法地位。

國際私法究係私法，抑或公法，衆說紛紜，莫衷一是。學說之分歧，不僅緣因於對私法與公法之區別標準所持看法不一，並由於對國際法規範之構造，在觀念上有廣狹之別。因此，縱然對於公私法之區別標準，看法相同，然由於對國際私法規範構造在觀念上有差別，就其究爲私法抑爲公法，所持看法亦未必一致。

認國際私法爲私法者，咸以當事人爲私人或國家或有關法益爲私益或公益作爲區別公法與私法之標準。並鑑於涉外關係之當事人通常爲私人，其法益應屬私益，而視國際私法爲私法。

認國際私法爲公法者，主要係依據程序法應爲公法之觀念。此派學者以爲國際私法規範不外乎是就內外國法律決定適用其中何者之程序，其形態與民事訴訟法類似，應屬程序法之範疇，基於此一理由，而認國際私法爲公法。

私法與公法之區別，究竟應以當事人之地位、法益之種類或實體法與程序法之區別中之何者爲標準，論者各有其不同之見解，且其所持理由並具有相當效力，實難取捨。惟若認國際私法規範應包括抵觸法規範、管轄規範及準則規範，則其範圍既然廣泛，以任何一種標準，均難確定其爲私法或公法。蓋若以當事人之觀點爲區別標準，即使得視抵觸法規爲私法，然管轄規範，則因其係關於國家之涉外管轄，非以私人爲當事人，故未便謂爲私法，另一方面，若以程序法及實體法之分類作爲標準而認國際私法，則國籍法及外國人法等準則規範又未必具備程序性，其說法勢難圓通。鑑於國際私法關係之特殊性爲公質及其規範構造之廣泛，與其力求使之歸屬於私法或公法之一方，不如認其爲混合公法與私法而另具特殊法域，較爲妥切，甚且謂其爲一種超越公私法範疇之特殊法域，諒非不可。

第五章　國際私法之法源

第一節　總　說

由於國際私法具有國際法及國內法之雙重規範構造，故其法源亦分爲國際法源及國內法源兩種。前者採國際習慣、國際判例及國際條約等方式。後者則包括成文法規、習慣法及國內法院判例等。本章先論國際法源，再釋國內法源。

第二節　國際私法之國際法源

第一項　國際習慣法

文明國家間就特定問題往往採行同一作爲，積久成習，遂成規律，俟於國際社會上養成遵守該規律之法的確信時，該規律乃成爲國際習慣法。國際習慣法有時具體地例示應遵守之作爲，有時則以抽象觀念之方式規定原則。前者，如一國不得在他國領土內行使其警察權。後者，如「條約應遵守（*Pacta sunt servanda*）之原則」是。

國際私法之法源，具有前一方式者，並非絕無，只是其內容並未十分具體而已。如「場所支配行爲」（*Locus regit actum*）、「關於不動產，依物之所在地法」等曾經普遍於昔日世界之抵觸法則即其適例。並如法院地國訴訟法優先主義、國家行爲應受尊重之原則，多數學者咸認其已成爲國際普遍法則。至於具備後者方式者，有如「誠實原則」、「情事變更原則」等一般法律原則，均係第一次序抵觸法規範之法源。

第二項　國際條約

一、條約之國際法律功能

國際條約，一方面屢爲「契約條約」而規律締約國家間特定事務，另一方面，亦另具有上述二種重要之法律功能，即其所訂立之條款足以視爲合理且正當之法律原則者，除締約國外，並對他國發生拘束力，此其法律功能之一；其條文有時係將國際習慣法制定爲成文法規者，此其法律功能之二。特定條約究竟有無具備此等法律功能，有時可由條約之字義表現出來，然大多數學者就其他有關文獻及學說尋求佐證，以資辨認其國際法源地位。條約爲法源者，可以促使各國負擔依其制定共同之國際私法法規之義務，只惟各國對於條約之解釋及適用既有所不同，實際上仍不能完全消除歧異而已。

二、有關國際私法之條約概況

自十九世紀末至二十世紀後半，各國確曾訂立不少國際條約，以維持國際交易之法律秩序。其功固不可沒。然論其性質，雖非與國際私法毫無關連，惟究係規定所謂「實體法問題」。換言之，尚非以發展國際私法規範原則爲主要目的者居多。如一八八三年制定於巴黎，一九二五年修改於海牙，一九三四年再修改於倫敦之「工業所有權條約」；一八八六年制定於巴倫，一九〇八年修改於柏林，一九二八年再修改於羅馬之「著作權條約」；一八九〇年制定，一九二四年修改於柏林之「鐵路運輸條約」；一九二九年制定於華沙，一九三二年修訂於羅馬之「國際航空條約」等均屬其適例。

有關國際私法之條約中，雙邊條約達成協議較易。故其成例較多。尤以通商友好條約於第一次世界大戰後，已風行於歐美各國。然其規定尚未能推廣至概括國際私法規範全體，其中以關於管轄權規則者居多，關於外國人法則者，次之。吾國所訂立之雙邊條約中，亦不乏此例，而以一九四九年之中美通商友好條約最爲重要，且爲國際法界所重視。然欲作爲國際法源，多邊條約固比雙邊條約重要。多邊條約，當事國既多，不易達成協議，因此爲數較尠。況且國際私法尚未達成熟之階段，此或爲勢所難免。惟晚近由於地域組織日趨策進地域內各國人民法律關係及適用法規之統一，且國際聯盟及聯合國亦前後致力於國際立法並將其範圍擴及於國際私法之範域，故時至今日多邊條約已成數例。其將來之發展當可拭目以待。

三、多邊條約

(1) 有關國際私法多邊條約之規定事項

「國際私法」之多邊條約，其應規定事項之範圍如何，學者之間，迄今尚未有定說，海牙國際私法會議規程第一條宣明該會議「應以發展統一國際私法規則爲目的」，而其所謂「國際私法規則」，一般認爲包括「抵觸法」、「外國法院判決之執行」、「管轄」、「司法協助」等事項，其肯定概括主義，昭然若揭。玆依此綜觀國際私法多邊條約之發展，並論其應如何發展。

(2)　國際私法統一立法運動

早在十九世紀，意大利政治家曼西尼（*Mancini*）即主張應統一各國國際私法規則，並倡導國際私法立法運動之發展，其影響廣及於全球。至一八九三年，荷蘭政府採納伊雪爾（*Esser*）之主張，發起召開第一次海牙國際私法統一會議。其後，於一八九四年又續開第七、八次會議，頗有輝煌成就。另一方面，在北歐聯合國家，日內瓦會議參與國及美洲國家之間，亦各自舉行統一國際私法會議，蔚然盛況。時至今日，已有海牙國際私法公約，維尼洛克條約（*Benelux Convention*）、北歐國際私法條約、日內瓦國際私法條約、摩登維德公約(*Montevido Convention*)、布斯達門特法典(*Bustamente Code*)等多種公約，均爲討論國際私法多邊條約所須參研者。

國際私法規則能依多邊條約以發揚其國際法性質之可能性究有多少，能促成國內抵觸法規向國際法之目標發展至何種程度，當應視國際私法規範性能之成熟程度及國際法全體之進行情況而定。另一方面，由於各國人口政策及保護國內公序良俗之需要等因素之存在，致使制定特定國際私法規範爲公約之可能性頗受限制。此內在限制，對於依多邊條約促成國際私法之國際法源，確是一大障碍，如何克服此一障碍，勢必有待於國際私法統一立法之收效。

(3)　海牙國際私法公約

參加海牙國際私法會議者，主要爲歐洲國家，歐洲國家向來高揚「國籍主義」爲統一國際私法規則之基本原則。反之，英美法系國家，關於身份能力採取住所地主義，兩者所採基本原則既不相同，難與該會達成協議，故迄未正式參加。卽在與會國家之間，亦因身分關係之變動（如離婚）所涉及之國籍問題等，與各該國之基本政策，關係至切，故臨於簽約之際，甚至簽約後，急告退出者，亦爲數不尠。直至第二次世界大戰前，經國際私法會議所制成之國際私法多邊條約，包括「婚姻條約」、「離婚條約」、「監護條約」、「禁治產條約」、「婚姻效力條約」、「國際訴訟法條約」等六種。

在第二次世界大戰後，荷蘭歐富漢（*Offerhaus*）教授主持第七次海牙國際私法會議，完成了如次五種公約草案，即：(1)國際動產買賣公約；(2)公司、社團及財團認許公約；(3)反致公約；(4)改訂民事訴訟程序公約；(5)解決本國法與住所地法衝突公約。繼之，第八次會議於一九五六年十月召開，再通過制定如次公約草案，即(1)國際買賣公約；(2)民事合意管轄公約；(3)關於對於未成年人扶養義務之公約；(4)未成年扶養義務準據法公約。至一九六〇年召開第九次國際私法會議，加訂(1)外國判決之執行公約；(2)公文書領事證明要件廢除公約；(3)解決關於遺囑之方式之法律要件公約等草案。上述公約草案之中，公司、社團及財團認許公約及反致公約，已由歐洲各國簽訂批准生效。

(4) 維尼洛克條約

比利時、荷蘭及盧森堡等三個國家曾於一九四八年合組常設統一國際私法法規專門委員會，以擬訂統一國際私法條約草案。該草案經於一九五一年五月十一日由比、荷、盧三個國家簽訂，共二十八條。其內容大略如次，即：(1)宣明維持國籍主義；(2)規定認許外國公司之義務；(3)詳定婚姻親子關係事項，觀其內容，係引承海牙條約之系統。

(5) 北歐國際法條約

丹麥、芬蘭、冰島、挪威、瑞典等所謂北歐聯合（*Skandinavische Union*）國家，於一九三一年至一九三四年間，分別就(1)婚姻、收養、監護（一九三一年）；(4)扶養義務（一九三一年）；(3)審判管轄、强制執行（一九三二年）；(4)破產程序（一九三三年）；(5)繼承（一九三四年）等事項訂立國際私法條約，此等條約均採住所地法爲屬人法則，恰與海牙國際私法條約，互成對比。

(6) 日內瓦國際私法條約

(a) 國際票據條約

關於滙票、本票，於一九三〇年六月七日成立條約，嗣後一九三一年三月十九日，再成立關於支票之條約。其中包括關於滙票及支票之抵觸法規。

(d) 國際仲裁條約

關於仲裁之日內瓦國際私法條約，主要者有二：一爲一九二三年九月二十四日之公斷程序條約，二爲一九二七年九月二十六日關於外國公斷判定之執行之條約，參加前者之國家爲阿拉巴馬、比利時、巴西、英國、丹麥、意斯蘭、芬蘭、法國、心國、希臘、意大利、日本、盧森堡、摩洛哥、荷蘭、挪威、奧大利、波蘭、葡萄牙、羅馬尼亞、西班牙、瑞典、瑞士、捷克、泰國等二十多國。

上列國家之中，除阿拉巴馬、巴西、日本、挪威、波蘭、摩洛哥之外，其餘國家均亦參加後者。

(7) 摩登維德條約

阿根廷、保利維、波拉克、秘魯、烏拉圭等南美國家，於一八八九年，互訂國際私法條約。本條約不但範圍廣泛，包括民法、商法、訴訟法、著作權法、商標法、專利法等，而且關於屬人法則採取「住所地法主義」，頗有特色。此等條約，又於一九四〇年作了全面性的修改。

(8) 布斯達門特國際私法法典

南美洲及其他美洲國家，於一八九〇年在美國華盛頓召開泛美會議，倡導全美洲國際私法統一運動，經該全議所屬委員會與其他國際法學會合作，積極準備，遂於一九二八年二月二十日在哈瓦納召開第六次會議，並成立了一大國際私法統一法典，共四百三十七條，包括民法、商法、刑法、訴訟法等廣泛範典之涉外適用法規。該統一法典係由古巴學者布斯達門特所起草者，故以其名名之。批准該統一法典之拉丁美洲國家計有保利比亞、巴西、智利、古斯多黎谷、古巴、多密尼哥、意克多、斯拉維多、危多摩拉、海地、洪都拉斯、尼克拉克、巴拿馬、秘魯、委內瑞拉等十五個國家。

四、聯合國與統一國際私法公約

綜觀上例條約，有就特定事項規定者，如海牙條約是，亦有概括國際私法問題，作全面性規定者，如普斯達門特法典是。問題與其在採取何種制定之方式，不如在依何種程序制定較能博取各國參加，並利辨別合理妥適之規則，以廣收國際立法之實效。按由各別國家或特定地域組織所發起之國際會議；確曾促助國際私法立法之發展，收效不少。然究不如國際組織之規模宏大而具有統一討論之權威。尤以由普遍性之國際組織，如國際聯盟、聯合國等推行，更易奏效。國際聯盟會曾依一九二四年九月二十二日之決議，設立「發展國際立法專門委員會」(*Committee of Experts of the Progressive Codification of International Law*)，致力於國際立法之推行，並於一九二七年九月決議召開統一國際立法會議 (*Codification Conference*)。該會議於一九三〇年召開，並制定「解決國籍法律衝突之公約」，該公約，係由三十一個國家所簽訂，其條文是否創設國際法原則，雖有爭議，然因其能吸收多數國家參加，故亦被認爲確認現有有關國際法則者。其對於策進國際私法之國際法源之發展，曾收功效，殆爲公認之事實。現今聯合國憲章更明定「策進國際法之發展及其立法」爲其使命之一，則國際私法有關法規範之統一立法之發展，仰賴於聯合國者，應屬不尠。其功能當不僅限於宣明現行於國際之國際私法規範，並且更能配合現今之需要而發展現行法規，並堅定其法制。一九五八年六月十日訂定之聯合國「商事仲裁公約」(*UN Convention on the Recognition and Enforcement of Foreign Arbitral Awards*) 共十二條詳定關於商事仲裁判斷涉外效力及商事仲裁程序之規則。其第三條宣明各國負有商事仲裁判斷域外效力之義務，而各國判例又有效優者，實饒富意義。

縱使包羅一切國際私法規範之公約不容易訂成，然知已制成之「商事仲裁公約」，擇項制定，當為切實方法之一。尤以「外國人法」、「國際管轄」等問題，亟宜制成公約，且較有實現之可能。

第三項　國際判例

由涉外案件引致國際訴訟時，有管轄權之國際司法機關或須就當事國之國際私法規則抽出共同原則，或超越當事國法律而尋求具備普遍效力之法則，據以審判。有管轄權之國際司法機關，其主要者為國際法院、海牙常設仲裁法院等。此外，依維爾塞爾和約所設立之混合仲裁法庭 (*Mixed Tribunal of Arbitration*) 及私設之仲裁法庭等，亦屬有管轄權之國際司法機關。玆分別析述此等國際司法機關之實際如次。

(1)　國際法院

常設國際法院曾就有關國際私法之案件創下數判例。其中重要者，計有一九二三年有關突尼斯、摩洛哥國籍法律一案之判決、一九二六年有關徵收設於西里西亞之德國工廠一案之判例；一九二九年有關西比亞、巴西國債券一案之判例等。前兩者，係形成有關國籍及外國人地位之條件規範。後者係關於抵觸規範，此等國際判例，與國際法院一九五五年關於努特博姆（*Nottebohm*）一案之判例等，均係例示過去常設國際法院及現在國際法院如何依上列方式促成有關國際私法之國際法源。

依聯合國憲章第九十二條之規定，國際法院取代常設國際法院而審判國際訴訟，其訴訟當事人雖限於國家，但如常設國際法院一般，亦可依國際訴訟之方式審判國際私法案件。該法院審判國際私法案件，除當事國訂有條約外，依該法院組織規程第三十八條第一項、第一款至第四款之規定，應適用國際慣例及文明國家所共認之法律一般原則、國際判例及學說。因此，該法院若不能覓至當事國共用之法則時，則應就「法律一般原則」、國際判例及學說自定應適用之法則。

(2)混合仲裁法庭

海牙常設仲裁法庭雖未實際上作成國際私法判例，但其與混合仲裁法庭一般，亦能審判國際私法案件，固不待言。至於混合仲裁法庭，既係以處理發生於第一次大戰交戰國國民間之權利爭訟爲其主要職能之一，其所作成之判例，自必與國際私法有關者，頗多。美國未簽訂維爾塞和約，乃另依協定設立「混合訴訟委員會」（*Mixed Claims Commission*）以處理美國所涉訟之案件。此委員會亦然。國際私法之管轄一詞原係以說明混合仲裁法庭及混合訴訟委員會處理國際私法案件之職能而創用者，由此可見其必有許多國際私法判例。此等仲裁法庭之判例，尤以其有關抵觸法規範者居多，固不乏適用當事國所共同之抵觸法規以作成者。然該法庭之判例素以喜創超越當事國抵觸法原則著稱，而已成爲抵觸法規範之國際法源，尤有研討之價值。

第三節　國際私法之國內法源

第一項 國際私法法規

一、總說

吾國設有單行法規，專行規定國際私法規則，即「涉外民事法律適用法」是也。該法共有三十一條，係於民國四十二年六月六日公布，同日施行，以取代舊有之「法律適用條例」。其內容雖未能概括國際私法規範全部，但亦未限於抵觸法一者。尙有其他有關管轄及國籍住所之規定。亦另有其他法規，雖與國際私法無關，然亦摻有國際私法法則者，有如民法、公司法、民事訴訟法等是。此等法規於研討國際私法之國內法規時，亦須一併稽考。茲先概述「涉外民事法律適用法」法規之歸類，後述「抵觸法規範」、「管轄規範」及「準則規範」分由其他法律規定之情形。

二、涉外民事法律適用法

涉外民事法律適用法，雖名曰「民事」，但其所規定之事項，未必限於涉外「民法」一類。亦包括有關於涉外「商法」及其他事項。至於其所定之國際私法法規，則包括抵觸法規、管轄法規及準則法規三者。茲析述如次。

(1) 抵觸法規

涉外民事法律適用法之國際私法法規，主要係抵觸法規，共佔有其全部條文之三分二以上。但僅以二十多條，當不能就一切不同之民事及商事涉外問題詳細規定其抵觸法則，故須依賴其他法律或法理之處甚多。關於涉外民事法律適用法所規定之管轄法規及準則法規，亦有類似情形。

(2) 管轄法規

涉外民事法律適用法雖未明言「管轄」，亦未就管轄設有直接有關之法規，但性質上，其涉及管轄者，亦不尠。如其第三條禁治產宣告之規定、第四條關於死亡宣告之規定、第十四條關於離婚宣告之規定等均屬之。

(3) 準則法規

涉外民事法律適用法未設有關於外國人法之條文。但關於國籍法，則設有解決國籍衝突之法規，如其第二十六條關於國籍積極衝突之規定及第二十七條關於國籍消極衝突之規定是也。

三、抵觸法規

民法第二百零二條關於外國貨幣換算給付之規定，雖未明言準據法，然寓有將中華民國法律作爲履行地法而予以適用之意。同樣的，公司法第三百七十二條規定外國公司申請認許者，須依其本國法律登記成立，取得公司之社團法人資格，可解釋謂其係就公司之權利能力，默示以其本國法爲準據法。兩者均屬抵觸法規。分散在涉外民事法律適用法以外之抵觸法規，幾乎全部採取此種所謂「隱匿抵觸法規」之方式。

四、管轄法規

管轄法規王要分散在民事訴訟法、强制執行法等程序法規，如民事訴訟法第四百零二條關於外國判決之承認之規定及强制執行法第四十三條關於外國法院確定判決之執行之規定是。但實體法規間有設置有關規定者，如公司法第三百七十二條第二項規定應指定其訴訟代理人，便是關於外國公司之「對人管轄程序之規定」。

五、準則法規

(1) 外國人法

民法及公司法均設有關於外國人法之條文。如民法總則施行法第二條關於外國人權利能力之限制之規定、第十一條關於外國法人之認許之規定、第十二條關於外國法人之平等待遇之規定、公司法第三百八十三條關於限制外國公司在中國境內募股、募債及其他營業行爲之規定，均屬其適例。

(2) 國籍法

關於國籍之法規，現有國籍法（民國十八年二月五日公布同日施行），概括關於授籍及削籍之法規。該單行法典固非專爲處理涉外案件而設，亦可適用於確定憲法所規定之國民地位及其權利義務，因此，不能視爲國際私法之專有法規，如涉外民事法律適用法一般。但因涉外民事法律適用法第三十條規定：「涉外民事，本法未規定者，適用其他法律之規定」。故國籍之規定涉及涉外問題者，亦以國籍法所規定之原則爲準則。在此意義下，「國籍法」當亦爲準則規範之法源。此外，公司法亦包括有關國籍之規定，如公司法第四條關於決定外國公司國籍之規定，便是其例。爲要處理涉外案件而決定當事人之國籍，除涉外民事法律適用法第二十六條及第二十七條之規定外，尙須詳稽上列「國籍法」、公司法等有關法規，以策國籍法規之完整。

上列國際私法法規主要係適用於就涉外平等關係所發生之法律問題。關於涉外支配關係之法律問題，幾無明文規定可資適用。即就「涉外民事法律適用法」而言，其全部條文悉係關於涉外平等關係問題之專條。且於處理涉外平等關係之問題時，依涉外民事法律適用法第三十條之規定，該法未規定者，尚可適用其他法律。至於爲處理涉外支配關係之問題，既無明文可循，何妨適用「涉外民事法律適用法」之規定，如其第二十五條關於公序良俗原則之規定，第二十六條及第二十七條關於解決國籍衝突之規定，均可適用於處理涉外支配關係問題。如依其第二十五條否認外國公權行爲之域外效力，依其第二十六條及第二十七條決定當事人之國籍是。至於「國籍法」、公司法等之相關條文，亦復如是。

第二項 習慣

民法第一條規定，民事法律所未規定者，依習慣，此係明認習慣爲民法法源之一。且於無習慣時，始依「法理」。就其適用次序而言，習慣乃優先於法理。但關於「涉外民事」，涉外民事法律適用法第三十條只規定「法律」及「法理」爲法源，而未規定「習慣」爲法源。然「習慣」畢竟是「實定法之根源」(*Ursprung des positiven Rechts*)，舉凡法律，類皆如此。其爲國際私法之國內法源，理屬當然，固不因法律有無明文規定而致有所差異。

「習慣」，非僅爲「慣例」之意，而必須「慣例」之具有社會之法的確信者，始足當之。慣例欠缺社會之法的確信者，至多爲「成例」，不能視爲習慣而作爲國際私法之法源。吾國之涉外慣例尤尠，而確證習慣之存在，又非易事，通常須經法院判例確認其拘束力。吾國法院關於國際私法之判例，為數極少，因此，「習慣」之國內法源地位，雖應予承認，然迄今幾無有關國際私法之習慣可言，其適用之餘地固甚少而已。

第三項　判　例

判例適用國際私法法規，確認習慣，應用法理，三者冶於一爐，頗能濟成文法規短缺之窮，誠係一重要法源也。涉外民事律適用法第三十條未明列其為「涉外民事」法源，考其原因，究係因判例能作為法源，理屬當然，比諸「法理」更無疑義，未必提示故也。並非排除其於法源之外。吾國大理院民國二年上字一五五號、民國二年上字六〇六號及上字五七六號，均是常被引用之判例，其在與涉外民事法律適用法不抵觸之範圍內，仍得為法源，毫無疑義。近時涉外事件日增，尤以經濟權利、身份關係事件涉訟成案者，亦有之。諒因大多願在訴訟上或訴訟外達成和解，迄未有第三審新判例可稽，雖然第一、二審法院判決可見數則，因其至多為從屬法源，故玆不另予引示。

第四項　法　理

涉外民事法律適用法第三十條以明文規定法理為國際私法法源之一。法理之適用，雖限於涉外民事法律適用法及其他法律未有明文規定之情形。惟涉外民事法律適用法僅有三十條條文，對於日益複雜多歧之涉外問題，殊嫌過尠，何況其他法律又未設有關條文，因此，涉外問題須賴法理以解決者，居多。可知其於國際私法之法源所居之地位，甚屬重要。

法理之方式可分爲三種，卽：學說、國際私法規則之比較原則與一般法律原則。舉凡學說之闡釋國際私法成文原則之規範意義及其法律政策而被法界認爲權威者，應屬法理之範疇，足爲國際私法之法源。次之，由於國際私法法則與實體法不同，具有超越各國風俗習慣之特殊性質，較易互相協調，制成共通規則，因此，比較各國國際私法法規，形成法理，作爲國際私法之法源。最後，公平原則、誠實原則及情事變更原則等一般法律原則亦以法理之姿態構成國際私法之法源。

第二編　抵觸法

第一章　總　說

抵觸法規範係就特定涉外案件，依選擇法律指定準據法，以資解決所發生法律衝突之法規範。其研討自應就法律衝突、選擇法律及抵觸法規之種類等觀點為之。申言之。何謂法律衝突？選擇法律應依何種體制？抵觸法規應依何種方式作依以處理涉外案件之規定？舉凡此等問題，均應包括在抵觸法問題之範圍內。茲就三種有關問題分述如次。

第二章　法律衝突

第一節　法律衝突問題

法律衝突之問題，可分爲二。一者，發生衝突之法律本身之問題。二者，該法律相互間所發生衝突之性質問題。玆分節討論此兩種問題。

第二節　發生衝突之法律

一、緒　說

發生衝突之法律，必須爲國家法律體系，並具備其形態及構造。以是，本節擬闡述國家法律體系之意義並分析其形態及構造。

二、國家法律體系之意義

(1)　「國家法律體系」之釋義

發生衝突之法律，並非局限於如民法第十二條關於成年之規定、公司法第一條關於公司具備社團法人資格之規定等單獨個別之法律規定。而係指定國家之法律體系整個。舉凡就國家領域社會上人民之關係規定其法律效力，並置設行爲準則之法規範，概括成文法、不成文法及習慣法，所形成之整體，構稱爲「國家法律體系」。歷史法學派學者，反對以「國家」兩個字冠於「法律體系」之上。例如麥丘(*Michoud*)曾謂：法律體系，只是「法律規則之整體」(*Ensemble de règles légales*)，不限於國家法律。並引歷史沿革上之事實——國家未發生前，種族曾有法律——爲證。況且習慣雖非由國家權力機構所制定，而僅因其係人類社會「規範必要」產物之一，亦可成爲法律。因而法律體系之產成只須規範之「自律性」(*Autonomie*)，未必以由國家所制成者爲限。自以「法律體系」之概括概念爲宜。歷史法學派之此種觀解，固頗富啓發價值，且茲所謂「國家法律體系」，亦無意否認得設定較國家廣泛之「法律社會」(*Rechtsgemeinschaft, société de droit*)之觀念以供法律體系之形成。然就現代社會言，法律主要係由以領土及人民之嚴密組織爲基礎並以政府爲統一權力機構之國家所制定，具有强制力，而國家權威之優越，又已非他種社會或經濟組織所能匹敵，即使法規範係由國家以外之社會團體所產生者，亦須藉助於國家之權威，始能確保其强制力，而發生其法規範之實效。在現今社會，國家成爲一切法律規範之發射點」(*Ausstrahlungspunkt*)。舉凡法律規範，幾乎必須藉助國家之力量以獲取其「形式的、實定的適用能性」(*förmliche, positive Geltung*)。以是，法律規範常須與國家權威關連而存在，而勿論其發生情形如何。於是，國家法律體系之統稱，諒非不可行也。

(2) 國家法律體系構成要件

法律規範爲能成爲法律體系，必須有「法律社會」(*Rechtsgemeinschaft*)爲其基礎，其適用範圍又須確定，且其規範之集合必須具有自主性以與其他規範之集合區別，據此，國家法律體系應具備如

以國家主權爲其構成權威。

此三種構成要件，卽：⑴必須以法律社會爲基礎；⑵必須能依國家領土之範域確明其適用範圍；⑶必須

(a)　法律社會

人類之集團，由同一法律統合而成爲特定社會形態時，該社會特稱爲法律社會。統合法律社會之法律方式，並無特別限制，不因其所採之方式究爲成文法律或習慣法抑或普通行爲法規範或爲組織法規範而有差別。另一方面，依同一法律統合之法律社會，其所涉訟者，究爲平等關係抑或支配關係，亦在所不問。

(b)　領土範域

在現代國際社會上，有特定範域作爲測定法律適用範圍之標準，若法律之適用限於比其較窄範圍或逾越此範圍，勢必削減其適用之可能性。國家之領域是也。法律規範依領域爲測定適用範圍之規準者，集合而構成國家法律體系。

(c)　國家主權權威

舉凡法律規範之集合，須有其固有之適用及執行機構，以發生其規範功能，並由其他法律規範集合獨立存在而構成自主存立之法律體系。法律之適用及執行在現代社會上以國家統整機構，並以國家主權決定其權威。因此，國家主權權威爲國家法律體系所必須具備之構成要件。

⑶　國家法律體系之形態

國家法律體系具備屬地法與屬人法兩種形態。惟屬地法與屬人法二者，於學者間，用義不定。應先詳確其定義，作爲辨認法律衝突之基礎。

(a) 屬地法

屬地法由學者就法律之適用對象、範圍、排除性等觀點作有多種多樣之定義。其就適用對象下定義者，謂屬地法爲適用於物之性質、物之構成要件及以物爲構成因素之法律關係之法律。其就適用範圍下定義者，謂屬地法爲適用於自國領土內之法律。其就排除性下定義者，謂其爲適用於領土範圍內之法律，其中限於具有排除外國法律之專屬效力者，始謂之屬地法。此外，並有將屬地法與法院地法（*lex fori*）合一者，謂法院地法卽爲屬地法。玆所謂屬地法，係專就適用範圍之觀點而言，故凡一國法律就特定涉外案件，適用於自國領土範圍內者，概屬屬地法。至於其是否以物之性質、其法律關係或人之法律地位爲對象，其是否具備排他的專一適用效力或容有適用外國法律之餘地，及其是否具備法院地法之觀念，則在所不問。

(b) 屬人法

屬人法之定義，亦非一律。綜合學者之定義，屬人法具備如次兩種意義。一者，謂其係適用於人之法律地位及其身份能力關係之法律。二者，謂其係逾越一國領土之範圍而適用於他國領土內之人或其所置存於一國領土外之物之法律。玆所謂屬人法係專指第二種意義之法律。申言之，其不分適用事項之性質，只要逾越一國之領域而適用於他國者，均爲屬人法。

三、國家法律體系之構造

(1) 地域的法律體系

地域的法律體系可分爲單一法及複合法兩種。所謂複合法，係指一國併合他國，或如聯邦、邦聯等複合國家將其制定及適用法律之主權權力分予新屬領域或各邦，使其新屬領或各邦之法律仍能具備相當自主之地位，足與其他法律區別，而就其適用觀點亦獨立形成法律體系而言。於此情形，因國家法律體系係自數種並存之地域法律合成，故謂之複合式地域法體系。

(2)　人的法律體系

人的法律體系通常係專一適用於國民，但亦有不分國籍而對國民或外國人一律適用者。另一方面，亦有只限於國民中之特定民族，甚且只限於外國人始予適用者。因此，人的法律分國民人法、民族人法、國際人法及外國人法。其中，民族人法，由於現代社會，日益消除依民族種別差別法律地位之陋習，除印度及其他少數國家外，已不復存在。卽是在採取此種人法之少數國家，亦漸有將其廢止之趨勢。

第三節　法律衝突之性質

第一項　法律衝突之意義

法律衝突謂，一國法律（非法院地法），因就特定涉外關係具屬人法效力，以致與他國法律（法院地法非法院地位）發生競相適用之情形。此衝突係指於數國家法律體系間所發生之「國際衝突」（*Der-zwischenstaatliche Gesetzeskonflikt, conflit international des lois*）而言。其衝突具有空間性或領域性。惟領域性之法律衝突並非限於「國際衝突」一者。在同一國家內，亦有法律衝突之情形，所謂「國內法律衝突」（*Der interne Gesetzeskonflikt, conflit interne*）是也。此尤於複合地域法國家所常見者，其外觀上或性質上均類似國際衝突。引示美國之「州際法律衝突」（*Inter-state conflict of Laws*）言，其法律衝突甚且較國際衝突爲頻繁，而其所採之解決原則幾與國際衝突之原則相同，因而致美國研討斯學者，並有將兩者併論之習慣。但抵觸法規範應限以國際法律衝突爲對象，只於爲詳確國際法律衝突有必要時，始宜參研國內法律衝突。

第二項　法律衝突之成立

一、國家法律體系之適用資格

法律衝突，既然發生在涉外法律適用之程序上，故現代國際社會上凡國家法律體系中就特定涉外案件具備被適用之性能即適用資格者，均足以互相構成法律衝突之現象。就特定涉外案件於有適用資格之法律間所發生法律衝突，始爲抵觸法規之解決對象，而應適用之法律，其選擇亦應就此等法律爲之。

二、法律衝突與承認

(1)　巴當（*Bartin*）與美其我（*Melchior*）理論之比較。

國家法律體系須爲經承認國家之法律或經承認之政府所制定之法律，始具備適用資格。吾國實際上雖未面對此問題，然國際私法學上，已屢經討論。此一問題常因論者置重承認之法律倫理或顧慮處理涉外案件之現實，而達成不同之結論，此表現於巴當與美其我兩者之理論構成。

巴當曾謂，法律衝突須發生於足以認爲國際社會主體之國家間，並謂只唯經本國政府所承認之國家，始足以認其爲國際社會主體，故舉凡未經其承認之國家之法律體系，均不具備適用資格，不但不成立法律衝突，若加以適用，卽屬違法。

美其我曾謂，舉凡事實上適用於特定國家領域內之法律，均具備適用資格，至其是否由經承認之政府所制定，則在所不問。

法國及比利時之判例仿效巴當之理論，拒絕適用未經承認之政府所制定之法律，而德國及奧大利法院，則直接繼受美其我之理論，對於未經承認之政府所制定之法律，亦予承認。法國與比利時判例所以採取巴當之見解者，係偏重內在承認之法律倫理觀點，與德國及奧大利判例所採美其我氏之現實觀解，恰成對比。前者之見解，在處理涉外案件之實際上，發生了很大的困難，乃爲衆所公認。惟逕行應用後者之現實主義看法作爲克服此困難之方法，是否妥當，尙有商榷之餘地。

(2)　承認之性質

此問題之討論，應將國家承認與政府承認兩者劃淸，以免混淆。按國家承認乃是確定國家之國際社會主體地位之程序。而政府之承認則爲確明國家之國際社會主體之代表關係之程序。至於承認究以個別承認或集體承認爲正確，在此尙無論及之必要。要之，國家法律體系旣以國家之主權權威爲其因素，故於國際社會上之權力團體未經承認而取得國家主體地位以前，其所制定之法律，固不具備國家法律體系之性質，因而不致於發生法律衝突之問題。巴當前引之理論，不外乎就國家承認之觀點，認爲於國家未經承認之前，其國家法律體系旣未有效成立，無從討論其對國家法律之適用資格發生何種限制，更談不上發生法律衝突之可能。以是，承認應限以政府承認始足以影響國家法律體系之適用資格。政府承認固足以影響已成立之國家法律體系之適用資格，惟國家法律若係由未經承認之政府所制定者，對其適用資格之判斷，因論者對承認之看法不同而有差異。若採法律倫理觀念而謂只有經承認政府所制定之法律始堪尊重其爲國家法律體系，則未經承認政府所制定之法律，固不具備適用資格。不僅此也，其只經事實承認之政府所制定者，亦然。換言之，只有經法律承認或仍維持法律承認之政府所制定之法律才構成該國之法律體系而具備適用資格。反之，若認爲在該國領域內現實具備規範效力之法律爲國家法律體系之構成因素，則制定該法律之政府是否經過承認，無關重要。即未經承認之政府或只經事實承認之政府所制定之法律，只要其具備規範實效時，取得適用資格，而有發生法律衝突之可能。按承認主要係就國家間之事宜而言，雖與何一政府負代表國家行使權利，履行義務之責有關。然未必涉及特定國家法律應由何一政府制定之問題，凡法律之具備規範實效者，不問其係由何一政府所制定，均具備適用資格。惟承認其適用資格只創設適用之法律基礎，即賦予國家以適用之權，而未課以適用之義務。因此，適用未經承認政府所制定之法律，固不違法，即使拒絕適用，亦然。未經承認之政府所制定之法律因可適用而遽予適用，固有未妥，然若一律拒予適用，而致欠缺處理上應有的法律依據，徒增選法處理上的困難並杜塞保護既得權益及國家公益之路。此尤於畢克（*Pink*）一案，可以看出其弊端（註）。爲確保國家處理涉外案件之穩定立場，以未經承認爲理由而拒絕適用外國法律，固屬可行，但亦不妨於確保其穩定立場之範圍內，對未經承認政府所制定之法律，保留適用自由，俾便制宜處理，以減少處理上之困難。

三、法律衝突與國家合併

根據與承認相同之理由，在國家合併之場合，即使本國抗議他國之國家合併，法院地國，一方面不因而不能適用合併國之法律；另一方面，亦不因而負擔適用被合併國之法律以代替合併國法律之義務。然國家法律體系既須以國家權威爲基礎，則欲承認合併國就其所歸併之領土所制定之法律，具備適用資格，必須該國對於被歸併領土事實上建立主權權威，如未佔有該領土，或已佔有其大部分，然對其外國抗禦尚未有效制壓時，合併國之權威，既未建立，其所制定之法律，自不具備適用資格，固不發生法律之衝突也。

（註）在本案，「第一俄國保險公司」（*First Russia Insurance Co.*），曾經被蘇聯政府沒收其保險營業及財產，而不分其財產所在地在蘇聯或他國，一概將其包括在沒收之範圍內。美國政府於一九三三年十一月十六日對於蘇聯政府作法律上之承認，旋即依據所謂立特維努夫協定（*Litvinov Agreement*）由蘇聯政府受讓蘇聯政府依沒收取得之該公司在美財產。美國最高法院雖承認蘇聯政府沒收該保險公司財產之措施違反美國法院地之「公安」（*Public Policy*）照理，蘇聯政府不能取得該公司之財產，但仍認美國依國際條約或協定所表現之美國聯邦政策（*Federal Policy*）優越於該「公安」，因而謂，蘇聯政府有效取得該保險公司在美財產，從而美國政府有效受讓該公司之在美財產。參照 315U. S. 203(1942)

第四節　基於法規性質之分類

第一項　基於法規性質之分類

一、總　說

法律衝突得就所衝突國家法律體系中直接發生抵觸之法規而加分類。此抵觸之法規，基本上，可分爲私法法規與公法法規。因此，法律衝突應就私法法規及公法法規分爲私法衝突及公法衝突。

二、私法衝突

(1) 私法法規之性質

私法法規以規律有關私益之平等關係爲其主要課題，用以支配一切與其制定國有關之私人。至於該私人在制定國國內或國外，則不在所問，因爲私法法規在國際私法上不受屬地原則之拘束而得伸展至他國適用，故就私法法規常會產生法律衝突之現象。

(2) 區分民法與商法法規之必要

爲闡明私法衝突，究竟有無區分民法法規與商法法規之必要？而私法衝突能否區分爲民法衝突及商法衝突兩種？關於此類問題，學者之間，頗有爭論，兩者法規之性質及就兩者所發生法律衝突問題之性質，均被作爲研究論此問題之基礎。先就兩者法規之性質言。商法法規具有國際共通性質，而民法法規則具有國內之固有性質。兩者性質既異，爲研析私法法規之抵觸情形，商法法規與民法法規實互有區別之必要。尤以海商法規爲然。蓋海商法規所規律之法律關係在海上發生，並以船舶爲中心所形成，顯與不分海陸而規定之民法關係不同。實有理由謂有區別之必要。次就法律衝突問題之性質言。民法法規與商法法規兩者所適用之涉外問題性質相同，其解決之法理並無差異，故謂無須區別民法法規及商法法規，亦有理由。各執一理，而採相反看法，應如何抉擇？

按私法法規係適用於當事人間之平等關係者。民事權利之主張固足以發生此一關係問題。即商事權利之主張亦足以發生此一關係問題。換言之，民事與商事之分別對於問題之性質原不發生影響。惟民權利與商事權利究竟性質不同，未知涉外平等關係問題究因何種權利原因而發生以前，其法律規範難以確明。從而，區分民法法規與商法法規，選法上實有裨益。因此，私法衝突應分爲民法衝突與商法衝突兩種較妥也。

三、公法衝突

公法法規具有屬地性質，其適用效力通常限於自國領域內，一國公法法規不容他國公法法規與其競相適用，而兩者之間亦不發生顯然衝突之情形。蓋公法法規性質上與公序良俗攸關所致也。因此，消極言之，僅以不抵制國內公安或爲策國內公安利益有必要而援用者爲限，始得例外適用外國公法法規。此際，外國公法法規與國內公法法規之間似乎存有衝突之狀態。若謂公法法規不發生衝突，則前述衝突應屬一種擬制。玆舉刑法法規及財稅法規爲例，分述此一擬制衝突之情形如次。

(1)　刑法法規

刑法第四條規定，中華民國國民在外國之犯罪行爲，其結果在中華民國領域內發生者，爲在中華民國領域內犯罪。依刑法第三條之規定，應適用中華民國刑法處罰之。學者或謂於此情形，若中華民國國民之犯罪行爲地國刑法亦規定處罰該犯罪行爲，則就同一犯罪行爲同時有中華民國刑法與犯罪行爲地國刑法競相適用，因而發生法律衝突云云。實者刑法第四條之規定，其意殆指何種犯罪情形必須專一受中華民國刑法之規範，而未必寓有容忍犯罪地國刑法競相適用之意。美國之「抵觸法釋義」(*Restatement of the Conflict of Laws*) 第四二五項亦規定：「一國就自國領土外之犯罪行爲或其事實不得主張有決定其有犯罪之權」。惟英美學者咸認爲法院地國不適用他國刑事法，乃爲一般原則。如有該釋義前引一段規定之情形發生時，因其不能適用法院地法，故唯有駁回原訴之一途，惟於駁回原訴爲不妥當之特形發生時，能否試許其適用如犯罪行爲地法等他國法律代替，以資救濟乎？況且吾國法史上，曾有「同殊情類自相犯者，各依本俗法」之例，實有試研之餘地也。

(2)　財稅及經濟行政法規

財稅法規係以一制定國對於人、物或權利有課稅管轄權爲限，始由該制定國本身適用之。例如中華民國財稅法是否適用於在美國訂立而在中華民國履行交貨或其他義務之交易所得之情形是。關於此一問題，中華民國有課稅管轄權，當然適用中華民國財稅法規，固不發生應依何國法律課稅之問題。同理，就一般經濟行政法規亦不致於發生法律之衝突。換言之，一國財稅法不伸展適用於他國，因而不致於發生財稅法衝突之情形。此乃英美學者一致採取的看法。余亦以爲然。然亦有如古特律志之輩認爲在理論上，仍宜設想一國財稅法稅法得以伸展適用以他國之可能性，殊值得注意。

其他行政法規與訴訟法規之情形，與上述情形類似，茲不復贅。

四、私法衝突與公法衝突之比較

綜上所述，法律衝突係以私法衝突爲其基本形態。即謂「法律衝突爲私法法規所固有」(*Le conflit des lois, notions propres aux lois du droit privé*)，亦不爲過。從而其發生是正常而普遍的。至於公法衝突則屬例外現象。其發生是臨時而偶然的。公法衝突寧係附隨於管轄權問題發生而爲其所吸收。甚且可謂其與管轄權互有「吻合一體」(*Coincidance*) 之關係。公法衝突主要係基於法院地國非尋常之公安或其他政策上之考慮而發生者，故可謂係一種擬制而已。基此比較，法律衝突之分類可以圖示如次。

法律衝突｛正常衝突——私法衝突——(1)民法衝突；(2)商法衝突等等。
　　　　　擬制衝突——公法衝突——(1)刑法衝突；(2)稅法衝突；(3)訴訟法衝突；(4)行政法衝突等等。

玆再就解決此衝突之本位法規範比較圖示如次。

(1) 私法衝突——抵觸法本位——民事抵觸法、商事抵觸法等。

(2) 公利衝突——屬地法本位——（準抵觸法）——刑事屬地法、財稅屬地法、訴訟屬地法、行政屬地法等等。

第二項　法律衝突之時間動態

國內法上舊法與新法之衝突，因其非發生於國家法律體系間，故不屬於玆所謂法律衝突。然因其發生於所衝突國家法律之內，而由該衝突法律吸收，成爲其一個形態。故學者通常稱之爲「動態法律之衝突」（*Conflit des lois mobiles*），視爲抵觸法所應規律之法律衝突的附隨問題之一。若非將其一併解決，法律衝突不能獲得完全的解決。

此項「動態法律衝突」可分爲兩種。一者就準據法國之實體新法與實體舊法間所發生，可稱爲實體法的動態衝突。二者，就準據法國與法院地國之抵觸法規之變動所發生。如因「締約地法」改爲「履行地法」而發生。可稱爲抵觸法的動態衝突。抵觸法的動態衝突若就準據法國之新抵觸法規與舊抵觸法規所發生，則其情形與該國實體法的動態衝突大致相同。至於法院地國之抵觸法動態衝突，因其情形特殊。故特舉成例以明其情形如次。

成例一：一九〇六年德國漢堡高等法院所判決之史格爾（*Schiegel*）一案。其遺囑作成人爲歸化美國國民，曾在布利門（*Bremen*）結婚，並與其配偶存有共同夫妻財產關係。本案係就此財產關係而涉訟。依一九〇〇年以前德國抵觸法規規定，應適用結婚時之住所地法。在本案卽指布利門法。然德國民法施行法第十五條則規定應依夫之本國法。在本案卽指美國法律。再依德國民法施行法第二百條之規定，德國民法公布施行前已成立之夫妻財產關係却可依此適用布利門法律。於是，產生是否應使德國民法施行法第二百條優先於其第十五條之規定而適用舊法，因此抑制其效力，適用舊抵觸法卽漢堡抵觸法，抑或相反地適用德國民法施行法之問題。

成例二：一九〇九年德國紐倫保高等法院所判決之夫妻分別財產制案件。其雙方當事人均爲巴布利亞（*Bavaria*）國民，曾居住在克福（*Cofu*），自一八五六年起卽適用羅馬法的嫁奩法制，並承認夫妻分別財產制。問題在於應依舊抵觸法卽「普通法的住所主義」或新法所採之本國法主義。

前揭二例，均示新抵觸法與舊抵觸法各採本國主義與住所地主義，因而發生衝突。其第二例並含有承認「反致」應依舊抵觸法或新抵觸法之特殊問題。若承認反致並依舊抵觸法之規定判斷，則此際實應適用巴布利亞法，而巴布利亞法又規定應適用克福法，故依此應適用克福法。此係反致，固引起反致應予以承認之問題。新抵觸法承認反致，而舊抵觸法，則不然。因此，又導致法院地國新抵觸法與舊抵觸法衝突。如謂成例一係關於抵觸法之單純的動態衝突。則成例二係關於抵觸法之雙重的動態衝突。

第三章 法律選擇

第一節 法律選擇之方式

就同一涉外案件，數國法律發生正常私法衝突或偶發的擬制公法衝突時，選定其中一者或選定其中一者以上並附前後次序，作爲所應適用之法律（*Applicable law*），此程序特稱爲法律之選擇。法律選擇有單元選擇及多元選擇之別。僅選定一國法律爲應適用之法律者，稱爲單元選擇。如涉外民事法律適用法第一條規定：「人之行爲能力，依其本國法」，卽係依單元選擇選定應適用之法律。若以選定數國法律以上並附前後次序爲應適用之法律者，稱爲多元選擇。如涉外民事法律適用法第六條關於債權行爲（卽「法律行爲發生債之關係者」）之「成立要件及效力」規定適用當事人自治原則，於當事人意思不明時，再分別情形適用本國法、行爲地法等，此卽係依多元選擇以決定其應用之法律。

第二節 抵觸法則之選法準則地位

法律衝突不外乎因就同一涉外案件數國同時具備所謂「法律制定權」（*Compétence législatif*）所引起。因爲此權爲國家主權之因素，故必然導致所謂「主權之衝突」。而法律選擇亦可謂係解決此種國際爭執之法律程序。而法律選擇既然以所謂「抵觸法規」爲準則，因此，「抵觸法規」必然含有國際法規範之成份。奈因該國際法規範未臻精緻，而其制約效力又尚未嚴密，故只揭示如「案件A依B國法律」之抽象性「規範定型」，而令國家依此「規範定型」各自規定其具體之「抵觸法規」。因其對國家選擇法律未必予以明確之拘束，遂致各國現行抵觸法規互生歧異，引發許多抵觸法規之分類方式及適用問題。此當另行分章詳論之。本章僅述法律選擇之指導原則如次。

第三節　法律選擇之指導原則

抵觸法規範爲國際私法之一部分，以策使國際交易之順利與使國民及外國人權益能獲公平之待遇及保護爲其兩大要旨。惟爲策交易順利與保障權益之公平，兩者未必併行無礙，因而抵觸之事迭起無已，爲達國際交易之順利，抵觸法規定，固須勿妨涉外案件之處理效率。因之，有主張應儘用國內法律，而唯於有相當之理由，始適用外國法律，俾免因調查外國法律之不易，而致礙審判程序之進行者。此種看法，確屬佳見。然有時未免因而致外國人正當權益之保護難臻妥善。交易之順利與權益之公平自須互相協調，避免衝突。此由近年來巴地福（*Batiffol*）及葛雷遜（*Graveson*）等碩儒更力主應以「公平與便利之平衡」（*Balance of justice and convenience*）爲抵觸法之要義，可窺知其一班。玆據此抵觸法之基本意旨，試立⑴法律安定、⑵正當期待保護、⑶主要利害關係國之法律優先、⑷公平處理、⑸選法自由等五種法理原則，供爲法律選擇之依循。

一、法律安定之原則

法律安定貴在對於同一案件，無論其繫屬何國，其結果均有統一，不因國家之不同而有所差異。因爲各國實體法之內容互有出入，就同一案件必須適用同一國之實體法，始能達成此一目的。玆以侵權行爲損害賠償案件爲例。於其繫於B國法院時若適用A國民法債編侵權行爲之規定，其後繫屬於C國法院時，亦應適用A國民法債編侵權行爲之規定，亦卽不因繫屬法院爲B國或C國，而致所適用之法律不同。由此可知，欲期涉外案件處理結果之統一，必須各國指示應適用法律之抵觸法規定互相一致。因此，抵觸法規應力求避免適用「法院地法」以匡救偏重國內法律之弊。故須限於爲保護國內公序法益有必要或薩維尼所謂「法律關係之本據」（*Sitz der Rechtsverhältnisse*）確屬法院地國時，始適用國內法，以期其適用能有一定之限制標準而免致因繫屬國家之不同，使實體法變動，妨礙法律安定。康恩（*Kahn*）及沃耳福嘗謂：各國應基於「國際共同社會」（*Völkergemeinschaft*）之意識，力求抵觸法之統一並策「法律之諧調」（*Gesetzes-Harmonie*），亦卽此意。爲達成此一目的，應有如次運法之方針。

第一、必須促成抵觸法規之國際統一立法。

第二、必須經常顧慮各國抵觸法規上準據法之一般發展趨勢，而依修訂法規，或解釋現行法規，適應之。

第三、反致之過度適用，易亂法律適用之統一。應設適當界線，以杜防其濫用，並期反致法則之均衡。

第四、勿宜屢用公序良俗原則，徒增適用國內法之機會。

二、正當期待權保護之原則

當事人就其正當行爲得期待取得特定權益或免除特定責任者，此期待權益應受保護，亦不宜違反其期待而使其負擔責任。但此保護不能漫無限制，以防濫用，其保護當應適加約制，此約制有二。

（一）必須其違法行爲非出於行爲人之故意或過失，而實緣因於偶然或不可抗力所致者，始能免除其行爲人之責任。

（二）必須當事人之權利非濫用其經濟優越地位或基於受法律特殊保護之地位而取得者，始予承認及保護。

茲舉析述如次：

(1) 關於第一負責約制之例

在美國某州發行之報紙，依該州法律享有較大之言論自由，甚且其所爲之某種誹謗亦不致受法律之嚴厲禁止，而又無任何損害賠償責任可言。該報紙因偶然事故被運至吾國，其言論在吾國亦構成誹謗行爲，報紙在吾國出版法規並無免責之規定，依刑法第三百零一條應構成誹謗罪，並依吾國民法第一百八十四條之規定，亦應負侵權行爲責任。在此情形，因該報紙在吾國境內誹謗行爲部分，非出於故意或過失，故卽使依吾國法律亦不構成侵權行爲責任。另一方面，因其未違反第一種約制，其期待免責原屬正當，美國及吾國既均屬侵權行爲地，則應特定美國爲侵權行爲地，視美國法律爲所應適用之侵權行爲地法，卽使就美國之行爲部分，亦應據此以保護其免責之期待權益。

(2)　關於第二權利約制之例

現今各國法制上，有頗多所謂「經濟保護法律」，其宗旨在於從獨占或暴利行爲中保護社會交易之安全。當事人之期待權益不得優越於此種保護法律。舉例言之。美國公司在吾國境內從事違反反托拉斯法之獨占行爲取得權利，而發生涉外案件，並繫屬於美國聯邦法院。在本例，視其對美國經濟狀況直接間接發生如何影響，而論定其行爲之效果，勿宜僅因其爲中國法律所許爲理由而確認其權利。蓋此就美國法院之立場言之，已違反第二種約制，其權利之期待，尙未正當。

三、主要利害關係國法律優先之原則

數國因其爲當事人之本國，行爲地國，或法院地國而就同一涉外案件，共同發生利害關係。此利害關係有密疏之差，而其關係最屬密切之國家則爲主要利害關係國。其法律應較其他國家之法律而優先適用。至於決定主要利害關係國之標準，則有如(1)涉外案件之性質；(2)涉外法益之重心；(3)涉外關係之構成因素等。玆將此等決定標準析述如下：

(1)　涉外案件之性質

同一涉外案件，如違反土地買賣契約，當事人可依請求給付損害賠償金額，或請求交付土地，以尋求救濟。涉外案件依其爭點在損害賠償或交付土地而異其性質。在前者情形，訂約地國與該案件之關係最密切，其法律優先於土地所在地國之法律。在後者情形，土地之所在地國與該案關係最屬密切，其法律優先於訂約地國之法律。

(2)　涉外法益之重心

同一案件可能同時牽涉財產法益及身份法益等數種法益。如於夫妻間之傷害賠償案件，因該案件係發生於夫妻間，損害賠償一面關於財產法益，他面，又涉及夫妻關係之身份法益。就損害賠償之財產權益觀之，主要利害關係國應爲侵權行爲地國，而該國法律爲應適用之法律。再就夫妻關係之身份法益觀之，夫妻同居地國既爲主要利害關係國，應適用該國法律。若是，就此類有特殊情形之損害賠償案件，侵權行爲地法或夫妻同居地法，均可能以主要利害關係國法律而被選擇爲準據法。

(3) 涉外關係之構成因素

涉外關係之構成因素，包括當事人之國籍、住所地、標的物所在地等法律事實。此構成因素中多數歸屬之國家應爲主要利害關係國。茲舉異地書面契約之履行案件爲例。當事人爲中華民國國民，住所亦在中華民國。其一方A就書面契約簽名後，交付他方當事人B，B因事赴日，在日本簽約後付郵寄回與A。此際，涉外關係構成因素之中，國籍、住所甚至締約地之一部分均屬中華民國。因中華民國爲主要利害關係國，中華民國之法律應爲應適用之法律。

四、公平原則

(1) 選擇法律對雙方當事人應力求公平，免致發生偏袒之情形。因此：

(a) 所選擇之法律不得只對當事人之一方有利。依選擇法律之基本觀念言，當事人之本國法較他國法律有利於當事人。因此，當事人之一方爲外國人，他方爲中華民國國民時，不能一律適用中華民國法律。應就涉外關係歸屬何國，或適用當事人之本國法，或適用其他外國法律，或適用中華民國法律，以期內外國法律能有平均適用之機會。

(b) 所選擇之法律勿令其發生過酷之效果。申言之，法律之選擇應斟酌該涉外關係之事實，以免對於當事人之任何一方發生過酷之法律效果。例如，因當事人事實行爲所發生之損害，大部分發生在A國，一部分在B國，依A國法律該行爲不構成侵權行爲，但依B國法律，則構成侵權行爲。設若該行爲係出於被迫，則宜斟酌案情特殊，應選擇A國法律爲所應適用之侵權行爲地法，以免除或減輕之侵權行爲責任（涉民九）。

(2) 外國法律一旦被選擇適用，則在國內程序上應與國內法律處於平等之地位。同時，亦應力求外國判決之承認，以期有效地使外國人在中華民國國民相同獲得公平之待遇，因此：

(a) 國內法院應承擔調查外國法律之義務，即使無明文規定此義務，亦應盡協助查明外國法律之能。

(b) 外國法院之判決，除非有違法管轄或選法詐欺等情形，否則，應不得拒絕承認其效力並對其賦予執行名義，美國判例上所謂「充份誠信原則」(*Full faith and credit clause*) 可引爲「法理」原則，加以適用。

五、選法自由之原則

涉外平等關係應盡能尊重當事人之自由意思，並容許當事人憑其知慧尋求私益。而爲使其能尋求私益計，應令其享有選擇法律之自由。惟若因此而致與國家公益相抵觸或頗有威脅交易安全之虞者，不在此限。因此：

(1) 當事人爲求婚姻或其他法律關係之成立，依移轉住所變更國籍之方法，藉以獲得有利之準據法者，不宜一概以禁止之態度臨之，若非惡性重大，應酌情准許適用有利之準據法。

(2) 實體法上如契約等放任當事人意思自治之事項，應竭力承認當事人之自治。惟當事人自治應建立在其正平等關係上。濫用經濟優勢，假裝平等之「附從契約」(*Contrat d'adhésion*)，理宜適用法定準據法以代當事人所指定之法律糾正之。

第四章　抵觸法規之方式

第一節　主要抵觸法規與輔助抵觸法規

抵觸法規具備如次指示準據法之規範形態。如涉外民事法律適用法第一條規定：「人之行爲能力，依其本國法」；第十條規定：「關於物權，依物之所在地法」等是。然僅據此規定，或由於連結因素之觀念不能確明，或因此等抵觸法所指定應用之法律究限於實體法規或包括抵觸法規並未確定，恐難有效決定應適用之法律，據以確切處理涉外案件。因此，尙須借助於他種形態之法規。此種法規，其本身並不指明準據法，其職能在於補充上述抵觸法規以確明應適用之法律而已。涉外民事法律適用法第二十九條承認反致之規定，卽係此種法規之例。此種法規亦不失爲選擇法律之準則，與本態抵觸法規合一，確定準據法，做爲處理涉外案件之法律依據。玆試將涉外民事法律適用法第一條與第二十九條併合湊成一條闡述之。若將兩者合一規定，卽可構成如次定型，卽：「人之行爲能力，依其本國法，依其本國法須依住所地方而定者，應適用住所地法」。其型態與抵觸法規之本態，並無差別，甚且兩者融合而成一體後，其指定應適用之法律更加詳確切實。因此，其與本態抵觸法規只有主要與輔助之差別，並非另成一類。玆將本態抵觸法規稱爲「主要抵觸法規」，則此種法規應稱爲「輔助抵觸法規」。「輔助抵觸法規」包括上揭反致規定及所謂「法律關係定性」(*Einordnung, classification, qualification*)之「法理」原則。

第二節　主要抵觸法規

第一項　單方抵觸法規與雙方抵觸法規

一、緒　說

主要抵觸法規指定應適用之法律時，或偏重國內法律或兼顧內外國法律，前者稱爲「單方抵觸法規」(*einseitige Kollisionsnormen*)（亦稱爲「不完全抵觸法規」(*unvollkommene Kollionsnormen*)；後者稱爲「雙方抵觸法規」(*zweiseitige Kollisionsnormen*)（亦稱「完全抵觸法規」(*vollkommene Kollisionsnormen*)。此類原由德國故魯布（*Raape*）教授所提倡，而由烈我（*Lewald*）等德瑞學者所倣用，英美法學者亦採之。其所以普獲支持與承認者，因其具備如次實益。卽單方抵觸法規偏重於國內法律，排除外國法律，雙方抵觸法規予內外國法律以平等適用之機會。據此以辨認各國抵觸法規之構造，其對於促進國際私法之理想及應如何改進現行抵觸法則，確有實效。

二、單方抵觸法規

單方抵觸法規，僅指明國內法律爲應適用之法律，而關於外國法律之適用，則隻字不提。單方抵觸法規指定國內法律，有附條件指定及不附條件指定之分。

(1)　附條件指定

單方抵觸法規附條件指定國內法律爲應適用之法律者，係就當事人之地位、權利標的之性質等有特殊情形存在時，始指定國內法律爲唯一應適用之法律。涉外民事法律適用法第十三條第二項應屬其例，其規定有謂：「外國人爲中華民國國民之贅夫者，其夫妻財產制，依中華民國法律」。涉外民事法律適用法第十三條第三項可由其第二項吸收。因此，「外國人爲中華民國國民之贅夫者，關於夫妻之不動產，如依其所在地法應從特別規定者，未必一律適用中華民國法律，其所在地法爲外國法律者，適用外國法律」。綜合兩者以論，涉外民事法律適用法第十三條第二項指定中華民國法律應適用於夫妻財產制，同時，並規定專一適用中華民國法律之條件如次，即：第一、必須外國人爲贅夫，且其妻爲中華民國國民；第二、必須限於非不動產之財產部分。不具備此兩種條件者，不能專一適用中華民國法律。如中國人爲外國人之贅夫時，欠缺第一適用條件，可另依「平衡適用法」以適用「妻之本國法」。

(2)　不附條件指定

不附條件指定國內法律爲應適用之法律者，係就特定涉外案件，不問其法律關係之性質爲何，一律指定國內法律爲應適用之法律。如涉外民事法律適用法第三條第二項之規定：「禁治產之宣告，其效力依中華民國法律」。該項規定有「前項」禁治產之字樣，然其意與其謂爲僅於有第三條第一項所規定之特殊情形存在時，始適用中華民國法律，毋寧謂卽使有此特殊情形存在，亦一律依中華民國法律，故宜解釋爲不附條件指定之一例。

一般言之，單方抵觸法規以附條件指定之例居多，不附條件指定者，居少數。單方抵觸法規，不論其係附條件或不附條件指定國內法律爲應適用之法律，亦只限於有適用國內法律之必要時，始劃定該法法律之適用範圍，並未寓有强調適用國內法律之意。於研討單方抵觸法規之利弊時，當須顧慮及此。

三、雙方抵觸法規

雙方抵觸法規不僅指定國內法律爲應適用之法律，而且亦指定外國法律爲應適用之法律。該法規爲兼顧內外國法律，使兩者均有適用之機會，未特別指明適用何國法律，而以歸屬未定之連結因素，如「國籍」、「物之所在地」、「行爲地」之類，爲基礎，形成「本國法」、「物之所在地法」、「行爲地法」等法律名稱，藉此以對於應適用之法律予以分類。應適用之法律究爲國內法律？抑或外國法律？若爲外國法律，則爲那一外國法律？此等問題均須就該涉外關係之具體事實，決定連結因素之歸屬，而後始能解明之，連結因素既依情形之不同可歸屬於內國，亦可歸屬於外國，則內外國法律當然均有適用之可能。就契約關係言，若當事人之一方爲中華民國國民，他方爲美國人，兩者均爲十九歲，則將發生有無完全行爲能力之問題。此際，必須確明行爲能力之準據法。涉外民事法律適用法第一條爲有關行爲力之準據法，該條規定：「人之行爲能力，依其本國法」。此爲雙方抵觸法規，適用規定於行爲能力問題，須先知其連結因素爲國籍，依該涉外關係之事實，可以判明其當事人之一爲中國籍，另一人爲美國籍，從而可判定對於當事人之一方適用中國法律，對他方，適用美國法律，自不因而專一適用中國法律。

四、不完全雙方抵觸法規

抵觸法規之中，有些僅於具備特定條件時，始平均適用內外國法律者。論其形態及意旨，略與雙方抵觸法規相同，但既附條件，以示保留，當不如雙方抵觸法規之完整，故學者咸稱之爲「不完全雙方抵觸法規」（*unvollständige zweiseitige Kollisionsnormen*），以與普通雙方抵觸法規區別。

不完全抵觸法規通常附有涉外關係須與內國有關連之條件，而泛稱所應適用之法律為「本國法」。此條件事實，歸納各國成例言之，分有屬人的或屬地的關連。例如當事人為自國國民是也。德國民法施行法第十三條卽為常被引用之要例，其規定如次：「婚姻之成立，如婚約當事人之一方為德國國民者，應適用各該當事人所屬國之法律。外國人在德國結婚者，亦同」。此例由於「婚約當事人之一方為德國國民」而與德國有屬人關連，或婚姻係在德國擧行，因而有屬地關連，始適用所屬國法律卽「本國法」。德國民法施行法第十三條與涉外民事法律適用法第十三條比較，兩者均係附以「與內國之關係存在」之條件而指定應適用之法律」。但兩者所指定之方式互成對比。前者係附條件適用「本國法」，後者係附條件適用「中華民國法律」，後者偏重國內法律，前者則內外國法律兩者均用。從而，若謂後者為單方抵觸法規，則謂前者係屬雙方抵觸法規之一種，並非誤謬。只是因其係限於法定條件始以雙方抵觸法規適用之。故稱為不完全雙方抵觸法規也。

第二項　單方抵觸法規之地位

一、單方抵觸法規主義

(1)　單方抵觸法規主義之學說

在上述主要抵觸法規方式中，以孰為是，近年來乃成為學者論爭問題之一。而主張應採單方抵觸法規者，為數尙多。本章擬先硏討其學說，並以與雙方抵觸法規主義比較，並由比較法例求證，藉以論結對此問題應採何種看法。按斯說學者所依據之理由，大略有三種，茲分別析述如下：

(a) 雙方抵觸法規與國際法上國家法律主權之概念不合，故應採單方抵觸法規爲原則。此說爲史涅爾（*Schnell*）所力主者。史氏謂國家抵觸法規之內容應遵守國際法原則。申言之，一方面依法律主權原則，法院地國固不能不分涉外關係之種類及其情況而一律適用國內法律。另一方面，亦不能決定逾越其支配權範圍之場所、人及法律關係應歸何國法權範圍，藉以決定其應適用何國法律。例如德國將法國領土割讓給西班牙，並將法國國籍授與西班牙人等等，均違反國際法，又如德國立法者對不屬其主權支配範圍內之涉外關係規定應適用某一國之法律，亦屬違反國際法。換言之，一國只能就其法權支配下之涉外關係，明定對其適用自國法律。而雙方抵觸法規規定內外國法律均能適用，當亦包括適用外國法律之情形在內，實構成侵犯他國主權之行爲，只惟單方抵觸法規可免此弊。故應採單方抵觸法規。

(b) 抵觸法規與國內訴訟法性質相同，只能指明自國法權管轄之範圍，單方抵觸法規比較合乎斯一性質。此說爲尼杜挪（*Niedner*）所主張。杜氏謂抵觸法係程序法，並非實體法，只規定國內法律制定權所及之情形。猶如訴訟法只規定國內法院審判管轄一般。因此，抵觸法規，在本質上應屬單方的。即只能明定應適用國內法律之情形，但不能指明應適用外國法律之情形。

(c) 雙方抵觸法規擴張應適用之法律之範圍，而導致數國法律均爲應適用之法律，不容易確定應適用之法律。若採用單方抵觸法規，既只適用國內法律一種，則能避免發生此種選法上之困難。

(2) 單方抵觸法規與法規欠缺

單方抵觸法規適用於實際，常有不能適用國內法律之情形，因致產生「法規之漏洞」。其結果於處理涉外案件時往往發生欠缺法律依據之現象。此一主義固有此流弊，然採斯說者仍認爲無庸借助雙方抵觸法規而另謀補救之法。尼伯伊謂：「法規之漏洞得用他國之單方抵觸法規以資補救，而其應用他國抵觸法規之方法如次。即：

第一、他國抵觸法規定該他國法律爲應適用之法律者，適用該他國之法律。

第二、他國抵觸法規定未明定應適用該他國法律者，適用「法院地法」爲「代替適用之法律」。

第三、他國抵觸法規定數國法律爲應適用之法律者，應適用最適合於「法院地國」本身之抵觸法規固有觀念之法律。

按單方抵觸法規之原義在使法院地國只能適用自國法律而未顧及他國法律之適用。然觀諸實際，外國法律不但非無適用之可能，而且有時尚須借助外國法律，勢必與單方抵觸法規之觀念不合，足見單方抵觸法規有其內在之限制。此可由上引尼伯伊所提示之補救方法而得知之。爲克服此一內在限制，其實際效果，尤能證明雙方抵觸法規之存在價值。再就國際私法之本質論，偏執單方抵觸法規主義，固非適宜。關於此點，將另行改段析述之。

二、單方抵觸法規主義之研判

(1)　抵觸法規範之雙重構造與單方抵觸法規主義

抵觸法有國際法及國內法之雙重規範構造，已如前所述。其國內法部分，既應朝國際法化之方向發展，則俱應以超越之立場，使其所指定應適用之法律不偏於有關國家法律之任何一者，適用國內法律雖非不可，但應嚴限於其與國內公益或公序良俗有關之事項。若只知專一適用國內法律，必有技窮之時。何況雙方抵觸法規主義已成爲現代法制之發展趨勢，後述，更不能苟同單方抵觸法規主義。

(2) 抵觸法立法之發展趨勢

(a) 法國

法國之國際私法判例不僅在法國法上地位重要而且爲要研明法國國際私法非析察不可。其所以如此，實因如次理由而然，即：法國對涉外法律適用向無獨立詳細之單行法規，唯有法國民法第三條之規定一條，而無其他可援引之條文，可謂全靠法國最高法院（*Cours de Cassation*），依解釋，適用此一條民法規定之方式，以推進、發展判例法。因此，法國究竟有無採取單行抵觸法主義，固需注意法國民法第三條之內容，並且關於法國最高法院判例及裁判例之思想及見解，亦應察看參研，始能關於法國抵觸法之立法主義略識大體，以便辨認其發展之動向。但就法國民法第三條本身言，實充滿了所謂「法律之屬地性」（*territorialité des lois*）思想。（註一）即如拉貝爾（*Rabel*）教授所指出，在法國之看法，「法律之通常效力，即是屬地的」（*The laws are territorial by virtue of their normal force*）（註二），因一國法律有屬地的通常適用效力，該國法律在該國境內得排除他國之法律，專一適用該國法律而不適用他國法律。其排除他國法律之適用，實因此項法律之「屬地性」使然，而不是因爲外國法律違反公序良俗始致如此。實則，該國法律基於法律之「屬地性」觀念，不容許他國法律在該國境內與其競相適用。而如依此「屬地性」觀念閱看下列法國民法第三條之規定之內容，其規定，在文義上顯然是採單方抵觸法主義，惟欲析察法國之立法主義，必須詳稽法國判例及有力學說，就此點，却難謂其有單方抵觸法主義之實。法國民法第三條之規定內容，共分三項，茲先將其三項規定列載如次。

一、法國民法第三條第一項規定：「警察治安法規對於居住於境內之人民全體，均有適用」。

二、法國民法第三條第二項規定：「關於不動產，其由外國人所有者亦包括在內，概依法國法律」。

三、法國民法第三條第三項規定：「關於人民之身份及能力之規定，對於法國國民無論其係居住法國境內或境外，一概適用」。

（註一）法國巴特菲奥（*Batiffol*）教授在其與拉克亞特（*Lagrade*）教授共著之「國際私法」（*Droit International Privé*）一書之第一册及第二册（一九七六年版）就法國民法第三條之規定之「屬地性」列舉許多適用情形，作有重要之論析。依此試釋其屬地適用力之强度達至絕不容許他國之警察治安法規與法國之此類法規競相適用於法國境內。

（註二）拉貝爾氏特別指出，「關於安全及警察之法律」（*lois de sûreté et police*），有絕對的屬地適用力。參照 *Rabel, Conflict of Laws, vol.* 2, 1960, *p*.253.

第二項規定「物法法則」(*Statut réel*)。第三項規定「人法法則」(*Statut personnel*)，宣明此項法國法律却另亦有屬人適用力，得超出法國領域，對於他國適用。但兩者基本上，均係指定法國法律爲應適用之法律。至於第一項則宣明公法法規有專一的屬地適用力，即規定凡關於警察治安之統治事項，應適用法國法律。至於應適用法國公法法規之範圍，究竟應如何予以確明，尚有爭議。據列尼(*Lainé*)之看法，應限於刑罰、警察及行政三個事項，指定其應適用法國法律，而與民商法律事項，互無關係。但近時法國法界，均謂該規定對涉民事責任亦有適用。此三項規定既對涉外支配及涉外平等關係問題，均有適用，其條文是否卽表示法國係採取單方抵觸法規主義呢？按法國抵觸法係依判例形成及發展，法國民法自一七九三年公布施行以來，法國判例相沿認爲：此規定只列舉適用法國法律之情形，並非對於不動產、身份能力等問題適用法國法律。換言之，關於置在法國境外之不動產之物權及關於人之身份能力，未必適用法國法律，且基於此一觀點而解釋上列法國民法之條文，而奠定了如次原則，即：

第一、關於人法問題依其本國法。

第二、關於物法問題（物權），依物之所在地法。

第三、關於法律行爲及法律事實（包括侵權行爲，不當得利等），各依法律行爲地法及事實發生地法（*Lois locales*）。

現今法國學者均贊同是項觀解，因此，法國民法之上列條文，雖然具備單方抵觸法規之形式，但亦未便由於上擧判例之解釋，卽逕謂法國採取單方抵觸法規主義。況且，戰後法國立法者參研成例，致力修改法國民法第三條之規定，乃於一九五二年修訂法國民法之際，制定了「國際私法草案」，共一百十五條，詳列許多雙方抵觸法規，其第五十一條開宗明義規定：「本法之規定確明法國法律及外國法律各自應適用之範圍」。換言之，法國抵觸法規兼顧內外法律，而不偏重國內法律，並示意雙方抵觸法規將爲其主要規定方式。其第五十五條規定「外國法律違反法國關於國際關係之公共秩序觀念者，不能在法國適用」。本條規定似以承認外國法律爲前提，認爲若無此情形時，仍應適用外國法律。此一規定相當於「公序良俗原則」之規定，卽便是兼採雙方抵觸法規之國家，亦常備此一規定，作爲排除外國法律之適用之例外而已。該草案所明列之雙方抵觸法規，其要者有如：(1)第九十九條規定：「關於人之身份及能力，依其本國法」；(2)第七十五條規定：「關於侵權行爲責任，依損害原因事實發生地法」；(3)第八十九條規定：「……關於契約之條款及契約之約束，依當事人所選擇之法律……」；(4)第九十條規定：「關於物，不分動產或不動產，概依物之所在地法」等等。綜觀上例，可知法國顯將改原有單方抵觸法規主義爲兼採單方抵觸法規與雙方抵觸法規之折衷主義。

(b) 德國

德國民法施行法第七條至第三十一條，共二十五條，均係抵觸法規。此等條文之中，單方抵觸法規，固佔不少份量。如其第十八條第一項規定，關於婚生子女，依德國法律；第十九條規定，婚生子女與其父母間之法律關係，依德國法律；第二十條規定，關於非婚生子女與其母親間之法律關係，依德國法律等便是其例。但應注意者，此等單方抵觸法規大多數係附條件指定德國法律爲應適用之法律。如其第十八條第一項規定「母之夫於子女出生時爲德國國民」；第十九條規定「父具備德國國籍，父死亡時，母具備德國國籍」；第二十條規定「母爲德國國民」，作爲適用德國法律之條件，均屬其例。但此種條件事實不存在時，未必適用德國法律，而有構成雙方抵觸法規之可能性。另一方面，德國民法施行法亦具備雙方抵觸法規，其第七條規定「人之行爲能力，依其本國法」；第十七條第一項規定「關於離婚，適用起訴時，夫所屬國之法律」；第二十一條規定「父對於非婚生子女之扶養義務，對於非婚生子女之母之生育及扶養義務，適用非婚生子女出生時，母所屬國之法律」，舉凡此等規定，均屬其例。再加上其第十三條、第十五條、第二十四條、第二十五條等所謂不完全雙方抵觸法規，在德國法上雙方抵觸法規雖不能謂佔有絕對優勢，但至少足與單方抵觸法規分庭抗禮。

(c) 瑞士及其他歐美國家

瑞士之抵觸法規，爲數極少。玆舉新債務法第四百十八條第二項爲例說明之。依該條之規定：「委任人與代理商間之法律關係，如該代理商之業務地域在瑞士者，適用瑞士法律」，此一規定，論其形式，固屬單方抵觸法規，但其適用瑞士法律，亦附以「代理商之業務地域在瑞士」爲條件，自有限制。不具備該條件者，大有適用外國法律之餘地。瑞士聯邦法院並曾著有關於涉外代理商問題適用他國法律之判例。其他，希臘，一九四六年之民法第四條至第三十四條、智利民法第十九條、第十六條均係抵觸法規，其中尤以雙方抵觸法規居多。

(d) 吾國涉外民事法律適用法

「涉外民事法律適用法」（民國四十六年六月六日公布施行）為吾國現行抵觸法之唯一單行法，共計三十一條，比原有之「民事法律適用條例」擴增條文，其立法係承德國抵觸法規之系統，其所採之編制亦仿之。其條文包括單方抵觸法規及雙方抵觸法規兩者。但單方抵觸法規比較少，只有第三條第二項、第四條、第十一條第二項、第十三條第二項、第十五條第二項等條文，而大多數係附條件指定中華民國法律為應適用之法律。至於雙方抵觸法規，則佔多數。例如第一條第一項、第二條、第五條、第十條、第十一條第一項、第十三條第一項、第十四條第一項、第十五條第一項、第十五條、第十八條、第二十條至第二十四條均屬之。由此可知，吾國涉外民事法律適用法兼採單方抵觸法規及雙方抵觸法規，猶若上列各國一般。

(3) 即使內外國法律之平等適用為抵觸法之基本原則，然為國家保護其國內社會公益之必要，理應容許國家保留專一適用國內法律之餘地，故仍有採行單方抵觸法規之必要。因此，純粹雙方抵觸法規主義尚未能實現於各國立法。不過，上舉兼採雙方抵觸與單方抵觸法規之立法趨勢，已使單方抵觸法漸趨衰微，而雙方抵觸法漸見興旺。再由各國於實際上將抵觸法規擴張解釋為雙方抵觸法規並限制公序良俗原則之適用以防過度適用國內法之弊等亦可看出其一斑。

第三節　抵觸法規之欠缺及其補全

第一項　法規之欠缺及其補全

抵觸法規數目少而其規定之內容簡略，但涉外案件日益增多且愈趨複雜。因此於處理涉外案件時，容易發生無抵觸法規可資適用之情形。此種就抵觸法規所發生之漏洞稱為「法規之欠缺」(*Lücken der Gesetze*)。「法規之欠缺」可分為完全法規欠缺及不完全法規欠缺兩種。前者係指無抵觸法規可以適用之情形而言，而後者係指特定涉外關係雖非無抵觸法規可適用，因而其一部分不合乎有關抵觸法規之適用條件，實不得直接適用於該涉外關係而言。吾國涉外民事法律適用法，只於其第十一條及第十二條分別規定「婚姻之要件」及「婚姻之效力」，而關於婚約，則未置明文，故就婚約之構成「完全法規欠缺」。其次，其第十三條第二項關於夫妻財產制，只規定贅夫為外國人，其為中華民國國民時，依中華民國法律，贅夫為中華民國國民，妻為外國人時，兩者間夫妻財產制，雖然同係「贅夫與其妻間之財產制」，而有第十三條第二項所規定當事人身份關係特殊之情形，然因其就贅夫及其妻之國籍觀點不合乎規定，故不能將其直接適用於該案件，因此發生「不完全法規欠缺」。

第二項　法規欠缺之補全

一、緒　說

法規欠缺時，依涉外民事法律適用法第三十條之規定，固可適用「其他法律之規定」以補全之。但其他法律亦無規定時，則非依「法理」補全不可。至於如何依「法理」予以補全，則依其係「完全法規欠缺」或「不完全法規欠缺」而有所不同。玆分別析述如次。

二、完全法規欠缺之補全

完全法規欠缺應依何種原則予以補全，關於此點，學說紛紜不一，可將其大別爲國內法說及類推適用說兩種學說。依前說，完全法規欠缺，應專一適用國內法律予以補全。例如，涉外婚約案件繫屬於吾國法院時，因涉外民事法律適用法欠缺可適用之抵觸法規，所以應適用中華民國法律。依後說，爲補全完全法規欠缺應先行硏析涉外案件之性質，判明其類同何一具有明規之涉外關係並準用相關之抵觸法規以確明所應適用之法律。因此，就上擧涉外婚約案件，確定其應屬於以成立夫妻關係爲目的之身份契約。論其性質，應由婚姻成立要件吸收，因而類推適用涉外民事法律適用法第十一條有關婚姻成立要件之規定，並確定各婚約當事人之本國法爲其應適用之法律。國內法說徒增內國法律適用之機會，背馳發展雙方抵觸法規之時代潮流，且依法律選擇之「公平原則」觀念，亦應使內外國法律有平均適用之機會，因此之故，採取類適用說，較爲妥切。

三、不完全法規欠缺之補全

不完全法規欠缺，應依所謂「平衡適用法」（*Harmonie-Anwendung*）之補全之。按不完全法規欠缺原係就單方抵觸法規所發生，而此適用法卽係改單方抵觸法規爲雙方抵觸法規以資補全此法規欠缺。其改單方抵觸法規為雙方抵觸法規之程序如次。卽應先確定單方抵觸法規中所謂「中華民國法律」係以何種連結因素為基礎所決定，俟其連結因素經確定後，再據之就「本國法」、「物之所在地法」等法律確定其中一者為準據法。其次就此等準據法則，視涉外案件之事實而確定如國籍、物之所在地等連結因素之歸屬關係，據以決定其所屬國家之法律為應適用之法律。涉外民事法律適用法第十三條第二項係單方抵觸法規，故於中華民國國民為美國國民贅夫之案件，發生不完全法規欠缺之情形。此際其所規定應適用之「中華民國法律」係以妻之中國「國籍」為基礎而決定者，論其準據法之種類，當為「妻之本國法」，而在此案件，由於妻為美國國民，其本國法為美國法，關於該夫妻財產制自應適用美國法律，依此補全此法規欠缺。

第五章　抵觸法規之構成因素

第一節　總　說

高次序抵觸法規範採「內外國法律之適用應屬平等」等廣泛而單純之文義構造。然低次序抵觸法規範之文義構造則比較具體而複雜，特有詳析之必要。玆就低次序抵觸法規範分析其構成因素如次。按其構成因素有三，卽：⑴指定原因；⑵連結因素；⑶應適用之法律或所謂準據法。指定原因係導致抵觸法規指定應適用法律之要因。連結因素係抵觸法規依以指定應適用法律之基礎。應適用之法律亦稱爲準據法，係指抵觸法規所指定應適用之法律而言。玆舉涉外民事法律適用法第九條第一項爲例，說明上述構成因素。該條第一項規定：「關於由侵權行爲而生之債，依侵權行爲地法」。此規定之中，「由侵權行爲而生之債」相當於前擧規範定型中所謂「案件A」，應爲指定原因，「侵權行爲地」應爲連結因素，「侵權行爲地法」相當於所謂「B國法律」，爲應適用之法律，卽所謂準據法。

連結因素將國家法律連結爲應適用之法律，因連結時點之不同而有可變連結與「不變連結」（*konstante Anknüpfung*）之分。前者係因連結時點上爲原始連結，不因嗣後連結因素關係變更而致應適用之國家法律有所變動。依涉外民事法律適用法第十六條第一項之規定「子女之身分，依出生時其母之夫之本國法」，如「其母之夫之本國法」，於其出生時爲甲國法律，縱於其出生後，因其母之夫之國籍變更爲乙國，而改爲乙國法律，其「身分準據法」，則依「不變連結」仍爲甲國法律，「永恆不變」

（*konstant*）。對此，「親子關係準據法」，依同法第十九條爲「父之本國法」，其父之國籍，於其出生時原爲甲國，而後改爲乙國，則依原始連結之甲國法律不再適用，依「可變連結」適用嗣後訴訟原因事實發生時之新國籍卽乙國國籍爲連結因素之本國法卽乙國法律。

玆先述指定原因及連結因素之性質，次說明應適用之法律卽準據法之構成，最後試論抵觸法規範，宜應用何種連結因素及其連結之方法。

第二節　指定原因

指定原因究竟具備何種性質？關於此，現有三種學說。一謂其爲法律關係。二謂其爲事實。三謂其爲法律問題。

指定原因，如上舉規定所云「由侵權行爲而生之債」，其本身或可謂爲「法律關係」，然「法律關係」係依民商法及其他實體法之規定成立，而抵觸法規只指定所應適用法律之種類，並未確定何國法律爲應適用之法律，故尚難認其成立爲法律關係。所謂「由侵權行爲而生之債」等指定原因，只屬導致特定國家法律被適用之相關事實，而該相關事實，則須依應適用之法律之規定，被認爲發生法律所承認或保護之效果，於是乃始構成法律關係。拉貝爾（*Rabel*）謂，抵觸法規應分爲「起因事實」（*Operative facts*）與「法律效果」（*Legal consequences*），而指定原因係不具備特定「法律效果」之「起因事實」，誠屬名言也。至於法律問題說，雖認指定原因爲事實關係，然亦謂指定原因之特定事實經常隱含有其究竟發生何種法律效果之問題。因此，雖僅謂「由侵權行爲而生之債」，其中自含有「何人應負侵權行爲責任」、「被害人應取得何種權利」等法律問題。余意以爲法律問題說與事實說同歸一揆，無庸另立一說。舉凡起因事實必然導致具體法律問題之發生，而忽略該具體法律問題，起因事實之概念亦不能形成，故起因事實不外乎由具體法律問題複合而成者，如「由侵權行爲而生之債」，係由「侵權行爲責任是否成立」、「損害賠償金額多少」等具體法律問題複合形成是，起因事實與具體法律問題兩者似異而實同也。

第三節　連結因素

第一項　連結因素之種類

連結因素係抵觸法規就指定原因之問題決定所應適用法律時，作爲基礎之法律事實。連結因素之觀念與抵觸法規同時發生，其事實種類，亦隨各國抵觸法規之發展而愈趨增加。現有連結因素可列舉如下卽：國籍、住所、締約地、侵權行爲地、履行地、法院地、物之所在地等。晚近各國關於涉外契約之準據法，採取所謂「當事人自治原則」者日衆，而以所謂「依當事人意思指定」（涉民六1）或所謂「當事人之法律選擇」（*Rechtswahl der Parteien*）作爲連結因素，其性質如何，引起學者間之爭論，福蘭克斯汀（*Frankenstein*）曾認爲此係一種契約。惟依當事人意思所指定之事實，諸如「本國」、「締約國」、「履行地」或其他「特定國家」等等，則應與其「意思」本身有所區別，其意思表示則僅係一種依抵觸法規之授權指定「本國」、「締約地」等連結因素之過程而已。然此等因素須待當事人之意思表示始能確定。因此，意思表示之標的本身仍不失爲事實。契約說將確定連結因素之意思表示與被確定之連結因素本身混爲一談，實不宜採之。上列依當事人意思所指定之連結因素，殆可以「當事人選擇國」概括表示之，或較恰當。蓋其不會如「當事人之法律選擇」有引起混淆之虞也。

第二項　連結因素之辨異

各國就同一種連結因素所採取之概念往往有所不同。因此，就同一種連結因素之適用常發生難以確定應依何種概念之情形。試就下列數例以示連結因素概念之異歧，而後討論爲其確定所應依據之標準。

(1) 住所

住所之成立要件分心素與體素，並有單一住所主義及複數住所主義之別。吾國以心素與體素爲其成立要件，並採一人一住所主義。申言之，「住所」爲自然人「以久住之意思所住之一定之地域」，且一人不得同時設定兩「住所」（民二十），與德英兩國法制迥異。德國民法只以常住之事實一者爲「住所」之成立要件，並且准一人同時設定兩「住所」（德國民法七），至於英國則以自然人之出生地爲其「住所」，亦即所謂「出生住所」（*Domicile of origin*），於其未選定住所（*Domicile of choice*）以前，爲住所。舊選定住所經拋棄後，尚未設新選定住所以前，恢復爲住所。

(2) 履行地

茲以金錢債務之履行地爲例，作比較研討。吾國採持往清償主義，除法律另有規定，或契約另有訂定，或另有習慣或不能依債之性質或其他情形決定者外，以債權人住所地爲金錢債務之履行地（民三一四Ⅰ2），而德國則以債務人之住所地爲金錢債務之履行地（德國民法二百四十Ⅲ）。

(3) 法人住所

關於法人之住所，吾國以「主事務所」爲「法人之住所」（民二十九），惟其他國家或以管理中心所在地（即所謂「實際事務所」）或以法人設立地爲法人之住所。

連結因素之事實概念既然如此不一致，若非有一定之標準以資確定，實不能判明何國法律爲應適用之法律。連結因素既爲法律上之概念，自須以特定法律所規定之因素概念爲標準而確定其概念。吾人以爲連結因素之法律事實其概念應以抵觸法規確定之，而無須依循國內民商實體法爲之。至於抵觸法規確定連結因素之事實概念，其方法可分三種情形述之。

① 就特定涉外案件應適用國內抵觸法規時，應依國內抵觸法規確定連結因素之法律事實之概念。如依涉外民事法律適用法第六條第二項之規定，以「要約通知地」爲締約地是。若國內抵觸法規無明文規定者，應如何解釋？涉外民法律適用法第三十條規定：「本法未規定者」，於適用法理之前，應「適用其他法律之規定」。然其所謂「其他法律之規定」並非包羅所有法規全部，而只限於分佈在民商法及其他法域之抵觸法規或所謂「隱匿抵觸法規」。至於實體法規，則應不包括在內。因此，如分散於民商法或其他法規內之抵觸法規定或所謂「隱匿抵觸法規」亦未有規定時，即構成「其他法律未規定」之情形，當應適用「法理」。也就是說，應詳細比較各國法律，斟酌涉外案件之狀況，配合選擇法律之法理而確定連結因素之事實概念。

② 如就特定涉外案件應適用外國抵觸法，則應依外國抵觸法規確定連結因素之概念，此尤於所謂「反致」（*Renvoi, Rückverweisung*）爲然。玆擧例說明如下：出生在倫敦之英國人因經商設店鋪於臺北，如就其夫妻財產制發生訴訟時，依涉外民事法律適用法第十三條，當須以其本國法——亦即英國法——爲對其應適用之法律，然因英國抵觸法採住所地法主義，乃發生是否應認其住所係設在中華民

國，依反致而適用住所地法卽中華民國法律之問題。此際應以依英國抵觸法確定「住所」之概念爲先決條件，英國既採出生住所主義，故應以英國爲其住所地國。

③　如涉外關係當事人之本國與內國互訂條約，訂明連結因素之概念，則依該條約之規定確明其概念卽可。如普斯特門德法典第二十二條對於「住所」設有定義，條約國當須依此規定確明住所之概念，然如條約未設規定，或其規定之定義不十分明瞭，卽如條約用「常居處」(*Residence habituelle*)以表現「住所」者，應依條約國之國內抵觸法規所下之定義。

第四節　應適用之法律（準據法）

第一項　總說

指定原因及連結因素確定後，對於特定涉外案件所應適用之法律，應循德國學者所謂「連結」(*Anknüpfung*)或法國學者所謂「地域化」(*Localisation*)之程序而定之。學者間頗有提倡應有統一之「純正連結」(*richtige Anknüpfung*)之原則，而主張各國均應依此連結之原則規定應適用之法律。具有國際效力之抵觸法規範只約束國家應經此程序指定應適用之法律，然未進而明指應依何種具體標準「連結」或「地域化」。因此，曼西尼(*Mancini*)主張「屬人主義」，而尼波伊(*Niboyet*)則主張「屬地主義」以資統一，迄未見諸普遍實施，反而導致各國各自任擇，「屬人主義」或「屬地主義」之分立情形之產生。此種分立現象，係基於各國人口政策、社會經濟政策之特殊考慮，故亦不能輕易地消除之。「純正連結」未經實現，而以何種連結方式爲優，於立法論上特有討論之必要。

按照目前各國實際情形所示，爲確定應適用之法律而爲之「連結」，其方式略有三種：一爲屬人連結；二爲屬地連結；三爲選擇連結。上列連結因素各依此「連結」方式而確定其準據法，其情形可析述如次。

第二項　屬人連結之準據法

國家對於隸屬自國之人民，具有對人制法權，因而其法律對人民之適用觀念上，可謂人須受其所屬國法律之適用。玆將國家之制法權觀念類推適用於如民族等人類集團，則可謂人須受其所屬民族法律之適用而表示人之歸屬關係之「國籍」、「民族種別」等，則爲連結因素，發生確定對人準據法之作用。

(1) 依國籍確定之準據法，謂之「本國法」。本國法之概念，首先適用於自然人，又因「國籍」之概念，亦適用於公司法人、船舶及航空機。因之，亦有「公司法人之本國法」、「船舶之本國法」、「航空機之本國法」等準據法種類。確定公司法人、船舶、航空機本國法之規準，其性質特殊，即如依公司法人之「住所地」、「設立地」以決定其國籍；而船舶及航空機之國籍各爲「船籍國」及「登記國」等。因此，關於公司法人之「住所地國法」及「設立地國法」、關於船舶之「船籍國法」、關於航空機之「登記國法」乃成爲其特殊「本國法」之代名詞。

(2) 如印度等宗教國家，常以「宗教規準」代表其本國法，而殖民國家，往往以「土著慣律」代表其本國法。

第三項　屬地連結之準據法

國家對其領土具備對地制法權，因此，舉凡存在於領土內之人或物，或發生於領土內之行爲，均須適用自國之法律。依此領土之關連構成準據法，卽係屬地連結。依此屬地連結以確定之準據法，爲數最多。其中重要者，有「物之所在地法」、「行爲地法」、「締約地法」、「履行地法」、「侵權行爲地法」、「事實發生地法」等，甚且「法院地法」亦可解爲法院之判決及其他公權行爲所發生地域國家之法律，當屬依屬地連結所確定準據法之一。

第四項　選擇連結之準據法

私法自治原屢見適用於國內社會而已。惟近來使其普遍於國際社會之欲求遽趨增高，關於涉外契約關係之「當事人自治原則」卽因而生成發展，終於益受重視，已獨成一類，足與屬人連結及屬地連並行存在。此種連結因素之眞締當在由當事人以明白的意思表示決定採何國法律爲應適用之法律。若當事結人之意思表示不明確，則須依解釋擬制謂當事人所選擇之準據法爲何國法律，至若當事人未爲意思表示者，須用所謂「輔助準據法」爲應適用之法律，亦卽依「當事人國籍相同時，依其本國法」、「締約地法」等方法擬制選擇應適用之法律或「輔助準據法」。此種擬制選擇法律或「輔助準據法」亦卽係依屬人連結或屬地連結以決定其準據法。此可由涉外民事法律適用法第六條第二項之規定看出，推原其故，蓋因「意思表示」原易生不明瞭情形所致，而選擇連結自不若屬人或屬地連結之堅固，當須借重於其他兩種連結。

第五項　屬地連結優越之理論

各國關於連結方式之選定，享有自由。「純正連結」之超越國家原則，尙未足以拘束各國而齊一連結方式，當難以上列連結方式之任何一者，作具有實效之「純正連結」。若爲統一抵觸法規範而對於連結方式加以適宜之限制，究竟以何者爲優，當係國際立法論上之一個問題。抵觸法規範就涉外關係指定準據法，實際就地域觀點平均國家之制法權限。而其所以如此，係因領土主權國依其排他的法權就其現實支配之人及物最能有效實行其所制定之法律故也。也就是說，對涉外關係之法律支配應爲屬地的，而依與領土之關連所確定之準據法，最具實效。因此，屬地連結較其他連結爲優也。然屬地連結，只是主要的連結，並非絕對的連結，從而性質上未便應用屬地連結者，自可未必應用之。因此，關於身份能力，雖以「住所主義」較「國籍主義」爲優，但關於法人，則性質上以其設立準據法較具實效，應優先於其屬地連結之準據法而適用。

第三編　抵觸法理論發展史之研討

第一章　總　說

抵觸法具備雙重之規範構造，內含有國際法及國內法規範。就國內法規範言，各國所採之抵觸法規互有出入，而其所適用之連結原則及準據法亦互有歧異，未臻統一。推原其故，應歸因於各國堅守其歷代傳來之抵觸法規之構成方式及連結概念。最近頗有紐密爾（*Neumyer*）、柯拉爾（*Kohler*）、康克（*Cook*）、羅連仁（*Lorenzen*）等學者主張應擺脫歷代傳來之概念而就現行法規爲客觀之分析，或依法律價值判斷或依自然法理以創造較能普遍統一之抵觸法原則。然迄今仍能克服此種歷代傳來之概念之鉅大影響，因此，爲探討國內抵觸法規之來源，其理論發展沿革之研討，誠屬不可欠缺之事。

稽諸現代抵觸法理論之起源，得追溯至一百年以前，而其開拓建立應歸功於十九世紀中葉曼西尼、史特雷（*Story*）及薩維尼三大碩儒之努力。當時史特雷之「屬地原則」、曼西尼之「屬人原則」及薩維尼之「普遍原則」，此三者鼎足而立，乃造成現代各國抵觸法制歧異分立之局面。此三者之理論固非突然發生，實係各自與由中世紀至十八及十九世紀初，約略六世紀間「註釋學派」所發展「法規區別說」之派系啣接。按「法規區別說」係爲十三、四世紀之意大利學派所創並相繼由十六世紀之法蘭西學派、十七世紀之荷蘭學派、十八世紀之新法蘭西學派所傳來。在十三、四世紀「法規區別說」尚未成立以前，中世紀初期之「種族法」（*Stammesrechte*）曾採絕對屬人主義。究竟能否視其爲抵觸法規理論之始，姑且不論，但爲說明「法規區別說」之生成背景，實有概述其內容之必要。茲分別闡述中世紀「種族法絕對屬人主義」、中世紀「意大利學派法規區別說」及其「法蘭西學派」、「荷蘭學派」、「新法蘭西學派」之系統，再析述曼西尼、史特雷及薩維尼三位學者先後提倡之「屬地原則」、「屬人原則」及「普遍原則」。

第二章　種族法絕對屬人法主義

種族法絕對屬人主義發生於九世紀至十二世紀之間。其法律概念係依據日耳曼法上所謂「族裔和平秩序」(*Friedensordnung des Stammes*)而建立。依「族裔和平秩序」之原則，唯有同族人始能參與族法之制定並受其保護。於焉，血緣爲適用法律之唯一基礎，而對於他族人，則不能適用族法；另一方面，族法之適用不受地域之限制，常追隨族民而予適用。由於數種族人來往混居，必致數種族法衝突，而此衝突當係以適用各該當事人之族法，爲其解決之方法。據雅各巴杜斯(*Agabardus*)謂，因爲當時各族有其族法，常見「五人聚居一處，其中無人與他人同其所屬族法」(*Nullus communem legem cum altero habet*)。因此，常須藉「屬法聲明」(*Professio juris*)之程序以確明各該當事人之族法。所謂「屬法聲明」係由當事人之聲明及法院之確認記錄所形成。法官先須問明當事人係依「何種族法生存」(*Qua lege Vivis*)，次依當事人所作聲明及其所提示之文件，作成各該當事人之屬法記錄。其方式略如：「聲明人係依莎利嘉(*Salica*)法律生存」(*Qui professus fuit se lege vivere salica*)。「屬法聲明」相沿適用良久，產生特殊之屬人法主義觀念，其觀念表現於如次法諺，即：「人須依其血統法律之規範生存」。

種族法固非國家法律體系，而其衝突亦非嚴格意義之法律衝突，然由於兩者間在形態上互相類似，對於族人絕對適用其族法之「絕對屬人主義」遂成爲後代抵觸法理論之楷模。

第三章　法規區別說

一、法規區別說在抵觸法史上之地位

(1)　於中世紀歐陸法學者間研究羅馬法之風氣甚盛，此等學者已形成一派，特稱為「註釋學派」（*Glossatoren*）。而此學派之出現，固可謂歸因於迄公元第十一世紀，西歐及南亞一帶，在「淡第」（*Dante*）、「阿克維哪」（*Thomas Aquin*）等影響之下許多學者參加復古運動，以「合理主義」之啓蒙思想，打破中世紀神秘之黑幕，而導進文藝復興之自由而富於創造精神之時代。因而法學者，則回想羅馬法雖有缺點，但亦甚有現實的、合理的且明達之處，乃相繼研析該法律體系之長處，依此發展「註釋學派」之法學。至公元第十二世紀至第十三世紀間，伯羅尼亞（*Bologna*）等意大利都市漸成該學派之重要活動中心，亦有該學派學者註釋羅馬法之重要著作問世，尤以西亞修斯（*Accursius*）之「羅馬法註釋大全」（*Glossa ordinaria*）夙有聞名於世。

(2)　至十四世紀遂有巴爾特斯（*Bartolus de Saxoferrato, 1314-1357*）出現。巴氏為意大利伯羅尼亞大學教授，可謂中世紀末期「後期註釋學派」魁首之一，遂將早前註釋學派學者之著作並滙合該學派之思想，應用於選擇法律之理論，集成為所謂「法規區別說」（*statutory theory, Statutentheorie*）。

(3)　從法史觀點析述，法規區別說淵源於羅馬法，尤其是羅馬法上「公平原則」、「合理原則」、

「有用原則」等法律一般原則，但其生成發展與中世紀都市享有類似國家主權之自主權並依此權力各自制訂「都市法規」(*statuta*)，造成多種內容不同之「都市法規」並行競相適用之局面。尤其地中海沿岸一帶，以意大利半島爲中心而貿易迅速發達，意大利各都市人民間與該各都市人民、其他沿岸地域之人民間之來往愈益頻繁，遂致就此等人民間之法律糾紛所發生「都市法規」相互間及其與其他地域成文法律、習慣法間之衝突，亟需制定解決該項「法規衝突」之原則。「法規區別說」卽因此法律適用上之需要而興起之抵觸法理論。固其係基於對法規衝突之狀況及解決其衝突之需要已比較明晰之意識而乃被創造、發展之法理論體系，國際私法學者咸指其爲近世及現代抵觸法之濫觴。

二、法規區別說之目的及其適用地域

(1) 法規區別說所以被提倡者，與其因欲建立固有意義之抵觸法而然，寧係因需予羅馬法之原則以普遍適用之效力，以免各地域之法律競相適用而然。卽此學派之目的在於就對於羅馬法之關係，確明各都市法規及南歐等各地域法律習慣之適用範圍也。因此，當初法規區別說尙無抵觸法意識，主要是置力於解明「各地域之法規、法律習慣得優先於普通法(*das gemeine Recht*)而適用其範圍如何？」；「有各地域之法規、法律習慣得優先於普通法而適用時，各地域之法規、法律習慣相互間之適用關係如何？」等問題，而未積極就各地域間法律之衝突創造其解決原則，有所思想。

(2) 依瑞士尼特拉(*Niederer*)教授之說，法規區別說適用之地域，意外地狹小，卽其影響範圍限於意大利及法國南部之都市之範圍內，對於其他地域，則不然。卽在法國之其他地區及德國，法規區別說未被採取，代之，「絕對屬地主義」(*absolute Territorialität*)支配此等地區。例如遺產依其所

在地法，而不依繼承人之本國法是。（註）

（註）參照 *Niederer, Einfuhrung in die allgemeinen Lehren des internationalen Privatrechts,* 1956, ss. 38–39.

三、巴爾特斯之法規分類

(1) 巴爾特斯將法規分爲「物法」（*statuta realia*）（亦稱「屬地法」"*territorial law*"）、「人法」（*statuta personalia*）（亦稱「域外法」"*extraterritorial law*"）及「混合法」（*statuta mixta*）。爲討論巴氏之法規分類，重要者，法規措詞之順序上重人或重物，並非置重如「債權」、財產權、夫妻間之法律關係等。對於此等法律關係，均適用此三種法規。

(2) 巴氏之理論，出現在公元第十四世紀初葉至中葉，但稍有詳細之內容。巴氏提出如次兩個關於法律適用之基本問題，由於此兩個基本問題，推繹形成其法規區別之理論。該兩個基本問題可分述如次。一、法規能否在其立法者之領域內對於非屬人民之人有所適用（*utrum statutum porrigatur ad non subditos*）？二、法規能否伸出於其立法者領域之外而發生其適用力（*utrum effectus statuti porrigatur extra territorium statuentium*）？

(a) 就第一項問題，巴氏首先指出，法規原則上只對於其立法者之人民有所適用，爲此，舉契約、侵權行爲、遺囑及物權爲法規適用之例，分述法規之適用情形如次。一、關於契約之方式及內容，適用締約地法。二、關於契約之履行遲延及其因過失之履行不能，如有約定之履行地，則適用履行地法，如無約定履行地法，則補充適用「法院地法」。二、關於一般侵權行爲，適用侵權行爲地法，行爲人在特定地域違反該地域之禁止法規而爲侵權行爲時，如其久住該地域而明知該禁止法規之存在，則適用侵權行爲地法，如其善意而不知該禁止法規之存在者，不在此限。三、關於遺囑之成立及內容，適用遺囑作成地法，關於遺囑能力，依遺囑人之屬人法（*Quia statuta non possunt legitimare personam sibi non subditam*）。四、關於土地權利，適用物之所在地法。

(b) 巴氏之理論尤就第二個問題表現出法規區別說之特色。巴氏爲討論第二個問題，先將法規分爲「禁止法規」（*statuta prohibitiva*）與「許可法規」（*statuta permissiva*）兩種。關於「禁止法規」，則特視爭執事件係關於方式、物或人而再細分法規關於人之部分，則特分爲「有利（*favorabile*）法規」與「不利法規（*odiosum*）。」

(3) 巴氏法規區別說之核心在於「人法」、「物法」及「混合法」等三種法規之適用方法。依巴氏之主張，關於法規之適用方法，應視法規字句之構造而作決定。如法規，於其文句構造上，係關於物，則該法規對於立法者之人民及外國人，均有適用。例如有關法規規定謂「遺產歸屬於最年長之生存者」（*bonadecedentium veniant in primogenitum*）時，則該法規之規定之文字構造上，應屬「物法」，有關法規，以「物之所在地法」（*lex rei sitae*）而對於立法者及外國人，均有適用。如有關法規，有如「最年長者繼承遺產」（*primogenitus succedat*）之携造者，應屬「人法」，對於外國人不適用如法規於文句構造上難以判明其係「人法」或「物法」者，應屬「混合法」，應用「合理原則」，視爲「人法」或「物法」，以決定其適用。

第四章　法規區別說之系統

一、緒　說

法規區別說決定應適用之法律時，依形文主義，拘泥於文句之構造，似較幼稚且不切實，關於此缺點，後世學者亦屢予指摘，但其爲現今抵觸法制之原始而爲其眞正的最早期形態，則不能予以否認。其實迨法規區別說出現後，嗣有法國學派之杜模蘭（*Dumonlin*）、亞如安特爾（*D'Argentré*）而至荷蘭學派之富伯（*Ulrich Huber*）等於其基礎上提倡一些改進、發展的理論，始有薩維尼（*Savigny*）、曼西尼（*Mancini*）及史特雷（*Story*）等近世學者之革新，始有現今抵觸法之形成及存在。因此，在本章特就薩、曼及史三氏之理論尚未出現前之有過渡性而可謂係承受發展法規區別說之學說系統簡述如次。

二、法蘭西學派

(1)　杜模蘭係出現於十六世紀初葉至中葉之間，係於法國學者間以羅馬主義學者（*Romanisten*）聞名。有優帝羅馬法典釋義等著作。杜氏係在巴黎執業之律師兼任教授，基於其實務上經驗及羅馬法理論上之淵識，終於繼受法規區別說並將其予以發展，成爲法蘭西學派中，羅馬主義系統之領導的權威學者。杜氏將其力量集中於羅馬法條文之析釋，與亞如安特爾（*d'Argentré*）（*1519-1590*）以專行集研英國之習慣法而發展抵觸法理論者，迥異。

(2) 析言之，法蘭西學派有兩位思想對立之學者。一者提倡羅馬法主義而依其統一法國之帝制爲思想的基礎。二者强調地方的習慣代表封建的分立的政治思想。但兩者有一個共通的特色，即兩者均沿襲法規區別說，將法規分爲「人法」、「物法」及「混合法」等三類，置重於法規之文義，作爲解釋法律衝突之基本觀念。只是杜氏擁護帝國統一，對此，亞氏仍却循分權、封建之方向而不改。

(3) 杜模蘭，注重法律關係之內容，法規分類及其適用，依此析述其思想。以法律行爲之方式爲例言。此涉外問題，適用締約地法。爲分析此項涉外問題，杜氏先將法律關係依其內容不同得分爲任意法律關係與强制法律關係兩種。就强制法律關係，再視有關法規係關於物或關於人。其關於物者，始依物法，並應適用物之所在地法，另一方面，杜氏認爲關於債權契約，應適用依當事人意思所定之法律，因此，現代國際私法學者，討論當事人自治原則，經常以杜氏說爲其淵源，亦即因此而然。

(4) 亞如安特之理論有强烈的屬地法思想，並稍有似「絕對屬地主義」（*die absolute Territori-it ät*）之處。亞氏强個法律之地域性，即其一特表現。亞氏認爲法律有「地域效力」，依此主張「一切法律附着於土地，其適用範圍不能退越其領域。關於此，有著名之法諺云：「一切習慣概係物的」（*Toutes les coutumes sont réelles*），足以表現該學派所採之屬地觀念。依此觀念，法律對於同一地域內之人及物均有適用。但其由一地域而赴他域時，如其只是暫時離開該地域，則該地域之法律例外追隨適用於該人，即是其例外之一。如該人長久離開該地域時，當不能對其追隨適用於該人。亞氏亦將習慣分爲「人的習慣」（*coutumes personnelles*）、「物的習慣」（*coutume réelles*）及「混合習慣」（*coutume mixtes*），而上引法諺表現亞氏强個「物的習慣」重要性。

(5)亞如安特雖提倡強烈的屬地法理論，尚未臻完全排除其學派未出現前之屬人法思想。只是欲依其屬地法理論擠退屬人法主義，使其成爲只可例外採取之非主要理論。因而該學派其特色之一在於仍容許少數屬人法主義的例外規定存在，由是，可謂其係採溫和的屬地法主義之學派，此或可謂，係欲求抵觸法構造之合理、切實及自由發展之一表現。

三、荷蘭學派

由富伯（*Ulricus huber*）所領導，其理論引承法蘭西學派之屬地理論，並兼採近世國家主權概念所合成者，基此乃產生富伯之三大原則。玆將此三大原則內容臚列如次：

①一國法律專一適用於該國領域，並且適用於該國領域內之全體人民(*Leges cuiusque imperii itm habent intra teminos eiusdem Republicae omnesque ei subiectos obligant*)。

②舉凡在一國領域之內者，無論其係經常居住或暫時居住，概屬其人民(*Pro subjectis imperio habendi sunt omnes, qui intra terminos eiusdem reperiuntur, sive in perpetuum, sive ad vempusibi commorentur*)。

③在他國領域內有效適用之法律，在一國領域內亦可依據禮讓原則，准其適用(*Rectores imperiorum id comiter agunt, ut iura cujusque populi intra terminos eius excercita, teneant ubique suam vim*)。

第一原則及第二原則表現屬地原則之精神。考其淵源，係緣由於亞如安特爾之說，且其强度較甚，幾乎高至絕對屬地原則之程度，幸因有第三原則之所謂「國際禮讓」觀念與其並存而對其發生抵制作用始告緩和，並留有容許適用外國法律之餘地。國際禮讓觀念對於屬地原則絕對地爲抵制適用，與亞如安特爾之試以具有屬人效力之法律屬人法律例外地抵制屬地原則，用法不同。即其係優先適用內國法律，而外國法律則只因顧慮國家間相互關係有必要時，始准予適用，順此一思維方向，該學派乃提倡所謂「國際禮讓」（*Comitas gentium*）之說，作爲其抵觸法理論之基礎，以應適用外國法律之需。

四、新法蘭西學派

係由波利諾（*Boullenois*）所提倡，此派係引承荷蘭學派「國際禮讓」之理論，並兼採意大利學派及法蘭西學派之學說所形成者。其抵觸理論史上之地位不甚重要。

第五章　近世抵觸法理論之發展

第一節　薩維尼之普遍主義

一、德國國際私法學之發展

十九世紀，德國學界掀起了擺脫傳統抵觸法理論而另創一派之風潮。先有一八一四年薛佛（*Schaeffer*）所著「國際私法之發展」（*Entwicklumg des internationalen Privatrechts*）一書問世，抨擊「國際禮讓原則」爲依據不正確觀念所建立之謬說。同年，維禧特（*Wächter*）在「民事法實際專刊」（*Archiv für die Praxis des bürgerlichen Rechts*）發表「數國私法法規間之衝突」（*Die Collision der Privatrechtsgesetze verschiedener Staaten*）一文，宣明國家享有合理地選擇法律之自由，而指責「法規區別說」所採之法規分類，徒流形式，妨礙是項選擇法律之自由尤甚，故乃力主廢棄是說。

薩維尼（*Savigny*）之普遍主義卽係應此革新之潮流而興起。薩氏於一八四九年發表「現代羅馬法體系」（*System des heutigen Römischen Rechts*）第八卷，專論抵觸法問題。薩氏一方面指出「國際禮讓原則」之不妥，並致力於糾正「法規區別說」流於幼稚之形式主義之弊，進而揭示普遍主義作爲抵觸法理論應有之基礎觀念。玆引申其所說如次。

二、薩維尼之普遍主義理論

薩氏首先對「國際禮讓原則」指責謂，適用外國法律並非如荷蘭學派所說，係出於「雅量」(*Grossmuth*) 或「恣意」(*Willkür*)，而是與國內各邦法律間衝突之解決原則並行發展之獨有的法律現象 (*eine eigentümliche und fortschreitende Rechtsentwicklung*)。只是前者之解決原則為超越邦法律之「一般國家法律」(*gemeinsames Landesgesetz*)，後者之解決原則為「基於由獨立國家所構成之國際法團體之觀點而建立之法律原則」(*Standpunkt einer völkerrechtlichen Rechtsgemeinschaft unter selbständigen Staaten*)，其構成基礎互不相同而已。因而謂應「依輪環之方式且暫時的」(*wechselnd und vorläufig*) 適用外國法律，作為抵觸法規之本有概念。並非寓有例外適用之意。寧為「國際社會義務」，猶如各邦適用他邦法律為國內社會之法律義務一般。

薩氏為糾正「法規區別說」而提倡「問題之本質」(*Natur der Sache*) 說。此說力主涉外法律適用，應從涉外關係本身之研討開始，而後始及於法規之分類，而法規區別即係就此研討之程序犯有錯誤。此一見解於「關於各該法律關係應適用該法律關係本質上 (*seiner eigentümlichen Natur nach*) 所應歸屬之法律」一段中表露無遺。其於此段所作之主張可分為如次數點，即：⑴任何法律關係均有適合其性質之本據 (*seiner Natur entsprechender Sitz*)；⑵應先分析法律關係之性質並按其性質將其予以分類；⑶再依其「本據」確明其所應適用之法律。法規區別說先確明法規之性質，而後研討其應適用之法律關係，為前後倒置。薩氏乃先將涉外法律關係分為「人」、「物」、「契約」及「訴訟」四種。而依「問題之本質」，確定其「本據」應屬何國，藉明其所應適用之法律。即：

(1)「住所」爲「人」歸屬之處，其身份能力關係應以「住所地」爲其「本據」。因此，應適用「住所地法」。有數住所者，各住所地法均可適用。無住所者，適用以前之住所或出生住所（*Origi*）地法，出生住所地不明者，適用居所地法。

(2) 擧凡「物」均係「可以知覺之存在」(*Sinnlich wahrnehmbar*)，並以占有「空間」(*Raum*)爲其本質。因此，物所在之處所，便是其法律關係之本據，一概適用「物之所在地法」(*Lex rei sitae*)，此於「不動產」與「動產」並無二致。對於「動產」之物權關係，無庸另行適用「物追隨人」(*Mobilia personam sequitur*) 之原則。

(3)「契約」債權係「無體物」，本非可見，並無佔有「空間」之能力，常須藉其某種可見之「外觀」(*Anschein*) 表現其體型，並藉其體型之所在，以確明其「本據」。此「外觀體型」之所在地有二。一者，債之發生地。二者，債之履行地。兩者之中，債務履行地係債之關係實現之處所，最適於表現其債權「外觀」體型之所在，故關於「契約」債權應以債務履行地爲本據，宜依此適用「履行地法」。同理，「侵權行爲」損害賠償請求權亦應適用「損害發生地法」，不宜適用「侵權行爲地法」。

(4) 法律行爲之方式，不分其係財產行爲或身份行爲，亦不論其標的之所在地何在，概以「行爲地」爲其本據，應適用「場所支配行爲」(*Locus regit actum*) 之原則，以「行爲地法」爲其應適用之法律。

爲確定法律關係之本據，薩維尼應用「自由投歸」(*freiwillige Unterwerfung*) 於國家法權支配之下，做爲其表徵。即如就身份能力關係，當事人自由投歸住所地國受其法權支配，就物權關係，取得物權者，自由投歸物之所在地國，受其法權支配，因此，分別以住所地及物之所在地爲其本據。

三、薩維尼學說之影響

薩維尼之普遍抵觸法理論，自一八四〇年被提倡後，直至一八九〇年之半個世紀間，君臨於德國學界。巴爾（*Bar*）所著「國際私法之理論及實際」（*Theorie und Praxis des internationalen Privatrechts*）係於十九世紀末問世，亦繼述薩維尼之說。他面，薩氏之普遍主義理論亦迅即傳播至其他國家，廣被採納。不僅如此，氏之上揭巨著，於一八八〇年已由古斯利（*Guthrie*）譯成英文，其理論當時即已普及於英美，頗能博得英美法界之同情與支持，何況氏所力倡之「住所主義」與英美所採之屬人法則，尤其同類相聚之感，據古治威爾（*Gutzwiller*）云，威斯咯克（*Westlake*）所著之「國際私法」（*A Treatise on Private International Law, 1858*），及菲利摩爾（*Phillimore*）所著「國際法註解」（*Commentaries upon International Law*）所採之理論原則，均係繼受氏之學說。在法國、荷蘭及瑞士，雖有不少學者另立與其不同之準據法則，然他們所採取選擇法律及連結之基本理念，仍然採納氏之學說。

自十九世紀末至二十世紀初，實證法學派以異軍突起之勢，而對抵觸法理論頓起影響，促使德國之康恩（*Franz Kahn*）、凝密爾（*Theodore Niemeyer*）及法國之巴當（*Bartin*）揭舉「國家主義實證法學」（*Nationalistischer Positivismus*）之旗幟，而與「國籍主義」與薩維尼之「住所地主義」針鋒相對，頗有互相剋制之勢。惟此乃各別準據法則之爭，氏之普遍主義理論雖然因之稍見衰微，但尚未致泯滅。如德國民法施行法之抵觸法規，其中採「國家主義實證法學」準據法則者，固屬甚多，例如，其就身分能力關係適用「國籍主義」之屬人法則，便是其例。然氏所立之準據法則，如「物權依物之所在地法」，亦由其訂爲明文。由此可謂，現代各國立法大多係兼採薩氏之普遍主義及康恩、凝密爾、巴當之輩所倡之國家主義實證法學二者之抵觸法理論。吾國涉外民事法律適用法，亦復如此。

第二節　曼西尼之國籍主義

一、國籍主義之地位

曼西尼於一八五一年一月二十一日杜諾（*Turno*）大學以「國籍之爲國際法之基礎地位」（*La nationalita come fondemento del diritto delle genti*），爲題目發表專題演講，強調應予國籍以明確之法律學概念，並以此作爲國際法之基礎。此一思想旋由氏向一八七四年國際法協會提出報告，並適用於抵觸法理論之特殊分野，其要點如次。

(1)　曼西尼倣薩維尼、布倫斯利（*Bluntschli*）、勞倫斯（*Lawrence*）及威斯略克（*Westlake*）之說，支持國家當然應尊重外國法律之觀念，排斥「國際禮讓」之說。

(2)　曼氏以國籍、當事人及主權三者爲構成準據法之基礎，其中尤以「國籍」最重要。擧凡法律關係，無論其種類如何，原則上應用「國籍」爲連結因素，以「本國法」爲準據法。祇於當事人依意思表示指定應適用於其相互關係之法律時，始可例外地以其所指定之法律爲其準據法。準據法爲國內法則已，若屬外國法律而且違反國內公法法規或公共秩序者，依「主權」之基礎概念，應不予適用，而適用國內法律。

氏認爲各國抵觸法規之內容應力求統一，而其所提倡之「國籍主義」，最足以爲此統一之基礎。惟當時猶未料及「國籍主義」適用於能力身份關係，適與英美之「住所主義」對峙，而阻礙各國抵觸法規之統一。

二、曼西尼國籍主義之影響

(1) 曼西尼國籍主義之生長

曼氏提倡「國籍主義」而成爲近世意大利學派之創始者。其對於意大利法界自有鉅大之影響。一八六五年意大利民法首章一節「關於一般法律之公佈、解釋及適用之規定」（*Disposizione sur la pubblicazione, interpretazione ed applicazione delle leggi in generale*）採取「國籍主義」爲抵觸法原則，此據伽布利（*Gabli*）之研究，實係繼受氏之學說。是項考證是否正確，固尚有研究之餘地。然至少可以窺知氏之說受重視之一斑。一八七五年賀利（*Fiore*）所著「國際私法論」內有云：「一國法律係爲其國民而制定，並只能適用於其國民，因其性質如此，當可逾越其領域而適用於他國，但其侵犯他國法律若至足認爲已侵涉到他國之經濟、政治及道德法益者，不在此限」。此亦被認係承繼受氏之國籍主義。

(2) 曼西尼國籍主義對於他國之影響

(a) 德　國

德國法界原採「住所地主義」，迨曼氏之「國籍主義」一出，羣起傚尤。一八八九年巴爾（*Von Bar*）著「國際私法之理論與實際」一書，力主以「國際主義」爲「屬人法連結原則」（*Anknüpfung des Personal-statuts*）。而「國籍主義」遂由德國民法施行法制成規。雷巴爾（*Lewald*）謂，由

「住所地主義」至「國籍主義」此一推移，乃德國抵觸法制之一「重要革新」(*Wichtigste Neuerung*)。由此足見氏之「國籍主義」對於德國所發生影響之鉅。

(b) 法 國

法國勞倫(*Laurent*)於一八八〇年代曾以曼氏之「國籍主義」爲其「國際民法」理論體系之樞紐。惟因「國籍主義」在當時尚屬新穎，故引日耳曼種族法之屬人原則爲證，以資緩衝，既有勞倫之例在先，威斯(*Weiss*)、巴當(*Bartin*)及奧他涅(*Audinet*)之輩，便能直截了當地主張以「國籍主義」爲屬人法之基本。國籍主義當卽成爲有力之說矣。

(c) 南美國家

在南美國家中巴西一九六一年之民法及智利一九一八年之法律相繼採用曼氏之「國籍原則」爲其抵觸法原則。

(d) 海牙國際私法條約

涉外民事法律適用法第一條宣明：「人之行爲能力，依其本國法」。其他，第十一條「婚姻之成立要件」、第十二條「婚姻之效力」、第十三條「夫妻財產制」、第十四條「離婚原因」、第十五條「離婚之效力」、第十六條至第十七條「子女之地位」、第十八條「收養」、第十九條「父母子女之關係」、第二十條「監護」、第二十一條「扶養」、第二十二條至第十四條「繼承及遺囑」等身份關係，均係以本國法爲其基本準據法。亦係引承曼氏國籍主義之系統。

三、「新屬地原則」與「國籍主義」

第一次世界大戰後，在歐陸國家間產生所謂「新屬地原則」。此一原則原係以補救因專一適用國籍主義所生之困難為其旨趣。初未寓有取代「國籍主義」之意。此由其倡導人尼波伊之所言可以看出。依其所說，「本國法之主要地位」（*Preponderance de la loi nationale*）應加承認。然對於「居住在國內而無返回其本國之意思之外國人」即應適用其現住所地法，亦即國內法律。斯說一出，迅即為雷利波爾——畢幾恩尼爾（*Lerebours-Pigeonnière*）等重要學者所支持。不僅此也，奉素「國籍主義」者，如佛蘭克斯汀（*Frankenstein*）之輩，於第二次世界大戰後，亦轉趨斯說。各國法例當亦不能免受其影響。法國原為「國籍主義」國家，惟其「立法研究委員會」（*Sociètè d'etudes lègislatives*）於一九三〇年曾提議酌採「住所地主義」，而其最近判例亦頗有修緩「國籍主義」之趨向。次觀中南美諸國之立法，其在第一次世界大戰後之發展，頗有「屬地原則復活之感」。例如，巴西原採「國籍主義」，然其一九四二年之民法施行法，則新訂適用住所地主義之規定如次：⑴關於自然人及權利能力及行為能力適用住所地法；⑵關於繼承，適用被繼承人之最後住所地法；⑶夫妻財產制，適用夫妻最初住所地法。

第三節　史特雷之屬地原則

史特雷於一八三一年著「國際私法註釋」（*Commentaries on the Conflict of Laws*）一書，盡將當時歐陸國家法界所採抵觸法原冶於一爐，並以之應用於美國法律體系之中。當時英美學界之抵觸法理論，尚屬草昧，而有關判例又復寥寥無幾，其內容亦未臻明確，氏能應時造此傑作，堪稱為「由混沌中產生秩序」（*Produce order out of chaos*）之偉績。

史氏之抵觸法理論博採歐陸學者之長處而建立者。其中尤以荷蘭學派富伯之「國際禮讓」說，對其影響最鉅。緣「國際禮讓說」係與屬地原則互相配合而適用。氏之理論亦然。氏於其「國際私法註釋」一書，開宗明義謂：「各國在其領土內是有專屬主權及管轄權，此乃向爲衆所承認之最基本且普通之定律或定義」。繼謂：「所以適用外國法律者，實由於國家相互間之禮讓所使然，並非當然如此。申言之，其適用並非由於各國之負擔此一義務，而係出於恩惠或寬讓。因此，一概聽由各國之明示規定，始可適用。此一概念表現在次引之一段論述，即：「一國法律在他國適用並創設義務，係以他國法律及其內國法令明定准其適用且發生義務之效力爲唯一原因。」

史氏祖述富伯之「屬地原則」以創立抵觸法則，成爲現代英美法界之典義。庫克（*Cook*）所倡之「地域法說」（*Local law theory*），足以代表現代英美重要學說之一，頗有取材於氏之「屬地原則」之處。且其對於英美法例之影響又復根深蒂固。例如，關於契約當事人之能力，不適用住所地法，而適用締約地法。是項屬地傾向之原則，實淵源於氏之學說。

第六章 結　　語

抵觸法理論淵源於種族法思想，取形於法規區別說。而法規區別說，則經由法蘭西學派及荷蘭學派之精化過程，至十九世紀又進入近代化之階段。此近代化之工作係由薩維尼、史特列、曼西尼三氏所分擔。按薩維尼係引承意大利學派之思維方法，曼西尼則繼受中世紀種族法屬人主義之衣鉢，而史特列乃銜接荷蘭學派富伯三大原則者。三氏各對於現今之抵觸法理論發生如次影響。

薩維尼之「普遍主義」思想及其「法律關係本據說」，實爲啓導現今抵觸法理論擺脫法規區別說之形式主義之先驅，使各國能視國際社會之實際發展而制定適宜且合理之抵觸法規，德、法、瑞士及其他歐陸法系國家之抵觸法則，固頗多與薩維尼之主張不同，然皆係依法律關係之種類規定抵觸法規則，可謂係效尤薩氏之風。

次之，曼西尼之「國籍主義」風行於現代歐陸法系國家，係以人對於「國家」之「隸屬關係」爲連結。此與中世紀種族屬人法主義之「血緣連結」，頗類似。蓋現今之人類社會，係由國家以其領土爲基礎所組成者。此乃其基本團體方式，亦卽較現代化之連結基礎。兩者之不同處，只是所隸屬的對象不同而已。個人對國家之領土具有直接或間接之關聯。因此，各以「住所」、「居所」爲輔助連結，而擴張「屬人連結」之準據法。例如，現今採取「本國法主義」之國家，對於「居住國內」之外國人適用國內法爲能力身份之輔助準據法，便是其例。

富伯——史特雷系統之「屬地原則」，由於其强調各國各有適用或拒絕適用外國法律之自由而成爲「國內法說」淵源之一，因此與薩維尼依其「普遍主義」力主適用外國法律之國際法義務者，互成尖銳之對比。另一方面，復以「屬地連結」之理論作爲英美及南美現今抵觸法則上關於「身份能力」採取「住所地主義」之基礎。儘管晚近重要學者，諸如古立治（*Goodrich*）、戴西（*Dicey*）等學者抨擊其「國際禮讓說」爲「意義不分明」（*Idle logomacy*）之說，其「屬地連結」之理論，對英美法界之影響，仍極深鉅。

第四編　抵觸法之適用

第一章　總　說

國內抵觸法規就涉外問題指定應適用之法律時，必須明白地確定連結因素之概念，作爲其基礎。其指定法律並須依循一定規準，以免用法不定，循環無常，藉期確定應適用之法律卽所謂準據法是也。玆有「法律關係之定性法則」策使連結因素之概念能臻明確。並有「反致法則」對於指定程序設定規準，以利準據法之確定。其規範之文義構造，雖與抵觸法規有所不同而另成一類，然其旣爲指定特定國家之法律爲準據法設定基準，寧屬抵觸法規適用程序上本有之規則。故特稱其爲「輔助抵觸法規」，列爲「抵觸法規」之一種。

抵觸法規確定特定國家法律爲其準據法後，就準據法本身，亦發生如次適用程序上之問題。

第一、特定涉外問題含有數種不同之爭點。例如，涉外物權問題，具有「物權行爲」、「行爲能力」、「物權之變動」等爭點，或因涉訟權利，兼具數種性質，例如父母對於子女之監護義務爲「監護」問題，亦爲「親權」問題，因而致數種準據法，均有適用於同一涉外問題之可能。此數種互有關連之準據法間，如何選擇其中一者爲應適用之法律？

第二、因當事人之行爲致使連結因素之歸屬有所變動，例如，因當事人向他國「聲請歸化」，「拋棄原有國籍」而使其國籍發生變動，或依運送契約託運商品而於運送途上其所在地由A國變爲B國，或訴訟地因當事人之協議，由C國變爲D國是。此際，本國法、所在地法、法院地法等準據法亦必隨之變更，由是發生如次問題，其所變更之準據法與原有準據法兩者間，究應選擇適用其中那一種？當事人變更連結因素之歸屬，是否應認爲合法且有效？前者爲所謂「單位準據法之相互關係」問題。後者爲所謂「準據法之變更」及「選法詐欺」(*Fraude á la loi, fraus legis, Gesetzesumgehung*) 問題。

綜上所述，關於抵觸法規之適用，宜分爲「輔助抵觸法規」(「法律關係之定性」及「反致」)、「單位準據法之相互關係」、「準據法之變更」、「選法詐欺」及準據法之適用等觀點加以研討。

第二章　輔助抵觸法則

第一節　法律關係之定性

第一項　法律關係定性問題之發生原因

一、統一基礎法律概念之必要性

各國法律就同一種類之指定原因、連結因素其他法規因素所規定之概念互異，易使同一案件因管轄國之不同而異其處理結果。此可由下引「法律行爲之方式」、「住所」、「消滅時效」三例，窺得其梗概。

(1)　以「法律行爲方式」爲指定原因之例說明之。法律行爲之方式，法國將其視爲「法律行爲之方式」，荷蘭視之爲「行爲能力」。因此，法國法院處理該案件時，適用「行爲能力準據法」之A國法律。荷蘭法院處理該案件時，適用行爲能力準據法之B國法律。

(2)　以「住所」爲連結因素之例說明之。例如當事人出生A國，旋卽移居B國，英國法院依「出生住所」之概念，視A國法律爲住所地法，而中華民國法院則依「選擇住所」之概念，視B國法律爲住所地法。

(3)　以「消滅時效」爲指定原因說明之。例如契約上之請求權因罹於時效而消滅時，中華民國視

「消滅時效」爲民法上實體問題，而美國視「消滅時效」爲程序法問題，其結果，中華民國法院處理該案件時，適用「契約準據法」卽當事人所指定之法律，如依當事人意思而定爲應適用法律之英國法律是。而美國法院則適用「法院地法」卽美國法律。

上引三例均示，如基礎法律概念不同，則將致適用不同之法律。爲使各國對於同一案件之處理結果能趨一致，以促進「法律之安定」性，實有依特定標準統一指定因素或連結因素概念之必要。「法律關係之定性」便是統一上述因素之標準概念之法理原則。

二、法律關係定性說之歷史沿革

「法律關係定性」說，其發生較諸一般抵觸法理論爲遲。至十九世紀末始由歐陸學者所提倡。公元一八九二年，康恩（*Kahn*）在其所著「法律衝突論」（*Gesetzeskollisionen*）一文中，首次以「潛在的法律衝突」（*latente Gesetzeskollisionen*）一詞，啓引「法律關係定性」問題之討論。繼則，巴當（*Bartin*）於一八九七年發表「國際私法上之法律關係定性論」（*Théorie des qualifications en de droit international privé*）一書，專論同一問題，至爲詳細。至二十世紀，此一問題，已被學界共認爲國際私法學上之一重要問題。不僅是德、法等歐陸諸國學者相繼討論，就是在英美學者亦以「法律關係之定性」（*Characterization*），或以「法律關係之分類」（*Classification*），甚至以「法律概念範疇之衝突」（*Conflict of categories*）等不同名稱加以熱烈討論。

三、法律關係定性問題之範圍

各國學者所討論之「法律關係定性問題」，其範圍如何，迄無定論。依巴當之說，應限於指定原因之定性，而未包括連結因素之定性。此爲限制說。近時已有學者予以支持，其中以沃耳福（*Wolff*）支持最力。巴當之說初出時，卽遭康恩之反對，康氏認爲，除指定原因以外，連結因素亦應包括在「法律關係定性」之範圍內。此爲概括說。概括說一經被提倡，卽爲各國學者所熱烈贊同，尤以貝克特（*Beckett*）及福康普律治（*Falconbridge*）等學者爲甚。按「法律關係之定性」旨在統一或解釋抵觸法規之因素概念，藉此促進「法律之安定」。連結因素旣爲抵觸法規因素之一，只要其概念之統一解釋有助於「法律之安定」，原應無將其由「法律關係定性」除外之理由，自當以概括說爲優。只因指定原因與連結因素，適用程序上地位不同，容有不同之解決原則存在。當以限制說爲宜。因而關於連結因素之定性，另已如前述之原則處理，不適用一般法律關係定性原則。玆專就指定原因限定「法律關係定性」問題範圍如次。卽：⑴物爲「動產」或「不動產」之問題；⑵夫妻間一方死亡時，他方對其一方財產之權利爲「夫妻財產制」或「繼承」問題；⑶父母對於未成年子女婚姻之同意爲「法律行爲方式」或「行爲能力」問題；⑷無人繼承之財產爲「國家佔有法」之公法問題或繼承法問題；⑸仲裁人之公斷應屬「契約」或「訴訟」法問題。

第二項　法律關係定性之理論

目前關於法律關係之定性究應依何國法律所規定者爲標準，有法院地法說、準據法說及獨立定性說等三種學說。本項擬先行分述其概要，然後再分項逐一加以分析硏討。

⑴　法院地法說

此說淵源於巴當及康恩等之學說，現由美其我（*Melchior*）、古治威爾（*Gutzwiller*）、尼波及魯布（*Raape*）等學者所採取。此說主以法院地國之「實體法」確定法律因素之概念。申言之，涉外案件所繫屬而對之應用其抵觸法規之國家，該國有關法律之規定便是「定性」的標準。例如，中華民國法院關於金錢債務契約之涉外案件，依吾國涉外民事法律適用法第六條第三項之規定，因「當事人意思不明」而其國籍亦復不同，乃適用「履行地法」，而準用吾國民法第三百一十四條第二款之規定，視債權人住所地國爲「履行地」是也。

布斯達門特法典第六條卽採法院地法說，而各國法例中，採取斯說者，亦復不少，如美國「抵觸法例集」(*Restatement of the Law of Conflict of Laws*)第七條一段及利契登斯坦（*Liechtenstein*）民法第三十七條關於住所概念之規定，論其條文之文義，均係採斯說。又如瑞士聯邦法院有關判例中，就「住所」、「履行地」或「消滅時效」等問題亦有採法院地法者。

(2) 準據法院

此說初由雷斯邦（*Despagnet*）於一八九八年所提倡，現有沃耳福（*Wolff*）等學者採之。提倡斯說者，關於「法律關係定性」問題之範圍，採限制說。因此，其所論者，當不能適用於「連結因素」問題。此說認爲指定原因之概念，應依準據法國之法規決定。因此，「無人繼承之財產」，依涉外民事法律適用法第二十二條之規定，應適用「被繼承人死亡時之本國法」。故「被繼承人死亡時」若係法國人，則因其準據法爲被繼承人死亡時之本國法，從而須適用法國法律而視爲「國家佔有法」(*Droit régalien*)之問題，而不能依中華民國民法第一千一百八十五條之規定，視爲民法繼承之問題。德國最高法院關於須夫（*Seuff*）一案判決，便是採斯說。

(3) 獨立定性說

此說較「法院地法說」及「權利準據法說」新穎，係由拉貝爾（*Rabel*）於第一次世界大戰後所提倡。此說比較各國法制之異同，並就普通觀點尋求因素概念，而不受特定國家法律，如法院地法或權利準據法之拘束。因此，如英國法院審判涉外產權案件時，英國法院不依法院地法即英國法之規定，採人的財產」（*Personal estate*）及「物的財產」（*Real estate*）之分類，而須採爲大多數國家法律所普遍應用之「動產」（*Moveable*）之分類，以解明涉訟產權之概念。換言之，「動產」與「不動產」之分類，雖與英國民事實體法上之分類不合，仍須採之以作爲解明概念之依據，瑞士聯邦法院新近判例，傾向於斯說。

(4) 管見

綜觀上列諸說，法院地法說不致於發生惡性循環且比較穩定，縱然有所謂「不罹消滅時效之滙祟」之弊發生，然究屬罕見之實例。若僅因忌此就特殊情形所發生之弊端而忽略其穩定性之長處，諒非公允。此說雖因有斯弊而減少其效力，然若能妥予運用，容許少數例外之存在，使其不流於偏激，此弊仍可以避免。惟因鑒於國際私法力求避免滋增國內法律之適用之本義，故未便苟同法院地法說而已。至於準據說則犯有惡性循環之矛盾，未便採取，已如前述。故三說中，以獨立定性說最爲可取。運用此說者，以各國法律之比較爲獨立定性之方法，當較穩確，免流於任性，頗有助於運用抵觸法規程序之安定。惟「法律關係定性」應超越法院地法之概念，藉達公平選擇法律之旨，此乃最屬肝要之事。若能達成斯旨，縱使應用他法，亦非不可，實無硬執比較法律之方法之必要。換言之，爲使法律關係之定性，因無妨應用比較法律之方法，然亦無限用此法一種之理由。戴西（*Dicey*）及摩利斯（*Morris*）謂：

「定性之程序，應依（法律之）常識之啓示實行」（*The process of characterization should be performed with the dictates of common sense*）。研析斯說，可知比較法律並非唯一可依循之途徑，而應顧及國際私法之本義及其平均國家制法權之功能，研討法理，以創立妥適之因素概念為要。

第二節　反致法則

第一項　總　說

反致法則所規定之法律適用程序，謂之「反致」。所謂反致，稱國內抵觸法規本來指定外國法律為準據法，却未適用該外國法律，反而依廻翔適用之方式，適用該準據法以外之法律也。反致程序之所以發生，實由於各國抵觸法對於同一涉外關係所規定之準據法互有不同所致，又因準據法係以連結因素為基礎而決定。因此，亦可謂反致係因「連結衝突」（*Conflit des rattachments*）而發生者。

依涉外民事法律適用法之規定就特定涉外民事案件應適用特定外國法律時，該特定外國法律可能為該外國之廣義的法律，包括該外國之抵觸法，該特定外國法律亦可能為該外國之狹義的法律，不包括該外國之抵觸法。如其為該外國之廣義的法律而依該外國之抵觸法之規定，應適用中華民國法律或其他國家之法律時，應否適用中華民國法律或其他國家法律？此即係反致問題所以發生之淵源。此問題成為案例，可謂係在十九世紀末葉以後，約在一個世紀前的事。首先處理該案例者，厥為法國最高法院（*Cour de Cassation*），作成聞名於世界之「法爾克一案」（*Forgo's Case*），其判決之年度為一八七九年。不久之後，傳播至英國及其他國家，形成反致之案羣，而法語「迴翔」（*renvoi*），則或因沿由上之關係，成爲各國學者普遍使用之用語。

「連結衝突」可分爲積極衝突及消極衝突兩種。此一分類係依當事人國籍及其身份能力之準據法而爲者。前者係國內法律與外國之法律就僑居該外國之自國國民之身份能力發生之衝突。例如對於現居英國之中華民國國民發生行爲能力問題時，依中華民國涉外民事法律適用法之規定適用其本國法（涉民一1），亦卽中華民國法律。惟依其現居地國卽英國之法律，則應適用住所地法。此際，涉外民事法律適用法所採之本國法主義與英國之住所地法主義衝突。後者係指就外國人身份能力，該外國人之本國法與其住所地國法發生衝突而言。例如，現居中華民國之英國人，其行爲能力，依涉外民事法律適用法第一條之規定，應適用本國法。但依其本國法卽英國法律，則應適用住所地法而致本國法主義與住所地法主義衝突。積極衝突究應從國內立法主義乎？抑或從準據法國立法主義乎？殊値研究。通說以爲積極衝突應專依國內法主義，而不適用反致。至若消極衝突如以適用準據法國立法主義爲解決方法之一時，卽發生反致問題。本節係就消極衝突之觀點討論反致。反致雖爲唯一解決消極衝突之方法，然究非絕對必須採取。且學者對於應否將其採行說法互異，而其範圍又有廣狹之別。本節擬從學說觀點確明反致之應加採行，並進而析述其所應採取之種類。同時亦硏討反致法則之發展趨勢，以闡明涉外民事法律適用法上之反致條款。

第二項　反致理論

反致理論可分爲反對反致之否認說及贊成反致之承認說兩種。玆分段析述之如次。

一、反致否認說

否認反致者，其所持之理由，略有左列四種。

(1) 法院地國所得適用之抵觸法規應限於國內抵觸法規而不包括外國抵觸法規。採斯說者謂：承認反致將法律衝突之解決委諸外國抵觸法規之規定，等於放棄主權。且也，一國制定抵觸法規本寓有專依此法規以解決法律衝突之意。反致既係借助外國抵觸法規以構成，與制定抵觸法規之本意不合，故應否認之。安吉洛蒂（*Anzilotti*）有云：唯有自國抵觸法規，始屬法律，亦即斯意也，因而斯說特有「實體法指定論」之稱。

(2) 適用反致將使法律適用陷於惡性循環。為成立反致，必須適用外國法律為準據法——包括其法律全部，而不分實體法或程序法。如巴蒂（*Baty*）謂：「玆已有一選法規則依以擇定應適用之法律，若用適用外國選法規則，卽等於就同一問題為二次之選法矣」。其結果必致重複。且也，若準據法國之抵觸法規又指定應適用國內法律——亦概括整個國內抵觸法規——而其國內法律指定應適用外國法律，則必反覆不已，而發生惡性循環現象。何況準據法國之抵觸法規可能指定第三國法律為應適用之法律，而該第三國抵觸法規亦可能指定國內法律為適用之法律。反覆之途徑更加延伸，猶若「國際網球賽」一般，來去不輟，而其惡性循環亦更加甚矣。

(3) 反致將使涉外案件之處理結果不統一。反致一經承認，則對於同一案件由於法院地國之不同而適用不同之法律，結果，勢將難期其處理結果之統一。例如吾國法院對於現居中華民國之英國人之行為能力，依涉外民事法律適用法第一條之規定，適用英國法律。而因英國採取住所地法主義，故反致適用中華民國法律。反之，若由英國法院處理同一案件時，則依住所地法主義適用中華民國法律。而依涉外民事法律適用法第一條之規定，又反致適用英國法律。若是，適用反致必就同一行爲能力案件因處理之國家爲中華民國或英國，而發生或適用中華民國法律，或適用英國法律之情形。頗妨礙處理結果之統一。

(4) 反致增加調查外國法律之困難。

反致係依外國抵觸法規而適用準據法以外之法律，惟現今抵觸法大都係習慣法或判例法。其調查比實體之調查更加因難。

二、反致承認說

力主應承認反致者，或謂反致可期各國判決之統一，或謂可將反致作爲國際禮讓之表示；或謂反致可擴充國內法律之適用範圍；或謂反致與適用完整外國法律之概念相脗合。

惟反致未必有助於各國判決之統一，相反地，却有妨礙其統一之弊。因之，有些學者反而以否認反致作爲統一各國判決之策。何況，國際禮讓之含義模糊，又誠如學者所云，「僅可爲一時之策略，不能作爲立法之基礎」，以其爲承認反致之根據，似亦不妥。至於藉反致以期擴充國內法律之適用範圍之說法，易被誤爲違反抵觸法應以內外國法律平等適用爲選擇法律之基礎之意旨。又適用外國法律必須完整，其意乃指適用外國法律不只適用其實體法規一者，且應及於抵觸法規。因其概括外國法規之全部，故特稱爲「總括指定」(*Gesamtverweisung*)。「總括指定說」之概念明確，所說又復堅穩，以其作爲承認反致法制之基礎，甚適合。不失爲現今反致承認說之代表也。斯說係藉適用外國抵觸法規作爲適用反致之依據。其理論之成功固繫於如何釋明何以於自國抵觸法規以外，並適用外國之抵觸法規之原因。至於此原因之釋明，在法律上，可分爲四種。即「本國法優先說」；「屬地法優先說」；「外國法律本意說」；「外國法院說」。茲分述如次。

(a) 本國法優先說

本國法優先說係由法蘭克斯坦因（*Frankenstein*）所首創，並由艾斯（*Weiss*）及非爾歐（*Fiore*）等學者所繼受者。依此說，當事人之本國具有抵觸法規優先制定權。若法院地國之抵觸法規所指定之準據法與當事人本國之抵觸法所指定者，互不相同，因而致發生抵觸時，應依「本國抵觸法規」之規定，適用其所指定之法律爲應適用之法律。茲引法蘭克斯坦因所設之例，闡述此說之意旨。如就現居意大利之英國人發生行爲能力之涉外問題，意大利法院審理此案件時，當依意大利抵觸法規而適用英國法。蓋英國法爲當事人本國法而居於優先適用之地位也。但依英國之住所地法主義之規定，卻應適用意大利法律。於焉，由英國法律反致至意大利法律。

(b) 屬地法優先說

此說係由列尼（*Lainé*）所主張。係由國家對其領域內之人及物所具有之屬地法權推演而得者。斯說略謂：一個法律在其領域內具有完全之效力。基於此觀點而認爲一國法律規定適用他國法律者，此規定含有該國向他國請求優先適用該他國法律之意。若該他國法律之規定明示拒絕其適用，則應返回該國，以該國法律爲應適用之法律。

(c) 外國法律本意說

此說由威斯咯克（*Westlake*）及巴爾（*V. Bar*）所提倡。其大意如次。一國應尊重他國法律主權，若一國抵觸法規特定他國法律爲應適用之法律時，該他國之實體法規只能適用於該他國法律原欲適用之場合。換言之，該他國法律不能違反其本意而被適用，俾免侵害其法律主權之尊嚴。而該他國法律之意思係由其抵觸法規所表示。因之，其抵觸法規若規定適用該國之實體法律者，只能適用該實體法律。若規定不適用其實體法律者，卽等於該他國放棄其法律適用權，因而發生法律漏洞。此際，由法院地國之實體法規出而彌補，仍合於尊重他國法律主權之本意。

(d) 外國法院說

此說爲英國法院於一九二六年安那斯列一案（*In Re Annesley*）判例所創設者。旋由學界所採，如今已成爲重要反致學說之一。依此說，法院地國法院應與準據法國法院立於同一之立場而適用準據法國法律。因此，某一涉外案件，若由其準據法國法院處理，應適用該國抵觸法規時，法院地國法院之適用法律，亦應相同，如準據法國法律規定應適用法院地國或他國法律時，自應反致適用法院地法或他國法律。

比較上列三種學說，其依「總括指定」之概念達成反致之態度，有積極與消極之分。「本國法優先說」、「屬地法優先說」及「外國法院說」積極謂應由外國法律返回法院地國法律。至於「外國法律本意說」雖直認「反致」，然只消極謂適用法院地法以塡充因外國抵觸法規未明示適用其本身之法律而發生之漏洞。上列四說所採態度，雖有積極消極之別，而其趨向反致之承認，則同歸一轍。

反致之應否承認，乃係牽涉到國際私法本質之問題。自應由此觀點以決定之。

若將反致作爲抵觸法之一部分，則應與其他抵觸法則同具平衡制法權之作用。按各國制法權之事項原不限於實體法，而應包括抵觸法規，故若將反致限於制定實體法規一者，則無異違反此平衡制法權之旨趣。而採取否認反致說之學者所提倡「實體法指定論」卽係就此點犯有錯誤。再者，斯說學者雖然指責反致有礙涉外案件判決之統一。發生「法律不平衡」之弊端。然此弊端並非反致所固有，寧係淵源於

「本國法主義」與「住所地法主義」之對立。故若執此一端而抹殺反致之存在，實失公允。至若「惡性循環」確爲「反致」弊端之一。然此弊端只要適宜地限制其循環之階次。縱使不能將其根絕，仍可適宜糾正之。換言之，只要不使反致程序無限伸展，而一經返回法院地法卽不再適用外國法律，自可保有一定之界限，當能防止「惡性循環」之弊也。

反致雖有弊端，然其弊端尙可調和，而斯制又有資以平衡制法權之長處，自應加以承認。至於其成立應以「總括指定」爲基礎，已如上述，玆不再贅。

第三項　反致之種類

一、緒　說

反致，依英美及德國學者之一般稱謂，可分爲直接反致、轉據反致、間接反致及重複反致四種。按直接反致遠在十八世紀時卽由法魯克（*Forgo*）一案之判決等所創始。繼又增添轉據反致及間接反致二者，共爲三種。至於重複反致，則係新近由英國法院安那斯烈一案（一九二六年）之判決所創立，尙未普及於各國，至今仍屬一種異例。本項擬分段析述直接、轉據、間接及重複等四種反致。

二、直接反致

A國法律指定B國法律爲準據法，B國法律却反而指定A國法律爲準據法，此種由法院地國法律至他國法律，再由他國法律逕反法院地國法律之迴翔方式，謂之直接反致。英國法院在克利爾（*Collier*

V. Rivaz）一案之判決（一八四一年）及法國法院在法魯克一案之判決（一八七八年）均係適用直接反致之範例。玆闡述如下：

(1)　克利爾一案

在本案，居住在比利時之英國國民因其所立遺囑之效力問題而涉訟。英國採住所地法主義，故在本案依之應適用住所地法卽比利時法。惟比利時法規定遺囑之效力，依遺囑人之本國法，因此，本案判決乃適用英國法律。

(2)　法魯克一案

本案係因在法國死亡之百倫國民遺產之繼承問題而涉訟。按法國採本國法主義，因之，本案應適用百倫法。惟百倫法却指定被繼承人死亡時之住所地法卽法國法律爲應適用之法律，故法國法院乃據以適用法國法律。

研討上述二案，均係關於身份能力之屬人法案件，依法院地法之規定而適用他國法律，再由該他國法律逕行迴翔至法院地法之程序，最後乃擇定法院地法爲準據法。換言之，均係應用直接反致之選法程序也。第一案係由住所地抵觸法規擇定法院地法爲應適用之法律。第二案係由本國抵觸法規指定法院地法爲應適用之法律。卽其所選擇之抵觸法互不相同而已。

三、轉據反致

法院地國法律指定他國法律爲應適用之法律，該他國法律又規定另一他國法律爲應適用之法律，另一他國抵觸法遂規定應適用自國法律，因而適用該他國法律者，謂之轉據反致。此種指定準據法之程序係由法院地法至他國法律，再由他國法律至另一他國法律。其與直接反致不同的地方，在適用法律之程序以至另一他國法律爲止，而不再迴返至法院地法。即將應適用之法律由法院地法原有所指定者，以「轉送」之方式指定他國法律而已，故謂之轉據反致。茲引涉外民事法律適用法第二十二條說明之。曾居住在瑞士之英國人死亡，因其遺產之繼承而涉訟時，依本條之規定，應適用「被繼承人死亡時之本國法」卽英國法。但依英國法律則不分「立遺囑繼承」(*Testamentary succession*)或「無立遺囑繼承」(*Intestate succession*)概依被繼承人死亡時之住所地法以決定遺產繼承權。因此，應適用瑞士法律。而瑞士「居民法」第二十二條第一項規定以「最後住所地法」爲應適用之法律。從而適用瑞士民法於該遺產繼承之問題。足見本案係由中華民國法律至英國法，再由英國法至瑞士法爲止。並未迴返至中華民國法律，故爲轉據反致。

四、間接反致

法院地法指定他國法律爲應適用之法律，而他國法律又規定應適用另一他國法律，惟另一他國法律却規定法院地法爲應適用之法律，因而適用法院地法者，謂之間接反致。換言之，其適用之程序係由法院地法至他國法律，再由他國法律至另一他國法律，最後由該他國法律迴返法院地法。間接反致與直接反致及轉據反致有如次不同之處，卽直接反致係由法院地國抵觸法規所指定之法律逕返法院地法。其間並未經由他國法律。但間接反致，則係經他國法律而迴返法院地法。又在間接反致，法律之適用迴返法院地法，但轉據反致則不然。間接反致得例示如下。在瑞士出生之英國人在中華民國死亡，生前未設定「選定居所」(*Domicile of choice*)於中國，關於其遺產發生繼承問題時，依涉外民事法律適用法第二十二條之規定，應適用「被繼承人死亡時之本國法」即英國法律。依英國法在此情形依「出生住所恢復之原則」(*Principle of survival of domicile of origin*) 應以其出生住所地為住所。本案之被繼承人出生於瑞士，故應以瑞士法律為住所地法。惟依瑞士法，則應適用「最後居所地法」即中華民國法律。若是由中華民國法律至英國法律，原應特定英國法為應適用之法律，然却經由瑞士法律再迴返中華民國法律，故為間接反致。

五、重複反致

重複反致乃對於直接反致及間接反致再加一段適用程序，經此追加程序，進而適用外國法律，即係對於直接反致之示例。再追加由英國法律(法院地法)至比利時法律(住所地法)一段；對於間接反致之示例，再追加由中華民國法律至英國法(本國法)一段，便可構成重複反致。

第四項　反致法例

一、緒　說

綜觀各國法例，尚有否認反致者。按其否認反致法制之原因，或由傳統上相沿適用，或由承認反致改為否認反致者。例如，美國、丹麥及挪威向有否認反致之法例傳統。美國，其判例認為準據法不應包括抵觸法規，以致反致無從成立，其法例採取否認反致之看法，甚為明顯。而丹麥及挪威均採所謂「嚴格住所主義」，認為關於身份能力之問題，只能適用住所地國之實體法，反致亦因之不成立。其他諸如意大利、希臘、荷蘭及埃及亦採斯制。次之，巴西原曾承認反致，而於一九四二年修改民法時，始改爲否認反致。其民法施行第十六條規定謂：「依本施行法之規定，應適用外國法律者，應適用該外國法律，不得因反致而適用其他國家法律」。

惟現今大多數國家咸趨向於承認反致。前項所揭四種反致之中，第一、二、三種反致係屬通常之反致程序。而第四種重複反致係屬例外之反致程序，各國法例中，有概括承認二種正常之反致者，謂之全部反致主義。若僅承認其中一部份者，謂之一部反致主義。本項擬以比較方法，詳細研討全部反致及一部反致之法例，以資討論吾國涉外民事法律適用法上反致條款之參考。

二、全部反致主義

德國、法國及吾國均採全部反致主義，英國雖未揭示其反致原則，但亦可視爲全部反致主義國之一。關於吾國之反致原則，則容後詳述。玆先概述德國、法國及英國全部反致法制如次。

(1) 德　國

德國民法施行法第二十七條規定「反致」（*Rückverweisung*）謂：「依本法第七條第一項、第十三條第一項、第十五條第二項、第十七條第一項及第二十五條之規定應適用外國法律，而依該外國法律應適用德國法律者，適用德國法律」。換言之，本條僅明定「直接反致」一種而未提及他種反致。然德國最高法院之判例，則將此規定擴張解釋，除承認該條所規定者外，並承認轉據反致及間接反致。惟其適用特限於行爲能力、婚姻、夫妻財產制、離婚及繼承等所謂「能力身份問題」。

(2) 英　國

英國法制並未明確表示其是否承認反致。而其承認之範圍若何，則胥視準據法國是否亦承認英國之反致而定。例如法國對於反致依英國法律決定在英國住所之設定效力。故於此情形下，英國人爲被繼承人而設定住所於法國者，先依英國之住所主義，適用法國法，而依法國法則應適用本國法卽英國法。此係直接反致。惟依法國法在法國所設定之住所違法者，依其本國之抵觸法規決定其準據法。因此乃依英國之住所地法主義適用法國法。亦卽對直接反致再加一般適用程序而成立重複反致。反之，意大利就反致未依英國法決定在英國所設定之住所的效力。因此，在同例改以意大利國民爲當事人，依英國之住所主義適用意國法，但依意國之本國法主義則應適用英國法律。惟因未願依意大利法律決定在意大利所設定住所之效力，故只依法國之抵觸法規確定英國法律爲應適用之法律。由於英國法例未必明確限定直接反致一者，故其法例或可視爲不確定之全部反致主義。

(3) 法　國

法國關於反致未設明文規定。惟法國最高法院曾於一九一〇年三月九日下一判決，宣明其承認反致之積極態度。該判決云：依外國國際私法法規所規定而廻返適用法國法律時，不僅不會使法國國際私法蒙受絲毫損害。且也，如此做對於解決涉外問題之衝突不無裨益，並得就在法國所成立之權益，依法國法爲適宜之判決。故法國有關反致一切悉依判例而定。其後，法國判例傾向於全部反致。而法國一九五二年之國際私法典草案第二十條亦明認「一級反致」(*Un premier degré de renvoi*)（卽直接反致）及「二級反致」(*Un degré second de renvoi*)（卽轉據反致），亦示相同傾向。

三、一部反致

奧大利、日本及日內瓦統一票據法採取一部反致主義。

奧大利一九四一年十月十五日之婚姻法第六條明文承認直接反致。日本「法例」第二十九條亦以明文規定直接反致。至於其他反致，則尚無判例可稽。而有力學說亦作限制解釋，只承認直接反致一種。日內瓦統一票據法，則限於票據行爲能力問題，始適用反致。關於其他問題，則隻字未提。並且僅限於直接反致一種。而日內瓦統一滙票本票法僅第九十一條第一項設有有關之規定。此規定宣明關於票據行爲能力適用本國法。繼稱：依本國法之規定應適用其他國家之法律者，則適用其他國家法律，亦卽藉此以承認直接反致，日內瓦統一支票第六十條亦設有類似之規定。

四、管　見

反致既應加以承認，固無庸限於直接反致一者。而採一部反致主義之國家所以未適用其他反致種類者，大多係因其缺乏可適用其他反致之案件而然。尚難謂其杜塞擴增適用其他反致之路。因而可謂全部反致主義爲現今最適宜之法例。惟應注意者，反致之適用係出於適用上不得已之情形。其適用應以有必要之情形爲限。因此，全部反致之適用應加以適當之限制。從而，重複反致應加防止，固不待言。至於其所應適用之事項，固不須限於身份能力一者。只要合於抵觸法規所規定之適用條件，亦可適用於其他事項。

第五項　涉外民事法律適用法上之反致

一、涉外民事法律適用法上「反致條款」之構造

涉外民事法律適用法第二十九條規定：「依本法適用當事人本國法時，如依其本國法就該法律關係須依其他法律而定者，應適用其他法律。依該其他法律更應適用其他法律者，亦同。但依該其他法律應適用中華民國法律者，適用中華民國法律」。本條規定共分三段。(1)「如依其本國法就該法律關係須依其他法律而定者，應適用該其他法律」；此處所謂「其他法律」如解爲外國法律，則係承認轉據反致、如其可解爲「中華民國法律」則係承認直接反致。(2)「依該其他法律應適用其他法律者，亦同」，亦係承認轉據反致。(3)但書則兼指直接反致及間接反致二者而言。由此可見，本條將一切反致種類以明文爲概括之規定，其係採全部反致主義，至屬明顯。按吾國法律一向承認反致。舊法「法律適用條例」第四條曾有反致之明文，惟其所規定者，僅直接反致一種。卽採一部反致主義之法例。而涉外民事法律適用法第二十九條乃將其修改擴張爲全部反致。

二、涉外民事法律適用法上反致條款之適用

(1) 反致係就依涉外民事法律適用法所謂「適用本國法」之情形而發生。基於此，適用反致之事項分有如次數者。

(a) 反致適用於「行爲能力」（涉民一）。但外國人就其在中華民國之法律行爲，依中華民國法律具有行爲能力者，關於其有行爲能力之輔助準據法，不再適用其本國法（涉民一 1），故不適用反致。

(b)　反致適用於債權契約之成立要件及效力。「因法律行爲所發生之債」，適用當事人自治之原則，即依當事人意思所指定應適用之法律。原不適用反致。但當事人意思不明時，國籍相同者，適用本國法（涉民六）。有此情形時，亦可發生反致。

(c)　反致就「婚姻之成立要件」（涉民十一）、「婚姻之效力」（涉民十二）、「夫妻財產制」（涉民十三）、「離婚之效力」（涉民十四）、親子關係（涉民十六——十九）、監護（涉民二十）、扶養（涉民二十一）、繼承（涉民二十二）、遺囑（涉民二十四）等身分案件發生。

(2)　上列事項只是依法可適用反致，並非必須適用反致。蓋反致之成立，係以本國法與住所地法發生衝突爲前提。申言之，必須當事人之本國法上列案件規定以住所地法爲應適用之法律。如就直接反致言，必須涉外民事法律適用法第二十九條第一段「依其本國法（中略）須依其他法律而定者」中之「其他法律」爲住所地法等本國法以外之法律，始足以發生反致。

(3)　上列事項之當事人若爲無國籍人者，依涉外民事法律適用法第二十七條第一項之規定，應適用其住所地法。住所不明時，適用其居所地法。當不能構成「適用當事人本國法」之情形。惟其能否成立反致，則頗有商榷之餘地。按其所以適用「住所地法」或「居所地法」之原因，實緣由於本國法無法確定，故以之代替而已。故「住所地法」或「居所地法」實相當於「本國法」之法律。從而得準用該條規定，成立反致。

(4)　當事人之住所是否在中華民國，與可適用之反致種類的決定，關係至爲密切。申言之，住所在中華民國者，發生直接反致。住所在第三國者，發生轉據反致。若該第三國法律規定適用中華民國法律者，發生間接反致。

(5) 反致限於第一次回返適用中華民國法律時爲止。從而，涉外民事法律適用法第二十九條但書規定「依該其他法律應適用中華民國法律者，適用中華民國法律」。此規定所謂「中華民國法律」當應限於中華民國之民法、商事法及其他實體法。涉外民事法律適用法及其他抵觸法規應不包括在內。其如此限制，旨在防止「重複反致」之弊也。

第三章　準據法之適用

第一節　準據法之適用方式

第一項　總　說

涉外民事法律適用法就「行爲能力」、「因侵權行爲而生之債」、「物權」等指定原因，分別規定應適用「本國法」或「依當事人意思所定之法律」。其餘亦類皆如此。此等準據法稱爲單位準據法。惟實際發生之涉外案件並非僅限用單位準據法一種，有時對於同一涉外案件適用準據法數者。或爲並行適用，或爲累積適用，或爲選擇適用。經上列數種適用程序而發生單位準據法之相互關係。其相互關係可分四種，卽：⑴基本準據法與特別準據法；⑵準據法之結合關係；⑶準據法之競合關係；⑷準據法之抵制關係。惟此等準據法關係之分類係因適用準據法有數種不同之方式而然。本項擬分別析述並行適用、累積適用及選擇適用，並兼論單位準據法之相互關係。

第二項　準據法之並行適用

一、並行適用之方式

準據法之並行適用，謂數種準據法就同一涉外案件，對於法律關係或當事人之觀點，分別適用不同之法律也。茲所謂法律關係分爲標的關係與非標的關係。就物權案件言，物權本身爲標的關係，「物權行爲能力」爲非標的關係。就法律關係言，並行適用乃謂對於標的關係及非標的關係分別適用各該法律關係之準據法。依上引物權案件之例言之，物權本身適用「物之所在地法」（涉民十）、「物權行爲能力」適用「本國法」（涉民一）。就當事人言，並行適用謂就各該當事人適用不同之法律。如關於「婚姻成立之要件」，當事人國籍不同時，不適用特定當事人一方之本國法，而分別適用各該當事人之本國法（涉民十一1）是，並行適用之準據法，在效力上互不牽連，亦互不影響。亦互無輔助之關係。如依一者不具備要件，則縱使依他者可具備要件，該涉外關係仍不成立。換言之，各自適用之結果合一而決定涉外關係之成立。

就法律關係之觀點言，並行適用數種準據法，係就不同法律關係依類分層適用數種不同之法律。故其適用方式可謂縱面並行適用。就當事人觀點言，並行適用數種準據法，係就同一法律關係並行適用，其適用方式可謂橫面並行適用。由縱面並行適用乃成立基本準據法與特別準據法之關係。而橫面並行適用乃成立準據法之結合關係。

二、基本準據法與特別準據法

標的關係係就特定涉外案件之法律關係居於基要地位者。因此，其準據法謂基本準據法。反之，非標的關係，論其性質，未必爲專屬於特定涉外案件之法律關係，只與特定涉外案件發生牽連而已。例如，「行爲能力」之準據法爲本國法（涉民一）。其須經由「物權行爲能力」而與涉外「物權」案件牽連，故乃予適用。其適用非因其爲涉外「物權」案件之固有部分。因此，非標的關係之準據法，應爲特別準據法（*Spezialstatut*）。

基本準據法與特別準據法必須同時分別適用於標的關係及非標的關係，涉外案件方能獲得有效之解決。例如就美國人A對於德國人B之遺產之權利發生涉外繼承案件時，B之本國法卽德國法適用於其標的關係之「繼承」，是爲基本準據法（涉民二十三）。A之本國法卽美國法另行適用於A取得B之遺產之能力。此爲非標的關係。玆該國法律爲特別準據法，亦卽德國法與美國法兩者相協調而確定此涉外繼承關係之成立。

三、準據法之結合關係

並行適用係就同一涉外法律關係之觀點，分別適用數種不同之法律。此數種不同之法律以該同一涉外法律關係爲基點而互相結合。如就「婚姻」之「成立要件」，分別適用男方與女方之各該當事人之本國法（涉民十一）兩相構成準據法結合關係是。

在準據法之結合關係，必須所結合之法律均具備成立要件，涉外法律關係，方告成立。雖依其中一種法律具備要件，而依他種法律却未具備要件時，涉外法律關係仍不能有效成立。試就婚姻之成立要件言，男方依其本國法之規定雖具備成立要件，然如女方依其本國法之規定未具備成立要件者，婚姻關係仍不能有效成立。

第三項　準據法之累積適用

一、累積適用之方式

累積適用者，謂對於同一涉外關係重疊適用數種準據法。玆所謂重疊適用卽前後重複適用數種準據法之意。如「關於侵權行爲而生之債」，先適用侵權行爲地法，再適用中華民國法律是（涉民九1）。由於重複適用之數準據法，其中不得有一者漏而未用，因此，「由侵權行爲而生之債」，其侵權行爲地法爲外國法律。先依之成立債之關係後，再須適用中華民國法律以終局確定其成立。若依中華民國法律不成立者，卽使依侵權行爲地法成立，仍不能成立，且僅適用侵權行爲地法一者卽判定侵權行爲責任之成立，卽爲「不適用法規」而構成「違背法令」之事由也。

累積適用，大多數應用於與國內公益較有重要關係之事項，俾便嚴加限制涉外法律關係之成立，藉以維持國內公益。

二、準據法之抵制關係

所謂準據法之抵制關係，謂由於累積適用數種應適用之法律所成立互相抵制之關係。其互相抵制關係之準據法中，一爲主要準據法，他爲抵制準據法，如關於「由侵權行爲而生之債」，以侵權行爲地法爲主要準據法；以中華民國法律爲抵制準據法是。主要準據法應先行適用，而抵制準據法應後行適用。此適用次序之倒反足以構成「適用不當」之事由。

第四項　準據法之選擇適用

一、選擇適用之方式

選擇適用乃就可適用之數種準據法中選擇其中一者予以適用之謂；並非數種準據法同時分別適用於同一涉外關係或重疊適用數種準據法於同一涉外關係，亦非因例外情形存在而以「個別準據法」排除原則上所應適用之「概括準據法」。玆舉一例言，關於夫妻之不動產依「特別準據法打破概括準據法」(*Einzelstatut bricht Gesamtstatut*) 之原則，例外地適用不動產所在地法，而不適用「結婚時夫所屬國法」（涉民十三）。此際，不動產所在地法，以對於夫妻不動產而適用者爲限，爲唯一可適用之法律。並非與同可適用之「結婚時夫所屬國法」並行存在而被選擇適用。故其適用並非選擇適用。

選擇適用之立法用意有二。一者，爲策涉外關係之有效成立而選擇適用。二者，爲確明特定涉外關係而選擇適用。就法律行爲之方式言，爲策法律行爲有效成立，得就「該行爲所應適用之法律」及「行爲地法」任擇其中有利於法律行爲成立之一者予以適用（涉民五1）。此乃第一類選擇適用之例。就父對子女之涉外監護問題言，其所應適用之法律，包括親權準據法（涉民十九）及監護準據法（涉民二十）兩者。因其係發生在親子關係上之特殊監護，故選擇適用親權準據法即父之本國法，此乃第二類選擇適用之例。

二、準據法之競合關係

準據法之競合，謂有數種法律可選擇適用時，其中一者一經適用，其餘卽不能並用。此競合關係或基於法律之規定而發生，或基於事實原因而發生。玆分述如下：

(1) 準據法之競合係基於法律之規定而發生者。

互居競合關係之準據法通常係爲策使涉外關係之有效成立而被選擇適用。玆試例示如次。

(a)關於一般法律行爲之方式，「該行爲所應適用之法律」與「行爲地法」，依涉外民事法律適用法第五條之規定，互居競合關係。若法律行爲「依該行爲所應適用之法律」未具備法定方式，而依「行爲地法」可具備之者，卽因其具備法定方式而有效成立。

(b)外國人之行爲能力，就其在中華民國之法律行爲，依涉外民事法律適用法第一條第二項之規定，「本國法」與「中華民國法律」互相競合關係。申言之，外國人依其本國法無行爲能力或僅有限制行爲能力者，仍得依中華民國法律爲有行爲能力，其法律行爲因具備行爲能力要件而有效成立。

(c)關於婚姻之方式，「各該當事人之本國法」、「當事人之一方之本國法」及「舉行地法」等三種法律，依涉外民事法律適用法第十一條第一項之規定，互相競合，婚姻因「各該當事人之本國法」並行適用而未克具備法定方式者，可依「當事人一方之本國法」或「舉行地法」具備以克服方式上障礙而使婚姻有效成立。

(2) 準據法之競合係基於事實原因而發生者。

數種不同之法律所以被置於此關係者，通常係爲要確明特定涉外關係之性質所使然，發生是項競合關係之原因約略可分爲二種。

(a)因當事人具有夫妻、父子及其他特定身份而發生競合。例如父對於其未成年之子女之監護，因有父子身份而致父之本國法與「受監護人之本國法」兩者間發生競合，便是其例。

(b)因特定權利依數種法律理由均可付諸實現而發生競合。如因終止租賃契約，承租人應返還租賃物而未返還，致發生損害賠償問題。此損害賠償可依「債務不履行」及「不當得利」兩種理由而請求。因此，就此損害賠償問題，契約準據法與不當得利準據法互相競合。

三、競合準據法之選擇規準

數種準據法若就法律關係之成立互相競合，則宜選擇其中最有利於該法律關係成立之一種而予適用。若數種準據法就法律關係之權義內容互相競合，則應依如次規準確定其適用次序之先後，再依其次序，選擇適用。即：(1)特殊身份關係準據法優先於普通權義準據法，故應擇用特殊身份關係準據法；例如就父母對於子女之監護，親權準據法（涉民十九）優先於監護準據法（涉民二十）。(2)主要權義準據法優先於從屬權義準據法適用，故應擇用主要權義準據法。例如因返還租賃物而發生之損害賠償責任，關於債務不履行損害賠償請求之契約準據法（涉民六）優先於關於不當得利請求權之準據法(涉民八)，故應擇用契約準據法。

第二節　準據法之變更

第一項　總　說

按準據法係以連結因素爲基礎而決定其爲應適用之法律。因此，在涉外關係上其連結因素之歸屬關係變動時，必導致準據法之變更。連結因素歸屬關係之變動，或由於當事人之意思而發生，或因特定事實而發生。前者如當事人對其住所由A國移至B國或原爲A國國民，歸化B國而脫離A國之國籍而成爲B國國民，或將其所有物委託運送人或自行搬運，由原所在地A國移至B國，皆係因當事人之意思而致連結因素之歸屬關係發生變動。後者如當事人之住所所在地及國籍，因領土主權之變動而由A國改爲B國；或停泊於A國港口或於A國領海內航行之船舶因颱風或海潮或機件失靈而漂流至B國，致其所在地由A國改成B國。諸如此類，皆係特定事實而發生者。

連結因素之歸屬關係因特定事實而變動時，以其不違反當事人既得權益者爲限，始屬有效。如其違反當事人既得權益者，應屬無效，連結因素關係視同未變動，應依原有歸屬關係爲準，而確定應適用之法律。若連結因素之歸屬關係係因當事人之意思而變動者，則其效力依選法詐欺之法則以定之。因連結因素之歸屬關係有效變動而致準據法變更時，就原準據法與新準據法兩者究應適用何者，此乃準據法變更法制之問題。詳待次項述之。若其因詐欺而變動者，究應使之當然無效或相對有效，此乃所謂「選法詐欺」問題。其詳見於本章第三節，玆不復贅。

第二項　準據法變更法制

原準據法與新準據法兩者之間，究應適用何者。如法律明文規定其規準者，依法律之規定。如法律未規定者，依法理。

法律有時規定對於原準據法成立後，於特定時期內發生變動之情形，規定其應適用新準據法者。如離婚，涉外民事法律適用法規定應適用「起訴時夫之本國法」（涉民十四）。夫之本國法係以其婚姻成立時之國籍爲基礎而確定，惟如結婚至起訴離婚期間其國籍有所變動，則適用依新國籍所決定之本國法，即新本國法，此係「變更主義」之本國法。反之，法律有時不問原準據法成立後，連結因素之歸屬關係是否發生變動，一律規定其應適用原準據法。如關於夫妻財產制，法律規定應適用「結婚時夫所屬國之法」即原準據法（涉民十三）是。按適用原準據法者，縱使連結因素因時間之遷移而變動，且依之確定之法律亦隨之變動，仍不受影響。故謂之「不變更主義」。反之，適用新準據法者，係因時間之遷移及連結因素歸屬關係之變動而改變其應適用之法律，故謂之「變更主義」。

如法律未明定應適用何一時期之準據法者，在法理上，應就法律要件及法律效力觀點分別加以決定。

(1) 關於法律要件，應以要件事實完成時爲準，決定所應適用之法律，如婚姻成立之要件，法律僅規定「依各該當事人之本國法」（涉民十一），而未言何一時期之本國法。此際，應解釋其爲舉行婚姻時各該當事人之本國法。本例係採「變更主義」。

(2) 關於法律效力，應以訴訟原因事實發生時爲標準。因之，關於「父母與子女間之法律關係」法律只規定「依父之本國法」，而未明言何一時期之本國法時，法理上，應解爲「扶養義務不履行」、「親權之行使」及其他訴訟原因事實發生時，適用父之本國法。本例亦採「變更主義」。

第三節　選法詐欺

第一項　抵觸法上選法詐欺之特質

一、選法詐欺與實體法上脫法行爲之區別

選法詐欺（*Fraude á la loi, fraus legis*），吾國學者有稱之爲「竊法舞弊」者，乃謂當事人故意改變連結因素之歸屬關係，藉以閃避不利於己之法律並期能求得有利於己之法律之適用。選法詐欺原係由實體法上脫法行爲之概念演變而成者。並以之適用於抵觸法。兩者在沿革上，互有牽連，然到底發生於不同之法域，因而有所差異。其差異可從對象上及方法上研討之。

(1) 對象差異

抵觸法上選法詐欺係規避特定準據法，而實體法上脫法行爲係規避實體法規。此當係就規避之直接對象所作之區別。申言之，前者到底亦以規避特定國家之實體法規爲其目的，但其規避並非直接，寧係藉規避特定準據法以間接達成其規避之目的，學者稱其爲「間接詐欺」以與後者之「直接詐欺」區別，即此意也。

(2) 方法差異

實體法上脫法行爲及涉外法律適用上之選法詐欺均係變更應適用之法律。惟抵觸法上選法詐欺係依變更國籍、住所、物之所在地及其他連結因素歸屬關係，以改變應適用之法律。至於實體法上脫法行爲，則應用原有權利行爲以外之行爲以達成有利於己之權利效果。例如基於不法原因而獲得債權之人，爲獲淸償，乃藉票據之交付而達確保淸償之效果。抵觸法上選法詐欺之成立，依連結因素之性質不同，而有難易之別。蓋國籍因國家授籍權很廣泛，而個人少有將其變更之自由，故其變更比較困難。因此，本國法之選法詐欺，可能性少。至於住所、物之所在地及其他連結因素，則變更或移動較易，故住所地

法、物之所在地法較有發生選法詐欺之可能。

二、選法詐欺之三大特性

選法詐欺具有不適法性、虛僞性及連續性等三大特性。玆分述如下。

(1) 選法詐欺具有不適法性

頗有學者指責選法詐欺係濫用權利之行爲，故屬違法，而其規避應適用之强制法規，又等於違背該强制法規所表現之公序良俗，故應屬無效。惟法律禁止濫用權利係以行爲人侵害他人之權利爲其理由，而選法詐欺並未直接侵害他人，只是侵害强制法規之適用而已。何況，選法詐欺僅屬消極之規避，並未積極違反强制法規，故謂其因違反强制法規所表現之公序良俗而無效，實缺乏充分之理由。殊難苟同。有些學者，如威禧特（*Wächter*）及威斯（*Weiss*）之輩曾經主張謂選法詐欺應屬合法，其所持之理由有二，即：(a)國內法律或外國法律既可依抵觸法規而被選擇適用，藉資確明特定法律行爲之效力或法律關係之內容；故即使改變連結因素而求取有利於己之外國法律，仍未逾越法律所容許之範圍，尚屬合法也。(b)就行爲能力適用本國法，就物權適用物之所在地法等準據法，應基於客觀存在之連結因素關係以定之；而該連結因素關係縱係由於當事人基於某種目的而予以改變，並不因而致抵觸法適用之程序，足見選法詐欺應屬合法。斯說所擧之理由較合抵觸法之本質，故支持者，亦多。然縱容選法詐欺使當事人之選法自由漫無限制，終則有礙涉外法律適用程序之安定。因之，選法詐欺雖非違法，然仍有悖選法程序之精神之嫌，不宜謂其完全合法。由於選擇法詐欺既非違法，亦非完全合法，因之特稱其爲不適法也。

(2) 選法詐欺具有虛僞性

選法詐欺之情形發生時，當事人並未嚴遵抵觸法規，反却試圖擺脫所應適用之法律，即規避其原應適用之法律之拘束。主觀上，可謂係因當事人之「缺乏誠實」(*Défaut des intérêts*) 而產生之現象。故具有虛僞性。

(3) 選法詐欺具有連續性

在選法詐欺，改變連結因素關係與公司之設立、物權之移轉及婚姻之成立等涉外關係上之行爲互相連接。申言之，前者之有效與否對於後者之效力頗具影響。即兩者間互有效力關係，此與「隱匿行爲」不同。蓋在隱匿行爲，並行存在之兩種行爲中，有效之行爲取代無效之行爲，該二行爲居於互相輔助補充之關係也。因之，稱選法詐欺具有連續性。

第二項　選法詐欺之成立要件

抵觸法上選法詐欺必須具備如次要件。

(1) 必須連結因素之歸屬關係能因當事人之意思而變更。

連結因素之變更，或受當事人意思之影響。或未受當事人意思之影響。其未受當事人意思之影響，如因領土上主權之變動以致當事人之國籍當然變更者，縱使因而能規避不利之法律，仍不構成選法詐欺。只發生一般準據法變更之問題也。

(2) 必須因變更連結因素關係以規避强制法規。

必須因當事人故意將連結因素之歸屬國由A國改變爲B國而規避A國法律之强制規定。若爲任意法規之規避則不構成選法詐欺。蓋是否適用任意法規原可由當事人之意思優先決定，本無規避之必要故也。

(3)　必須當事人故意規避不利於己之法律而變更連結因素之關係。當事人故意規避不利於己之法律，是否爲選法詐欺之成立要件，學者之見解有主觀說及客觀說之分。主觀說認爲選法詐欺之成立，以當事人有規避之故意爲絕對必要之條件。若只有規避之客觀行爲而無故意之主觀狀態存在時，仍不構成選法詐欺。客觀說謂，只要外表上有規避不利之法律之行爲存在，卽足以構成選法詐欺，其成立不因當事人之規避故意及其他主觀狀態而受影響。兩說，孰是孰非，應就其適用之結果論斷。蓋脫法行爲並非一律違法，並非一律不得容許。尤於涉外平等關係，更應使當事人有憑其巧智以選法之自由。除非惡性較大，否則不必嚴加禁止。若適用客觀說，其結果必致加强對脫法行爲之禁止而超越其必要程度。故以採主觀說爲妥。而以當事人故意規避不利於己之法律爲選法詐欺之成立要件之一。

(4)　必須被規避之法律爲法院地法。

選法詐欺，是否以被規避之法律爲法院地法爲必要，學者間有概括主義及限制主義兩種見解。概括主義謂舉凡屬準據法，不分其爲法院地法或其他法律一經被規避，卽得成立選法詐欺，限制主義謂，以被規避之法律爲法院地法者爲限，始成立選法詐欺。按現今抵觸法仍具雙重構造，今各國爲維護公益之安全及强制法規之秩序，而基於高次序國際法規範之廣泛授權，享有抵觸立法之自由，他面，又得在特定情形下，排除外國法律之適用。選法詐欺發生於國內法律與外國法律之間，或有因抵觸公益安全，强制法秩序而被排除適用之可能。其發生於外國法律互相間者，不然。選法詐欺所以應受限制，只是基於此保護國內公益及强制法秩序之考慮。稽諸各國實際，亦只限於其自國法律被規避時，始予禁止。由於概括主義在理論上及法例上均有未合，以是玆乃採限制主義。卽必須被規避之法律爲法院地法。

第三項　選法詐欺之效力

一、學　說

選法詐欺，在法律上是否有效？關此，現有「絕對無效說」、「相對無效說」、「相對有效說」三種不同之看法。

(1)　絕對無效說

此說係依「詐欺破毁一切」（*Fraus omnia corrumpit*）之概念，認爲脫法行爲本身及所期成之法律關係一概應歸無效。如依選法詐欺期成離婚者，不但該離婚無效，並且爲其歸化取得之新國籍，亦同歸無效。

(2)　相對無效說

此說認爲選法詐欺並非當然無效，應限於特定例外情形，始爲無效。其例外無效之情形有二。分述如下。

(a)必須選法詐欺違反被規避法律之立法目的者，始歸無效。申言之，規避行爲本身未必導致選法詐欺無效之結果。其無效應視其規避事項如何而定，只惟其規避事項侵涉被規避法律之立法目的或德國學者所謂「經濟目的或社會目的」（*wirtschaftlicher oder sozialer Zweck*）者，始屬無效。玆引德國民法第五百十八條作爲被規避之法律之例說明之。該條規定謂：「約定贈與性給付者，非經法院或公證人以書面證明，不發生效力」。即贈與契約以作成公證書面爲生效要件。而依瑞士法律，贈與契約只須作成書面，無須公證。玆有贈與人欲節省公證費用，故至瑞士，依瑞士法律作成贈與書面而未經公證。此係規避德國民法第五百十八條之例。在此例，贈與人只欲避免公證，惟仍作成書面。而德國民法第五百十八條規定應作成公證書面，其目的並非爲了徵收公證費用，僅係强調贈與爲要式契約而已。從而上揭規避行爲與德國第五百十八條之立法目的無關，故當事人改變贈與「行爲地」之行爲，仍屬有效。

(b)當事人之選法詐欺，以求得在法院地國內成立有利於己之權利效果者爲限，始屬無效。換言之，當事人改變連結因素之歸屬關係而求得適用有利於己之外國法律，據以在外國成立法律關係者，仍屬有效。法國國際私法草案第五十七條規定謂：「因詐欺規避法國法律而求得適用外國法律並依該外國法律在法國成立法律關係者，該法律關係不得作爲訴訟之基礎」，亦即此意也。

(3)　相對有效說

此說認爲選法詐欺應屬有效。惟其效力僅限於該脫法行爲之本身而未及於其所期成之法律關係而已。因此，依歸化求得離婚之成立者，該歸化本身仍屬有效。僅離婚不生效力而已。採此說之學者甚且謂法院地國仍須適用依選法詐欺所求得有利於當事人之法律，惟須防止所期成之法律關係抵觸法院地國法律之禁止法規。

按當事人運用其智慧以求得有利於己之法律效果，實係現代社會法律生活上常有現象。而選法自由亦屬適用準據法律上所應遵循之原則。況且若一律嚴禁選法詐欺，使之悉歸無效，勢必徒增處理涉外法律問題之困難。惟縱容詐欺取巧之不正行爲，究非上策，亦應予以適當之限制。基此考慮，相對有效說尙屬過寬，故未便苟同。至於絕對無效說，其立論單純，而其所據「詐欺破毀一切」之原則，原係適用於實體法而與抵觸法無關，將其適用於抵觸法，稍嫌過嚴，又不切合選法詐欺之本質，其理論構成亦屬不正確。對此，相對無效說立論平允，既能切合選法詐欺之本質，且對於選法詐欺之濫用，亦能加以適當限制。在三說中，實以斯說爲最優。

二、選法詐欺無效之法律理由

選法詐欺有違反被規避法律之立法目的時，應屬無效，已如前述。因此，當事人所改變之連結因素關係，以其與所期成之法律關係有關者爲限，視同未改變。即應以連結因素之原有關係爲基礎，而仍適用被規避之法律，並依之決定法律關係之成立與否。認此一情形爲選法詐欺而使之無效，其法律理由何在？有謂選法詐欺因違反公序良俗而無效者。惟公序良俗僅適用於外國法律之內容。而選法詐欺只關於外國法律之選擇，與外國法律之內容初無關連，自不得以違反公序良俗爲理由而否認選法詐欺之效力。考其無效之理由，主要係因恐當事人濫用選擇連結因素關係之自由以妨礙選法秩序之安定，乃否認其效力也。反之，當事人因詐欺以圖適用之外國法律其本身違反公序良俗時，究應以選法詐欺爲無效之理由，抑或以其違反公序良俗爲無效之理由排除該外國法律之適用？關此，沃耳福認爲應以其違反公序良俗爲理由。按在此情形，選法詐欺之效力問題與涉外民事法律適用法第二十五條之公序良俗問題，互有關連。惟兩者性質不同。前者不適用外國法律係由於規避行爲之無效，而與該法律本身之內容無直接關係。而後者，則專由於外國法律本身之內容違反法院地國之公序良俗，故乃排除其適用。沃耳福之說忽略此點，因而發生誤謬。況且規避法律違悖被規避法律之立法目的者，惡性較大，應宣明其規避行爲無效之理由，藉以發生儆戒之特殊作用。故若引用涉外民事法律適用法第二十五條之規定爲依據，雖亦屬處理之一方法，但爲防止惡性重大之脫法行爲計，實宜另依涉外民事法律適用法第三十條之規定，應用「法理」以宣明此等行爲係因選法詐欺而致無效。故選法詐欺實勿與公序良俗原則混淆，此點殊値注意。

第四節　外國法律之適用

第一項　總　說

因連結因素，或屬國內（例如關於涉外物權應適用物之所在地法，而連結因素即物之所在地在於中華民國是），或屬外國（例如在上例物之所在地在於特定外國境內是），涉外民事法律適用法所規定之準據法即應適用之法律，或爲中華民國法律，或爲特定外國法律。如其爲中華民國法律時，中華民國法院固負有職權調查義務，不待當事人之舉證，法院自須依職權調查，雖當事人就有關中華民國法律之內容有所聲明，法院仍應予以審理。對此，如其爲外國法律，法院即不負依職權調查其內容之絕對義務，其現行爲爲中華民國法院所不知時，當事人即有舉證之責任（民訴二八三），其情形，與習慣及地方制定之法規，尚無二致。由是，外國法律之適用，固應決定其究係法律而法院須據「職權調查原則」（*Untersuchungsgrundsatz*），依職權調查外國之現行法，抑或其只係單純之事實而依「當事人辯論主義」（*Verhandlungsgrundstz*），定當事人須負舉證之責爲原則。但欲進而論斷此項外國法律適用問題前，法院應作所謂「抵觸法的裁定」（*Kollisionsrechtliche Entscheidung*）或所謂「國際私法的審認」(*international-privatrechtliche Entscheidung*)即應先審認應適用之法律為中華民國法律或美國法律、英國法律或日本法律等特定的外國法律。如經審認應適用之法律,除外國法律外,並有中華民國法律時,法院卽得適用中華民國法律,不另須考慮適用外國法律之必要。因此,有如次情形之一時,不致發生外國法律之適用問題。一、經確定中華民國法律為應適用之法律者。二、經審明中華民國法律與特定外國法律均為應適用之法律者,蓋在此情形,應適用中華民國法律而不適用外國法律也。

基於上述,經確定應適用特定外國法律時,因該外國法律並非經中華民國立法院審議立法而又非經中華民國總統公佈施行,並非當然為法律,但因其係經外國立法制定,具備「法律」之形成,又在該外國領域內又有法律之效力,亦不能一概認為其非法律。卽其旣可能非為法律,亦可能為法律。再者,不問以國內法律或外國法律為準據法,固均須經國內之法律程序始能適用。惟其適用之情形互異。蓋凡屬國內法律,概須且當然予以適用,而外國法律則未必當然應加適用,且發生應否適用之問題。申言之,外國法律與所謂「公序良俗原則」或「保留條款」(*Vorbehaltsklausel*)抵觸時,卽發生排除外國法之適用的問題。且也,縱使外國法律未抵觸此條款,仍發生如次三種問題。卽:第一、在國內程序上,外國法律究為事實抑或法律乎?第二、法院是否負有調查外國法律之義務?第三、若應適用外國法律而未適用或有適用不當之情形發生時,能否不以違背法令為理由,上訴於第三審法院?關此,本節擬分兩項硏討之。先以「外國法律之適用」概括此三個問題之討論。次之,以「外國法律之排除」討論公序良俗原則(保留條款)、報復條項等問題。

第一項 外國法律之適用

第一目　外國法律之性質

茲所謂「外國法律」兼括外國實體法規及外國抵觸法規二者。詳言之，「外國法律」包括⑴爲國內抵觸法規所指定之外國實體法規；⑵爲承認反致所適用之外國抵觸法規；⑶因反致所適用之其他外國實體法規。至於「外國法律」在國內法律程序上所具備之性質若何？關此，現有事實說、法律變質說及法律說之分。

事實說乃基於唯有國內法始爲法律之實證法概念，否認外國法律爲法律而認其爲事實而已。此說曾風行於英美而爲傅立克（*Faelix*）及其他少數歐陸國家早期學者所採。

法律變質說謂外國法律經抵觸法規指定適用後，卽成爲國內法律之一部分與國內法律互成一體，不另自行存在。此說爲美國柯克（*Cook*）等所謂「地域法學派」（*Local law theory*）學者所採。

法律說謂外國法律在國內法律程序上亦屬「法律」。但並非當然成爲「國內法律」之一部分，只是在國內法律程序上賦予與國內法律相等之「法律」地位而已。

按事實說所以認外國法律爲事實者，實係依據外國法律不能超越該外國而對於他國發生拘束力之概念而然。惟外國法律之所以被適用者，實係依據國內抵觸法規之規定，使其成爲「受任法」的緣故，外國法律旣以「受任法」之資格被適用，若否認其法的拘束力，則將抵銷抵觸法規之法的拘束力。由此觀之，事實說建立在錯誤概念上，自甚明瞭，再者，抵觸法規不僅規定適用外國法律，同時亦規定適用國內法律，而兩者在抵觸法上異其存在意義。而法律變質說却謂外國法律改變其性質而成爲國內法律，實忽略了此抵觸法在本質上所應保存之界限。此說實有未妥。外國法律實非如「地域法學派」學者所言，依「繼受」(*Reception*) 程序將外國法律吸收，使之成爲國內法，而係以外國法律之資格被適用。國內法院應居於代表國家同時代表國際社會之公平審判者地位，適用具有解決涉外問題功能之法律，而外國法律既與國內法律同具此種功能，故與國內法律在國內程序上互居於平等之適用地位。從而在此說中，以法律說爲最允當。

第二目　外國法律之調查

一、審定外國法律之內容之基本原則

(1) 外國法律之調查應求實在而正確，期免中華民國法院所調查外國法律之內容與外國法院所調查者，互有出入，而致就同一涉外案件各國法院所作成之判決，其內容互不「調勻」(*Einklang*)。

(2) 外國法律其內容之調查及審定，必須符合保護涉外「交易安全」(*Verkehrsinteresse*) 之要求，但亦須適當顧慮當事人之利益，不得因僅知强調交易之安全而擅自犧牲當事人之正當權益。卽涉外交易之安全與當事人權益間應保持平衡。

(3) 必須分清眞正的法律與教律等非法律的規範，原則上限於眞正的法律始得予以適用。但該宗教規範在該外國境內確有與該外國私法發生同一之法律之勢者，不在此限。

(4) 應遵守外國法源之秩序。法源分爲法律、習慣及法理。而應最先適用法律，法律未規定時，適用習慣，如無習慣時始依法理。而所適用之外國法律，應限於現行法或依該外國之施行法，卽所謂「經過規定」得適用之舊法，並且該外國法規定應於該外國有合憲性。如該外國之法院與審理涉外案件之中華民國法院相當而有審查該外國法律規定之合憲性之權限者，該中華民國法院應有審查權限。因外國法

律究竟不是中華民國法律，自不限於大法官會議始有審查其在外國之合憲性。克爾史密特（*Werner Goldschmidt*）謂：適用國內法律，猶如建築師與建築物一般現實且實在，但適用外國法律，則猶如照相一般，只是映像且不實在，其所言，尙屬恰當且合理。

二、外國法律與國際公法

依涉外民事法律適用法應適用外國法律時，如該外國法律違反國際公法者，能否予以適用？現有概括不適用說及一部適用說兩種學說。依前說，凡是外國國內法律違反國際公法者，因國際公法爲最高法，違反之外國國內法律一概不能予以適用。後說，先將外國法律分爲公法與私法兩部份。如外國的徵收法，國籍法等該國國內法法律違反國際公法者，因關涉國內公益，應不能予以適用。如民法等和私法法律，則未必一概不予適用，除非其有涉及國內公益或違反公序良俗，否則應能予以適用。因外國私法如非有涉外民事法律適用法第二十五條之規定之情形者，因涉外民事法律關係基本上爲重私益之法律關係，涉及公益之情形甚尠，如僅因外國法律規定違反國際公法卽概不予適用，既不切實又難謂妥適，應以前說較佳。

三、調查外國法律之程度

「外國法院說」（*foreign Court theory*）要求國內法院應採取與應適用其法律之外國之法院相同之立場，調查外國法律，但國內法院關於該外國法律知識，固難如該外國之法院推事豐富且詳確而亦比較不易深切領略。國內法院推事對於外國法律之調查工作既如此較有限量，該說只是揭示調查外國法律時國內法院推事應追求之理想，勿宜作爲其必須遵守之絕對標準。因此，應以國內法院已儘依其所能有之對於外國法律之「覺察」(*Erkenntnismöglichkeiten*)以調查該外國法律爲足。依通說，如國內法院推事確已明辨參照外國法律而盡其詳者，可謂已盡調查外國法律之能。論析外國法律之調查時，尤應注意上述界限。尤以依民事訴訟法第二百八十三條但書之規定，中華民國法院雖有調查外國法律之職權，但無其調查之明確義務，其究竟應調查至何種程度既無明文規定，自不能要求得多，訴訟公平原則上，如其能作到上述之程度者，其調查外國法律應可謂無瑕疵也。

四、不能查明外國法律時之處理方法

法院雖無調查外國法律之義務，但有其職權，不待當事人之聲請，亦得調查外國法律，而其調查外國法律時，其詳察不須達該外國之法院所達之程度，已如前述。其調查該外國之成文法規、判例及習慣，自較有不能查明有關外國法律規定者，在此情形，應如何處理？玆分(1)無有關法規存在時，(2)雖有有關法規存在而能否適用不能確定時之兩種情形說明之。

(1) 無有關法規存在者

此際，其處理方式計有四種學說。一、認爲應駁回訴訟。二、認爲應適用國內法律。三、認爲應依一般法律原則爲裁判。四、認爲應適用屬於同一法系之他國法律。按一國法院處理涉外案件時，宜以代表國際社會之公正審判者之地位審判，若因外國法律無有關法規存在卽駁回原告之訴，實可視爲未盡斯責。惟既不應予駁回則應加審理，然調查外國法律時，應盡其本意，從而專一適用國內法律，實非適宜，且此際，亦非應用一般法律原則之場合。比較言之，以第四說最妥。蓋其能符合內外國法律平等適用之旨意，實以此說最合抵觸法之本義也。茲舉例說明如次。就特定案件，瑞士法為準據法，然却無有關法規可資適用，而其他國家亦乏法規及判例可稽。由於吾國民法承瑞士民法之系統，且吾國民法就此情形又有明文規定，此際，可適用吾國民法之有關條文。

因連結因素之歸屬關係不明致不能決定準據法者，其情形與外國法律欠缺有關規定不同，應加辨別。在前者，特定國家之法律無從決定；但在後者，特定國家之法律已經判明，僅不能判明其有關法規而已。前者之情形應如何處理？一般學說謂應適用國內法律。此種看法，原則上雖無不妥，然當事人之國籍不明時，則應準用無國籍之例，優先適用涉外民事法律適用法第二十七條之規定，因適用住所地法，住所不明時，適用居所地法。此宜予注意。

(2)　應適用之外國法律不能確定者

應適用之外國法律不能確定者，係因如此情形而發生。即：(a)舊法之適用；(b)不統一法國家法律之適用；(c)被限制法規之適用。分述如次。

(a)　舊法之適用

被適用之外國法律係指外國之現行法而言。其舊法原則上不能適用。惟若該國法律之經過規定(*intertemporales Recht*)規定得適用時，則例外地適用舊法。關此，在本編第二章第二節已經論及。茲不復贅。

(b)　不統一法國家之法律

外國法律採所謂「複合法律體系」之方式，亦卽所謂不統一法國家法律時，究應適用那一地方法律？因此，其國內法本身亦有州際或邦際之法律衝突，而須有如「州際抵觸法」(*Inter-state Conflict of laws*）等解決法律之衝突。此等國家法律通稱「複合法律體系」，亦即所謂「不統一法國家法律」。如應適用之外國法律爲「不統一法國家法律」時，究應適用那一州或一邦法律？涉外民事法律適用法第二十八條規定適用「其國內住所地法」。國內住所不明者，依其「首都所在地法」。惟該條規定以依涉外民事法律適用法「適用當事人本國法時」，亦即以就身份能力適用本國法及就債權契約因當事人指定準據法之意思不明但國籍相同而適用本國法者爲限，始有其適用。至於其他情形，並未置明文。余意，該條規定係限制例示之規定，似不應準用於其他情形。而對於其他情形，須依法理解釋以確定所應適用之地方法律。依該國對該涉外案件具備審判管轄權之法院所在地抵觸法規決定所應適用之地方法律。

(c) 被限制法規之適用

外國法律之有關法規因受其他法規之限制而不能適用，若爲限制之法規違反公序良俗之原則時，因受限制而不能適用之有關法規應可適用。

五、外國法律之解釋

應適用之外國法律意義不明者，國內法院應與外國法院處於同一立場解釋該外國法律，因此：

(1) 外國判例未經該國法院變更者，繼續引用。外國習慣由該外國法院適用者，亦然。

(2) 外國法院有違憲審查權者，國內法院應審查有關法規有無違反該國之憲法。如有此情形者，不宜適用。

(3) 外國法律違反該外國所訂立條約者，因條約法優越於該外國法律，該外國法律之效力應依條約之規定決定之。縱使該外國法院判決將該違反之法律優先於條約而適用時，亦然。

六、外國法律適用之錯誤

國內法院之第二審判決違背國內法令時，當事人得向最高法院提起上訴，固不待言。惟就外國法律之適用有「違背法令」之情形時，當事人是否能夠上訴於最高法院？關此問題，應依「法律說」析述如次。

外國法律既為國內法律程序上之法律，如法院未予適用，則為適用錯誤。如未依外國法院之立場解釋，則為解釋錯誤。適用錯誤得上訴，固無疑義。惟解釋錯誤能否上訴，有積極與消極兩說。一般言之，各國判例頗有採取消極說之趨勢。依消極說，國內最高法院之法律解釋管轄權與外國最高法院之法律解釋管轄權不同，即國內最高法院只以統一解釋國內法律為其任務，不包括外國法律之統一解釋，是項解釋應屬於外國最高法院之管轄。因此不宜上訴於國內最高法院以求統一解釋。惟從學理觀點言之，外國法律既為國內訴訟程序上之法律，其解釋錯誤應屬適用不當，固應使當事人有上訴於最高法院之機會。再就實際觀點上言，最高法院對於外國法律之知識比下級法院豐富，則由國內最高法院統一解釋外國法律必較正確，且對於同一案件之判決亦較能作統一之解釋。故應依積極說認為得上訴於最高法院請求統一解釋，較妥。

第三項　外國法律之排除

第一目　總說

抵觸法上關於排除外國法律之條款，分公序良俗原則及報復條款。兩者關於排除外國法律，各自規定不同之要件，因而各成一類。惟就外國法律之排除，既以公序良俗原則居於基要地位，本節之討論當亦置重於公序良俗原則。

第二目　公序良俗原則與報復條款

保留條款及公序良俗原則，此兩者互有共通之性質，即兩者均係基於法律政策的考慮而排除依抵觸法原應適用之外國法律。因此，亦非以「不承認」外國法律之適用力爲其基本觀念。反而就有適用力且應適用之外國法律，因上述之考慮例外不予適用而已。兩者或可認爲廣義的所謂「排除規範」(*Exklusivnormen*)，但此項「規範」，於其狹義，限指以明文擴張專一適用國內法律之範圍，由是而致就該情形不採完全雙方抵觸法規定者而言。(註)

(註) 關於「排除規範」之概念及其抵減完全雙方抵觸法之適用之作用，詳見 Kegel. *Internationales Privatrecht*, 1964, S. 87.

第三目　報復條款

一、報復條款之意義

(1)　報復條款，係基於外交上特殊之法律政策上考慮而以國際公法上「報復」爲理由，應用排除抵觸法上其適用力被承認，並原應適用之外國法律之方法而拒不適用該外國法律。就其例外排除外國法律不予適用言，與公序良俗原則有相同作用。但排除外國法律，例外禁止依抵觸法原應適用之外國法律之適用之理由，則互異。

(2) 與吾國無外交關係之外國，吾國法院應不承認其適用力，如其判決將其予以適用，則可能構成可認為其適用法規不當或「適用法規有錯誤」之理由。

二、公序良俗原則之理論

(1) 用語

關於公序良俗，各國用語頗互異，至今仍未臻一致。而其用語之方法又互不相同，綜合可大別為單一主義與分開主義兩種。採取單一主義者，僅以「公安」(*public policy*)一詞，即概括「公共秩序」及「善良風俗」。如法國法，僅使用「公共秩序」(*ordre public*)一詞，措詞上未使用「善良風俗」為用語，便是其例。採取分開主義者，將兩者分開，只使用其中一者為用語。而亦有只使用其中「善良風俗」(*gute Sitten*)一者，使與「法律之目的」(*der Zweck des Gesetzes*)等用語並列，兩者合而表現類似「公序良俗」之觀念，但未另予使用「公共秩序」一詞，上引德國民法施行法第三十條即採此一用語類型。另一方面，引用語之不同類型，與公序良俗之一般條項理論之異歧，亦非無關聯。吾國涉外民事法律適用法第二十五條係保留條項，關於公序良俗原則，設有規定，採取分開主義而使用「公共秩序或善良風俗」兩種用語，欲依此表現「公序良俗原則」之基本觀念。

(2) 「公共秩序法律」理論

法院地國之法律中間有所謂「公共秩序法律」(*lois d'ordre public*)者，為保護該國公益，而於任何情形，一概排除原須予適用之外國法律之規定。據此法律之理論，特定涉外民商法律關係準據法上，如有「公共秩序法律」為應適用之法律規定，須予以適用，不容免予適用之例外，則該外國法律規定，縱無有惡性，亦仍不適用，因而致依抵觸法之規定本應適用之外國法律自被排除，不能予以適用之情形發生。此項理論，尤為法蘭西法系國家所喜採。其特點在於外國法律非因其內容違反公序良俗而不得適用，卻是因國內法律上如有與涉訟民商法律關係有關之該法律規定，因其於公益保護上尤屬重要，足使依抵觸法原應適用之外國法律規定不能與之並行適用，以是乃致其不能適用。即使該外國法律之內容不違反公共秩序或善良風俗，亦然。綜言之，此說實即考慮到有關之內國法律有保護公序良俗之作用，欲將其逕行適用而期防公序良俗被妨害，並非藉排除違反公序良俗之外國法律，以間接發生保護公序良俗之作用，即依該理論應積極適用內國公共秩序法律，並欲依此期免使公序良俗被妨礙。

(3)「保留條款」理論

依此說，抵觸法規定外國法律為應適用之法律時，作有一種「默示保留」(*stillschwigender Vorbehalt*)，該項保留，其內容如次，即：該應適用之外國法律有違反內國之倫理原則之內容，因而若將其適用，則恐將嚴重危害內國之基本法秩序，故為保護內國基本法秩序，故乃不予適用。此說直接就應適用之外國法律研判其有無足以將其排除之內容。德國民法施行法第三十條之保留條款似採此理論而涉外民事法律適用法第二十五條，亦然。

(4) 公安理論

此項理論要求法院於適用外國法律時，必須致意其免對自國之政治有所妨害，尤置重維繫自國之領域主權，為此目的乃不適用外國之刑法，財政法規，行政法及程序法。另一方面，外國法律，其內容悖反法院地國之倫理原則者，亦不適用。此理論採取列舉主義，將不能適用外國法律之情形詳列，並以其有妨礙「公安」之作用，爲排除其適用之依據，其內容上比較類似保留條款理論。只是此理論亦採保護該國公安的「屬地原則」(*teiritoriality principle, Territarialitäts-prinzip*)爲其因素，以加強排除外國法律理由，稍有異歧而已。

(5) 諸說之比較

在上述三種理論中，似以「保留條款」理論較妥。此理論應用該條款含有公序良俗之所謂「消極作用」(*negative Wirkmg*)。玆略述其「消極作用」如次：即限在少數特別情形，始例外地不適用本應適用之外國法律。依此可謂不僅是在國際私法上，應儘量維持內國法律與外國法律間適用機會之平等。並且公序良俗原則，本質上，其作用是消極的。詳言之，公序良俗原則與「屬地原則」，本係兩種互不相同之原則，唯有「屬地原則」，始認領域主權有排他性，並欲藉此積極排除外國法律。對此，公序良俗原則，基本上，仍容許外國法律之適用。但應就各具體的涉外民商法事件分別判斷審認外國法律究係眞正應予適用；或只於形式上應予適用，而於內容實質上卻應不予適用。公序良俗原則，一方面，要求此項分別審認，另一方面，提供該項分別審認之標準。故該原則就拒絕不適用外國法律之決定只有「消極作用」，詳如上述。爲此，該原則加强排除外國法律，其所以如此，寧係爲劃明例外得將其排除之範圍及限度而然。羅馬法主義國家所喜用之「公安法律理論」，就排除外國法律比較激進且積極，尙非最佳之說。涉外民事法律適用法第二十五條，就其規定之措詞觀，似只承認公序良俗原則有「消極作用」，顯非苟同「公安法律理論」之立法也。同法之如此，其比較妥適，固不待言。

三、公序良俗原則之立法方式

公序良俗原則之立法方式，分為三種：

(1) 訂明具有絕對適用力之法規，即所謂「屬地法規」。如「公安警察法規」、「關於不動產之法規」是。外國法律違反此法規者，不得適用。法國民法第三條便採此立法方式。

(2) 列明特定法規，凡外國法律與之抵觸者，不適用之。如意大利一八六五年民法第十一條、十二條便是其例。

(3) 概括規定違反公序良俗為排除外國法律適用之原因者，如德國民法施行法第三十條是。吾國涉外民事法律適用法第二十五條採取第三種立法方式。

四、公序良俗原則之地位

公序良俗原則究係抵觸法上之基本原則，抑或其例外？關此，曼西尼與薩維尼之見解不同。其對立實為學界有關此問題意見分歧之淵源。

曼西尼認為法規之適用因其為私益事項或公益事項而有所不同。關於私益事項以當事人之國籍為基礎，且以本國法之私法法規為應適用之法規。因此，對於本國國民應適用國內法規；對於外國人應適用該外國之法規。反之，關於公益事項之法規應具屬地效力。因此，不分當事人為本國國民或外國人均應對之一律適用國內法律。因而成立抵觸法上之兩大原則，即：(1)對於私益事項適用本國法，謂之本國法主義；(2)對於公益事項適用國內法律，謂之公序良俗原則。由此足見，依曼氏之看法，公序良俗原則居於基本原則之地位。

薩維尼認為強制法規應分為兩種。一為僅關於權利主體個人利益之法規。如關於行為能力或物權行爲之方式者。二爲關於社會倫理或公益（*Das öffentliche Wohl*）之法規。如禁止重婚等倫理性之强制法規。其他如規定「准死亡」（*bürgerlicher Tod*）等國內法律所不承認制度之外國强制法規，如限制外國人取得不動產所有權等關於國民經濟等事項及其他警察公安性法規，均在排除之列。第一種强制法規雖不能依當事人之意思而不予適用，但仍可依抵觸法規之規定而以外國强制法規取代之。只限於違反第二種强制法規之外國法律，始排除不予適用之。由此足見並非違反强制法規卽當然構成得依違反公序良俗之理由排除外國法律之事由。而只限於其一部分情形始得如此而已。故謂公序良俗原則在抵觸法上係限制外國法律之適用之例外也。

曼西尼之見解尤爲羅馬法主義國家所倣效。如法國判例全用「公序良俗原則」以排除外國法律之適用。結果在外國所設定之質權、專賣商品所有權之移轉、親子間之扶養義務等涉外案件悉依法國法律。是項法例徒增國內法律之適用機會。有違選擇法律之平等原則，實非適宜。英美德瑞及其他國家法例咸趨倣效薩維尼之見解而限制其適用。余意亦以爲然。

第四項　公序良俗原則之限制適用

一、緒　說

爲限制公序良俗原則之適用，必須⑴嚴格限定「公序良俗」之概念；⑵限制解釋外國法律違反公序良俗之意義；⑶雖然外國法律違反公序良俗，仍試容許適用之例外。玆分述如左。

二、公序良俗概念之限定

公序良俗應分「公共秩序」及「善良風俗」二種情形。而「公共秩序」又分爲「國內公序」與「國際公序」二種。分述如次。

(1) 公共秩序

與特定涉外關係有關而爲當事人所不能違反之國內強制法規，其內容構成「國內公序」。國內法律中有具備強度適用力而與特定涉外關係有關之強制法規，法院應加尊重並優先適用者，該強制法規構成「國際公序」，有約略相當於薩維尼所謂關於公益之強制法規之限制意義。國內公序純屬國內法律中有關法規之強制性質問題，與排除外國法律之適用，互無相涉，故不屬抵觸法上所謂「公序良俗」，自甚明瞭，由是，可謂抵觸法上之「公序良俗」宜限於「國際公序」。

國際公序之強制法規，概括地說，必須具備如次兩種要件之一。即：(1)必須在國內不分國民及外國人均可普遍且一律適用者；(2)必須法院地國就該法規之適用有重大利害關係者，如禁止奴隸、一夫多妻制及關於不動產移轉登記之創設效力之規定，便是其著例。

(2) 善良風俗

基於國內道德觀念而構成之習俗，謂之善良風俗。善良風俗之觀念可能依社會之進化而變動，昔時原屬善良風俗之行爲及生活關係，時至今日或已不再被視爲善良風俗，甚且時或有被認爲違反善良風俗者。故法院應以判決時所通行之善良風俗爲應適用之善良風俗。

三、外國法律違反公序良俗之情形

外國法律違反公序良俗，包括該法律規定之字義內容違反公序良俗，及其適用之結果違反公序良俗兩種情形。惟僅因文義內容之違反尚不足以適用公序良俗原則，必須其適用之結果違反公序良俗者，始構成違反公序良俗之情形。例如外國婚姻法規承認重婚爲合法有效者，並非當然違反公序良俗。應視案情之不同及其適用之結果而決定其是否違反公序良俗。舉例言之，案件A係關於婚姻之成立，對此案件適用該婚姻法規，則構成外國法律違反公序良俗之事由。反之，案件B係關於子女對於父之遺產繼承權，而適用該婚姻法規之結果能確認婚生子之繼承權。在本案，重婚只是有關係之事實，並非訴訟標的事項。而承認訴訟標的之繼承權並非違反公序良俗，故不構成外國法律違反公序良俗之情形。

公序良俗所表現者爲普通社會之公益法規，有時亦表現國家之基本政策。因此，如由前者之觀點認外國法律之適用結果違反公序良俗，則後者所應具備之效力有時因而被抵銷。此時應以前者爲低次公序良俗，而以後者爲高次公序良俗。後者應優先於前者。申言之，外國法律雖然違反前者，但因被後者所遏阻而仍不違反中華民國公共秩序及善良風俗。

四、因外國法律違反公序良俗而發生之適用效果

外國法律違反公序良俗原則而不適用時，究應適用國內法律或其他法律？關此，現有積極說及消極說兩種學說。積極說謂既爲保全公序良俗應排除違反公序良俗之外國法律而國內法律最能表現公序良俗，故宜逕行適用國內法律。消極說謂只排除外國法律違反公序良俗之規定，而無庸排除其全部，即外國法律如有其他法規未違反公序良俗而可適用者，仍須適用。如無此規定者，應依法理而不須適用中華民國法律。

按公序良俗原則之適用係外國準據法適用程序上之問題。只應用「公序良俗原則」以排除外國法律

之適用，未必含有必須適用中華民國法律之理。縱使可謂「公序良俗原則」與國內公益之保護，關係至鉅，若能就外國法律本身確定其另有法規不違反公序良俗而可適用，則該法規亦可達成同一之保護目的，豈須應用國內法律乎？若是解釋並可免因援用國內法律而滋擾外國法律適用程序。實以消極說較妥。採取斯說之學者有謂，應由外國法律，依歸納或類推方法，抽繹法理的原則以代被排除之該外國法律之規定。如該外國另有法規未違反公序良俗顯可適用者，固應代替適用。惟若無此法規，而發生欠缺應適用法規之狀態，雖非宜遽予適用國內法律，亦未必受該外國法律之牽連，但應用國際私法之法理以定所應適用之法則為妥也。

第五項　涉外民事法律適用法上「公序良俗原則」

一、緒　　說

涉外民事法律適用法第二十五條明定，「依本法適用外國法律時」，該外國法律若有其所規定之情形，則適用公序良俗原則。但此非限以涉外民事法律適用法所規定涉外關係始可適用該原則之意。即該條文之規定只例示可適用公序良俗原則之情形並未具有限制其適用之性質。因此，不僅對於該法律所規定涉外民事及一部分涉外票據關係並且對於其未明定之涉外民事及其他關係，均得適用或準用該條規定而適用公序良俗原則。本項擬分適用要件及其效果以研析涉外民事法律適用法第二十五條所規定之公序良俗原則。

二、適用要件

對於應適用之外國法律適用涉外民事法律適用法第二十五條所規定之公序良俗原則，必須具備如次兩種要件。

(1) 必須依涉外民事法律適用法之規定應適用外國法律之情形存在。

應適用雙方抵觸法規之涉外關係其連結因素歸屬於外國時，發生應適用外國法律之情形。例如就外國人之行爲能力，適用其本國法（涉民一），導致適用外國法律是也。但其本國法採取住所地法主義而該外國人現住中華民國，因而直接反致者（涉民二十九），不在此限。

依涉外案件之性質只能適用中華民國法律或依涉外民事法律適用法及其他抵觸法規應適用中華民國法律者，不具備此適用要件，固不致發生「公序良俗原則」之適用問題。此種情形大略有二。

(a) 關於涉外支配關係，依「屬地原則」應適用中華民國法律。如「管轄」、「刑罰」、「行政處分」等事項均應適用中華民國法律，原則上不適用外國法律。

(b) 關於中華民國境內不動產之所有權登記法規，亦具備屬地效力不發生外國法律之適用問題。

(2) 必須外國法律違反「中華民國公共秩序及善良風俗」。

(a) 所謂「外國法律」限指外國之現行法或因其「經過規定」仍可適用之舊法。

(b) 所謂「公共秩序及善良風俗」應限於「國際公序」及現在通行之「中華民國善良風俗」。民法第七十二條亦規定「公序良俗原則」。惟此包括「國內公序」之概念，其範圍比較廣泛。故不能準用於涉外民事法律適用法第二十五條所謂「公共秩序及善良風俗」。

(c) 外國法律是否違反中華民國公序良俗，須視其適用之結果而定。例如美國有些州法承認賭博契約爲有效。玆當事人在中華民國訂立賭博契約，指定美國州法爲準據法。若適用此等州法，則必致違反中華民國公序良俗。限於此情形，始認外國法律違反中華民國公序良俗。

三、適用效果

外國法律之規定違反涉外民事法律適用法第二十五條所規定之公序良俗原則者，不適用之。但涉外民事法律適用法第二十五條及其他法規均未規定，在此情形，應適用中華民國法律以取代該外國法律。該外國法律如有其他規定不違反涉外民事法律適用法所規定之公序良俗而可適用者，仍應適用該外國法律之規定。勿宜逕行適用中華民國法律。即使該外國法律欠缺是項可適用之法規，仍宜應用國際私法之法理，以策解決，**儘免訴諸中華民國法律。**

第五編　涉外民事法律關係與其準據法

第一章　緒　說

涉外民事法律關係，大體上係基於民法之編別分類而於主體觀點上或標的或行爲之場所觀點上有涉外因素之法律關係。薩維尼於十九世紀提倡普遍主義抵觸法理論，試「依法律關係本據」分類準據法，以突破法規區別說之形文主義所造成之限界並克服開創於中世紀中、末期之後期註釋學派(*Postglossators*)所發明並沿用之人法、物法及混合法之法規三分法之幼稚分類等，尤其糾正著重法規文字之構造及位置所造成之跛倚現象，其所構想抵觸法，即係應用民法之類別以分類，組織各種準據法。即是項普遍主義的抵觸法理論，實卽係現代涉外民事法律關係之分類及其準據法之淵源。

歐陸法與英美法，一向係在生長、構造及運用上均互相歧異而尖銳對立之兩大法系，其統一至今仍幾乎不可能達成。但因抵觸法本質上有國際性，在涉外民事法律關係，分類及準據法之構造方面，終於能例外地形成一互相類似而願妥協、融滙之法域。該法域雖不能率言謂國際法，但其超出於法系之對立之外而多少帶有普通性，卻不可否認。

迨十九世紀中期至末期，國際主義者（*Internationalist*）强調國際私法之「國際觀念」（*intern-*

ational conception)，旋卽有非立克期（*Foelix*）（法國）、菲歐烈（*Fiore*）（意大利）、普魯金爾（*Brocher*）（瑞士）、羅蘭（*Laurent*）等學者出現於歐洲諸國，對此熱烈予以支持。惟因十九世紀末期至二十世紀初期，民法法典編纂（*Codification, Kodifikation*）運動展開於歐洲，繼之，普及於全世界，此立法運動，雖然致力於以有組織、有系統之法典將人類由中世紀封建制度之拘束解放而期保私權之自由，以策能對於私權予以强力之保護，但各國却各自嚴守自國民法法典適用之境界並傾向於排除他國民法之影響。此可謂一種國家主義，對於國際私法必然是逆流，既採取此種思想，則必不信有超越國家之抵觸法規範能存在而能自由進入各國之法域內，且對於各國民法之適用，發生鉅大之影響。因此，立法上各國雖互相模仿，但仍自主制定抵觸法及獨定對於各種涉外民事法律關係所應適用之法律。於此，該所應適用之法律，卽準據法，則循例民法之編別及法律關係之分類而制定。而依此討論及思想，亦漸已於學者間成爲習慣。

吾國抵觸法規，其主要淵源，固爲涉外民事法律適用法，此法條文共僅有三十一條，因其條文少，不如「布斯大門特國際私法法典」(*Bustamente Code*) 詳細，且比法國國際私法法典草案之條文多，內容詳細者，較遜。而其規定涉外民事法律關係準據法者，又只有二十四條，自未能依民法編別細分排列，但自其第一條關於人之行爲能力準據法之規定起至其第二十四條關於遺囑準據法之規定，雖其範圍廣及民法總則、民法債編、民法物權編、民法親屬編及民法繼承編，但只能參證各國準據法則之成規而摘採爲規定而已。

由是而可知，吾國抵觸法現仍只略具形體，而尚欠密層之成文規定內容。惟晚近國際貿易愈趨發達，關於涉外之運送、買賣、經紀、居間、消費借貸、機器租賃、票據、信用狀等愈益風行而頻仍發生新問題，且該問題之內容又頗複雜，其討論尤應先行明析其性質及分辨其類型，而後據此比附援引成文法規定以期於處理上既適法而有準繩及依據。

在本編，姑暫就一般涉外民事法律關係闡述準據法。而後改編討論涉外商事法律關係準據法於下一編。

第二章 人事法

第一節 緒說

準據法中，有「人事法」（*personal law*）一類，此類準據法，係關於人之權利主體地位應適用之法律，其內容比較單純，但其在涉外民事法律關係準據法集合中所佔之地位，却甚重要。論其傳統，亦有相當長久之歷史，拉貝爾（*Rabel*）教授，指出其淵源於中世紀後期註釋學派所創之法規三分法，法規三分法將法規分爲「人法」（*Statuta personalia*）、「物法」（*Statuta realia*）及「混合法」（*Statuta mixta*），而其中「人法」乃係人事法之濫觴。（註）

（註）拉貝爾教授指出後期註釋學派後，國際私法學上，關於「人法」之定義確有顯著之演變，奈知學者之間關於「人法」之定義却迄仍未能有無定說。參照 *Rabel, The Conflict of Laws, vol. I,* 1958, *p.* 109.

第二節 自然人

第一項 權利能力

一、緒說

(1) 權利能力（*Rechtsfähigkeit, Capacité de jouissance*），係指自然人得享有權利負擔義務即得為一般權利義務主體之地位或資格。因此項地位（*Status*）或資格泛稱為「能力」(*Capacity*)，故稱其為權利能力。權利能力為自然人之「人格」（*personality*），淵源於羅馬法上所謂「比爾遜那」（*persona*），只是近世以降文明諸國法律上，已無奴隸制度，不容許人得為權利客體之觀念存在，因此，凡是自然人皆有人格，無不具有權利能力。民法第六條宣明「人之權利能力，始於出生」，即係基於胎兒因出生而變成自然人，由此而當然具有權利能力，其權利能力，則唯因死亡而始消滅。由是，在現代文明諸國法律間，胎兒因出生而為人，因其為人而開始有權利能力，其所享有之權利能力，則因死亡而消滅，係於文明諸國間普遍且互無異歧之制度，向無發生法律衝突之餘地。一般言之，應無制定特別準據法制之必要。

(2) 惟據羅馬天主教之教會法，凡任特定教會職位者，喪失其人格而不再享有權利能力。亦有美國少數州及其他少數國法上尚有「民事死亡」（*Civil death, mort civil*）之制，仍有發生法律衝突之可能，就此言，可謂關於權利能力之享有，非絕無準據法存在及其必要之可能。

(3) 此外，因關於權利能力之發生原因即「出生」及關於其消滅原因即「死亡」，其事實及時期之決定，各國之規定仍頗有出入。為解決此項法律衝突，尚須有抵觸法為其憑據，因而涉外權利能力準據法，亦另有其存在理由。

(4) 另一方面，權利能力準據法，仍因住所地法主義與本國法主義之對立而甚受困擾。在薩維尼之普遍主義人事法理論及英美法住所地法主義之深刻影響之下，住所地法在英美法學者及一部分歐陸法學者間，向被認為重要而較理想之準據法則。唯吾國國際私法學者，大部分却墨守本國法主義，涉外民事法律適用法雖無有關明文規定，但法理上，應可準用同法第一條第一項關於行為能力之本國法主義的規定，解釋其係以本國法為其準據法，應無適用住所地法之餘地。總之，在上述兩種立法主義中，擇取何一者為妥，本屬難以斷明之問題，而法律適用之傳統之重要，尤不能否認。

(5)　儘管本國法以權利能力準據法而素有「普遍的屬人法」(*universal personal law*)之一之稱，但仍不能完全克服國內法之「屬地法性」(*territoriality*)，惟當不能忽略國內公序良俗，而將其勉予適用以破壞禁止奴隸，不分國籍、年齡、宗教、職業階級等之差異及性別而使每一自然人皆享有權利能力之國家最重要法益。

二、權利能力準據法與個別的權利義務準據法之關係

權利能力準據法，只關於權利能力之享有及其消滅之一般問題，而其適用，則只限於此一般問題之範圍內。超出此範圍，特定自然人有無如不動產、所有權、繼承權等特定權利，則已非一般權利能力準據法問題，而寧係所謂「個別的權利能力問題」，即係其有無具備取得此等特定權利之要件及能否取得此等特定權利之特殊權利能力問題。例如外國人在中華民國有無具備土地法第十八條所規定相互原則之要件而取得或設定土地權利，即係特殊權利能力問題，一般通說，認為不適用權利能力準據法而適用物權準據法。此外，屬此類特殊權利能力準據法問題尚有如：(1)胎兒出生後只活短暫時間，已無生育之希望者，有無繼承權，應適用繼承準據法，(2)胎兒有無侵權行為損害賠償請求權，應依侵權行為準據法等是。

三、權利能力準據法之立法主義

(1) 涉外民事法律適用法無關於權利能力準據法之規定，自須依「類推適用法」決定該準據法。因而應解釋該準據法應係本國法。此外，並須討論關於權利能力準據法之立法主義以明瞭吾國抵觸法上本國法主義在比較法上之地位。有關立法主義現有個別權利準據法主義、法院地法主義及本國法主義三種。

(2) 個別權利準據法主義　依此立法主義，權利能力即係特定人就特定涉外民事關係有無享有權利負擔義務之資格之問題，應依對其所涉及契約、物權、婚姻等個別涉外民事權利關係，分別決定應適用之法律，即應無其固有之準據法，須視有關之個別權利關係之種類而分別適用契約準據法、物權準據法、婚姻準據法等。

(3) 法院地法主義　依此立法主義，自然人具有之權利能力，爲各國之法律基本原則而爲法院地國之重要法益，勿得因適用他國法律而被侵犯，故權利能力，須依法院地國本身之法律而定。

(4) 本國法主義　依此立法主義，權利能力係人之屬性，常爲特定國家之倫理、歷史、經濟等因素所影響，尤以當事人之本國影響最多，自以其本國法最適合而能保護當事人之屬人利益，故應依當事人之本國法。

依權利準據法主義，因涉外權利關係不同而對於權利能力應適用之法律亦有異歧。以是，同一人之權利能力，勢必因涉外民事關係之不同而受不同法律之支配。按權利能力本有絕對性質，勿宜因法律之變動而受影響，固不能苟同斯說。次就法院地法說言，權利能力準據法重在當事人個人利益之保護，依此以承認當事人之權利能力，則較能符合國內社會之公益。法院地國尚無依其國內法律保護其社會公益之充分理由。況且現今文明諸國之法制幾無不承認或歧視自然人權利能力之例，實際上，亦不因適用外國人本國之法律而致其公益受損害。屬人法最能配合當事人本國之倫理、風俗、習慣、歷史傳統而保護其個人利益，固屬最妥。況且適用本國法，未致如個別權利準據法主義在適用上發生不安定之情形。本國法主義既兼具此優點，故堪稱爲最完善之立法主義。故就比較法觀點說，吾國抵觸法上權利能力準據法亦應係本國法。

四、涉外民事法律適用法第一條第一項對於權利能力準據法之準用

(1) 關於人之能力，涉外民事法律適用法第一條爲唯一之有關條文，同法無任何其他關於人之能力之規定，其他法律固亦如此。而同法同條第一項，雖採本國法主義，但只就行爲能力規定：「人之行爲能力，依其本國法」。而其第二項及第三項，則均只就行爲能力規定其應適用之法律，第二項採取內國交易保護主義而將其限就行爲能力準據法予以適用，至於第三項，則專就關於親屬法或繼承法之法律行爲，或就在外國之不動產之法律行爲，設有排除不適用第二項內國交易保護主義的規定之例外。關於此，容後於討論行爲能力準據法時，另予詳述，玆姑暫不贅述。

(2) 由於上述，已可明瞭，涉外民事法律適用法及其他法律之規定，關於權利能力準據法，隻字不提，因而致該項準據法，發生完全法規欠缺。自宜依類推適用法，解釋人之涉外權利能力，應以其本國法爲其準據法。卽依「類推適用法」得準用涉外民事法律適用法第一條第一項之規定，而認爲人之權利能力，以其本國法爲準據法。又人之權利能力準據法卽其本國法本有絕體的適用力，既不容涉外民事法律適用法第一條第二項之保護主義的例外規定之適用，固無另適用同法同條第三項之對於同法同條同項之規定之理由。

(3) 比較法上，關於人之權利能力，適用本國法，亦非無其淵源。於十九世紀初，法國民法卽所謂

「拿破崙民法典」（*Code Napoleon*），早即依其第三條第三項之規定素以宣明關於人之「能力」（*la capocite des persomes*）之規定，「對於法國國民，無論其係居住法國境內或境外，一概適用」，聞名於世界。上引法國民法之規定之規定只泛稱人之「能力」，但未分別其爲「權利能力」或「行爲能力」而詳予規定，自被認爲概括兩者，卽兩者受有相同準據法之適用。對於法國國民之「能力」，則法國法律有屬人法的適用力，而由此類推（*by analogy*），可明其係採本國法主義，依此，法國法律得超越法國領域而對於居住他國之該國國民自有適用。（註）意大利曼西尼力主應以國藉爲主要連結因素，而尤對於人之能力，提倡應適用本國法，亦可謂同其思想的淵源。如今，關於人之行爲能力，歐陸法系國家已少有不採本國法主義者。採本國法主義之該法系主要國家有法國、德國、意大利、比利時，荷蘭等，在遠東，吾國旣與日本相同，而承受歐陸法系之系統，比較法上亦可謂係採本國法主義，以是，依上述「類推適用」解釋爲吾國亦係對於人之權利能力適用其本國法，更有據。

（註）故拉普教授特就人之權利能力準據法强調應「依類推」適用本國法，並詳引立法例，證明該國法律廣汎被採爲權利能力準據法，値得參考。詳見 *Ralel, Conflict of Laws, vol, I*, 1958, *pp.* 120-123.

五、權利能力準據法之適用範圍

(1) 適用權利能力準據法之一般情形

權利能力準據法卽當事人之本國法，適用於當事人有無權利能力，其權利能力何時開始及終止等問題。並亦適用於當事人有無訴訟當事人能力之問題。

(2) 出生事實之決定

自然人之權利能力因出生而開始。但以何種事實爲出生，則各國規定不同。例如法國民法規定應於胎兒離開母體後，保持生活力，西班牙民法規定，胎兒必須具有「人之形狀」（*Figura Humana*）並於由母體分離後保持其生活力二十四小時以上，始構成出生是。此出生事實之決定，乃爲權利能力準據法之問題，自須依當事人本國法之規定解決之。

(3) 死亡事實之推定

自然人之權利能力因死亡而消滅，因失蹤或同時罹難等而致死亡時期不能確明時，如何推定其死亡時期，藉以決定其權利能力消滅，各國法律之規定頗有出入。德國失蹤法規定於一定事實發生後特定期間內仍推定其生存，即如最後生存消息後五年內推定其生存等是。他國民法又有未設此推定生存之規定者。他面，二人以上同時遇難時，吾國民法及德國失蹤法均規定推定其同時死亡。但有他國民法，設定其死亡前後之順序。舉凡此類推定死亡問題，一概依本國法之規定。但有採異說主張自然人死亡時期之決定問題並非獨立，無不與所有權、繼承權等特定權利，已取得喪失或特定義務之負擔等問題有關，因此，應適用有關之個別權利義務自體之準據法。（註）

（註）折茂豐著「國際私法」（各論）（一九七五年第三版）二頁。折茂豐教授之上揭著作第四頁註九並列出採取斯說之日本學者及威爾芙（*Wolff*）等西洋學者之有關著作及德國判例。於其所介紹克恩一案（*In re Cohn* 〔1945〕,*Ch.* 5）之英國法院判決，訟爭事件之案情內容有如次，即：在德國設有住所之母女二人因遭德國空軍空襲而死亡，該母子同時罹難，該判決就其指述應認定女是否先於母而死亡，至於應如何推定該母女間死亡順序之問題，則該判例係採繼承準據法（住所地法主義）即德國法決定，宜參考之。

(4) 不適用本國法之例外

有如次情形之一者，關於人之權利能力，不適用其本國法。

(1) 凡是自然人，皆享有權利能力，不得有自然人而無權利能力之例外，此係國際私法上之公序良俗。例如本國法容許奴隸制度之存在，認可有自然人無權利能力之情形者，該本國法之規定不得適用。

(2) 本國法之刑罰制度上，有以否認自然人享有權利之能力爲處罰方法者，該本國法不得爲權利能力準據法，予以適用。關於此，門特維特國際民法法典（*Montevideo Code*）第一條第二項尤以明定禁止有刑罰性無能力（*incapacity of penal character*）制度之本國法之適用。

(3) 沒有因性、宗教等差別性無能力制度之本國法，亦不能予以適用。因此，本國法對於自然人因其宗教上派別之關係，或因其民族或國籍不同，或因其有思想問題，卽否認其享有權利之能力者，不得予以適用。此外，美國有少數州所維持之「民事死亡法」（*Civil death statutes*），亦不得適用以否認自然人之權利能力。

(4) 至於西班牙民法規定胎兒離開母體後，維持生命未達二十四小時者，不能認有出生而得享有權利能力，此一規定能否視爲違反國際公序而拒不予適用，是另一問題，上列數種情形，不能與其相提並論。理論上，胎兒一離開母體，如仍有生命，卽使瞬卽死亡，亦應視爲出生，因而適用人之權利能力始於出生之原則，應視爲其有權利能力，但要謂胎兒確有生命而能認有出生，至少應能維持生命短促之時間，西班牙民法之上述規定卽係顧慮胎兒有無出生而設，應無足認有違反國際公序之處，故應能予以適用。

六、死亡宣告

(1) 死亡宣告之比較法制及其性質

(a) 意　義

自然人之生死不明，或其長期失蹤之事實發生時，爲生存之配偶、繼承人、債權人及其他利害關係人之利益，必須就其財產及法律關係爲善後處理以策安定。該項善後處理各國規定未必一致，比較法上可大別爲法國主義、普通法主義及德國主義三種。第一、法國主義（法國民法第一一二條至第一四三條）不逕行推定或視爲失蹤人死亡，唯採取繼承人占有遺產制。斯制分有三階段之程序，即：一、先行推定長期失蹤人爲不在；二、次宣告其不在而由其繼承人假占有其所遺留之財產；三、承認其繼承人確定的占有其所遺留財產。第二、普通法主義，則採取基於長期失蹤之事實，當然，推定失蹤人爲死亡，不須另由法院對其爲死亡宣告。第三、德國主義，則採取死亡宣告制度，依對於失蹤已逾法定期間之人爲死亡宣告而推定該失蹤人爲死亡。採取法國主義之國家，有比利時、西班牙、意大利等國家。採取德國主義之國家有澳國、日本等國家，吾國則採死亡宣告制。

(b) 性　質

對於長期失蹤之人之死亡宣告，在大多數國家既係由法院實行，死亡宣告問題，在國際私法上，自係何國法院有對其涉外裁判管轄之問題。死亡宣告之涉外裁判管轄，性質上，係對人管轄。因此，爲決定其裁判管轄，國籍爲基本的標準，即國籍主義（*Nationality principle*）爲其基要原則而原則上其本國有死亡宣告裁判管轄，對此，住所亦爲其死亡宣告之涉外裁判管轄之經許多國家所共認之一個基礎。拉普（*Rabel*）博士强調死亡宣告之裁判其管轄權；主要係失蹤人具備其國籍或有其住所之國家所具有者(*jurisdiction for judicial action belongs primarily to the state of which he is a national or domiciliary*)（註），亦即此意也。

（註）拉普指出關於死亡宣告之涉外裁判管轄之基礎，各國顯然受有國籍主義甚深刻之影響，即有失蹤人本國以外之國家有涉外裁判管轄之例外情形存在，仍以其本國法爲其準據法，即係此思想之一表現。參照 Rabel, *The Conflict of Laws, vol. I*, 1958, *pp*.178–179 *n*.20.

(2) 死亡宣告之管轄

(a) 死亡宣告管轄之原則

關於死亡宣告之管轄，現有本國管轄主義、居住國管轄主義及轉據管轄主義三種，本國管轄主義，係基於死亡宣告係關於屬人案件，認爲應由屬人法國即自然人之本國管轄之。居住國管轄主義係鑑於失蹤人最後居住國最能判明有關死亡宣告之事實，主張應由該國管轄死亡宣告。轉據管轄主義認爲死亡宣告係國際民事管轄問題之一，應由依本國或居住國涉外訴訟法確定之管轄國爲死亡宣告，涉外民事法律適用法第四條只規定中華民國法院對於外國人之死亡管轄，而對於中華民國國民之管轄，則缺少明文。即關於中華民國法院對於外國人之死亡宣告，屬於法理問題。死亡宣告之管轄，既屬對人管轄，則其管轄自以國籍爲基礎，本國固對於自國國民較諸對於外國人有廣泛之死亡宣告管轄，因此，本國對於自國國民之死亡宣告管轄，其所以向有「原則管轄」之稱者，因此而然。依此管轄原則，中華民國法院，無論中華民國國民在中華民國有無住所或居所，有無財產，一概得因其長期失蹤而對其爲死亡宣告。而此項死亡宣告之「原則管轄」觀念，既已屬自明，縱於涉外民事法律通用法，未設明文規定，亦不致於涉外法律通用上發生困難，故同法乃將其付諸闕如。雖然如此，晚近漸有學者對此項死亡宣告管轄之觀念批評謂本國對於自國國民在該國國內無財產，亦無住所或居所者，亦仍認該國有「原則管轄」，並非有理，此種對於死亡宣告之原則管轄之限制的看法，尙屬一個見解。（註）

（註）折茂豐著「國際私法」（各論）（一九七七年版）十五頁註三。

(b)　對於外國人死亡宣告之例外管轄及其要件

涉外民事法律適用法第四條第一項受居住國管轄主義之影響而就中華民國對於外國人之死亡宣告例外管轄，規定其管轄要件。其管轄要件有三：一、必須失蹤之外國人在中華民國有住所或居所；二、必須依中華民國法律之法律關係因外國人之生存或死亡而受影響；三、必須其在中華民國之財產因其死亡宣告而受影響。第一個要件，係凡是對於外國人之死亡宣告，均須具備者。第二、第三兩個要件，只有具備其中之一，中華民國法院即可對於外國人爲死亡宣告。玆就上列三種要件分別闡述如次。

一、必須失蹤之外國人在中華民國有住所或居所。

關於國家對於外國人係使死亡宣告管轄權時，國際私法要求該國與其國民間須有居住上之屬地關連存在。涉外民事法律適用法第四條第一項規定有「在中華民國有住所或居所之外國人失蹤時」一段即係配合國際私法對於死亡宣告例外管轄之是項要求，而設者。其所謂「在中華民國有住所或居所」中所謂「住所或居所」之概念應依何國法律決定？該項「住所或居所」，並非指定原因，其概念之闡釋，固非法律關係之定性，故應不適用其學說，如何決定其概念，固純屬「程序」（*procedure*）問題，依「程序依法院地法」之原則理應適用中華民國民法關於住所及居所之規定決定之。住所分爲意定住所及法定住所兩種。據同法第二十條第一項之規定，外國人「以久住之意思」，住於中華民國者，即在中華民國有住所即有其「意定住所」，如該外國人爲無行爲能力人或限制行爲能力人，則其法定代理人在中華民國住所者，亦視其在中華民國有其「法定住所」（民二十一）。外國人無久住之意思而居住於中華民國者，在中華民國有居所。

二、必須失蹤之外國人在中華民國所有財產，而該外國人之死亡對於該財產之權利關係有所影響。本要件內所謂：「在中華民國之財產」，應作廣義解釋。卽不限於現在中華民國之不動產及動產。船舶，雖未現實停泊於中華民國領海、港口或內水。但其爲中華民國船舶者，亦視其係在中華民國之財產（涉民十Ⅲ）。同理，航空機在中華民國登記者，亦同（涉民十Ⅲ）。他面，財產權亦可視爲「財產」之一種。無體財產性質上，並無一定所在地，只能依擬制定之。如次情形均可擬制其在中華民國：(1)外國人之債權，其履行地——當事人未約定履行地者，以債務人住所地代爲履行地——爲中華民國或其得向中華民國法院起訴請求者；(2)商標權及專利權在中華民國登記者。

失蹤之外國人與中華民國國民有特定之親屬關係時，免除上列要件。失蹤之外國人，限於其配偶或直系血親爲中華民國國民並現在中華民國有住所或居所，並經該配偶或直系血親聲請者，不受上列「依中華民國法律關係」或「在中華民國所有財產」兩種特殊條件之限制，概可對之爲死亡宣告。

(c) 程　序

具備上述要件而對外國人爲死亡宣告時，其程序，依「程序依法院地法」之原則，概依中華民國法律之規定。

(3) 外國之死亡宣告

(a) 要　件

外國對其國民，他國國民或中華民國國民之死亡宣告，依上述原則管轄及例外管轄之規則爲之者，始屬合法。分述如次。

第一、外國對其國民所爲之死亡宣告，係依本國之原則管轄權而爲之，卽使該外國人現居中華民國或他國，一律合法。

第二、外國對中華民國國民之死亡宣告，準依涉外民事法律適用法第四條爲解釋，其具備例外管轄之要件，卽中華民國國民就在該外國之財產或依該外國法律而定之法律關係，依該外國法律爲死亡之宣告者，應屬合法。

第三、外國對他國國民所爲之死亡宣告，其效力胥視該他國是否承認該宣告之效力而定之。

(b) 外國死亡宣告之承認

外國所爲之死亡宣告，其效力之承認，應準外國法院之確定判決之承認之原則決定之(但有異說)。因此，尤以其有背公序良俗或無國際相互之承認者，不承認其效力。

(c) 外國死亡宣告與國內死亡宣告之競合。

外國及中華民國就同一失蹤人同時或前後爲死亡宣告者，兩者之宣告其競合，應依如次原則解決之。(1)其係對中華民國國民爲宣告者，無論其宣告之前後，概由中華民國所爲之宣告優先。(2)其非係對中華民國國民爲宣告時，由其宣告在先者，優先。

(4) 死亡宣告之原因及效力之準據法

特定國家雖經決定對於特定長期失蹤人有涉外死亡宣告裁判管轄，但其行使此裁判管轄時，仍須該失蹤人有受死亡宣告之原因，此卽係死亡宣告原因準據法問題。此外，該國有涉外死亡宣告管轄主依準據法有死亡宣告之原因時，其所爲死亡宣告之效力，究竟如何？此係死亡宣告之效力準據法問題。

(a) 涉外民事法律適用法第四條規定，死亡宣告之原因，依中華民國法律。玆所謂死亡宣告之原因專指所謂實質要件，卽如失蹤之事實及期間是。因此，依民法第八條必須失蹤人失蹤滿七年或遇特別災難而失蹤滿三年者，始得爲死亡宣告。

(b) 關於死亡宣告之效力，涉外民事法律適用法並未置設明文規定，但擬制死亡與中華民國國內之公益，關係重大，其應依中華民國法律，固不待言。因此，受死亡宣告者，在民法第八條所規定失蹤期間最後日終止之時，確定爲死亡。但有反證者，不在此限（民九）。此擬制死亡對於外國人，就其置在中華民國之財產或應依中華民國法律而定之法律關係，始發生效力。對其他事項，則不然。因此，對外國人在外國之財產，死亡宣告不發生擬制死亡之效力。至於因其擬制死亡而發生之繼承之開始、婚姻之消滅、遺贈之效力等問題則與其說屬於死亡宣告本身之直接效力，寧爲其間接效果之問題。因死亡宣告之效力之準據法限對其直接效力始有適用，故此等問題未必能概依中華民國法律解決之。但應分別依其固有之準據法，諸如婚姻效力準據法卽夫之本國法（涉民十二）、繼承準據法卽被繼承人死亡時之本國法（涉民二十二）等處理之是。

(c) 外國人由其本國或其他外國宣告死亡者，其死亡宣告之效力如何，涉外民事法律適用法未予明文規定。若能將其視爲權利能力之喪失問題之一，則可準權利能力準據法之例，依該外國人之本國法定之。與上述由中國法院，對於外國人依例外管轄，視爲死亡宣告之效力準據法者，應予區別。

第二項　行爲能力

一、行爲能力問題之性質

(1) 行爲能力準據法與禁治產宣告

涉外民事法律適用法第一條規定行為能力準據法，其第四條規定禁治產宣告，但對成年人、未成年人等人的地位問題，則付諸闕如。性質上可類推適用行為能力準據法，自宜與行為能力一併討論。至於禁治產宣告，則不僅是單純之準據法問題，並亦涉及涉外管轄，可另闢一段予以討論。

(2)　財產行為能力與身份能力

行為能力可分為財產行為能力及身份行為能力兩種。前者係指為如契約等財產法上法律行為即所謂「財產行為」之能力。後者指親屬、繼承法上法律行為即所謂「身份行為」之能力。前者對於凡具備權利主體地位者所賦予之能力，如以成年人為完全行為能力人者然，後者係就特定之身份行為，如婚姻，對於具備一定判斷能力者所賦予之能力。兩者性質不同，互有區別。關於身份行為能力，法律另定其固定之準據法。茲所謂行為能力準據法係指財產行為能力之準據法而言。

二、行為能力準據法

(1)　立法主義

關於行為能力準據法之立法例，可舉①權利關係準據法（英美）、②行為地法主義（美國喬治亞州）、③住所地法主義（危地馬拉、孟特維特條約、英國）、④本國法主義（德國、意大利、比利時）、⑤法院地法主義（智利、墨西哥）等五種。此等立法主義之中，權利關係準據法主義，係就契約等特殊涉外關係被提倡者，尤以英美屢以「契約準據法」為行為能力準據法，便是其著例。行為地法主義認為，行為能力問題不宜妨碍交易之方便，而為交易之方便，實應適用行為地法。住所地法主義與本國法主義之區別，與其謂因對問題看法之不同而發生，不如謂其係因對屬人法則立法主義不同所致。至其認行爲能力爲人之屬性，理應依屬人法則，則出乎同軌。法院地法主義認行爲能力係屬於國內之基本法律問題，爲保護法院地國內法律秩序之安全，理應適用法院地法。

(2) 吾國涉外民事法律適用法上行爲能力準據法——本國法兼採國內交易保護主義。

行爲能力準據法係以對未成年人其他處在弱者地位之人，予以相當之保護爲其本旨。他面，應儘使交易當事人能判別對方之人的地位，俾能視其有與人的地位相對比之能力而進行交易。先就保護弱者之觀點言，當以與當事人之智能其他屬性有密切關係之屬人法爲應適用之法律，最屬妥切。此係涉外民事法律適用法第一條所以採取本國法主義而規定「人之行爲能力，依其本國法」然者，次就保護國內社會交易之安全觀言，當以法院地法比較妥適。按法院地法主義係置重此保護國內社會交易之觀點，當有其存在之理由。但行爲能力之準據法既重當事人之保護，自應以本國法爲其本位。而以法院地法爲例外。因此，涉外民事法律適用法第一條除於其第一項規定「人之行爲能力依其本國法」外，並於其第二項規定：「外國人依其本國法無行爲能力或僅有限制行爲能力而依中華民國法律有行爲能力者，就其在中華民國之法律行爲有行爲能力」。此係兼採國內交易保護主義，茲再就其第二項之規定釋述如次。

(a) 該規定內所謂「在中華民國之法律行爲」係指當事人親自在中華民國所爲之法律行爲，就契約發生外國人之行爲能力問題時，只要其「要約通知地」爲中華民國，縱令其承諾地在外國，仍得視其爲「在中華民國之法律行爲」。

(b) 涉外民事法律適用法第一條第二項只限於一般法律行爲始有適用。因此：①關於親屬繼承之法律行爲，不適用此例外規定，仍應適用本國法；②關於就在外國不動產所爲之法律行爲（包括有關債權契約及物權行爲兩者在內），不適用此例外規定，仍應適用本國法（涉民一Ⅲ）。

(3) 票據行爲能力準據法之特則

日內瓦票據法規定，票據行爲能力，依票據行爲人之本國法。但該票據行爲人依發票地法有票據行爲能力者，縱使依其本國法無票據行爲能力，仍應視爲有票據行爲能力。吾國涉外民事法律適用法對票據行爲能力未置設有關規定。只可依法理爲解釋，先依涉外民事法律適用法第一條第一項，可解釋謂，票據行爲能力，依票據行爲人之本國法。但再依其第二項之規定，可解釋謂：外國人在中華民國發行票據時，依其本國法無行爲能力或僅有限制行爲能力，但依中華民國法律有票據行爲能力者，視爲有票據行爲能力。

(4) 行爲能力準據法之變動

行爲能力準據法卽本國法，係指自然人爲法律行爲時之本國法，其有無行爲能力應依此時期之本國法決定之。因此，依行爲時之本國法爲有行爲能力者，縱依其原有本國法爲無行爲能力，仍然視其爲有行爲能力。學者之間有謂：依其原有本國法爲有行爲能力，依法律行爲時之本國法爲無行爲能力者，概從法律行爲時之本國法而認其無行爲能力。況且依涉外民事法律適用法第一條第二項，仍有基於保護國內交易之觀念，依中華民國法律認其爲有行爲能力之規定予以補救之餘地。但爲期對於行爲人之保護，因其可適用之情形有限，尙嫌不妥善。至少在爲行爲人之利益有必要之範圍內，得倣德國民法施行法第七條第二項所採取「曾爲成年人者，恆爲成年人」（*Semel major semper major*）之原則，而承認其依本國法所具備之行爲能力。

(a) 行爲能力準據法卽本國法適用於如次有關行爲能力之問題卽：

（i）適用於行爲人是否成年人而有完全行爲能力，或爲未成年人而僅有限制行爲能力或無行爲能力之問題。

(ii)適用於未成年人有效爲法律行爲，是否應經法定代理人之同意，追認等所謂未成年人能力之補充問題及其未經法定代理人之同意所爲之法律行爲效力問題，至於何人爲其法定代理人之問題，則應另依親權準據法（涉民十九）或監護準據法（涉民二十），而不適用行爲人之本國法。

(iii)適用於達至一定年齡之未成年人受成年宣告，或其所受親權之行使或監護經解除（*Emancipation*）或結婚者，是否應認其有成年人之能力之問題。

(b)行爲能力準據法卽本國法，對於雖與行爲能力有關，但應歸屬於其他涉外關係之問題者，不適用。此類問題，有如取得占有、成立無因管理是否需要行爲能力等。此等問題，性質上，係就行爲能力爲特定涉外關係要件之觀點發生，而與行爲能力本身，無直接關係。應另外分別依物權準據法、無因管理準據法處理，而對之不適用行爲能力準據法卽本國法爲妥。

三、禁治產宣告

(1) 禁治產問題之性質

自然人因其有心神喪失或精神耗弱等缺陷而致不能處理自己事務時，爲對其予以保護，當有限制其行爲能力並置設監護人輔助其行爲之必要。禁治產之制卽係應此保護之必要而生者。惟禁治產係須待宣告國之法院或其他特定機關之宣告始得創設，並非有如民法第十四條所規定之「禁治產原因」存在卽當然成立禁治產。因而禁治產應由何國法院宣告之管轄問題，當成爲國際私法上禁治產問題之中心。隨之，亦發生禁治產宣告有無具備「禁治產原因」，禁治產宣告發生何種效力等準據法問題，玆分述禁治產宣告之管轄及準據法如次。

(2)　禁治產宣告之管轄

(a)　禁治產宣告之原則管轄

本國就其國民之禁治產宣告有原則管轄之權，得不受特別條件之限制而爲禁治產宣告，因此：第一、在中華民國有住所，或雖在中華民國無住所而有居所，或雖無居所而曾有住所或居所，概得依中華民國法律，對之爲禁治產之宣告。

第二、外國人由其本國法院依其本國法宣告禁治產者，旣係基於原則宣告管轄權而爲之，固應承認其爲有效。惟因中華民國法制上禁治產宣告消滅行爲能力爲强制規定，不宜爲不同之外國法制所抵觸，故涉外民事法律適用法第三條第二項，不能依平衡適用法將其擴張爲完全抵觸法規而依此適用宣告國卽該外國人本國之法律。其效力應另依中華民國法律定之。

(b)　對於外國人禁治產宣告之例外管轄

第一、例外管轄之要件

中華民國法院對於外國人之禁治產宣告，只有例外管轄之權。限於其與中華民國有「居住」之關係，並依中華民國法律亦有禁治產原因者，始例外得爲禁治產宣告。詳言之，中華民國法院對外國人爲禁治產宣告時，必須具備如次要件，卽：①必須該外國人在中華民國有住所或居所；②必須該外國人依其本國法及中華民國法律同有禁治產之原因。只要具備此等例外管轄之要件，不問其是否將涉及在中華民國之財產或依中華民國法律而定之法律關係，概得管轄之。

第二、外國之禁治產宣告之效力

(i)外國法院對於中華民國國民之禁治產宣告

外國就該國有住所或居所之中華民國國民依該國法律宣告禁治產時，如其亦具備中華民國法律所規定之禁治產原因，而該國亦承認中華民國法院對其國民之禁治產宣告者，應承認其效力。其依中華民國法律所未規定之禁治產原因爲宣告者，不應承認其效力。例如外國法院以受宣告人需要其經濟援助，經判決受刑之宣告等爲禁治產之原因，因其不爲中華民國法律所規定，故不應承認此等禁治產原因所爲宣告之效力。

(ii)外國法院對於他國國民之禁治產宣告

外國法院對於在該外國有住所或居所之第三國國民就該第三國國民之本國及該外國法律同認之禁治產原因爲禁治產宣告者，應依有相互承認之條件，承認其效力。

(3) 對外國人禁治產宣告之準據法

(a) 禁治產原因之準據法

關於對於外國人禁治產原因之準據法，有本國法主義、宣告國法（法院地法）主義及兩者折衷主義等三種立法主義。吾國涉外民事法律適用法第三條第一項採取折衷兩者之立法主義而規定，應對其累積適用本國法及中華民國法律，並須依該二種法律同有禁治產之事由者，始得認其成立得據以宣告禁治產之原因。關於對外國人之禁治產原因累積適用本國法及中華民國法律，應以本國法爲本位準據法，以中華民國法律爲抵制準據法。因此，須先依本國法確認有禁治產之事由存在。再依中華民國法律確認其合乎「心神喪失或精神耗弱致不能處理自己事務」之禁治產原因者，始得承認禁治產原因之成立。因此：①依其本國法不具備禁治產之原因者，卽使依中華民國法律具備之，亦不構成禁治產之原因；②雖依本國法有禁治產之事由，惟該禁治產之事由爲中華民國法律所不承認者，不構成得由中華民國法院據以宣告之禁治產原因。如德國人有濫費習癖等而致有自己或其家庭發生困境之虞者，或以酗酒習癖以致自己不能處理事務或致家庭有困境之虞者，依德國民法第十四條雖構成禁治產之事由，但因中華民國民法並未規定其爲禁治產之事由，故不得構成據以對該外國人宣告禁治產之原因。

(b) 禁治產宣告效力之準據法

對於外國人禁治產宣告之效力準據法，有本國法主義及宣告國法（法院地法）主義之分。吾國涉外民事法律適用法第三條第二項採取宣告國法主義而規定其依中華民國之法律（涉民三Ⅱ）。禁治產宣告發生直接效果及間接效果。直接效果上，受禁治產宣告者成爲禁治產人。間接效果上，禁治產人喪失行爲能力或其行爲能力被限制，關於禁治產宣告之效力所應適用之中華民國法律，不僅對於直接效果，並且對於間接效果亦有適用。因此，依中華民國民法之規定，該受禁治產宣告之外國人爲禁治產人並喪失其行爲能力（民十五）。但中華民國法律之適用範圍旣及於禁治產外國人行爲能力之喪失，禁治產之原因消滅時，亦應依中華民國法律撤銷其宣告（民十四Ⅱ）而恢復其行爲能力。對於外國人禁治產宣告之效力適用中華民國法律，係兼顧保護國內交易安定之必要而然，固應限於爲此保護有必要時，始適用之。因此，限就外國人在中華民國所爲之法律行爲或依中華民國法律所定之法律關係，始依中華民國法律確定對外國人之禁治產宣告之效力。其關於在外國所爲之法律行爲者，不在此限。

第一項　法人問題之性質

抵觸法上之法人問題分爲外國法人之認許與法人準據法二種。前者係承認外國法人之法人地位在比國內法人較有限制之範圍內能取得特定權利之程序。後者謂據以決定特定自然人或財產之結合具有法人資格，得爲權利主體之法律。因其係關於法人之能力，故亦有法人屬人法（*Personal law of legal person*）之稱。

「認許」，限於特定自然人或財產之結合，依法人準據法具備「社團」或「財團」之法人資格而爲外國法人者，始有適用。倘若特定自然人或財產之結合依法人準據法不具備法人資格，則既不能謂其國內法人或外國法人，固不致發生外國法人之認許問題。所以在次序上，先有法人之準據法問題，而後始有外國法人之認許問題，德國故拉普（*Raape*）教授謂：「外國法人之認許，不外乎是適用法人準據法之結果」，亦即此意也。

第二項　法人之準據法（法人屬人法）

一、法人屬人法之意義

(a)　法人屬人法

特定之人或財產之結合，是否「社團」或「財團」法人，係以法人屬人法爲準據法而決定之。凡是其依法人屬人法無法人資格者，在他國不能爲法人，卽使他國承認同類團體有法人資格者，亦然。例如德國無限公司依德國公司法不具備法人資格，吾國公司法雖規定無限公司具備法人資格，但在吾國仍非法人團體。應準「無權利能力社團」之例處理之。

(b)　法人屬人法與法人本國法之區別

法人屬人法與法人本國法兩者之觀念互相不同，應予區別。蓋法人之屬人法係在法人之國籍未特定前卽已確定，但法人本國法，則須於法人之國籍確定以後，始能以其爲基礎而決定。按唯有法人始有國籍，法人屬人法只能確定特定之人的或財產的結合爲法人。卽只能決定其取得特定國家之國籍之資格，但與其國籍之決定本身，則互無直接關係。換言之。特定之人或財產之結合，其依法人屬人法具備法人資格者，始能具備國籍，而法人之本國法，則於法人國籍經決定後，始能予以確定。可知法人屬人法與法人本國法分屬不同之範疇，勿宜混淆。

二、立法例

法人屬人法係據以確定特定之人的或財產的結合是否有法人資格之本國法律。此準據法不包括法人本國法。其立法主義分有：(1)住所地法主義、(2)設立準據法主義、(3)設立地法主義、(4)社員國籍主義、(5)股份認受地法主義等五種。其中尤以住所主義及準據法主義兩者，最屬重要，析述如次。

(1)　住所地法主義

住所地法主義係由德比瑞意等歐陸法系國家所採取。本立法主義謂，關於特定之人的結合或財產結合是否具有法人資格，依法人設定住所之國家之法律。所謂法人之住所有二種。一者，業務中心地。二者，法人住所所在地。就前者言，因爲同一法人可有數種，所謂法人住所所在地，再分章定住所所在地與實際住所即法人之「管理中心」（*Verwaltungszentrum*）（通常爲董事會）所在地兩種。章定住所通常爲章程所規定「主事務所」，比較固定，與隨時可移動之「管理中心」往往互不一致。爲求法人準據法連結因素之確實，以實際住所較妥。惟法人準據法原係就特定之人的結合或財產結合規定其法人資格，法人住所原爲「法人之屬性」，於依法人準據法確明特定之人的財產的結合具備法人資格以後，始能確定其有無具備住所。實有其陷於論理上矛盾之嫌。

(2) 設立準據法主義

設立準據法主義係由英美所採取。依本立法主義，關於特定之人的或財產的結合是否法人，依將其設立法人時所依據法律定之。特定之人的或財產的結合具備法人之權利主體地位，原係出於法律之擬制；亦即其依以設立之法律賦予法人格，因而成爲社團或財團。就此設立法人之沿由言，當以設立準據法與人的結合或財產結合取得法人資格，最具密切關係。似以此立法主義較妥。

(3) 涉外民事法律適用法與法人準據法

涉外民事法律適用法第二條規定謂：「外國法人……以其住所地法爲其本國法」。本規定既未明言法人之權利能力或行爲能力依其本國法，其所謂「住所地法」究竟是否法人準據法卽其屬人法，固容有解釋之餘地，當不能遽斷其採取「住所地法主義」。余意，本規定係藉法人「本國法」以國籍爲其連結因素以解明法人之國籍應爲住所地國。而法人準據法，則須另依法理決定之。設立準據法主義就其與將人的結合或財產的結合設立爲法人，關係至屬密切，而未若住所地法主義犯有矛盾。因此，宜解釋應以設立準據法爲法人準據法。關於此，可引用其他法規以資佐證。如公司法第三百七十一條第一項規定：「外國公司非在其本國設立登記者，不得聲請認許」，亦即公司之法人資格依其設立登記之國家法律之意。公司法第四條所規定「外國公司謂……依照外國法律組織登記」一段，更是明示設立準據法爲公司之屬人法。同法之上引二條合併規定，公司應以其設立準據法爲其準據法。公司既爲社團法人，設立準據法自可類推適用於私法人一般，爲其準據法。

三、法人屬人法之適用

(1) 法人屬人法卽設立準據法適用於法人之成立、組織、及其行爲能力等問題。因此：

(a) 特定之人的或財產的結合是否具有法人資格，應依其設立準據法決定之。此包括該結合是否具備成立法人之實質要件及形式要件等與成立法人有關之問題。

(b) 關於法人之機關、內部關係及對外關係，亦應依其設立準據法，具體言之，其設立準據法適用於①法人機關之組織及性質、②法人機關代表權之性質及其範圍、③法人與社員之關係、④社員之權利義務、⑤社員權利或「股份」之轉讓等問題。

(c) 法人之權利能力及行爲能力，依其設立準據法。因此：(a)法人能取得及享有何種財產權，能否享有身份權之問題；(b)法人能否違反其設立登記之目的而爲法律行爲，卽「權限外之行爲」(*Ultra viresacts*)，是否合法且有效之問題；(c)法人有無訴訟能力及侵權行爲能力之間，舉凡此類，均屬法人之權利能力及行爲能力之範圍，概依其設立準據法決定之。

(d) 與法人之存在及消滅有關之問題，如法人之解散及其效力、「一人公司」(*one-man company*)

之存在等問題，均依其設立準據法。

(2) 法人能否有繼承遺產等特定權利，寧屬該特定權利關係準據法之問題，不適用設立準據法。

第三項 外國法人之認許

一、外國法人之決定

外國法人係不具有中華民國國籍之法人。法人是否外國法人，其決定應屬認許國之權限，此決定權限雖屬廣泛，但總須法人因其設立、住所、股東之國籍等法律事實而與特定外國有某種實在之關聯爲要。關於決定法人國籍之標準，迄今衆說紛紜，莫衷一是，其重要者，現有住所地說、設立準據法說及控制說（*Kontrolltheorie*）等。吾國雖無直接有關之規定，但就涉外民事法律適用法第二條之規定，可推知法人之國籍應以住所地爲其決定之標準，但限於如公益法人其他一般私法人等特別法未規定者，始有適用。關於公司，公司法另有規定，其國籍應屬設立準據法國（公四）。特定法人是否外國法人應依如次原則決定之，即①一般法人，其住所不在中國者，爲外國法人，②公司未依中華民國公司法組織設立登記者，爲外國公司。

二、外國法人之認許之方式

(1) 立法主義

關於外國法人之認許，其立法主義，分特別認許主義、概括認許主義及一般認許主義三種。特別認許主義係基於法人制度有關於公序，應服屬地法之觀念而認爲法人僅依其屬人法成立者，尙爲不足，須再經政府個別以明示認許，始得成立。概括認許主義係對於特定國家之法人概括的認許其成立，而對於其他國家仍以個別的認許臨之。一般認許主義係就特定種類之法人，不分其國籍，一概承認其成立。現今，各國法律趨採一般認許主義，例如英美德意瑞等國家便採斯制，吾國倣之。吾國民法總則施行第十一條規定：「外國法人，除依法律規定外，不認許其成立」。其所謂「依法律規定」、「認許其成立」，「只係受認許其成立」，只係受認許之外國法人種類依法律特定之意。而並非謂以不認許爲其原則。亦未限於特定國家之法人始予認許。就特定種類之法人，如公司及國家、自治團體等公法人，則仍以一般認許之態度臨之。

(2)　得受認許之法人之範圍

(a)公司不分依其準據法爲民事公司或商事公司，概依一般認許主義認許其成立。

(b)公益法人，無直接有關規定可稽，但依民法總則施行法第十三條之規定，公益法人，似亦可包括在得「經認許之外國法人」範圍內。

(c)有就國家及自治團體等公法人，主張必然的認許者，謂國家等公法人亦得爲私權之主體，而國家間既有互相往還、自應予以認許（註）。余亦以爲然。

（註） *Kegel, Internationales Privatrecht*, 1964, SS. 206–207.

三、受認許外國法人之特別權利能力

外國法人既然依法人屬人法有法人資格，其一般權利能力、不爲外國法人之認許程序所影響，固不待言。至於外國法人之特別權利能力，則只於法律之限制範圍內，始得享有。並在其範圍內與同種類之中國法人有同一之權利能力（民總施十二）。因而外國法人就中國法人所享有之權利，即使依其屬人法不得享有，仍得享有之。但其依其本國法得享有之權利，依中華民國法律不得享有者，不得享有之。

外國法人，經吾國認許後，得享有行爲能力。爲執行業務，得在吾國設置事務所，但其執行業務，應服從吾國法律，與中國法人相同（民總施十二Ⅱ）。經認許之外國法人，欲在吾國設立事務所者，固應遵守有關國內法人之登記程序。因此，依其爲社團或財團而分別將民法第四十八條所規定之社團登記事項及民法第六十一條所規定之財團登記事項，辦理登記。其爲公司者，應依公司法上「公司之登記及認許」規則，辦理登記。其設立事務所之目的及其事務所之行爲有違反中華民國之法律、公序良俗者，法院得因主管官署、檢察官或利害關係人之請求撤銷其事務所（民總施十四、民總三十六）。

四、未經認許之外國法人之地位

人的或財產的結合依其法人準據法確定爲法人後，卽應認其爲法人。不因其爲內國法人或外國法人而有所區別。其爲外國法人者，須經認許，始得在中華民國境內依法人地位取得權利並負擔義務。其未經認許者，雖依法人準據法仍爲法人，但在中華民國境內其能力受有限制，不能與經認許之外國法人同樣享有與中國法人同一之權利能力。其在中華民國境內，不得與經認許之外國法人一般，有效爲法律行爲，據此取得權利並負擔義務。而其負責人在中華民國境內以其名義所爲之行爲，則因違反限制其能力之規定而無效，當不爲該外國法人或對於該外國法人發生效力。在此場合，該負責人係代表外國法人，違反中華民國法律而爲法律行爲，應對於相對人就其所受之損害負擔賠償責任。此責任應爲外國法人之責任。吾國民法總則施行法第十五條特別規定該外國法人爲行爲之負責人應與其連帶負責。其規定有謂：「未經認許其成立之外國法人，以其名義與他人爲法律行爲者，其行爲人就該法律行爲，應與該外國法人，負連帶責任」。至於未經認許之外國法人與其負責人應連帶負擔賠償責任者，係限就其在中華民國所爲之行爲而然。其在外國適法所爲法律行爲，即使其嗣後在中華民國境內依該法律行爲取得權利，仍屬適法而有效。而爲行爲之負責人亦不致依民法總則施行法第十五條，就該於外國所爲之法律行爲，與外國法人負連帶責任。

第三章　法律行為準據法之基本分類

一、緒　說

⑴在國際私法上爲解析法律行爲之準據法，應先將法律行爲之「實質」與「形式」分開。即將法律行爲之準據法，基本上，分爲實質準據法與形式準據法兩類。其實質準據法，係關於法律行爲之實質成立要件及其具備成立要件時發生何種效果等問題應適用之法律，即包括所謂「成立要件」（原則上限指實質要件）之準據法及效力準據法。法律行爲只具備實質成立要件而未具備形式成立要件者，因法律行爲未成立，故尚不生效，當無依效力準據法決定法律行爲之前提，即在此階段，尚無法律行爲效力準據法適用之餘地。

⑵意思表示爲特定法律行爲之要素時，除該意思表示有阻碍法律行爲生效之事由或其有如表意人因被脅迫、被詐欺或因錯誤而爲有瑕疵之意思表示，因而表意人得撤銷該意思表示外，表意人之行爲能力，亦性質上尚屬實質準據法之適用範圍內。但行爲能力其準據法本屬能力準據法，雖爲法律行爲之實質成立要件之一，但另適用其固有之屬人法則。行爲能力，通常分爲財產法的行爲能力與身份法的行爲能力兩類，前者之準據法，涉外民事法律適用法第一條以明文規定爲本國法，不因財產法的法律行爲之種類（如債權行爲、物權行爲）等是不同而有所差別。此係吾國及其他歐法系國家之超越財產法的法律行爲之行爲能力獨立準據法制。對此，英美判例，則關於財產法的行爲能力採取所謂「非屬人法主義」

，而比較傾向於所謂「法律行爲主義」，卽關於行爲能力適用涉訟法律行爲本身之準據法，不適用超越各種法律行爲之獨立的屬人法則。尤以於涉外債權契約之行爲能力問題，適用與該契約有最密切牽連關係之契約固有之準據法。甚且對於該項財產法的行爲能力向有適用行爲地法（於契約卽爲締約地法）或履行地法之判例及有力學說。英美國際私法上財產法的行爲能力準據法則之此一特色，於比較法上，需予注意。尤以其與涉外民事法律適用法第一條雖關於財產法的行爲能力概括適用本國法而無論其就債權行爲關係或物權關係等何個別權利關係發生，一概適用該準據法者，適用法律之觀念有顯著之異歧，爲然。

(3)基於上述，法律行爲之方式，涉外民事法律適用法規定對其適用獨立的準據法，如同法第五條規定其準據法者然。故其準據法於法律行爲準據法之討論，應予分開。本章所謂法律行爲之準據法，不包括其方式準據法，卽只限指所謂「實質準據法」。而在「實質準據法」之中，關於財產法的法律行爲，行爲能力準據法，又被置於其範圍外。至於身份法律關係，則甚且關於行爲能力及爲法律行爲要素之意思表示之準據法，亦不屬於法律行爲「實質準據法」。

二、法律行爲之實質準據法之非共通性

(1)涉外民事法律適用法第五條所規定法律行爲之方式準據法，除法律另有規定外，於各種法律行爲，均有適用。卽其方式準據法，於各種法律行爲有共通性。不適用該項準據法者，另屬例外。此項例外，主要者，如有物權行爲、「行使或保全票據上權利之法律行爲」等是，而涉外民事法律適用法第五條第一項及第二項，卽係關於此項例外之規定。關於物權行爲，同法同條第一項規定：「物權之法律行

為，其方式依物之所在地法」，不選擇適用特定法律行為所應適用之法律及行為地法中之一者僅適用物之所在地法。關於上引有關票據權利之法律行為，同法同條第二項規定：「其方式依行為地法」，惟不就行為地法與該項法律行為所應適用法律之準據法規定選擇其中一者適用。

(2)對此，法律行為實質準據法，其適用尚無共通性，因此，關於意思表示，無由以該意思表示為要素之特定法律行為獨立而與其他法律行為之意思表示共通適用之準據法。以債權契約為例言：一、特定意思表示是否得視為特定債權契約之要約，固依債權契約準據法；二、如此可視為要約，則究竟其效力，係以相對人了解時發生，抑或以要約通知時發生，亦依債權契約準據法；三、於該債權契約，當事人所為意思表示其瑕疵發生何種法律效果，其準據法亦同。

(3)法律行為之方式準據法，限於財產法的法律行為，其適用有共通性，關於身份法的法律行為則不如此。例如結婚之方式，得就其所應適用之法律，當事人一方之本國法及舉行地法，選擇一者為其準據法（涉民十一Ｉ）而無與其他身份法的法律行為共通適用同一準據法。關於身份法的法律行為之「實質準據法」，亦然。如因被脅迫為婚姻之意思表示者，該意思表示為無效或可撤銷，應依婚姻成立要件之「實質準據法」。

三、法律行為實質準據法基於法律政策的共通適用

(1)為法律行為之要素之意思表示其各種問題，不因涉外民事法律適用法就特定種類之法律行為規定「成立要件」準據法，即致須適用該特定種類之法律行為之「實質準據法」。不適用之而另覓獨立且有共通適用性之準據法，於法理上，尚屬可能。玆就此析說如次。

(2)緘默而不爲明確之表示，能否卽視爲承認或發生其他不利於表意人之法律效果，其應適用之法律之選擇尤應顧慮保護表意人利益之法律政策，與之有所配合。與此問題關係比較密切之國家，有表意地國（註）、表意人之居住地國及營業地國。無論其表示爲何種法律行爲之要素，爲保護表意人之利益而選擇適用上列三個國家之法律中之一者。現有一部分學者主張表意地法主義，但威爾福（*Wolff*）等有力學者，則力主應適用居住地國或營業地國之法律。當以威氏之說較妥，但選擇適用之範圍宜稍加擴大，表意地法之適用可能性亦不宜予以否認。

（註）玆所謂表意地國，當指表意人爲保持緘默或拒予明確表示等不作爲之國家而言。

四、法律行爲實質準據法適用上之幾個特殊問題

(1) 代　理

(a)特定法律行爲是否可代理，應依該法律行爲之準據法予以解明。例如關於收養之身份法的法律行爲，其是否可代理，亦依收養之成立之準據法是。如特定法律行爲爲可代理，稱係代理人者，有無代理權，如其有代理權，其代理權限之範圍，是否應依該法律行爲準據法決定，則尙有商榷之餘地。此項問題，應先將代理分爲法定代理及任意代理，討論。分述如次。

(b)於法定代理，代理權既因當事人間有特定之法律關係乃依法當然發生，自應依該法律關係準據法決定其範圍。因此，父母有無代理其未成年子女之權，亦可謂其對於未成年子女之親權權限之一，應依親權準據法（卽親子關係準據法），依涉外民事法律適用法第十九條之規定，應爲父之本國法。監護人對於受監護人之法定代理權，則係基於監護法律關係依法發生（民一〇九八、一一一三），應依監護

準據法，卽依同法第二十條之規定應以受監護人之本國法爲其準據法。惟其有同法第二十條但書所規定情形之一者，應依中華民國法律。

(c)於意定代理，本人究竟有無授權予代理人以本人名義爲意思表示，非係相對人所能易知。對此，法定代理固比較不成問題，但在意定代理，關於代理是否經有本人之授權，相對人不易知情，於選擇法律上，自須顧慮相對人之保護。授權行爲準據法說，主張於意定代理，關於代理權之有無及其範圍，應依授權行爲準據法，但此準據法相對人實非得易知其內容，相對人之利益依其實難就其適用期有有效之保護。代理人爲行使代理權之行爲之地法律，卽行爲地法，其內容相對人亦應有所明知，對其較能保護，故以行爲地法爲其準據法爲妥。基於同一理由，代理人逾越其代理權限，或無代理本人之權而冒稱有代理權者，其所爲法律行爲，究竟於相對人與本人間發生何種法律關係，亦仍以適用行爲地法爲妥。於上述情形，所以適用行爲地法者，均係依據保護相對人利益主義而然。至於本人與代理人間發生後者有無代理權及其範圍問題時，因未與交易安全逕有關係，故不須依該保護主義而另適用行爲地法，關於該問題，仍宜適用授權代理之行爲之準據法。

(2) 法律行爲之條件及期限

(a)特定法律行爲是否得附條件（停止條件或解除條件）或期限，應適用該法律行爲準據法予以決定。

(b)上述準據法，對於財產法的法律行爲及身份法的法律行爲，均有適用。婚姻能否附條件，依婚姻成立要件之準據法，卽各該當事人之本國法（涉民十一I）。而贈與能否附條件，固係基於當事人自治原則，適用依贈與人意思所定之法律（涉民六I），其意思不明時，適用本國法等法定準據法（涉民六Ⅱ、Ⅲ）。

(c)如特定法律行爲依該法律行爲準據法得附條件者，該條件之成否，固依該準據法，即其成就時，關於該法律行爲有溯及既往之效力或只向將來發生效力者，亦然。

(d)附期限之法律行爲，其期限是否屆至，該法律行爲，於期限未屆至前之效力及其屆至後之效力如何，皆依該法律行爲準據法。至於其期限係以期間決定者，該期間之計算，亦依該準據法。

第四章　法律行為之方式

第一節　方式準據法與實質準據法之區別

一、法律行爲之成立要件與其方式

⑴法律行爲之成立必須具備方式要件與實質要件兩種要件。而關於此兩種要件，向有所謂分割準據法主義。依此立法主義，法律行爲之方式係其成立之必要因素之一。而法律行爲則有債權行爲、物權行爲等數種，各種行爲，又均有固有之準據法，卽涉外民事法律適用法上所謂「該行爲所應適用之法律」，依該行爲種類不同，應適用之法律互有異歧，例卽：債權行爲，依當事人自治原則（涉民六Ⅰ）；物權行爲依物之所在地法（涉民十Ⅰ）；婚姻之成立要件，依各該當事人之本國法（涉民十一Ⅰ）等是。法律行爲旣爲其成立因素之一，而各種法律行爲之成立要件均有其固有之準據法，該行爲之方式準據法，自然不能爲單一，應視其關於行爲種類而分別以其行爲種類爲其準據法。

⑵由於上述可明瞭，上列數例，均屬所謂「實質準據法」，專一適用於實質要件及效力，而實質要件及效力，在國際私法傳統上又概標爲「實質」（*substance*），兩者之準據法，則合而形成「實質準據法」一類，而將形式要件之準據法置其範圍外。形式要件，則另須尋覓對於各種法律行爲均可適用之統

一的準據法。國際私法上，向有所謂「場所支配行爲」（*Locus regit actum*）。原則上（簡稱謂「L•R•A原則」），該原則據學者之研究，淵源於十二世紀，至今已有九世紀之歷史，但迄未經世界諸國普遍採用。該原則，主要係歐陸法系國家所採取英美法系國家，則仍傾向於個別準據法主義，未願爲該原則所拘束。

二、法律行爲之方式準據法

L•R•A原則基於上述，可知法律行爲，其準據法須分實質觀點與形式觀點。其形式觀點，準據法不因有關法律行爲種類不同而受影響，乃致發生異別適用之現象。至少，應有其統一的該準據法之準據法原則，表現於「場所支配行爲」之法諺，而素以「L•R•A原則」之名稱，聞名於世。就現今準據法之分類言，該準據法卽係所謂「行爲地法」。行爲地法主義亦爲涉外民事法律適用法所採。同法第五條，就法律行爲之方式爲統一的規定，而對於各種財產行爲之方式，則除法律另有規定外（註），一律適用行爲地法。但依同法同條第一項之規定行爲地法原則上非爲關於法律行爲方式之唯一可適用的準據法，此諸其如次規定亦可明瞭，卽：「法律行爲之方式，依該行爲所應適用之法律，唯依行爲地法所定之方式者，亦爲有效」。但亦有對於關於票據權利之行使之法律行爲之如次例外，卽：「行使或保全票據權利之法律行爲，其方式依行爲地法」。

（註）例如同法第五條第一項第三段之如次例外規定，卽：「物權之法律行爲，其方式依物之所在地法」是。

(3)涉外權益準據法之非强行性

涉外民事法律適用法第五條第一項規定，關於「法律行爲之方式」應「依該行爲所應適用之法律」。

所謂「應適用之法律」，係指涉外權益準據法而言。例如法律行為發生債之關係者，適用「當事人自治原則」即依當事人意思定其應適用之法律。但只謂「依該行為所應適用之法律」而未分別詳言該行為之「效力」或「要件」之準據法，因而如「效力」準據法與「要件」準據法為不同之法律，則依其中何一者之法律行為方式，均屬合法。（註）而依同法同條同項，其基本規定以涉外權益準據法為本位準據法，然而該準據法既無强行性，其但書，則只是補充規定法律行為之方式亦得依行為地法法定之而已。

（註）另一方面，既未確明應適用「要件」準據法或「效力」準據法，對於「要件」，亦可適用「效力」準據法，依後者決定特定法律行為有無具備法定方式，如依其無具備法定方式者，無效（民七十三）。反之，對於「效力」準據法之適用，亦可主張應適用「要件」準據法，依此決定其為有效或無效。

三、不適用方式準據法之情形

適用方式準據法者，只限於法律行為之方式問題，而與法律行為之成立要件及效力等實質問題，則均互不關涉。因此：一、特定意思表示能否視為特定債權契約之要約，如得視為其要約，則其效力於相對人了解時，發生效力，或於通知達到相對人時，始發生效力。舉凡此類問題，均依實質準據法卽涉外權利準據法，不適用方式準據法，因此，除非法律另有規定（例如涉外民事法律適用法第六條第二項所規定當事人意思不明而國籍不同時，依行為地法是），否則，不適用行為地法；二、意思表示有瑕疵時，其效果如何之問題，亦依涉外權利準據法，不適用方式準據法，與如於「一」及「二」所指出者，略似。

四、選擇適用準據法之方法

(1) 學說

關於法律行爲準據法，如何就「行爲法」與「場所法」即行爲地法選擇應適用之法律？「行爲法」亦卽涉訟特定法律行爲「所應適用之法律」或權利關係準據法，其爲法律行爲方式準據法，既爲涉外民事法律適用法第五條第一項本文所規定，而「行爲地法」之亦爲法律行爲方式準據法，又有規定於同法同條第二項但書之內。因此，規定之形式上，可謂「行爲法」爲本位準據法而行爲地法，則屬例外準據法。然則，兩者之間，在適用次序上，有無前後之區別？卽適用次序上，是否應當然先行適用「行爲法」，而於涉訟法律行爲依此不具備法定方式時，始乃依行爲地法，決定其是否具備法定方式？關於此問題，有如次兩種不同之學說：一爲主觀說，二爲客觀說。依主觀說，法律行爲之行爲人，依「行爲法」作成法律行爲之方式時，始須先行適用「行爲法」而行爲地法，則須俟法律行爲依「行爲法」不具備法定方式時，始得依行爲地法決定是否具備法定方式。依客觀說，法律行爲是否有具備法定方式，應視「行爲法」與「行爲地法」兩者間，何一者於客觀上有利於其所謂「方式妥當性」(*Formgültigkeit*)而定。(註) 德國已故拉普 (*Raape*) 教授指出「涉訟行爲之標的所應適用之法律」與行爲地法此兩種準據法間有「並置擇用」(*Nebeneinander*) 之關係，而否認兩者間於適用上互有前後次序。此顯係採取「客觀說」。詳言之，只要能較符合使法律行爲具備形式要件之要求，適用「行爲法」卽權利關係準據法或行爲地法，均可。行爲地法並非其適用須後於「行爲法」卽權利關係準據法，而須俟法律行爲依該準據法不具備法定方式，始可適用之。綜合上述，主觀說以於「行爲說」與行爲地說間預先定有前後適用之次序，卽前者適用在先，後者適用在後爲其特點。只是其適用前者，須以當事人依其所規定方式作成法律行爲爲條件而已。卽其並非當然適用前者。

（註） *Raape, Internationales Privatrecht*, 1961, *S.* 216.

(2) 涉外民事法律適用法之選擇適用規定

涉外民事法律適用法第五條第一項，先明「行爲法」爲法律行爲方式準據法之旨。其所以如此，係因以該準據法爲本位使然。但同法同條同項並未限制規定行爲人作成法律行爲，無論是否以「行爲法」爲依據，概須依「行爲法」。而是依選擇適用（*gelten alternativ*）之方法，爲法律行爲具備方式要件有利，就「行爲法」與「行爲地法」兩者間選擇其中一者適用。玆就所謂「選擇適用」，係依客觀主義選擇適用，與行爲人實際上在何國依國法律作成法律行爲之方式無關，即行爲人在其國即行爲地，作成法律行爲之方式，但依「行爲法」即兩國法律該法律行爲方式要件較能成立者，仍依兩國法律認爲該法律行爲有具備法定方式而有效成立。

綜言之，法律行爲方式準據法，其選擇適用，客觀上應合乎故拉普教授所謂「合目的的理由」（*Zweckmässigkeitsgründe*），不因行爲人選擇何國爲行爲地或該行爲所依據之法律而受影響。（註）

（註） *Raape, Ebenda, S.* 212.

五、涉外民事法律適用法第五條之解釋

(a) 規定之內容

涉外民事法律適用法第五條係關於法律行爲方式準據法之條文。該條文分爲二項。第一項就一般法律行爲之方式，規定其準據法如次，即：「法律行爲之方式，依該行爲所適用之法律，但依行爲地法所定之方式者，亦爲有效。物權之法律行爲，其方式依物之所在地法。」此項於第一段宣明法律行爲方式準據法

以選擇適用爲原則。其第二段對此另行規定關於物權行爲方式準據法不採取選擇適用主義。第二項規定：「行使或保全票據上權利之法律行爲，其方式依行爲地法」，此規定亦拒不適用選擇適用主義。立法主義上，同法第五條可謂係以選擇適用主義爲主，行爲地法主義之「L•R•A原則」或所謂「場所法」(*Qrtsrecht*）爲從。就比較法觀點釋言之，可謂其係承受德國民法施行法第十一條第一項之抵觸法規定。（註）

（註）德國民法施行法第十一條第一項規定：「法律行爲之方式，依對於爲法律行爲標的之法律關係應適用之法律決定。但其依爲該法律行爲之行爲地之法律者，亦可」。對此，其第二項設有例外規定，其內容如次。即：「第一項第二段之規定，對於設定或處分關於物之權利（*Recht an einer Sache*）之法律行爲，不適用之。」

(b)　所規定法律行爲方式問題之種類

涉外民事法律適用法第五條所規定法律行爲之方式，係指意思表示之表現方法而言。因此，凡與表現法律行爲之外表的形式直接有關者，均包括於其範圍內。依此觀念，如次問題，均屬之。

第一、訂立法律行爲，是否僅以口頭爲表示爲已足，或須作成書面之問題。

第二、如其必須作成書面，是否仍須經行爲人之簽名或蓋章之問題。

第三、行爲人之簽名或蓋章，是否須經主管官署證明其眞正之問題。

第四、法律行爲之訂立，是否須經保證人之會簽；行爲人是否須向主管官署申報；行爲人須於該官署爲宣誓等問題。

此外，行爲人於訂立法律行爲時，是否須有行爲能力？如其須有行爲能力，唯只有限制行爲能力或無行爲能力時，能否經其法定代理人之同意或允許，而爲行爲能力之補充？上列問題，已逾越法律行爲方式問題之範圍，對其固不能適用法律行爲方式之準據法，固不適用同法同條同項之規定。

(c) 選擇適用準據法之範圍

涉外民事法律適用法第五條第一項所規定「該行爲所應適用之法律」，係指所謂「行爲法」（*Geshäftsrecht*）而言。（註）「行爲法」即係各種涉外法律行爲之準據法均各自爲該法律行爲之方式準據法之意。例如(1)關於涉外債權契約之方式適用依當事人意思所定之法律，於當事人意思不明時，同國籍者，依本國法；國籍不同者，依行爲地法等等（涉民六Ⅰ、Ⅱ）；(2)關於物權行爲，適用物之所在地法（*lex rei sitae*）（涉民十Ⅰ）；(3)關於遺囑之方式，適用遺囑成立之時遺囑人之本國法（涉民二十四Ⅰ）是。由於上例，可以明瞭，與「場所法」選擇適用之「行爲法」，其範圍，不限於財產行爲，並且包括身份行爲。婚姻之方式，「行爲法」即各該當事人之本國法，仍不失其爲準據法之一，涉外民事法律適用法第十一條第一項並不排除此項準據法之適用，但只注意規定亦得依當事人之一方之本國法或依舉行地法而已。

（註）關於此項「行爲法」之概念，克敎授解釋其係關於「法律行爲內容」(*Inhalt des Gesch'dgts*)，與涉外民事法律適用法第五條第一項所謂「該行爲所應適用之法律」。參照 *Kegel, Internationales Privatrech,t* 1964, *S.*219.

第二節　法律行為之方式

一、場所支配行爲（*Locus regit actum*）之原則

自中世紀法則區別說以來，關於法律行爲之方式，沿用「場所支配行爲」之原則，此原則只謂

「行爲」，並未限定僅適用於「行爲方式」。因此，學者之間亦頗有謂其於法律行爲之「實質」亦有適用者，但如沃爾福（*Wolff*）所指出，此原則只有所謂「方式妥當性」（*Formgültigkeit*），其所謂「行爲」限指「行爲方式」而言。因而此原則只對於「法律行爲之方式」，卽法律行爲爲其有效成立於法律上必須具備之方式，有其適用。

「場所支配行爲之原則」簡稱「L·R·A原則」，常由學者指謂其係「由各國普遍承認之習慣法則」或「未被爭執之原則」。但各國就其適用究竟尙未致受有嚴格特定之限制。或有認其具備「强行性質」，因而採絕對適用主義者。或有認其具備「任意性質」，因而採相對的選擇適用主義者。學者間之看法，未臻一致。涉外民事法律適用法第五條規定所謂「法律行爲之方式」，依該行爲所適用之法律。但「依行爲地法所定之方式者，亦爲有效」，此係依第二種立法主義，認爲該原則只有任意性質，可選擇適用。關於此立法主義，再改段詳敍如次。

二、選擇適用之立法主義

(1) 選擇適用之立法主義

行爲地法應與何國法律選擇適用於法律行爲之方式？關此，現有三種立法主義：卽①行爲地法、權利準據法選擇主義；②行爲地法、國內法選擇主義；③行爲地法、本國法選擇主義。採取第一種立法主義之國家之中，有一律選擇適用行爲地法與權利關係準據法者，亦有以權利準據法爲原則，而只限於特殊情形，始例外地選擇適用行爲地法與國內法等權利準據法以外之法律者，例如：①限於法律行爲在國內發生效力時，始就行爲地法與國內法二者選擇適用其中一者；②限於與當事人國籍相同時，就其與行爲地法兩者之中選擇適用其一者（意大利民法前編二六）等是。採取第二種立法主義者，通常係限於法律行爲之行爲地在國內時，始選擇適用行爲地法與國內法兩者中之一者。第三種立法主義居於少數地位，第二種立法主義，較被採取，但仍不如第一種立法主義普遍。

(2)　涉外民事法律適用法第五條

涉外民事法律適用法第五條採取第一種立法主義而規定，對於法律行爲之方式，除法律另有規定外，一律就行爲地法及權利準據法二者選擇其中一者適用之。玆釋其選擇適用之方法如次。

依涉外民事法律適用法第五條之規定，行爲地法之適用係同法同條第一項但書所規定。其規定之外表上，似以「該法律行爲所應適用之法律」即權利關係準據法爲本位，而以「行爲地法」爲例外。惟兩者之間不因此而致於其在適用次序上發生前後之區別。德國民法施行法第十一條亦就法律行爲之方式，規定對其適用「該法律行爲之標的所應適用之法律」，即以權利關係準據法爲本位。但德國故拉普（*Raape*）教授却指，謂「該行爲之標的所應適用之法律」與行爲地法互相平等（*Nebeneinander*）。就涉外民事法律適用法第五條所規定兩者對於法律行爲方式之適用關係，似亦可作相同之解釋。詳言之，其規定對於法律行爲之方式，原係基於「法律行爲所應適用之法律」當然適用於該法律行爲方式之基本概念而適用權利關係準據法。並不妨碍爲法律行爲方式之有效成立而逕行適用行爲地法。因此，依涉外民事法律適用法第五條之規定，應就兩者之中，選擇適用比較有利於法律行爲方式成立之一者，即使其爲行爲地法，亦應逕行適用之。（註）

（註）故拉普教授釋法律行爲之方式準據法，其選定應配合「合目的的理由」(*Zweckmässigkeitsgrinde*)，亦即此意。並且指出，該準據法制有以保護當事人利益爲旨趣，而援引澳、瑞、法等國家之抵觸法，除行爲地法外，並

採當事人之本國法爲其準據法，値得參考。參照 *Raape, Internationales Privatrecht*, 1961, SS. 211-212.

故拉普教授所謂「合目的的理由」，係指就法律行爲之方式選擇適用行爲地法與權利關係準據法兩者中之一者，旨在便於法律行爲方式之合乎條件以策法律行爲之成立及生效，免因其方式之不具備或有瑕疵而致被妨碍。玆就其應適用之甲國法律與乙國法律兩者中，如選擇適用乙國法律則較有利於其方式要件之成立，如選擇適用甲國法律，則反而妨碍其方式要件之成立。在此情形，如法院判決遽將甲國法律予以適用，依此認其不具備法定方式，或其方式有瑕疵，則適用法律有不當，構成判決「違背法令」之事由，自得爲上訴於第三審法院之理由。

三、行爲地之決定

行爲地法旣爲法律行爲方式之準據法，其連結因素之行爲地自應予以決定，資以確定其爲何國法律。關於行爲地之決定，應分別就單獨行爲及契約予以說明。在單獨行爲，無論其係有對方當事人之行爲或無對方當事人之行爲，槪須以當事人爲意思表示之國家爲行爲地。票據行爲亦屬單獨行爲之一種，應視票據債務人簽名地爲其意思表示地，亦卽行爲地。至於契約，則因其往往兼跨數國，應以其中何一國家爲行爲地，不容易決定，終於引起學者間之爭論，造成學說上分歧。現今有關學說大略分爲行爲完成地說、一方行爲地說及雙方行爲地說三種。

(1) 行爲完成地說

依此說，法律行爲係由數個別的法律上行爲（*Rechtshandlungen*）集合而成，並且於此數種個別的法律上行爲集合完成之時，始見成立存在，因而應以其完成行爲之地爲行爲地。至於何謂法律行爲完成地，則應依法律關係定性之原則決定之。有一部分學者據「法院地法說」，解釋謂應依法院地法決定法律行爲完成地。玆就中、德、法三國之觀點比較說明如次。就中華民國法院之觀點言，應依中華民國法律所規定之到達主義決定。惟就德國法院之觀點言，應依德國民法所規定之到達主義。兩者均依到達主義視承諾地爲行爲地。但由法國法院之觀點言，應依法國民法所規定之發信主義，視要約地爲「行爲地」。其餘類推適用。若是，因受理當該案件之國家法院不同，「行爲地」亦有異別，有違選法安定之原則，不宜苟同。應依比較定性說擇定獨立統一之「行爲地」概念爲要。

(2) 一方行爲地說

此說謂，法律行爲之行爲地未必統一固定爲一地，當事人作構成法律行爲之各個意思表示之國家均得爲「行爲地」。因此，依各意思表示地之法律所作成之法律行爲方式，均屬有效。

(3) 雙方行爲地說

此說將契約認爲整體之行爲，並據此而主張，其方式理應依要約地及承諾地雙方之法律同可成立者，始屬有效。只因重疊適用二者，必使法律行爲方式尤難成立，故僅以規定契約方式較嚴之國家法律一者作爲其適用之法律。如要約地國法律規定特定契約應經公證，承諾地國法律規定其只作成書面，不須經由公證作成，就此例言，要約地國法律規定較嚴，故以該國法律爲行爲地法。

按關於契約方式之法律確非只就契約上之個別行爲而規定契約之方式。但就契約整個而規定其方式。完成地說將特定個別行爲如承諾之發生地推斷爲行爲地，實有與此不合之嫌，一方行爲地說將原爲整體之契約分開爲各別部分，就各別部分確定契約之行爲地，勿略契約爲整體行爲之概念，似難苟同。而雙方行爲地說確係比較合乎契約方式之性質，但法理行爲之方式實不宜因專擇較嚴一方之法律而受妨碍。爲策法律行爲之方式能有效成立，應認爲就雙方行爲地法均可適用，並就兩者之中選擇規定法律爲方式較寬而有利於成立之國家法律爲其行爲地法。

觀諸涉外民事法律適用法第六條第二項關於「行爲地」之規定，其能否作爲確定第五條所規定「法律行爲之方式」之「行爲地」之依據，固有商榷之餘地。而法律行爲之準據法原分有「方式」及「實質」二部分，應不混淆，已如上述。其第六條第二項所規定者，關於法律行爲「實質」準據法之行爲地法，當不能逕行適用於第五條所規定關於法律行爲方式之「行爲地法」。但至少可作爲決定行爲地之法理上看法。當事人依發要約通知地法作成契約方式者，應屬有效。

四、不選擇適用權利準據法與行爲地法之例外

涉外民事法律適用法第五條之規定就權利準據法與行爲地法二者選擇適用其中一者爲法律行爲之準據法。對此基本原則，其第一項但書及第二項分別規定不就兩者選擇適用其中一者之例外，此例外有二。一者，物權行爲之方式。二者，票據行爲之方式。

(1) 物權行爲之方式

關於物權行爲之方式，專一適用「物之所在地法」一種。關於物權行爲之方式，不但不與其他法律選擇適用，即爲權利準據法之「該行爲所應適用之法律」及「行爲地法」二者，亦均不適用。關於物權適用物之所在地法，係爲各國所普遍承認之原則。此原則之所以普遍於各國者，實係由於如次理由而然，即：物權問題，尤其不動產問題，與其所在地國之公益關係重大。例如物權行爲之公示或具備特定方式，均爲物權之成立具有重大作用且有公益性，自須排除他種準據法而專一適用物之所在地法。

(2) 票據行爲之方式

涉外民事法律適用法第五條第二項規定：「行使或保全票據上權利之法律行爲，其方式依其行爲地法」。卽就有關法律行爲方式之二種準據法之中，專一適用「行爲地法」一種於票據行爲之方式，但權利準據法卽票據行爲所應適用之法律則未包括在適用之範圍內。又因票據行爲爲嚴格要式行爲，與一般法律行爲，性質不同，票據行爲之行爲地，勿宜應用上列關於一般法律行爲之行爲地之決定標準以決定之。余意，應以票據行爲人爲簽名之國家爲其「行爲地」。

第三節　不遵守法定方式的效果

玆所謂當事人所作成之法律行爲，不遵守法定方式者，係指如次兩種情形而言。一者，關於當事人所作成之法律行爲方式，準據法國之法律未置設明文規定。二者，當事人之法律行爲，其方式違反準據法國之法律。此二種法律行爲不遵守法定方式之情形，在國際私法上分別發生如次法律效果。

(1) 就第一種情形之法律效果言。論者有謂，在此情形應不拘泥法律行爲之名稱，一概就其實質作合乎目的之解釋，以判斷其屬於準據法國之何種法規所規定之情形，並依該法規確定其爲合法或違法。此確係一種解釋方法。但法律行爲方式之準據法既以策使法律行爲方式能合法且有效成立爲其本義，以此作迂迴之解釋，則徒增其成立之困難。其是否適宜，殊堪研究。余意，應認爲準據法國之法律規定其爲不要式行爲而承認爲合法。

(2) 就第二種情形之法律效果言，有關學說分有行爲地法說及權利準據法說二種。行爲地法說着眼於法律行爲之方式與行爲地法互有關連，因而謂應依行爲地法決定未遵守法律行爲之方式所發生之效力。權利準據法說謂，權利準據法既爲基要準據法，故應依權利準據法以確定，法律行爲不遵守法定方式時所發生之效力。稽諸法律行爲方式之準據法常須有利於法律行爲之成立，倘若預先偏重於權利準據法及行爲地法中任何一者，固非妥宜。應就兩者中選擇有利於法律行爲方式之成立者一方之規定決定法律行爲不遵守法定方式之法律效果。因此，若依權利準據法，該法律行爲應屬無效，依行爲地法，爲可撤銷者，因可撤銷仍未逕行否認行爲之成立，應比無效有利於法律行爲之成立。因此，應適用行爲地法，認爲該法律行爲只可撤銷，並非當然無效。並且如其行爲地法規定有撤銷期限者，於該期限經過後，即可確定其爲有效。

第五章　債權行為

第一節　關於債權行為準據法之立法主義

現今關於契約其他發生債權關係之法律行爲之準據法，大別有兩種立法主義。一者，客觀主義（亦稱非意思主義）。二者，主觀主義（亦稱意思主義）。客觀主義認爲，契約其他債權行爲，本質上應與特定法域有實在之屬地的關係，其準據法不能依當事人之意思自由決定之，應將其予以特定。主觀主義認爲，債權行爲，尤其是契約，在契約自由原則下，放任於當事人之自治，帶有濃厚之人爲性質，未必與特定國家有固定的關聯。因而其準據法不須特定，但應尊重當事人之意思，予當事人之意思以決定其準據法之效力。

客觀主義自十二世紀敎會法學者首創適用締約地法之理論以來，迄今已有締約地法主義（美國多數州、瑞士）、履行地法主義（美國少數州、南美洲國家）及債務人本國法主義（乏有具體之立法例）三種立法主義。玆分述此三種立法主義如次：

(1)　締約地法主義着眼於契約係基於當事人間合意而成立，而謂當事人間合意成立之國家之法律即締約地法與契約，關係最屬密切，因而主張應以締約地法爲準據法。

(2)　履行地法主義係鑑於契約及其他法律行爲之債權須經履行始達其目的，履行實爲該債權關係上之重要因素，故認爲該債權與履行地關係最屬密切，從而主張應以履行法爲準據法。

(3) 債務人本國法主義係鑑於在契約債權，唯有對債務人有對人主權之本國始能命令其爲給付，故主張契約債權應以債務人之本國法爲其準據法。

上列三種立法主義各有其缺點。締約地法主義在異地契約大見風盛之現代，因其有見於該契約地與承諾地不同，以致發生締約地不能確定之缺點，在適用法律之實際上遭遇許多困難。其次，履行地法主義所應用之連結因素，即履行地在契約未必一定不變，而契約當事人一方分數地給付履行，或雙務契約之雙方當事人往往各在不同之國家履行其債務者，爲常見之事。亦有其準據法不易確定之弊。再其次，債務人之本國法主義實係根據一種不正確之觀念而設。蓋現今法制上能命令給付者，不限於對債務人有對人主權之本國一者也。客觀主義有此缺點，而且契約等發生債權之法律行爲，性質上，係由人類依其合理的精神廣汎自由地實行之，超越各國風俗傳統而帶有統一性，未便與特定國家發生特定之關聯。因此，遂漸將其準據法予以固定，尊重當事人之意思而任由其決定契約其他債權關係準據法之主觀思想日益得勢並取代客觀主義而居於支配地位，所謂「當事人自治原則」（*Principle of party autonomy*, *Grundsatz der Parteiautonomie*, *principe de l'autonomie de la volonté*），乃係在主觀主義之下，適用於契約及其他發生債權關係之法律行爲之準據法原則。此原則淵源於十六世紀法國之杜莫蘭（*Dumoulin*），並一度在十九世紀英法二國尤見旺盛。而德國薩維尼亦支持此原則。繼而採取之國家，愈益增加。如今採取此原則者，已有英、法、比、德、美國一部分州等，並有意、希、日等國家特以明文規定之。吾國涉外民事法律適用法第六條亦然。

第二節　涉外債權行為準據法之連結困難性

一、涉外債權行爲之個別的、非團體的性質

(1)　在涉外債權契約等涉外民事法律適用法第六條第一項所謂「法律行爲發生債之關係者」，其所應適用之法律應以何種因素爲連結，實難以決定。而現已有許多學者指出其準據法有「連結困難性」（*Schwerigkeiten der Anknüpfung*），其與實體法上債權行爲，性質無異歧，其「連結困難性」，實即起因於此項行爲之如次特性。玆特就其特性分述如次。(1)債權行爲其法益以「當事人之利益」（*Parteinteresse*）爲重。因爲在此項法律行爲，當事人係基於自由意思而作交易，雙方由當事人均基於自由意思考慮各該方之個別利益之保護自然爲「法律選擇」之主要作用。在同一債法法域內，債權行爲事件，尙非基於當事人之自由意思而發生性質不同，其法律選擇之考慮自需注重秩序、交易安全等法益之保護。

(2)　債權行爲又與如公司章程依設立公司之準則，在無限公司、兩合公司或有限公司係由股東全體訂立，在股份有限公司係由發起人全體訂立，而當事人員有嚴格之遵則義務及爲「組織法」的繼續性行爲者，不同。於債權行爲，給付，大部分，係雙務的或一方的個人行爲，欠缺組織性，即無所謂「團體法性」。但應有一言者，合夥亦爲債權行爲，雖無社團法人資格，亦未臻如「無權利能力社團」之有組織性及團體法性，但其與其他債權行爲比較，可謂尙有團體的、組織的色彩，對其適用一般債權行爲準

據法，是否妥適，已頗有商榷之餘地。尤以合夥，經商業登記，爲有合夥組織之「商業」者，有其法定住所，可作爲其法律行爲準據法之明確連結因素，其合夥契約之成立要件及效力，自可有其應適用法律之連結，則較無困難。只是此在債權行爲中寧屬例外情形而已

二、固定的連結因素對於涉外債權行爲之不適合性

(1)　訂約地、履行地、當事人之國籍或住所、或居所所在地，較無確定性，當事人有數人時，甚難發生公平利益之作用，但均與涉外債權行爲有關而尙可作爲該行爲之固定的連結因素。但因此等連結因素，或有欠缺須有性，不適合爲該行爲之連結因素者，由是，國際私法乃容許當事人依其意思決定該行爲準據法之主要理由。而避免逕以法律規定應適用之法律。玆就固定的連結因素中，特將訂約地、履行地及國籍之不適合情形闡述如次。

(2)　先就訂約地法言。當事人訂立債權契約之地，其選定並非有須有性，而且多少有偶然性及一時性，該地之法律，未必能適合當事人之利益。

(3)　次就履行地法言。此項連結因素，較無定性。以海上貨物運送契約爲例言，裝載貨物地，結果地卽卸載貨物之所謂「目的地」（*Bestimmungsort*）及運貨行爲地卽所謂「運貨經過地」（*Transportort*），均有爲履行地之可能，難以確定履行地法，亦不適合當事人之利益。

(4)　再次就本國法言。本國法因較適合於保護當事人之利益，但當事人之國籍未必一致，如當事人國籍不同時，則應以何方本國法爲準據法，尤難確定。

(5)　因上述固定的連結因素，無對於涉外債權行爲準據法，特有適合性，該法律行爲，本已不適以

特定之法定準據法爲其準據法。

三、涉外債權行爲之人爲的、觀念的特性

親屬繼承等關係有自然的、血緣的性質。物權關係對於特定物有直接的排他的使用支配關係，而有學者所謂「自然的、事實的」色彩。對此，債權行爲關係，欠缺是項「自然的、事實的」色彩，寧係頗有非自然的觀念的色彩，故而與身份關係及物權關係，廻異。其特性既然如此，而於實體法上又有契約自由原則。由是，此原則自近世以來卽已成爲債法之指導原則，可知債之本質上，當事人之意思尤成重要，而於債權行爲準據法上，主觀主義或所謂意思主義，比諸客觀主義或非意思主義，更見普遍，當有其理由。

四、當事人自治原則之旨趣

在涉外債權行爲關係，關於法律之選擇，與其由法律明定，預先予以固定，不如予當事人意思以優位，委由當事人依自治原則，以其已有之意思爲決定準據法之基礎。該項意思應屬自由，而且必須是在平等關係上自由形成之眞正的意思自由。學者指出，當事人自治原則應以基於當事人之「眞正意思」（*realer Parteiwille*）選擇應適用之法律爲其旨趣，卽此意也。（註）

（註）*Kegel, op. cit. supra, S.227.*

第三節　當事人自治原則之地位

現今各國法制，關於當事人自治之原則，分有二種不同之立法主義。

第一種立法主義係以當事人自治爲基本原則，只於當事人未意思表示謂依何國法律時，始適用特定之準據法。

第二種立法主義係原則上適用法定之準據法，而只於適用法定契約準據法以外之國家法律時，始得補充適用依當事人意思決定之法律。

如今多數國家趨採第一種立法主義。其重要者，有如德國、羅馬法系國家及英美。吾國涉外民事法律適用法第六條亦然。但亦有一些德國及法國學者反對第一種立法主義而支持第二種立法主義。此等學者所持反對之理由是當事人自治原則在邏輯上不能成立，因爲若承認此原則，便是等於承認個人能夠制訟法律令國家適用故也。此等學者固不否認當事人依其意思決定應適用之法律之可能。只是堅持國家以法律明定之準據法如締約地法、履行地法、住所地法（*Bar* 之說）及本國法（*Zittelmann, Frankenstein*）之說等法定契約準據法，應優先適用，而於法定準據法爲何國法律不明時，始補充適用當事人自治原則而已。按依當事人意思決定之法律，其能爲債權行爲準據法而適用於涉外契約關係者，乃是由於抵觸法之規定而然，其效力應不異於抵觸法直接規定其爲準據法。反對第一種法制之學者，其理論根據固屬不妥。又此等學者所主張之法定債權行爲準據法，在適用上，不甚確定，因爲締約地、履行地分散數國，雙方當事人之住所地國或本國往往互相不同，以何一締約地國或履行地國之法律，或以何一當事人之住所據法易次法、國法準本地爲，確定。第一種法制不致發生此弊，比較妥適。玆依第一種法制之看法，視當事人自治原則爲基本原則。並依此而分析其性質及吾國涉外民事法律適用法第六條之有關規定如次。

第四節 當事人自治原則之性質

一、當事人自治原則與契約自由原則之區別

當事人自治之原則所以爲各國所採取而定爲準據法則者，一方面由於自由放任主義之思想風行於涉外債權交易行爲關係，他面，亦由於民法上契約自由之原則普遍於各國，成爲近世法制之基石而然。詳言之。依契約自由之原則，契約當事人得自由訂立契約，自由決定契約之內容及其方式。因涉外交易發展而致需此思想由國內契約及其他債權行爲推及於其涉外關係，而爲期其能如此，須要當事人能自由選擇能使其所決定契約之內容以及方式爲有效之法律爲契約準據法。於是當事人自治原則乃見發生。惟契約自由之原則只促成當事人自治原則之發生，在性質上却與後者有所不同，切勿混淆。其不同之處，略有如次數端。

(1) 兩者之決定對象，不同。在契約自由之原則，當事人決定契約之內容及方式，但在當事人自治原則，當事人依其意思決定契約之準據法。

(2) 在契約自由之原則，於不違反民法上强制法規、禁止法規及公序良俗之範圍內，即使依外國之舊法所規定方式及契約條款訂立契約，仍屬有效。反之，在當事人自治原則，契約方式及其內容要發生效力，必須不違反依當事人意思所指定準據法國之現行法律。

(3) 在契約自由之原則，當事人所決定契約之方式及內容，即使違反外國之强行法規或禁止法規，

仍屬有效。但在當事人自治之原則，倘若契約之方式及條款違反當事人指定準據法國之强制法規或禁止法規者，應屬無效。例如契約當事人指定美國法律爲契約準據法而其所訂立運送契約之免責條款違反美國哈特法（*Harter Act*）之禁止法規者，應屬無效。

二、指定準據法之意思表示

當事人自治原則之運用依賴當事人指定契約及其他債權行爲之準據法之意思表示。此意思表示本身，在性質上，與一般意思表示相同。其成立，固須具備一般意思表示之成立要件及效力要件。他面，此項意思表示在方式上可分明示及默示兩種。在契約內，以書面或口頭明指特定國法律爲準據法者，爲明示。至於默示之方式，則比較廣泛。當事人雖未逕行指定而倣效特定國家法律所規定之典型契約，作成契約，或採取特定國家法律所規定之條款爲契約條款者，固係默示該特定國法律爲準據法。依特定國家之習慣上條款或使用其用語爲契約及其他債權行爲或雙方當事人就雙方涉訟案件合意由特定國法院管轄者，亦可謂默示該特定國法律爲契約準據法。此外，亦有認爲與契約關係最密切國家之法律，如於不動產買賣，所在地國法，應視爲依當事人意思所指定之契約準據法是。按默示準據法之方式雖然比較廣泛，但總是不宜忽略當事人之主觀。況且當事人自治之原則並非唯一絕對，而是相對的，容有由其他法定準據法補助適用之餘地。凡是當事人未有明示或默示者，一概視其應補充適用其他準據法。無庸就契約與特定國家間之客觀關係認爲有默示準據法。此說似不宜苟同。

涉外民事法律適用法第六條可分二大部分。一爲其第一項，係規定當事人自治原則爲基本原則。二爲第二、第三兩項，此兩項均係就「當事人意思不明」之情形規定法定輔助準據法。玆分別析述如次。

一、關於契約及其他發生債權之關係之法律行爲，其成立要件及效力適用當事人自治原則，但由當事人依其意思決定其準據法（涉民六Ⅰ）。

(1) 當事人決定準據法之意思表示，其效力應依中華民國法律決定之。因而其所作之意思表示內容有錯誤或因被詐欺或被脅迫而爲者，並非當然無效。須待撤銷始歸無效。但其有通謀或虛僞表示之情形者，應屬無效。

(2) 當事人依其意思決定準據法之方法分爲概括指定或分別指定兩種。所謂概括指定係謂依其意思指定同一國家之法律爲對於契約之要件及效力二者共通之準據法。所謂分別指定謂就成立要件指定一國法律而就效力指定他國法律，若是視成立要件及效力觀點不同而分別指定不同國家之法律，當事人可就兩種方法有選擇使用之自由。如當事人無特別表示概括指定或分別指定，則應解釋爲有概括指定之意，依當事人所定之債權行爲準據法，宜視爲包括債權行爲之成立要件準據法及效力準據法卽債權行爲實質準據法全部。

(3) 當事人所指定之準據法係指準據法國之現行法律。凡是其現行法律與成立要件及效力有關者，均可適用。此等法律經修改者，應適用經修改之法律。但依其經過規定應適用舊法者，不在此限。

(4) 準據法一經當事人指定，其連結因素之歸屬關係卽告確定。雖因連結因素之歸屬關係變動而致應適用之法律有所變動，亦不因而受影響，仍應適用原定準據法國之法律。如當事人約定以履行地法卽A國法律爲準據法，而後變更履行地爲B國，則仍應適用A國法律卽原履行地法爲準據法，便是其例。

但當事人約定B國法律爲準據法而其約定具有明示之方式者，係經當事人之意思表示變更，其情形不同。固應改以B國法律爲準據法。

(5)　因現今大企業愈益發達，而其業務範圍擴大，帶有涉外性質者，漸有增加之趨勢，尤於運送、銀行、信託、保險、倉庫等營利事業爲然。該類營利事業所訂立交易其對方當事人通常爲多數人，其條款自須定型化、齊一化，卽採取「普通契約條款」之方式，而對方當事人，則只能按照由該類營利事業一方的決定之「普通契約條款」訂約。該契約，則帶有學者所謂「附從契約」(*Contrat d'adhésion*)之性質，對方當事人關於契約條件，幾無選擇自由，使其雙方契約當事人間實質上變成不平等。在其涉外契約上往往訂有準據法條款，外表上雖有合乎指定應適用之法律之意思表示，仍勿宜適用當事人自治原則，依當事人意思所其應適用之法律。解釋上，宜認爲其指定準據法之意思表示無效發生「當事人意思不明」之情形而依涉外民事法律適用法第六條第二項決定其準據法。

二、當事人未明示債權行爲準據法卽「法律行爲發生債之關係者」之「應適用之法律」，亦未默示該準據法者，卽應視爲有涉外民事法律適用法第六條第二項規定所謂「當事人意思不明」之情形。只要債權行爲在當事人、行爲、標的物等觀點中有一者具備「外國因素」而構成涉外法律關係，卽係其因認該法律行爲關係無涉外性質而未約定準據法，仍不能逕行適用中華民國法律。於此亦仍有「當事人意思不明」之情形，與其他「當事人意思不明」之情形，互無二致。應適用同法同條第二項及第三項所規定之法定準據法。此項法定準據法，以當事人之本國法及行爲地法二者爲主要之應適用法律（涉民六Ⅱ），俟行爲地有法定之而甚難決定之情形時，如補充適用履行地法，因而可謂係以履行地法爲輔助法定準據法（涉民六Ⅲ）。

(1) 當事人之意思不明時，適用當事人之本國法。要適用當事人之本國法，必須當事人之國籍相同而其本國法爲何國法律，至屬明確。倘若當事人之國籍不同，則應以何方國籍爲基礎而決定對其應適用之法律，甚難確定。因而不適用當事人之本國法，但另行適用行爲地法（卽締約地法）。

(2) 應適用行爲地法（卽締約地法）而要約地與承諾地不同時，以要約通知地爲行爲地（締約地），以要約通知地法爲契約準據法。如相對人於承諾時不知發要約通知地者，以要約人之住所地法爲契約準據法。

(3) 行爲地兼跨數國而致行爲地法難以決定，或其不屬於任何國家而致行爲地法不能成立者，補充適用履行地法爲準據法。

三、涉外民事法律適用法第六條所規定準據法之適用範圍

契約及其他債權行爲之準據法依當事人意思決定之。當事人意思不明者，依涉外民事法律適用法第六條第二項及第三項應以當事人之本國法或行爲地法或履行地法爲輔助準據法，已如前述。若是決定之準據法，其適用範圍及於如次問題。

(1) 債權行爲之一般要件問題，卽如：

(a) 當事人特定之意思表示是否可以視爲要約或承諾之問題。

(b) 要約能否撤回，倘若要約能予撤回，則其得撤回之期間多久等問題。

(c) 因錯誤、詐欺、脅迫等所發生意思表示之瑕疵，對於契約之成立有無影響等問題。

(2) 債權行爲之一般效力問題，卽如：

(a) 契約內容之解釋。

(b)當事人依契約所應負擔之債務。

(c)債務履行之遲延、債務履行之不能以及標的物之瑕疵所發生之責任。

(3)貨幣債權之問題，即如：

(a)數國貨幣名稱相同時，應給付何國貨幣之問題。

(b)因貨幣購買力變動而發生之債務調整問題。

但關於貨幣債權所發生如次特殊問題，則不適用之。

(i)所應給付之貨幣爲外國貨幣時，債務人能否請求以外國貨幣換算爲國內貨幣而爲給付之問題，應依照債務履行地是否在國內而分別決定對其應適用之法律。民法第二百零二條形式上雖爲實體法規，但其所規定之請求權關係就貨幣之換算及履行地有涉外性質，因而構成所謂「隱匿的抵觸法規」（*geborene Kollisionsnormen*）。論其規定之方式，因其只就履行地爲中華民國之情形予以規定，故可認爲單方抵觸法規。所以倘若履行地在國內，則依「國內貨幣優越主義」（*Vorrang der inländischen Währung*）應適用中華民國法律，依此令債務人具有換算請求權。履行地在外國者，依平衡適用之方法，以履行地法爲準據法，依之決定換算請求權。

(ii)爲特定動產是否爲貨幣及貨幣之幣值多少之問題。關於此一問題，貨幣發行國依貨幣高權有其專屬決定權。應適用所謂「貨幣法則」（*Währungsstatut*），即貨幣發行國之法律。並以該法則於債務履行期所承認之貨幣爲所應給付之貨幣。

第六章　債之移轉

一、債移轉之準據法問題之範圍

(1)　涉外民事法律適用法第七條雖就「債權之讓與」規定其準據法，但其明文規定上只就債之移轉問題規定其一部份，不能因此卽認其所規定債之移轉之準據法限於「債權之讓與，對於第三人之效力」問題，始有適用。其範圍應較廣汎。卽解釋上，抵觸法上債之移轉之準據法問題，除同法同條所規定之情形外，並亦包括債之移轉準據法之其他問題。

(2)　債之移轉，其所謂「債」一詞包括「債權」及「債務」，因此，「債之移轉」，卽應概括解釋謂係指「債權債務之移轉」(*Überrang von Forderungen und Schulden*) 而言(註)。由是，「債之移轉」，應分爲「債權之移轉」卽債權由債權人移轉於第三人及「債務之移轉」亦卽基於如所謂「債務之承擔」等原因而債務乃由債務人移轉於第三人兩種情形而說明。

(註) *Kegel* 教授卽採取此種看法。參照 *Kegel*, *Internationales Privatrecht*, 1964, S.247.

(3)　債或係基於當事人間之法律行爲而移轉，或係因法律有規定而當然移轉，卽係所謂「債之法定移轉」(*cessio legis*)。「債之法定移轉」，其主要情形，有如：一、保證人向債權人清償後，債權人對於主債務人之債權，於其清償之限度內，依法當然移轉與保證人(民七四九)；二、爲債務人設定抵押權之第三人，代爲淸償債務，或因抵押權人實行抵押權致失抵押物之所有權時，依關於保證之規定，對於債務人，有求償權（民八七九）；三、爲債務人設定質權之第三人，代爲淸償債務時，質權人對於債務人之債權，準用民法第八百七十九條之規定，移轉與該第三人；四、連帶債務人中之一人，因淸償或其他行爲，致他債務人同免責任者，於得向他債務人求償範圍內，承受債權人之權利（民二八一）。但如第三人就債之履行有利害關係，爲債務人對於債權人代位淸償者，只得在其限度內代位行使債權人對於債務人之債權（民三一二），尙非債權之法定移轉，對其自不得適用債之移轉之準據法。

二、債權讓與準據法問題之界限

(1)　債權讓與係以特定債權爲標的之處分行爲而該特定債權，則因該處分行爲，不變更其內容而由其債權人移轉與第三人者，即係所謂債權讓與，但並非凡與債權讓與有關之準據法，概屬債權讓與之準據法。爲闡釋其準據法，必須明瞭其界限。而爲明此界限，尤須分析如次兩種有關行爲。

(2)　債權之讓與，經常以特定之有關法律行爲爲其原因。債權之買賣及債權之贈與，均屬此項原因行爲。債權之讓與，必有此項原因行爲，但此項原因行爲，則另有其準據法，例如於債權因其爲買賣標的而由債權人即出賣人移轉於買受人時，該買賣之準據法並非涉外民事法律適用法第七條所規定債權讓與之準據法，屬債權行爲準據法，故應基於當事人自治原則而適用依當事人之意思所定其應適用之法律（涉民六Ｉ）。

(3)　債權讓與之處分行爲須俟其標的即該債權發生而後始有，故被讓與債權，其發生有其固有之原因，既與債權讓與有區別而亦非債權讓與之原因。例如，一、因買賣而發生出賣人對於買受人之價金給付請求權是；二、因侵權行爲致其權利不法被侵害者，對於侵權行爲人，有損害賠償請求權是。於上列第一例，依當事人之意思所定之法律，卽係其準據法（涉民六Ⅰ）。在其第二例，侵權行爲地法卽係被害人損害賠償請求權之發生原因準據法（涉民九Ⅰ）。第一例及第二例，均不適用涉外民事法律適用法第七條所規定之債權移轉準據法。而契約或侵權行爲等該特定債權之發生原因，其準據法則另成原債權準據法一類，與債權移轉準據法，應予區制。（註）

（註）茲只指出，兩者間應互爲區別，至於涉外民事法律適用法第七條援引原債權準據法適用爲其準據法，則只係適用之實際結果上之類同而已，與兩者互有區別之觀念，無關。

(4) 簡言上面所說，爲研討債權讓與準據法，應將債權讓與，與其標的債權之發生及讓與原因區別。其標的債權於社會交易上爲財貨，制度上非不注重其流通之迅速及安全。但該標的債權爲一航債權，與票據債權不同。後者純屬無因的金錢證券債權，其讓與特別置重票據權利人之保護並以其權利之實現之確定迅速爲旨趣，與前者迥異。前者自不以債權交易安全爲重要。比較抵觸法上，有採債務人住所地法主義者，實卽因債權讓與有一般性，其準據法尚有酌採債務人利益係保護主義之余地而然。唯各國立法例尚難臻一致。日本「法例」第十二條基於此觀念而採取債務人住所地法主義，惟亦有其他國家，未如此而另採比較客觀的標準者，其數尚多。此等國家另採行爲地法主義及原債權準據法主義。（註）關於此，容於下段另予述。

（註）原債權準據法主義，有如次理論上之弱點。卽債權讓與之行爲有物權性，應與以契約及其他債權行爲爲其發生原因之法律行爲區別，而該行爲與法律上事實行爲，固亦有異。原債權準據法，應係關於此類原因行爲之準據法，原債權準據法主義，忽略此點，因而其爲債權讓與準據法，稍不適宜。但亦可謂債權讓與亦謂係債權自其發生至履行或消滅之過程上非必然存在的一個階段，基於上述可謂採原債權準據法主義者之說法，尚非無理由。

三、債權讓與準據法之立法主義

(1)　關於債權讓與之成立要件及效力，應依何國法律，即債權讓與應以何國法律爲準據法？關於此，比較法上，向有債務人住所地法主義、當事人自治原則、行爲地法主義及原債權準據法等四種立法主義。

(2)　依債務人住所地法主義，債權讓與應以原債權之債務人住所地法爲其準據法，但對於債權讓與之成立要件及效力概括適用債務人住所地法之立法例，卻甚少。概括主義所以未被廣汎採取者，因其有不適合於適用債務人住所地法主義之觀點而然也。由是，日本「法例」第十二條卽採取限制適用主義限制其適用範圍，其規定內容如次，卽：「債權讓與其對於第三人之效力，依債務人住所地法。」而此未規定債權讓與行爲之成立要件及其在當事人間之效力，應以何國法律爲準據法，關於此數種未設明文規定之準據法問題，則需另依法理解釋。

(3)　涉外民事法律適用法，關於債權讓與應以何國法律爲其所應適用之法律，採取原債權準據法主義，就此其立法主義言，固與日本「法例」之債務人住所地法主義不同，但其適用範圍，則採限制適用主義而設有限制，若是則與日本「法例」，尙無二致。又同法第七條，其規定之內容如次，卽：「債權之讓與，對於第三人之效力，依原債權之成立及效力所應適用之法律。」該條文所定爲債權讓與準據法之原債權準據法，其所謂適用於「對於第三人」之效力，該第三人固係指債務人及其他第三人，而於其對於債務人之效力關係，則係另指債權讓與爲發生對債務人之效力，必須爲通知債務人及其他特別行爲等而言。

四、涉外民事法律適用法第七條之適用

(1) 明文規定適用範圍限制及法理解釋

涉外民事法律適用法第七條既只就債權之讓與對於第三人之效力予以規定，對於其成立要件及其他效力觀點，則付諸闕如，須另依法理解釋。按對於同法同條未明文規定之此項觀點，可謂有「完全法規欠缺」之情形，法理上自宜依「類推適用法」以解明對其應適用何國法律。債權讓與其準據法，既與發生該債權之行爲之準據法不同，應予區別，故原債權之準據法，本勿宜對其準用。僅限對於其對第三人之效力，應適用「原債權之成立及效力所適用之法律」，係同法同條所明文規定，而此項準據法此係限制規定，關於其當事人間之效力，又須另依法理決定。

(2) 債權讓與成立要件之準據法

(a) 涉外民事法律適用法第七條之規定上，債權讓與成立要件之準據法，依法理，究係債務人之住所地法，或原債權之準據法，抑或認其係屬「法律行爲發生債之關係者」之準據法問題之一部分而準用治事人自治原則（涉民六Ⅰ）？綜觀比較抵觸法，無論是否視其爲債權行爲，尙不致對其準用當事人自治原則。蓋因債權於債權讓與爲「財貨」，其準據法關涉其財貨交易安全問題，勿宜因當事人有選法自由而致過於妨碍其交易安全也。關於此，容於下一段再詳予論述。

(b) 當事人間之關係

此觀點爲同法同條所忽略而未經其以明文規定。法理上，有三種看法均可比較考慮，一者，準用涉外民事法律適用法第七條之規定，解釋爲應以「原債權準據法」爲其準據法。二者，基於比較法，解釋

爲應以「債務人之住所地法」爲其準據法。三者，基於債權讓與有債權行爲之性質之看法，依據「L、R、A、原則」適用行爲地法卽爲債權讓與行爲之國家之法律（註）。按於決定債權讓與時，除債務人利益之保護外，並應顧慮債權（視爲一種財貨）交易之安全，尤勿宜容許因債務人之更替而致應適用之法律受影響，以使其準據法律適用上之安定被妨碍，債務人住所地法主義有碍其適用上安定之弊，選法之法律政策上，似不適當。「原債權準據法」，旣爲同法同條採爲準據法，雖其適用範圍不及於債權讓與之成立要件及效力，但總是同法所採債權讓與準據法之一種，卽係其限制的準據法。尙可將其擴張適用於債權讓與之成立及效力，惟應可增加將其適用之準據法。如此，則無妨兼採行爲地法主義，尤爲利於債權讓與之成立，宜解釋爲，如其依「原債權準據法」與行爲地法兩者中之一者成立，卽可視其成立。

（註）美國法卽係採此立法主義。但應注意者，依美國法，債權讓與行爲之成立及效力，固應依債權人爲讓與債權之行爲之場所法律，但關於標的債權之可讓與性，則依原債權準據法。關於此。可參照 *Restatement of Law: Conflict of Laws*, 1934, §350 *et seq*; Goodrich, *Handbook on Conflict of Laws*, 1949. *p*. 495.

第七章　法定債權準據法之特色及其立法方式

一、涉外債權之分類

涉外債權，或爲契約其他法律行爲，或爲法律規定，因其發生原因如此不同，依其發生原因之不同，可大別爲約定債權與法定債權兩種。約定債權，係指因契約其他法律行爲而發生之債權而言。涉外民事法律適用法第六條第一項之規定所謂「法律行爲發生債之關係者」卽係指此項債權而言。由是，可謂約定債權，係因債權行爲發生之對人的權利。法定債權非以法律行爲，爲其發生原因，或僅係因單純之管理他人之事務而發生，或係因當事人一方與對方當事人間發生財產上損益變動而取得利益者或因行爲人不法侵害他人之權利而發生者，此等行爲均係法律上事實行爲其債權均非法律行爲，而是法律以特別規定使該項行爲發生一定之債權法律效果。上述法律上事實行爲發生法定債權者，可再分爲侵權行爲無因管理不當得利等三種。而此三種法律上事實行爲，均帶有不法性，只是其程度有輕重之別而已。侵權行爲不法性最高，以「不法侵害」他人之權利爲其要素，與債權行爲互成兩個極端，不當得利，其不法性，固非如侵權行爲之强，但比諸無因管理稍有不法性，因而特有「準侵權行爲（*quasi-delict*）」之稱。對此，無因管理，其不法性比較不强，稍近於契約等債權行爲，甚且與債權行爲有隣並關係，而致有所謂「以委任等契約爲其基本關係之無因管理」之情形，故稱爲「準契約」（*quasi-Contract*）。至於約定債權，則以契約或其他法律行爲之行爲人之意思表示爲其重要發生原因，並非以自然的，血緣的關係爲其基礎，因而被學者指有人爲的操作性質，並受有非自然的觀念因素之影響，尤多甚且有學者指稱其係人類之創造精神之產物，其說法，固非無理由。

二、約定債權與法定債權之差異

(1) 因約定債權，其發生上，主觀性强，不宜並且不須限就與債權有關聯之一定的客觀的法律事實，如行爲地，締約地，履行地，當事人之國籍等選擇其連結因素，由法律基此而以明文規定其準據法。固此，在現今債權準據法制上，原則上，對於約定債權，不逕行卽將法律所規定之準據法卽法定準據法，如行爲地法，締約地法，履約地法，本國法等先予適用，另由當事人以，就與該債權有關聯或無關聯之連結因素自行選擇據此以指定準據法。卽選擇法律上，關於涉外約定債權關係適用選法自由之原則，所謂「當事人自治原則」卽係表現選法自由之準據法原則而代表涉外約定債權準據法之精神。

(2) 對此，法定債權，則其準據法均由抵觸法決定，而當事人幾無依自由意思之形成而創造。操作之自由，由此可知，涉外債權關係準據法制上，當事人幾無依其約定選法之權限故對其不適用，當事人自治原則却均一律以法定之方式法定準據法而適用行爲地法或所謂「事實發生地法」。詳言之。一、關於侵權行爲，據行爲地爲連結因素之觀念，以侵權行爲地法爲其基要準據法。二、關於無因管理，同理，依據管理行爲地卽管理地爲連結因素，卽管理地法卽所謂「事實發生地法」爲準據法。三、關於不當得利準據法之連結因素比諸行爲地範圍採稍廣州，卽以不當得利地爲連結因素。

(3) 綜言之。法定債權準據法，其連結因素，係依法律規定預爲固定，當事無如約定債權準據法，有選擇之自由，其理由有如：一、約定債權之實體法受有契約自由之原則，此原則對於抵觸法亦有擴張適用之趨勢。二、法定債權權利有程度不同之違法性，不宜容有當事人自由意思有左右該涉外債權關係之效力。

三、法定債權準據法之規定方式

無因管理，不當得利及侵權行為此三種所謂「法定債權」，之所以為「法定債權」者，因為其債權，係基於法定之原因而發生，與債權行為即「法律行為發生債之關係者」不同而然。對其自不適用當事人自治原則，詳如前述。但無因管理、不當得利及侵權行為三者之準據法，分別規定，亦屬可能。統一規定其準據法者，稱為併合主義，分別規定準據法者，稱為分開主義。採取併合主義者，有意大利民法第二十五條第二項，一九二六年之波蘭國際私法第十一條第一項，中南美洲摩特維德條約(*Montevideo Convention*) 第三十八條，日本「法例」第十一條第一項等國家之抵觸法規定。例如日本「法例」第十一條第一項就「法定債權之成立及效力」統一規定因無因管理、不當得利或侵權行為而生之法定債權規定謂：「債權固無因管理，不當得利或不法行為而生者，其成立及效力，依其原因發生地法」是。此係併合主義國家所採取之代表的規定方式，吾國涉外民事法律適用法採取分開主義，於同法第八條及第九條分別規定上列三種法定債權之準據法。所規定法定債權準據法分為兩類。一者由涉外無因管理準據法及涉外不當得利準據法所集成。二者為涉外侵權行為準據法。同法第八條就無因管理及不當得利規定準據法謂：「關於由無因管理、不當得利或其他法律事實而生之債，依事實發生地法」。此係第一類之規定，而其除無因管理準據法及不當得利準據法以外，並規定「因其他法律事實發生之債」，但於此項債之準據法內，無包括涉外侵權行為準據法，則甚明瞭，蓋關於侵權行為準據法，另有專條規定，即同法第九條第一項之如次規定：「關於由侵權行爲而生之債，依侵權行爲地法」是也。至於同法第六條所謂「其他法律事實」究係指何種法律上事實而言，雖不甚明顯，但大概可謂除侵權行爲外，凡是有各種程度不同之不合法性之行爲者，均包括在內。

第八章　侵權行為

第一節　緒　說

不法侵害他人之權利者，對於該他人卽被害人因而所受之損害應負擔賠償責任。此係侵權行爲之基本概念。此一制度現已普遍爲各國所採認，但加害行爲於何種狀況下得視爲侵權行爲，對被害人所受損害之賠償方式如何等侵權行爲之成立要件及效力問題，則諸國法律，未必互相一致，因而發生法律之衝突問題，侵權行爲準據法，則係爲解決是項法律衝突問題而適用。

涉外侵權問題，因最近科學、技術之發達，致使被害者受損害之狀況愈趨複雜，而有是否須以行爲人有故意或過失爲其成立要件等新問題發生。凡欲討論侵權行爲準據法問題者，固不能忽略此觀點。

第二節　侵權行為地法主義

一、緒　說

侵權行爲，其行爲人侵害他人權利之行爲，對於任何人均有可能實行，其行爲之對方，無特定性，行爲人與其對方間，關於侵權行爲，互無協議或約定之餘地，其法益，自較重公序。因此，保護個人法益之本國法、住所地法等較不適於爲侵權行爲準據法，卽如當事人自治原則，依當事人意思定其應適用之法律，更非適宜。況且侵權行爲，比諸無因管理及不當得利，違法性較重，而旣以不法侵害他人之權利（民一八四Ⅰ）爲其重要的基本因素，對於行爲地國之公益最有影響。因有如此考慮，故「侵權行爲地法」（*lex loci delicti*）被認爲最適宜之準據法，並自第十三世紀以來，經創法規區別說之後期註釋學派至今相沿適用甚久。現今以成文法律採取侵權行爲地法爲涉外侵權行爲之準據法者，固然甚多。卽使如德國民法施行法第十二條關於「侵權行爲」（*unerlaubte Handlung*）之規定，雖未明定侵權行爲地法爲其準據法，而基於保護德國國民之立法政策，廣汎規定以德國法律限制被害人之請求權（註）。故拉普（*Raape*）教授等權威學者，則咸稱德國同法同條之規定默示以侵權行爲地法爲準據法。吾國涉外民事法律適用法第九條乃在上述比較法的傳統及影響之下，採取侵權行爲地法主義爲基本原則。

（註）德國民法施行法第十二條規定：「在外國所爲之侵權行爲，（被害人）對於德國國民得主張之請求權，不得比諸德國法律所認許者，爲廣」，但避未言及適用侵權行爲地法。就此，西德學者乃指稱其係默示侵權行爲地法說。參照 *Raape, Internationales Pivatrecht,* 1961, *S.* 571. 克苛爾（*Kegel*）教授，則謂「一般言之，關於侵權行爲地法之可適用爲準據法（*Massgeblichkeit*），各國皆採一致之看法」。參照*Kegel, Internationales Privatrecht,* 1964, *S.* 236。

二、侵權行爲地法主義之利點

侵權行爲地法主義之所以普遍被採用，係因其有如次優越之處。一、在特定國家境內者，應受該國法律之支配。二、侵權行爲之所以爲侵權行爲者，除其有侵害性外，並因其有不法性，其行爲人侵害被害人之權利時，支配該行爲人之法律最適合於決定其行爲有「合法性或不法性」(*legality or illegality of his actions*) 而此法律即是侵權行爲地法。三、行爲人居住在特定國家時，該行爲人即將自己置於應「服從」(*submit*) 該國法律之地位（註一），其行爲尤有應受該國法律之理由，侵權行爲地法即係此一法律。四、侵權行爲對於行爲地國之公益有危害性，對於侵權行爲地國之公益，該國法律最有保護作用。（註二）除上述幾個特點外，侵權行爲地法，最合乎主要利害關係國法律優先適用之選法原則。總之，侵權行爲地法，無論在侵權行爲法制之「社會防衞」(*social defense*) 觀點，或在選法理論觀點，於比較法及學說上一向廣汎被認爲最適妥之基本準據法。

（註一）詳見 *Rabel, The Conflict of Laws, vol. 2,* 1960, *p.* 252, 之論述及其對於美國聯邦最高法院判例之闡釋。

（註二）關於此，法國「公序法」之理論，應予注意。依此理論，關於侵權行爲之法律可謂爲「公序法」即法國民法第三條第一項所謂「關於治安及安全之法律」(*lois de police de sûreté*)，對於國內之人民，無論其爲國民或外國人，均有適用。參照 *Lerebours-Pigeonniere, Precis de droit international privé,* 1954, *p.* 266.

三、侵權行爲地法主義之缺點

(1) 侵權行爲事件性質之變法

侵權行爲地法主義產生並得勢於該行爲之事件性質比較單純之中世紀及近世紀，迨現代各國社會工業技術，交通急速發達而營業不正當競爭問題又日益複雜，侵權行爲問題之內容，其已不單純，實不言而喻。由是，最近各國立法者及學者均相繼對於侵權行爲地法主義是否仍屬妥適，着手檢討，並發現其有如次缺點，這些缺點於侵權行爲準據法之適用及研討上，應勿怠不予指明。

(2)　侵權行爲事件之多歧性

在現代較發達國家之社會，侵權行爲，其行爲人之「故意或過失」，其行爲之不法性，行爲與損害間之因果關係，均比諸淵源於較早期社會之侵權行爲，複雜多歧，因而其行爲於形態及成立觀點上，已相當微妙，不易辨認。此尤於車禍公害，工廠勞動事故，及災害，不正當競爭行爲等爲然。如對於是項新侵權行爲之涉外事件，仍依傳統的單純準據法則予以處理，實已不適於一律依侵權行爲地法予以處理。各國判例及學說漸趨於以比較有彈性的看法，採認一些必要之不適用侵權行爲地法之例外。此種新準據法理論可謂係於第二次世界大戰後由英國毛利斯（*Morris*）、扶羅因杜（*K. Freund*）等學者所提倡。伊等所謂「固有法（*Proper Law*）理論」代表此一新準據法理論。此派學者，爲釋述此理論，指出固執侵權行爲地法爲唯一的侵權行爲準據法主義過硬且不合理，應就涉外侵權行爲事件之個案，具體研討有關案情，選擇最適合之法律而以適用。扶羅因杜教授依此思想主張對於涉外侵權行爲事件應適用「社會環境（*Social Circumtances*）法」以濟侵權行爲地法之窮，諒亦卽此意。（註一）但侵權行爲究竟與契約不同，應有客觀比較、明確決定準據法之標準，並令其當事人較能預測對於侵權行爲可能適用之法律爲何國法律。因此，侵權行爲地法雖然或不適合侵權行爲事件之實際，但仍宜維持其基本準據法之地位，勿宜過於顧慮案情而濫予容許不適用侵權行爲地法之例法。美國判例所以一向仍堅持侵權行爲地法主義至今仍未變更傳統，只是於巴普克（*Babcock V. Tackson*）一案之一九六三年之紐約聯邦法院判決等（註二）出現似乎適用法院地法爲其準據法之少數例外者，諒係有此顧慮所致也。

（註一）關於此說，參照 *Dicey-Morris, Conflict of Laws*, 1967, *p*.914 *eseq*.

(註二) 12 *N.Y. 2d* 473,191 *N.E. 2d* 279.

第三節　法院地法主義

關於侵權行爲之成立要件及效力，侵權行爲地法，雖有許多優點且重要，但尚未臻被認爲唯一侵權行爲準據法。因此，學者只對其甚推崇，仍止於稱其爲「支配法則」(*dominant rule*)。甚且在國際私法史上曾經於十九世紀佔居領導地位並聞名於全世界而至今仍有影響力之薩維尼（*Savigny*），則提倡「法院法（*Lex fari*）主義」，並試以其對抗侵權行爲地法主義。薩氏認爲關於侵權行爲之法律，有倫理性及絕對性，因而有排除他國之侵權行爲法之效力，與公法之適用依「屬地原則」排除他國之公法，幾無差異。依薩氏之說，該項法律之排外法性，於其不認系爭行爲爲不合法時，最強。例如，德國民法施行法第十二條規定：「對於德國國民，不得基於在外國所爲之不法行爲（*unerlaubte Handlung*）而得主張之請求權，其範圍不得超過，依德國法律所得主張者」，便是其只限制，但未完全禁止其適用之一種表現。此外，西班牙及英國判例亦採取類似之制度。此種妥協性的、非禁止性的，只有限制作用的法院地法主義，可謂現今比較普遍之立法主義。現有英國、德國及日本等國家採取此項立法主義。吾國涉外民事法律適用法第九條關於侵權行爲準據法之規定，亦然。

侵權行爲法制之中心思想，本在於禁止不法行爲，而其規定行爲人應對於被害人負擔損害賠償責任，類似刑法對於罪犯科刑罰，亦易可明瞭。因此，受理涉外侵權行爲訴訟案件之國家，應排除他國法律不易適用，猶如關於犯罪行爲，依「屬地原則」，不適用他國刑法一般也。

第四節 侵權行為地之決定

儘管侵權行爲準據法制漸有彈性化，稍有改變之趨勢，侵權行爲地法仍不失爲涉外侵權行爲之基本準據法，其連結因素即侵權行爲地之決定，爲確明何國法律爲對於涉外侵權行爲應適用之法律，仍甚重要。

侵權行爲地之決定問題，通常係於行爲人侵權行爲之地即原因發生地與被害人之損害發生地即所謂「結果地」(*Erfolgsort*) 各屬不同之國家時發生。關於此問題，現有如次數種不同之看法。

一爲結果地說。此說主要係美國判例所採取之原則，因損害之發生於原因行爲，故此原則有「最後事件原則」(*last event rule*) 之稱，據巴特福 (*Batiffol*) 教授所言，法國亦採此說。(註)

(註) 參照 *Batiffal, Traité élémentaire de droit international privé*, 1954, *p*.608.

二爲有利於被害人之地說。此說未先行就原因行爲地與結果地兩者，固定其中一者爲侵權行爲。依此說，原因行爲地及結果地，均有爲侵權行爲地之可能，應視兩者中何一者比較有利於被害人，而決定應採何一者，藉期被害人較能確保損害賠償請求權。即原因行爲地法律較有利於被害人者，視原因行爲地爲侵權行爲地，結果地法律較有利於被害人者，視結果地爲侵權行爲地，以該國法律爲侵權行爲地法。此種看法尤爲德國第二次大戰前最高法院之判決所喜採。

三爲組合說。此說，其基本觀念爲原因行爲與結果之爲侵權行爲之構成因素，其重要性相同，因此，「無原因行爲，則無侵害，無侵害，則無損害之結果」(*Kein Delikt ohne Handlung, kein*

Delikt ohne Erfolg)。就兩者擇定其中之一爲侵權行爲之準據法，自較不公允。因此，此說反對以「擇選」（*Alternativital*）之方式擇定該準據法，但主張以「組合」（*Kombination*）之方法，決定應適用之法律及該法律之適用方法。依此說所提倡準據法之選擇適用方式，被害人處於較難獲得賠償之地位。如依此說累積適用原因行爲地法與結果地法，侵權行爲或不成立，卽使其成立，被害人得請求賠償損害之方式及金額，較受限制。

按如法院地國既非原因行爲地國，亦非結果地國時，依組合說累積適用前者之法律與後者之法律，以致被害人獲損害賠償之可能性及數量受限制，已不甚健全。況且如尼洛爾（*Neuner*）等學者所指出，就處理涉外侵權行爲事件之國際私法之各國共同利益說，各國均應積極禁止侵權行爲，此爲國際共同利益，對被害人之保護比諸對行爲人之保護，更屬重要。第一說及第二說無此缺點，較爲各國判例及學說所採。爲維持法院地國之侵權行爲制度及考慮保護爲侵權行爲之國民，免受過重處罰，以法院地法抵制侵權行爲之成立並限制其法律效果，可謂組合說較能被接受，唯一場合涉外民事法律適用法第九條第一項及第二項及日本「法例」第十一條第一項及第二項，均係其立法例。

第五節　涉外民事法律適用法第九條

一、涉外民事法律適用法第九條之規定方式

涉外民事法律適用法第九條分兩項規定侵權行爲準據法。其兩項規定，均以侵權行爲地法爲基本準

據法，但重疊適用中華民國法律，侵權行爲限於中華民國法律承認之範圍內始得認爲成立，其效力又限於中華民國法律所認許之範圍內，始發生。其第一項規定「關於由侵權行爲而生之債，依侵權行爲地法。但中華民國法律不認爲侵權行爲者，不適用之」。其第二項規定「侵權行爲之損害賠償及其他處分之請求，以中華民國法律認許者，爲限」。同法同條第一項既未明定限制其適用範圍謂「其成立及效力」，凡是關於因侵權行爲之債權，其未於同法同條第二項所規定者，概依同法同條第一項，適用侵權行爲地法爲其基本準據法。至於同法同條第二項本身，則係規定關於侵權行爲之效果之準據法，甚明然。

二、涉外民事法律適用法第九條第一項——侵權行爲成立要件準據法

(1)　涉外民事法律適用法第九條第一項只廣汎規定，「關於由侵權行爲而生之債」，以侵權行爲地法爲其準據法。因此，除侵權行爲之成立要件及效力外，侵權行爲爲何種法律上事實行爲，其在法定債權之原因行爲中之地位如何等侵權行爲之概念，其所屬債權種類及性質等問題，亦莫非依侵權行爲地法。

(2)　涉外民事法律適用法第九條第一項適用於侵權行爲之成立要件及效力。繼着其但書又對此規定「但中華民國法律不認爲侵權行爲者，不適用之」。此但書規定於侵權行爲地法爲外國法律時，始適用基於係一種組合說，但係以中華民國法律卽國內法律（卽法院地法）抵制侵權行爲地法使侵權行爲不能僅依該準據法卽當然成立之特殊作用。

(3)　涉外民事法律適用法第九條第一項所謂「侵權行爲地法」，係指「由侵權行爲而生之債」之原因事實卽侵權行爲發生之國家之法律而言。如該行爲之範圍兼跨數國時，應以結果地卽損害發生地國之

法律爲準據法。但依有利於被害人之法律說：原因發生地法如有利於被害人者，應適用同地法。

(4) 行爲人有故意或過失等主觀要件問題，除其能否預見自己之侵害被害人之權利有關外，並與其對於自己之行爲有無不法性之認識亦有關連。對於此項預見及認識之形成，其爲侵權行爲國家之所謂「環境法律規準」(*Mass der Umwelt*) 尤有決定性作用。因此，爲求選法之公平起見，應適用原因行爲地法，而結果地法即損害發生地國之法律，則應不適用。因此，甲於香港發行之報紙上所作之報導涉及在中華民國營業之乙之信用時，甲之該項行爲有無具備侵權行爲之主觀要件；爲其侵權行爲成立是否必須甲有故意或重大過失，或僅有甲之輕過失，即可皆以中華民國法律，即原因行爲地法爲基本準據法。由是，如其依中華民國法律具備主觀要件，則其行爲具有侵權行爲之主觀要件。否則，不然，縱令依結果地法有具備侵權行爲之主觀要件，亦無不同。如原因行爲地法爲外國法律，則依該外國法律具備主觀要件者，不法侵害行爲仍得視爲侵權行爲，縱令其依中華民國法律不具備之者，亦然。即涉外民事法律適用法第九條第一項但書「但中華民國法律不認爲侵權行爲者，不適用之」，此一規定在上述情形應不能適用。另一方面，如原因行爲地法採取行爲人無過失其侵權行爲亦成立者，涉及侵權行爲制度之公序問題，依同法第二十五條之規定，以該國法律違反「中華民國公共秩序」爲理由，排除該原因行爲地法之適用。因而發生之法律漏洞應如何依其他國家法律補充？究竟應適用中華民國法律或應適用比較法？余意，如中華民國法院審理該涉外侵權行爲案件，則基於保護法院地國公共秩序之觀念，應適用中華民國法律藉予補充。

(5) 侵權行爲能力，並非行爲能力，故不依涉外民事法律適用法第一條第一項適用本國法，但應適用權益關係準據法。以是，上述侵權行爲地法對於行爲人有無侵權行爲能力，亦有所適用。

(6)　此外，上述侵權行爲地法，對於(1)何種事實爲損害是不限於財產損害，其他損害是否亦包括在內；(2)原因行爲與損害問題是否仍有因果關係存在，如其仍有存在，則係直接因果關係，或係相當因果關係；(3)侵權行爲應具備何種違法性；(4)不法侵害之標的是否限於權利，法律所保護之法益，是否亦得爲標的，標的權利是否限於財產權，人格權是否亦得爲標的；(5)正當防衛、緊急避難等是否阻却侵權行爲之違法性。

(7)　縱使行爲人與被害人同國籍或同住所，上述侵權行爲地法仍適用於前者對於後者之侵權行爲有無具備成立要件之問題。如兩者有親子關係或夫妻關係，則關於與該身份關係上權利之行使無關之一般侵權行爲之成立要件，仍依侵權行爲地法。如因該身份關係上權利之濫用(例如父母對於子女之懲戒是)，是否構成侵權行爲，則另屬於親子關係準據法卽「父之本國法」之適用範圍內，不適用侵權行爲地法。

三、涉外民事法律適用法第九條第二項——侵權行爲效力準據法

(1)　涉外民事法律適用法第九條第二項之規定，係關於侵權行爲之效力而設，就其規定方式言，只就中華民國法律之抵制適用規定「侵權行爲之損害賠償及其他處分之請求，以中華民國法律認許者爲限」，而未言及侵權行爲地法之適用，但下列侵權行爲之效力問題，均受其適用，於法理甚明。一、何人因侵權行爲而對於行爲人有損害賠償請求權？二、損害賠償之方法如何？三、恢復原狀以外，於何種情形，行爲人應以金錢賠償損害或被害人等請求權人得請求以金錢賠償損害？四、爲決定損害賠償之金額，是否應斟酌被害人之與有過失？五、因侵權行爲所生之損害賠償請求權其消滅時效有幾年時效之期間，其期間之起算點應如何決定？六、因侵權行爲所生之損害賠償請求權有無可移轉性，或可繼承性？

七、共同侵權行為人對於損害之賠償是否應負連帶責任，如須負擔是項責任，則應如何分擔？上列侵權行為效力問題，應先行適用侵權行為地法。如該項法律為中華民國法律，則應逕行適用中華民國法律。如其為外國法律，則應先行適用外國法律，不得逕行適用中華民國法律，法院判決如逕行適用中華民國法律，則其法規之適用不當，應屬違背法令而有上訴於第三審法院之理由。

(2) 涉外民事法律適用法第九條第二項之規定所謂「損害賠償及其他處分」，係概舉侵權行為之效力之主要情形，寧為侵權行為效力之例示規定，抑或只限就損害賠償之方法為規定？關於此問題之學說，有概括說與限制說之分。依概括說，同法同條同項係例示規定，依此應解釋為中華民國法律就侵權行為之效力問題有適用力。但依限制說，同法同條同項只就因侵權行為而生之損害賠償請求權，規定得請求之賠償之方法，至於其他效力問題，則不包括於其範圍內。余意，基於保護被害人之利益，關於侵權行為之效力，中華民國法律抵制適用之範圍應予縮小，因而認為限制說較妥。據限制說，須經中華民國法律認許者，應限於上述被害人等債權人所得請求損害賠償之方法，不及於侵權行為之效力之其他觀點。

四、涉外民事法律適用法第九條第一項但書及第二項之排除規定

涉外民事法律適用法第九條第一項但書規定「但中華民國法律不認為侵權行為者，不適用之。」與同法同條第二項規定「以中華民國法律認許者為限」一般，均屬國際私法上所謂「排除規定」(*Exclusivnorm*)。(註) 該項「排除規定」，依中華民國法律之抵制適用，實際上排除外國法律之適用。其規定，原有「公共秩序之特別條款」(*Spezialvorschrift des ordre public*) 之作用，因而應限於為保護中華民國公共秩序有必要時，始得適用，尚非無論有關情形如何，概得當然適用。如因為保護中華民

國國民爲侵權行爲者，顯然處罰過重，有必要限制其適用。就此論之，判例宜致力於限制解釋該項規定，而立法論上，亦宜修正而限制中華民國法律之抵制適用。

（註）*Kegel, Internationales Privatrecht*, 1964, S.244.

第九章　無因管理

第一節　緒　說

未受委任，並無義務而爲他人管理事務者，謂無因管理。在無因管理，管理他人之事務者，稱爲管理人，該他人，則稱爲本人。而管理人與本人間之關係，則爲法律上事實關係，於該法律事實關係，類似委託契約，但仍非法律行爲關係，故有「準契約」（*quasi-contract*）、無因管理，其制度，於歐陸法系國家間，廣汎被承認，但英國法，則不承認斯制。而在承認斯制之國家間，關於其成立及效力，其規定又互有不同。因此，就無因管理是否法律制度，及其成立及效力等問題，發生法律衝突，抵觸法乃主要係就此兩類問題，規定對其所應通用之法律。

第二節　無因管理準據法之主要學說

一、此項學說之種類　因無因管理而生之債，關於其準據法之學說，原有屬人法說、管理人之住所地法說及無因管理地法說等三種。此外，晚近在學者間，有提倡契約準據法說者。玆將此學說亦一併分述如次。

二、屬人法說

此說，係志特爾曼（*Zitelmonn*）等學者所提倡。無因管理既有管理人及本人爲雙方，於當事人對於涉外無因之本國法，卽管理人義務，依管理人之本國法，本人之義務，依本人之本國法。按涉外無因管理，其法律關係，本係債權關係，對於債權關係，逕行適用當事人之本國法，並非妥適，不能與對於債權行爲，於當事人指定應適用法律之意思不明時，始補充適用當事人之本國法，並且其本國法之補充適用又附有必須當事人同國籍爲條件者，相提並論。因此，屬人法說居於少數說之地位。

三、契約準據法說

此說，限於無因管理與委任契約有多少關聯時，始有適用。析言之，玆於管理人與本人間原有委任契約關係，學者乃就逾越該契約關係而就其越權分無因管理後者之事務。於此情形，無因管理債權，與契約債權關係，總是非無關聯，而對其適用債權契約準據法，卽依當事人自治原則，對其成立要件及效力，適用債權行爲實質準據法，卽依當事人意思所定對其應適用之法律，亦尙有理由。因此，可謂契約準據法說，於上述範圍內，尙有其存在理由。固有布列爾（*Bourel*）等學者指出，無因管理係於契約關係止處始發生之債權關係，兩者恆有別不同混同，兩者之一準據法應有所區別。但上述例外係發生於與契約關係之關聯，應尙能準用當事人自治原則。

四、本人住所地法說

五、無因管理地法說

此說固無因管理爲法律上事實之一，故亦稱爲「事實發生地法說」。涉外無因管理，其問題可分爲二、卽：一、行爲能否認爲無因管理，此其問題之一；二、無因管理當事人間互有如何權利義務，此其問題之二。按無因管理，本係基於衡平正義及合理的精神而設之制度，其應適用之法律，理應基於該精神而選擇決定。自以管理標的事務存在之地卽本人放棄該事務之地，對該事務實行該管理行爲之地，其法律最能合乎該精神，應將其選擇爲無因管理準據法。諒以無因管理地法最能發揮其準據法之作用，最爲健全，以是，關於無因管理準據法，大多數國家，係採此立法主義。

第三節　涉外民事法律適用法第八條

涉外民事法律適用法第八條關於無因管理準據法規定：「關於無因管理——而發生之債，依事實發生地法」。其所謂「事實發生地法」之「事實發生地」，固係指無因管理地，卽現實爲無因管理之地而言。該無因管理地，固係管理標的所在地，而與對於該標的所實行各種管理行爲無關。以是同法同條所謂「事實發生地」，實卽管理標的所在地，卽使管理行爲由他地對其實行，仍然。

因「事實發生地」，係管理標的所在地，該地則依管理標的爲財產或學業而或爲財產所在地或爲學業事務所所在地，或爲本人之現居地。如管理標的爲財產而該財產所在地分散數地者，該數地均屬「事實發生地」，若其構成如公司財產，遺產或夫妻財產等所謂「總括財產」（*Gesamtvermögen*）者，以本人住所所在地爲「事實發生地」。如無因管理標的所在地有所移動。如由甲國移動至乙國，則應以原有所在地國卽甲國爲「事實發生地」，或以現在所在地國卽乙國爲「事實發生地」？依有力學說，可認爲原有所在地國卽甲國係「事實發生地」。蓋無因管理一開始；管理標的，則易受管理人之意思決定而致其存在，發生變動，易滋被濫用，爲免被濫用而求其固定，自以視原有所在地爲「事實發生地」。

另一方面，以管理人爲管理行爲之地爲無因管理地，與以管理標的所在地無因管理地，通常幾無差異。因此，將涉外民事法律適用法第八條之規定所謂「事實發生地」，解釋爲管理人的管理行爲之地，亦難謂錯誤。因爲管理標的所在地，原則上，卽係管理標的所在地故也。但亦有如次例外情形，卽：甲在A國境內病症發作，乙爲救護甲，乃前往B國聘請醫師乙到A國治療甲，並在B國購進藥品。於上述情形，「事實發生地」，係指A國而言。

如「事實發生地」國法不承認無因管理制度者，應否認其違反公序良俗而依涉外民事法律適用法第二十五條所規定公序良俗原則排除該國法律之適用？於此應適用何國法律？關於此，有國內法說及管理人之本國法說兩種學說。似宜採前者，適用中華民國法律較妥。

第四節　事實發生地法之適用

一、涉外民事法律適用法第八條之概括規定

涉外民事法律適用法第八條：「關於由無因管理而生之債，依事實發生地法」，其指詞廣汎而概括，未如同法第六條第一項規定將涉外債權以爲準據法之當事人自治原則限於其「成立要件及效力」，同法第七條規定將債權讓與之準據法限於其「對於第三人之效力」者，廻然有異。因此，其所規定準據法除適用於管理人有無無因管理之能力之問題外，並支配有無具備成立要件，其效力之內容如何等實質準據法問題。同其不屬法律行爲，其方式，固不適用同法第五條所規定之法律行爲方式準據法，而應有其

固有之方式準據法，此亦於本節析述如次。

二、無因管理能力

涉外民事法律適用法第一條關於自然人行爲能力準據法之規定，適用於自然人有無依其法律行爲取得權利或承擔義務之資格或能力問題。無因管理爲法律上事實行爲，尙非法律行爲管理人之能力，固非當然受同法同條之適用。但其法律行爲間，並非絕無混淆之可能，莫法甚至稱其爲「準契約」（*quasi contract*）而認兩者有類似之處。吾國民法第一百七十三條第二項將關於委任之民法規定之一部分（民五四一—五四二）亦「準用」於無因管理。甚且管理事務經本人承認者，「適用」關於委任之規定（民一七八）。由是，學者主張關於無因管理能力，準用涉外民事法律適用法第一條所規定人之行爲能力，依其本國法之原則。另一方面，亦有不少學者力主，無因管理，基本上，有事實行爲之性質，尙非法律行爲，難以適用同法同條之規定，管理人之事實行爲能力，可謂無因管理事實關係之一個觀點，宜依同法第八條適用「事實發生地法」。而後者學說似已成爲現今有力學說。

三、無因管理之成立要件

管理人是否須有依管理他人之事務使本人取得事實上利益，其管理事務是否不違反本人之意思等，均屬無因管理成立要件問題，概須依「事實發生地法」即無因管理地法。

四、無因管理之效力

凡是關於無因管理之效力之問題，均依「事實發生地法」即無因管理地法。下列問題，皆屬於其效力之範圍，因此，應適用無因管理地法，即：一、管理人是否應繼續其所著手之管理工作；二、管理人管理本人之事務，其方法應遵守何種限制；三、管理人是否應負善良管理人之義務；四、管理人是否有對於本人有開始管理管理之義務；五、管理人是否有計算之義務；六、本人是否負有償還其所墊付費用之義務；七、如管理人應負償還其所墊付費用之義務，其應償還之範圍如何。

五、無因管理與委任契約之關係

委任契約之受任人，逾越其該契約上之義務範圍及權限而處理本人之事務時無因管理是否成立，其效力如何等問題，固應適用無因管理之「事實發生地法」即無因管理地法。但管理人處理本人之特定事務是否逾越其義務範圍及權限，則屬委任契約問題，應另涉外民事法律適用法第六條適用債權契約準據法，即應適用當事人自治原則，如當事人指定所應適用法律之意思不明時，依同法同條第二項、第三項所規定之法定準據法。

六、管理人與第三人訂立之契約之成立要件及效力

管理人因無因管理本人之事務而與第三人訂立特定債權契約時，該債權契約之成立要件及效力，與無因管理不同，應依涉外民事法律適用法第六條第一項至第三項，分別情形，適用當事人自治原則，或法定準據法，詳如前項所述，玆不另贅述。

第十章　不當得利

第一節　緒　　說

不當得利，係使無法律上原因而受利益，致他人受損害者應返還其利益之制度。此項制度，甚普通於諸國民法，但關於其成立要件及效力，則各國法律尚有相當出入，未臻一致，因而引起法律之衝突問題，固應有其準據法以解決該項法律衝突。

關於不當得利，應適用何國法律，關於此，有如項數種立法主義。一爲不當得利受領人本國法主義。二爲不當得利所在地法主義。三（不當得利受益人與受損失人同國籍時適用之）本國法主義。四爲不當得利返還地法主義。五爲法院地法主義。六爲不當得利地法主義。

涉外民事法律適用法，關於不當得利準據法，無設有其法條。而於其第八條對其適用與無因管理同類之準據法，即「事實發生地法」。該「事實發生地法」，其所謂「事實」係指「不當得利行爲」可知其規定採不當得利地法主義也。

第二節　不當得利地法主義之利弊

一、不當得利地之決定之困難性

不當得利關係，各種各樣，未必單純一律。而不當得利地之決定本身亦非容易。因此，何國法律爲不當得利法，自難予以判認。不當得利地法主義，雖由法國、意大利、日本及吾國涉外民事法律適用法所採取，其影響相當廣汎，但因其有如此缺點，故最近學者間有視不當得利之狀況及關係之不同，而分別適用不同之準據法者，愈益增多，此係應注意之一個現象。玆關於此，分項闡述如次。

二、給付得利與非給付得利

因前節所述「事實發生地法」之連法因素不當得利地，甚難決定，致該準據法之爲何國，屢有不能確明，由是，比較判例及學說均斷趨於財產損益之變動狀況觀點上，硏明對該法律上事實行爲應適用之法律。是項損益移動之情形，可大致爲基於他人之給付行爲取得，他人之財產利益及與給付行爲無關，即非基於他人之給付即逕行從該他人之財產取得利益兩種。玆就此兩種財產損益之變動，分述不當得利準據法如次。

(1) 基於他人之給付取得該他人財產利益者，適用基本關係準據法。玆就下例說明如次。甲依其與乙之買賣契約受領乙所給付之買賣標的物者，如因該契約無效或撤銷，而後仍保有該標的物，則可能發生乙不當得利之問題。在此情形，不當得利應以其基本關係即該買賣契約之準據法，即依涉外民事法律適用法第六條第一項之規定，適用當事人自治原則，如有同法同條第二項所規定之狀況發生，則依同法同條第二項、第三項決定應適用之法律。就比較案例言，德國最高法院（*Reichsgericht*）一九三二年度第三十二號國際私法判決，對其保險公司基於以荷蘭法律爲應適用法律之保險契約與付損害賠償金額者，因該保險契約之失效，得依何國法律請求返還不當得利之問題，判認應適用該保險契約之準據法卽荷蘭法律。此卽係採基本關係準據法主義。（註）

（註）此尤爲第二次世界大戰後西德學者及該國聯邦最高法院判決所採。參照 *Kegel, Internationales Privatrecht*, 1964 ,S. 234 及其所摘之西德聯邦最高法院（*Bundesgerichtshof*）判決。

(2) 損益變動非基於當事人間之給付關係而發生者，適用對於逕行取得他人之標的財產應適用之法律。舉例言之。甲因添附、混合或加工而取得乙之財產時，對於因而發生之甲之不當得利，應適用據以發生該財產權益之法律，卽該標的物所在地法。

九、主觀主義與客觀主義

(1) 關於不當得利準據法之立法主義，除將的事實發生地法主義以外，三、四十年來又有前項所闡述基本關係準據法主義出現與其對立，並相抗至今，日益得勢，詳如前所述。兩者之對立，可謂淵源於主觀主義與客觀主義兩種思想之歧異。主觀主義的思想表現於立法主義而產生基本準據法主義。是項立法主義係基於債權契約等基本法律關係而解明不當得利準據法。該基本法律關係，有如債權行爲關係，尤視當事人指定應適用之法律之意思如何而決定不當得利準據法，無可有一個客觀標準，超越當事人之意思而得依以決定不當得利之準據法者。但事實發生地法主義，則以不當得利地爲而決定對於不當得利應適用之法律，推硏其基本思想，關於應適用之法律之選定，實欲避免受當事人意思之影響，乃藉超越當事人之主觀而致力於專憑客觀決定不當得利準據法。

(2) 比較法上，對於契約債權，另有所謂「法定債權」一類，如前所述。「法定債權」，係不基於契約，而基於契約以外之原因發生之債權，其發生原因除不當得利外，並有無因管理及侵權行爲。契約債權準據法，則係如當事人自治原則所指，專由當事人依其主觀決定，尙無包含法定之意。以是，涉外不當得利關係，超越當事人之意思，而適用事實發生地法卽不當得利地法，固有其理由，因此，法定準據法主義至今仍甚有力。另一方面，現今社會經濟愈益發達，財產交易關係亦更趨複雜，不當得利之狀況自較不單純，實需就個案各別硏明其特殊的、具體的情形，以選定較妥之準據法，勿宜完全忽略個案之具體狀況，而一律適用客觀主義的準據，卽不當得利地法一種。余意，雖仍應以「事實發生地法」爲本位，但其顯然以債權契約關係爲基礎，因先有該涉外債權關係，而後始發生不當得利事件者，應無妨例外適用當事人自治原則之選法原則也。

第三節　涉外民事法律適用法第八條關於不當得利準據法之規定

一、涉外民事法律適用法第八條只規定：「關於由不當得利而生之債，依事實發生地法」。此項規定，宣明採取不當得利地法爲原則，另一方面，又就該準據法之適用，並未如日本「法例」限於其「成立及效力」之觀點。旣然如此，因不當得利並非法律行爲，其方式自不宜依同法第五條第一項之規定，決定其準據法。原則上，其方式應依不當得利地法。如其有「給付得利」之情形者，另依同法第六條第一項適用當事人自治原則，如有同法第六條第二項所規定之情形，則分別適用本國法，行爲地法等法定準據法。

二、不當得利地法適用於如次關於不當得利之成立之諸問題。一、「無法律原因而受利益」爲不當得利之成立要件之一，所謂「受利益」概念如何？二、爲成立不當得利，是否必須他人因不當得利之受領人得利而受損害？三、他人受損害與不當得利受領人之得利間是否必須有因果關係存在。四、不當得利之受領人，其得利是否因「無法律上原因」而受領利益，卽屬不當，所謂「不當」應如何定義？

三、不當得利地法，其適用範圍當然亦及於如次關於其效力之諸問題。一、不當得利之受領人，應負何種債務？二、不當得利受領人應返還之利益，其範圍如何？三、不當得利受領人之善意或惡意，對於應返還利益之範圍有無影響？

四、不當得利之受領有無委任、買賣或其他「法律上原因」，得利之基本關係或原因關係，該基本關係或原因關係之成立及效力，不適用同法所規定「事實發生地法」卽不當得利地法。因此，如次不當得利之基本關係問題，則不適用不當得利地法。例如：一、買賣標的物之價金給付義務是否不存在？二、對因過失而爲之期前清償，受領給付之行爲，是否不當得利？上列問題，寧屬涉外契約債權問題，應適用關於其成立要件及效力之準據法，卽應依同法第六條第一項之規定，依當事人意思定其應適用之法律，或依同法同條第二、第三項之規定適用本國法、行爲地法等法定準據法。

五、基於違反公共秩序或善良風俗之契約而履行給付之契約義務者，能否因該契約爲無效（民七十二）而以給付之受領爲不當得利，請求其利益受領人返還給付，係屬因不法原因之給付（民一八〇Ⅳ）生而發之不當得利問題，固應依同法第八條適用不當得利地法。但該基本關係之契約，是否違反公共秩序或善良風俗，及其是否因而無效，則應適用該契約之準據法，固不待言。

第十一章　債權之消滅

一、緒　說

債權之消滅事由，可大別爲四種。一者，債權因達到其存立之目的而消滅。二者，債權雖未達到其存立之目的，仍因特別事由而消滅。三者，債權因權利之一般消滅事由發生而消滅。四者，債權因其發生之基本關係之消滅而消滅。第一種消滅事由，有如債權因債務之淸償而消滅是。第二種消滅事由，有如債權因抵銷、更改、免除、混同而消滅是。第三種消滅事由，係指債權因罹於時效而消滅，或其因終期之到來而消滅是。第四種消滅事由，有如其基本法律行爲之解除條件成就，其基本契約被解除，其基本法律行爲被撤銷而致債權因而歸於消滅。

涉外民事法律適用法未規定關於債權之消滅之準據法，因此，應據「法理」而探明其準據法。一般言之，特定債權因何種事由而消滅，實係該債權如何「歸根結蒂」之問題，關於該問題，自應依該債權自體之準據法。此係爲據定其準據法應有之基本觀念。玆就抵銷、更改、免除、混同及消滅時效，分述其準據法如次。

二、抵　銷

(1)　凡是債權，槪得爲抵銷之標的，無論其發生原因爲契約、無因管理、不當得利或侵權行爲，均如此。玆就此觀念，闡述抵銷之準據法如次。

(2) 對於爲抵銷之債權卽所謂「自動債權」與被抵銷之債權卽所謂「被動債權」兩者應適用之法律，各有不同時，關於兩者間抵銷之可行性、成立要件及效力應如何決定其準據法？關於此項問題，有三種學說。一者認爲應重疊適用兩者準據法。二者認爲應適用「被動債權」之準據法。上列兩種學說，各有根據。分別略述如次。第一種學說係就抵銷以應用主動債權與「被動債權」兩種之互抵而使兩者均歸消滅爲其作用，主張應重疊適用該兩種債權之準據法。依第二種學說，於抵銷，爲抵銷之人係應用「反對債權」(*Gegenforderung*) 抵滅主要債權之作用，以免除其債務，抵銷本質上可謂其免責行爲，因此，應對之適用其債務被免除之主動債權之準據法。若採第一種學說，因重疊適用雙方債權之準據法，抵銷雖依其一方債權之準據法消滅，仍易因他方債權之準據法作相爲之規定，不能如適用一方債權準據法之情形，而使他方債權消滅，發生免責作用。斯說因有如此缺點，採取之者，甚少，如今仍爲少數說。國際債務糾紛，應儘用法律上可行之消滅債務之方法，以期順利解決，就此點言，「主動債權」準據法說，較能合理有效地消滅是項債務糾紛，不致如重疊適用「主動債權」及「被動債權」之準據法，無謂地發生障礙，可謂比較拿目的。因此，大多數學者採取此說。關於抵銷，固可訂立規定其條件及方式等之所謂「抵銷契約」，是項契約屬於債務契約，與抵銷本身有區別，應另依涉外民事法律適用法第六條關於「因法律行爲而生之債」之準據法之規定，決定其準據法，不適用抵銷準據法。而爲抵銷之人向相對人爲抵銷之意思表示，該意思表示時係於債權關係上所爲，故其成立要件及效力，亦不適用抵銷準據法，應依同法第六條，適用債權行爲準據法，與「抵銷契約」，適用相同之準據法。

三、更　改

更改，係以新債務代替舊有之債務，依此而使該舊債務歸於消滅之債權契約。其成立要件及效力，一般言之，得依涉外民事法律適用法第六條第一項，依當事人意思定對其應適用之法律。如當事人未明示指定其準據法時，應以何國法律爲應適用之法律？有學者主張應解釋爲當事人有對於更改契約適用舊債務準據法之意思者。但此只係一種看法，尚非有力說。似依同法同條第二項及第三項定對其應適用之法律較妥。至於因更改之新債務之成立及舊債務之消滅問題，則需另分別情形予以討論。依一般學說，更改契約準據法之適用範圍只及於新債務是否因更改而成立之問題。如其依該準據法成立，舊債務是否因而當然消滅？關於此問題，尚無定說。拉貝爾（*Rabel*）等學者則採取否認說，主張應另依舊債務之準據法，諒係一種看法。

四、免　除

免除，係因債權人向債務人表示免除其債務之意思使其歸於消滅之行爲。選法上，尤宜置重債權人法益之保護。因而其成立要件及效力問題，自宜適用債權準據法爲妥。

五、混　同

混同，係指債權與債務同歸一人使其債之關係消滅而言。因其與所謂「債權之命運」攸關，基本上，適用債權準據法，應無問題。其債權爲他人權利之標的者，是否亦因混同而消滅？關於此，應得適用該債權之準據法。

六、消滅時效

(1) 債權，因法律規定之期間經過而仍不行使者，歸於消滅，此係一般所謂「消滅時效」。債權有無及如何罹於消滅時效，而消滅，應依債權準據法決定。如債權準據法爲美國法律或英國法律，則因英美國際私法上消滅時效爲訴訟法之問題，依據「訴訟依法院地法」之原則，如中華民國法院審理特定涉外債權之消滅時效事件，則自應依法院地法卽中華民國法律。(註) 對於特定債權應適用之法律規定消滅時效爲實體法問題者，該法律爲外國法律而其規定上時效期間比諸中華民國法律上之時效期間，甚是過長或過短，則足認爲其違反中華民國公共秩序或善良風俗，不應適用該外國法律上有關消滅時效之與定。

(註) 在此情形，有依由英美國際訴訟法律轉致而適用法院地法卽中華民國法律之所謂「假設的反致」(*hypothetische Rückverweisung*)。

(2) 在特定債權關係，債權人長期間不行使其權利時，債權是否因罹於消滅時效而歸於消滅，消滅時效，可謂與所謂「債權自體之命運」攸關，自應以該債權自體之準據法爲其準據法。因此，關於如次規其有關之問題，均依該準據法。一、特定債權是否因消滅時效而消滅？二、時效期間多久？三、時效期間能否因當事人間之合意而縮短或延展？四、消滅時效因何種事由而中斷或停止？五、時效完成之結果如何？

第十二章　物　權

第一節　動產不動產區別主義與動產不動產統一主義

何種權利爲物權，而受有法律關於物權之保護？該權利之內容及效力如何？該權利之取得喪失之要件如何？該權利因何種事由之發生而消滅？因物權制度，在民法上財產權制度中，有所謂「土著的色彩」，尤爲各國之地理上環境或經濟結構所影響，各國有關物權之法律，其內容互有顯著的出入。因此，其準據法，在各種民事權利準據法中，早卽成爲爭論之對象，而至今仍是頗有問題性。唯有一個基本準據法原則，已爲各國所一致採取，卽「關於物權，適用物之所在地法原則」是。涉外民事法律適用法第十條第一項亦宣明其爲物權準據法之基本原則，其規定內容如次，卽：「關於物權依物之所在地法」。但此對於物權，無論其係動產物權或不動產物權，均趨統一適用物之所在地法爲其準據法，曾經一段法史上之演變，其演變之特色在於先有關於動產及不動產區別適用不同之準據法，卽動產物權依其所有人之住所地法，不動產物權依物之所在地法，而後於動產物權準據法先發生分化，其中一部分適用動產所有人之住所所在地法，另一部分，則適用動產所在地法。最後，始統一爲物之所在地法，涉外民事法律適用法第十條第一項之規定乃係該物權準據法史之產物。玆述此項準據法之歷史沿革如次。

在十九世紀中葉以前，動產、不動產區別主義盛行一時。依是項區別主義，關於不動產之物權，應依標的物之所在地法（*Lex sitae*）。但關於動產之物權，則另依「動產追隨人」（*Mobilia personam sequtur*）、「動產附着於人骨」（*mobilia assihus inhaerent*）、「動產無一定處所」（*Personal property has no locality*）等原則，而適用動產所有人之所在地法。關於動產所有人所在地法之性質，學者或依動產之所在處所通常所有人之住所之概念，謂其應爲「動產所在地法」，或依動產爲所有人人格屬性之一之概念，謂其應爲「所有人之屬人法」，莫衷一是。

自從十九世紀中葉，薩維尼依據所謂「靜止點」（*Ruhepunkt*）及所謂「自動服從」（*freiwillige Unterwerfung*）兩種理論概念而認爲動產應分爲位置固定之動產（例如傢俱、圖書、美術作品等是）與位置未固定之動產（例如旅行者之行李、運送中之商品等是）（註）。關於位置固定之動產物權關係應用靜止點之觀念，認爲其本據應爲「物之所在地」，而關於所在地不固定之動產，則依自動服從之理論，適用其所有人住所地法。其理論雖未完全將動產及不動產兩者之物權關係準據法統一化，但就動產之固定位置，適用與不動產同一之物權準據法。已趨近統一之觀念。旋卽威希特爾（*Wächter*），更進一步而主張，關於動產，不論其位置是否固定，其準據法應與不動產相同，一律適用物之所在地法，於是，動產不動產統一主義乃告成立並日益普遍，而各國亦相繼採取之。如今不僅是德國及其他歐洲諸國，卽曾經就動產採取所有人住所地法主義之英美亦趨採動產、不動產統一主義，涉外民事法律適用法亦順此各國法制之發展趨勢而採取統一主義（涉民十1）。

（註）薩維尼指出另有動產經動產之所有人暫時將其寄託於他人者，此類動產可謂係介在此兩種動產中間，但對其物權是否猶如位置固定之動產之物權準據法一般，應適用物之所在地法此一問題，則未十分肯定。參照 *Savigny, System des heutigen römischen Rechts*, Ⅷ, 1849, *S*.178.

第二節　物之所在地法

一、理論根據

動產、不動產統一主義採取物之所在地法原則，關於其在法理上之根據，現有領土主權說、效力限制說、任意服從說、實際需要說、公益說等五種不同學說存在。

(1)　領土主權說

依此說，因為對於物之所在地域具有領土主義之國家，對該物行使絕對的支配權，就物權應適應國際法上之領土權觀念而以該所在地國之法律為其準據法。

(2)　效力限制說

一國關於動產之法律，應不分國民或外國人，一律適用於其國內之一切動產，但該法律原未含有適用於在國外動產之意，只能適用於在其國內之物。同理，他國之法律只能適用於在該他國之物。若是法律對物之適用效力範圍應限於其所在地國。因此，對於動產及不動產應一律適用其所在地法。

(3)　任意服從說

物權之標的物占有一定之空間，而其所占有之空間處所便是物之法律關係之本據，並且欲享有或行使對物之權利者，為達成其權利目的，必須應用物之所在地法，而就其物之權利關係，發生自動服從其所在地國法律之現象。此說基於此為實現物權之目的自動服從之觀念，而認為對於物權應適用物之所在地法。

(4) 實際需要說

依此說，物權係對世權利。若對動產適用屬人法而權利人之更替頻繁或其屬人法互相不同之多數人爲其權利人時，其對世權利關係必將複雜不堪，殊有碍法律之安定。爲策法律之安定，必須其準據法能固定而免因權利人對世關係之複雜而受影響。法院地法固亦屬此固定準據法之一，但法院地法究竟亦因當事人向何國提起訴訟而有差異，固定之中亦稍有任意之嫌。爲求法律適用之安定，實宜適用物之所在地法爲妥。拉普謂，物權問題應力求其權利狀態之單純、安全及明瞭爲要，因此，應適用物之所在地法，亦卽此意矣。

(5) 公益說

物權問題常對於其所在地國之社會經濟利益影響尤大，與該國之公益實有極其密切之關係。而關於物權之取得及行使之規定，必須能配合並滿足物之所在地國之社會經濟需要，尤以不動產物權爲然。因而應以其所在地法爲物權之準據法也。

按物權與其標的物所在地國之社會交易及公益，尤有密切之關係。物之所在地法爲利害關係最密切國家之法律，應以其爲準據法。公益說亦不外乎基於此意。他面，領土主權國，對物具有專屬的領土管轄，此管轄利益優越於其他一切國家。亦卽鑑於其與物權之利害關係最屬密切，因而認爲應以其法律爲物權之準據法然。

上述只能概觀現今大多數國家之物權準據法制，但應注意至今仍有動產不動產物權爲準據法區別主義之一些遺跡於比較立法上。其重要者，例如訂定南美洲統一國際私法法則「布斯門特法典」(*Bustamente Code*)。其第一百十條規定：「各種動產視爲以其所有人之住所爲所在地，如其所有人無住

所，卽視爲以其居所爲所在地」。（註）

（註）此在現代各國動產物權準據法制上已屬稀有之立法例，而現有許多學者指出，其有如次缺點，卽依此立法例，就同一物權標的物如有住所不同之數人主張所有權，或爭執共有關係時，勢必難以決定對於該物之物權應適用之法律。而且住所容易變更，如對於動產有物權之人屢次變更其住所，要確認其現在住所，已甚有困難，動產物權準據法爲何國法律自更不容易確認。該統一法典雖有世界上著名之國際私法統一法運動之成就之一，但此類缺點仍須予以糾正。

二、所在地之概念

物之所在地係物之所在地法之連結因素，爲物存在之國家之謂，而物之「所在」(*Belegenheit*)，則指物存在之事態。其所謂「存在」則繼續置存之意，與一時暫置之狀態，應有區別。因而物由甲國移至乙國途上，經過丙國者，雖然因而與丙國領域有所接觸，仍不以丙國爲所在地。蓋在此情況下，丙國只屬「停足地」(*Standort*)，尙未臻成立該物存在於丙國之事實狀態也。

三、涉外民事法律適用法第十條

涉外民事法律適用法第十條第一項採取動產、不動產統一主義，關於普通動產及不動產之「物權」，規定其應一律依物之所在地法。

關於其所規定物之所在地法之適用，可分如次數點敍述之。

(1) 物之所在地法只適用於個別物權，不適用於總括財產。

涉外民事法律適用法第十條第一項所規定之「物之所在地法」只適用於個別物權。夫妻財產制之財產、父母依親權管理之子女財產、受監護人之財產、繼承財產等財產均係由個別財產所合成之「總括財產」(*Gesamtvermögen*),故不能如個別財產一般,統一適用物之所在地法。此等總括財產之物權問題,原則上應依總括財產本身之準據法。例如關於夫妻財產依夫之本國法(涉民十三Ⅰ);關於子女之財產,依父母之本國法(涉民十九);關於受監護人之財產依受監護人之本國法(涉民二十);關於繼承財產,依被承繼人之本國法(涉民二十二)等是。學者之間有將總括財產準據法之優先適用形容爲出於個別物權準據法之「寬容」者,惟因其優先適用,本質上未必悉應如此,故於夫妻財產制上,關於不動產發生優先適用物之所在地法等例外情形,仍屬可能。但個別財產能否爲總括財產之成份,則爲個別財產之屬性問題,應另依個別財產之準據法決定之。因此,倘若個別財產爲物權,則應依物之所在地法(涉民十)、個別財產爲債權,則應依當事人自治原則等債權準據法(涉民六),依此分別決定其是否總括財產之成份。

(2) 物之所在地法只適用於以物爲標的之物權,不適用於以權利爲標的之物權。權利質權等以權利爲標的之物權,並非直接以物本身爲其標的,若對之適用物之所在地法,難以確定其準據法,亦與其無關聯,因此,物權之存立及變動均對標的權利直接發生影響,故應另依有關標的權利之準據法定之。涉外民事法律適用法第十條第二行規定其應依「權利之成立地法」,即此意也。所謂「權利之成立地法」應係權利之成立要件完成地法,因而以債權爲標的之質權,應以設質書面作成地或債權證書交付地之法律爲其準據法,其餘類推。

(3) 物權準據法卽「物之所在地法」適用於標的物之性質、物權之種類及內容。

(a)物權標的物之性質

物權標的物之種類，即物權係關於動產或不動產，融通物或不融通物，主物或從物等，應依物之所在地法決定之。因此，倘若二物之所在地分屬不同國家，則該二物間是否存有主物與從物之關係，須經雙方所在地法承認，始能成立。

(b)物權之種類及內容

特定權利是否物權，該權利之成立要件及效力等問題，概依物之所在地法，因此：

(1)占有是否權利，固應依物之所在地法，即(a)占有之代理取得；(b)占有人果實之取得權；(c)占有人返還占有物之義務；(d)即時取得（善意取得）之承認及其承認之要件等問題，亦均依物之所在地法。

(2)所有權之內容、相鄰權及共有關係，概依物之所在地法。

(3)物上請求權（回復原狀請求權、返還請求權）之成立，其除斥期間、消滅時效等應依物之所在地法。有關物上請求權、損害賠償請求權、代金償還請求權及費用償還請求權等，就其性質論，理應屬於債權。但因其係由物權關係發生，而與物權關係不能分開，所以適用物之所在地法。

(4)關於地上權、地役權等用益物權之種類及內容，均依物之所在地法。

(5)擔保物權　凡是民法上使債務人利用其所有之財產之價值權以擔保其債務之物權，概稱爲擔保物權。質權，抵押權及留置權，均屬於擔保物權。理論上，此項權利，既屬物權之一部分，其成立要件及效力等問題，自屬物權準據法之支配範圍內，因此，原則上，對其應依涉外民事法律適用法第十條第一項適用物之所在地法。唯擔保物權得分約定擔保物權及法定擔保物權兩類。前者係由當事人依契約任意設定之擔保物權。後者係法律爲擔保特定債權之效力而予以承認之擔保物權，例如承攬之工作爲建築物或其他土地上之工作物，或爲此等工作物之重大修繕者，承攬人就承攬關係所生之債權，對於其工作所附之定作人之不動產所取得之抵押權（民五一三）是。此兩種擔保物權，於物權準據法之適用上，尚有差異。玆就此兩者分述如次。

(a)約定擔保物權　設定擔保物權之契約，應屬一種物權契約，關於其成立要件及效力，依抵押之標的物之所在地法。關於質權或抵押權之設定，何種物得爲其標的物，得依其爲擔保之債權人或抵押權人之權利義務，亦皆依該項設定契約之準據法決定之。至於金錢消費借貸及其他債權契約當事人訂有應設定抵押權或其他擔保物權之條款者，應屬債權契約，尚非物權契約，難謂擔保物權設定契約，自須另依涉外民事法律適用法第六條對其適用債權契約之成立要件及效力之準據法。又被擔保債權，就其成立原因及權利義務，另有其固有之準據法，例如：一、其成立之原因爲契約等法律行爲者，依同法同條第一項適用依當事人意思定應適用之法律，如當事人意思不明時，分別情形，適用同法同條第二項及第三項所定之「法定準據法」；二、如被擔保債權爲侵權行爲損害賠償請求權，則依涉外民事法律適用法第九條，對其成立要件曁損害賠償之範圍及方式，應重疊適用侵權行爲地法及中華民國法律。如此，被擔保債權與擔保物權，異其準據法，但尚有得推定兩者同其準據法之如次特殊情形，卽：當事人未明示應適用之法律時，推認當事人默示指定擔保物權準據法爲應適用之法律，由是，擔保物權標的物之所在地法，依推定亦卽係當事人默示指定之被擔保債權之準據法。

(b) 法定擔保物權　爲擔保特定債權，就特定標的物，依法當然設有擔保物權時，該擔保物權本身尚非依當事人意思特地被設定而只是因擔保之債權，於其法律效果上，當然得依該擔保物權獲有擔保不須另有當事人設定抵押權之契約爲其成立原因而已。因此，例如運送人爲保存其運費及其他費用得受清償之必要，有無對於運送物之留置權？此一法定擔保物權之準據法，則應適用運送契約的準據法。

(4) 對於物權行爲之性質方式及能力是否適用物權準據法卽「物之所在地法」？

(a) 物權行爲無因行爲或有因行爲等該行爲之性質，是否適用「物之所在地法」？關於此問題，適用「物之所在地法」，於各國學者之間，看法大體上一致。如其爲有因行爲，則關於其原因行爲本身，應適用該行爲固有之準據法。舉例言，如其爲買賣或贈與，則應依涉外民事法律適用法第六條適用依當事人意思所定之法律，當事人意思不明時，依同法同條第二項及第三項分別情形適用本國法或行爲地法等法定準據法。

(b) 關於物權行爲之方式，亦依物之所在地法，但此係爲涉外民事法律適用法第五條第一項所明定，尚非關於同法第十條第一項之解釋。卽物權行爲之方式，應視爲法律行爲方式之一，在涉外民事法律適用上，無另有特別規定可作爲其特別依據。

(c) 物權行爲能力，亦係財產行爲能力，涉外民事法律適用法第一條所謂「行爲能力」概括各種財產能力，因此，對其應適用本國法。卽其準據法爲行爲能力固有之準據法，並非物權準據法。

比較法上，關於不動產物權行爲之行爲能力，有適用不動產所在地法之法例，此立例爲英美判例所採取。甚且亦有關於動產物權行爲之行爲能力，亦適用動產之所在法者，美國判例便是採此法例。（註）

（註）就此英國判例與美國判例不同，前者關於動產物權行爲能力，不另適用動產所在地法，但認其屬於一般財產行爲能力，因此，適用一般行爲能力準據法。參照 *Graveson, Conflict of Laws*, 1969, *p*.197.

第三節　物權與物之所在地之變動

第一項　一般變動時之物權準據法

一、概　說

關於動產及不動產之物權，既然適用物之所在地法，其取得以及喪失應依物之所在地法，固不待言。但倘若標的物爲動產，則其所在地易因動產持有人之住所或居所移動而變動，其所在地因此而變動時，發生應以變動前所在地或變動後所在地之法律爲所在地法之問題。關此，涉外民事法律適用法第十二條第二項規定「依其原因事實完成時之所在地法」。但物之所在地或因其在法律要件完成後或在法律要件未完成前而不同。因其時期不同而原因事實完成時之所在地法亦互有異歧。玆分別析述如次。

二、法律要件完成後物之所在地變更者

法律要件完成後物之所在地始變更者，物之原有所在地法卽係「原因事實完成時之所在地法」。此

物之所在地法不僅對於物權之變動自體，並且對於物權變動之原因之法律要件，亦有適用。因此，物權變動原因之法律要件全部於物在同一地時，卽已完成或已無完成之可能者，僅適用該存在地國之法律卽可。卽：

(a)依此所在地法，經已完備要件，並無瑕疵者，有效發生物權之變動；

(b)依此所在地法該完成之法律要件有瑕疵或有所欠缺者，當係可撤銷或爲無效；

(c)依此所在地法法律要件已無完成之可能者，確定爲無效。

三、法律要件未完成前物之所在地變更者

(1) 物在法律要件未完成以前，由原有所在地法域移至其他法域者，該當於涉外民事法律適用法第十條第三項所規定之情形，依其規定，應適用「原因事實完成時物之所在地法」。如物在A國已開始加工，而移動至B國後始完成者，應依完成時物之所在地法卽B國法律決定其物權變動之要件及其「物權之得喪」之效果。

(2) 取得時效（比例計算法）

在此物之所在地變更之情形下，應依何國法律計算物之所有權之取得時效。關於此，有一部分學者認爲應適用占有人所在地法者。但大多數學說仍認對其應適用物之所在地法。於此，應以何一所在地法爲準據法，遂引起爭論。或謂應依占有人之住所地法，或謂應依開始占有時之所在地法卽原有所在地法，或謂應依時效完成時之所在地法卽新所在地法。按依涉外民事法律適用法第十條第二項應依原因事實完成時物之所在地法，卽新在地法決定之。惟於此場合物權取得人之依原有所在地法所獲得之旣得權

益應受相當之尊重。如物權變動之「原因事實」一部分在原有所在地業已發生，只未完成，則物權繼受取得人，就其時效期間之經過部分所取得既得權益應受合理保護。然則，動產在原有所在地卽由物權繼受取得人開始占有，其取得時效尚未完成前卽已被移轉至新所在地時，在原有所在地經過之時效期間應如何計算始合於保護其既得權益之旨。如專依原有所在地法計算，而新所在地法所規定之取得時效期間較短者，不利於物權繼受取得人。反之，專一依新所在地法計算而新所在地法所規定之取得時效期間較長者，亦不利於繼受取得人，應設定不因新所在地法所規定之取得時效期間之較長或較短而受影響之獨立標準，作爲計算之規準，以策符合保護繼受取得人既得權益之意旨。此一獨立之計算標準便是所謂比例計算法也。依斯法，在原有所在地依原有所在地法已經過取得時效期間三分之二者，再依新所在地法經過新所在地法所規定取得時效期間三分之一，取得時效卽告完成。卽使新所在地法所規定之取得時效期間較長，繼受取得人已經取得之時效利益仍不因而受影響。

第二項　移動物之物權準據法

物經航運或陸運脫離當事人之直接管領而被移動時，該物爲移動物（*res in transitu*）關於該移動物之物權所應適用之法律之問題，比諸一般物之所在地變動時之物權準據法問題，稍有特殊之處。其異別之處在於因該物未在當事人之管領下移動而不容易判明其所在地。因而關於其物權之變動是否依涉外民事法律適用法第十條第二項所定之準據法，不能一概而論之。

物權變動之原因事實完成時，其所在地已爲當事人所知者，應適用其原因事實完成時物之所在地法。如其所在地當時未爲當事人所知者，應依其到達地法，係一般學者所共認之原則。比尼列克斯條約

(*Benelux Convention*)第十六條第二項亦本乎此原則而規定：「由一國移動至他國之財產，在其移動中，應依到達地法」。但有學者主張，其由特定船舶包攬運送者，不論物權變動之原因事實完成時之所在地爲何國，爲求選擇法律之安定，應依船旗國法爲其準據法，諒爲一種佳見也。又移動物之預定到達地於運送途中有所變更而所在地於其物權變動之原因事實完成時未爲當事人所知者，關於其物權之變動，應依新到達地法。

最近出現一新說，認爲移動物之物權問題，主要係只關於發送人、受領人等當事人之利益，因此，當事人得依契約條款訂定就發送地法卽所謂「物之舊所在地法」(*die alte lex rei sitae*)與目的地法卽所謂「物之新所在地法」(*die neue lex rei sitae*)，選擇指定其中一者爲準據法。對此，苛克爾(*Kegel*)教授等學者，則指出，當事人指定應適用之法律之意思往往不明瞭，此選擇指定準據法之說不妥，乃提倡所謂「表象」(*Vorstellung*)說，主張比依當事人意思較客觀而易可確明之定法標準，謂如當事人之一方已使他方得知物在運送途中，則應適用目的地法，如雙方均明知物未在運送途中，或不再運送，則適用發送地法，如發送地不明時，卽適用目的地法。

船舶運送貨物爲代表的「移動物」，如就船舶之運送貨物，發給有載貨證券，關於該貨物之物權，應依該證券準據法條款決定其準據法，如無此條款，則應以運送人卽該證券發給人之營業所在地法爲對其適用之法律。

第四節　船舶航空器之物權關係

船舶通常往返於數國港口之間，頗富於移動性，其所在地亦尤不固定。況且船舶航行公海上時，因公海係國際社會之公有物（*Communis omnium*），既不服特定國家法律之支配，便無其所在地法可言。因此，船舶所在地法爲何國法律往往甚難確定，而且時或無其所在地法。以是，關於船舶之物權應有他種不受其移動性之影響之固定的準據法，俾資適用，各國法律關於船舶置設船舶登記制度而只就自國船舶亦辦理登記。如船舶之物權依船舶之本國卽所謂「船籍國」之法律決定，則可與船舶登記配合而有效設立及變更船舶之物權，涉外民事法律適用法第十條第四項規定，關於船舶之物權依船籍國法，卽係此意。而航空器之物權登記國法，亦係本乎斯旨也。

第十三章　親　屬

第一節　親屬關係準據法之特殊性質

關於涉外關係之法律，分爲保護個人之「永久法律」（*Loi permanente*）及保護社會一般利益之「一般法律」（*Loi générale*）兩種。關於親屬關係之法律，應屬「永久法律」。基本性質上，只能適用於具備制定該法律之國家之國籍或在該國設有住所之個人，與該個人無國籍或住所關係之國家之法律，無論該個人現住何國，均有適用之效力。此種國家法律爲屬人法而親屬關係應受此屬人法之支配。此乃中世紀法規區別說以來各國普遍承認之原則，而與一般身份能力準據法原則，實無二致。惟在親屬關係，雙方當事人之身份互有相關關係，例如一方爲夫，他方爲妻，一方爲父母，他方爲子女等。雙方當事人之國籍不同時，應以何方當事人之本國法爲準據法，難以確定。所以對於親屬關係，亦不能若涉外民事法律適用法第一條之對於行爲能力適用單一的準據法。因此，涉外民事法律適用法第十一條至第二十一條，倣德國民法施行法第十三條以下之例，而視當事人關係以及有關問題之不同，分別詳細規定其所應適用之法律。

第二節　婚　姻

第一項　婚約

婚約之要件及效力應依何國法律，胥視婚約之性質而定。在現今各國法制上，關於婚約設有規定者，除吾國民法外，尙有德瑞等國家民法。惟一般言之，尙未普遍成熟化，因而關於其法律性質，衆說紛紜，未臻一致。綜合關於其性質之學說，可大別爲事實關係說及契約說兩種。而契約說又可分爲債權契約說及身份契約說。按婚姻係以當事人之意思表示爲要素，以當事人之合意爲要件，不能謂之事實關係，無庸疑義。然則究爲債權契約或身份法契約？主張債權契約說者，趨採債權契約準據法主義，乃謂關於婚約之實質要件及效力應準用當事人自治原則及其輔助的法定準據法。主張身份契約說者，認其類似婚姻，因而主張應對其準用關於婚姻實質要件及效力之屬人法。婚約旨在成立婚姻，而其本身只是實現婚姻之過程，固認其爲身份法上之契約爲妥。就此觀之，頗有類似婚姻之處。但婚約之性質既與婚姻類似，婚姻準據法並可類推適用於婚約。關於此類準用，應分別婚約之實質要件及方式討論之。婚約之實質要件應依涉外民事法律適用法第十一條決定其準據法。既對之分別適用婚約各該當事人之本國法。因此，凡就雙方當事人之一違反其本國法者，即使就他方當事人依其本國法具備實質要件，仍不成立。至於婚約之方式，則雖有主張亦應準用婚姻實質要件之準據法者，但因其未若婚姻之方式，與公益關係重大而亦未必嚴格，因此似勿宜適用婚姻方式之準據法，但應適用一般法律行爲之方式準據法即選擇適用各該當事人之本國法及「行爲地法」（涉民五）較妥。關於婚約之效力，即婚約當事人之法律地位、相互權利義務、違反婚約時之損害賠償責任問題，應另行適用不同之準據法。因爲婚約訂立後，當事人保持平等之地位，而與婚姻後，夫爲夫妻關係之中心者，情形不同。不能準用涉外民事法律適用法

第十三條之規定，而適用男女雙方當事人之本國法。但應分別適用婚約雙方當事人之本國法爲妥，於是。婚約當事人所應負擔之義務不得比各該當事人之本國法所規定者，較重，其應取得之權利，亦不能比各該當事人之本國法所規定者，較多。

第二項　婚姻之成立及效力

一、婚姻之實質要件

婚姻之成立要件，有積極要件及消極要件之分，由於積極要件之不存在及消極要件之存在乃發生所謂「婚姻之障碍」(*Ehehindernisse*)而致婚姻不能成立。婚姻是否不發生婚姻之障碍而有效成立之問題，應依何國法律，各國立法主義頗有出入，大約可分三種。一是婚姻舉行地法主義(意大利)。二是當事人住所地法主義(英國及北歐諸國)。三是本國法主義(德國、法國及澳大利)。涉外民事法律適用法做德國民法施行法，採取本國法主義，其第十一條第一項規定：「婚姻成立之要件依各該當事人之本國法」。所謂「依各該當事人之本國法」並非累積適用各該當事人本國法之意，但謂依並行適用之方法，而各別適用各該當事人之本國法而已。依此，夫方之婚姻成立要件，依夫之本國法，妻方之婚姻成立要件依妻之本國法，各不發生婚姻障碍，始可綜合論結，謂其婚姻有效成立。又婚姻之實質要件，依其只關於當事人之一方或關於其雙方，分爲片面要件及雙面要件。玆再就兩者，說明分別適用各該當事人本國法之情形。所謂片面要件有如婚姻年齡、父母其他法定代理人之同意、待婚期間、婚姻意思之欠缺等，固係依發生要件問題之當事人一方之本國法決定之而與他方當事人之本國法互不相涉。所謂雙面要件有如對於重婚、近親婚、雜婚等基於社會政策上考慮而設之禁止、對於精神病者之婚姻等基於優生學上考慮而設之禁止、對於與異教徒之婚姻基於宗教上之考慮而設之禁止等。是項要件，雖就當事人雙方發生，但就男女各方之觀點，分別適用各方之本國法後，卽使一方不發生此要件之障碍，只要他方發生此要件之障碍，其婚姻仍不成立。再者，所謂當事人之本國法，係指締結婚姻時各該當事人之本國法而言。婚姻依婚姻締結時各該當事人之本國法爲無效者，卽使婚姻後當事人之雙方或一方之國籍變更而當事人之新本國法將之規定爲有效，仍屬無效。他面，依結婚時各該當事人之本國法爲有效之婚姻，不因當事人之新本國法將其規定爲無效而變成無效。

凡是各該當事人之本國法所規定之婚姻障碍皆不發生，又只要不發生該婚姻障碍，婚姻應屬有效。但因適用反致以及公序良俗之原則而不適用當事人之本國法者，不在此限。蓋此時依其規定不發生婚姻障碍之本國法不能適用也。

二、婚姻之形式要件

因爲婚姻之方式與婚姻擧行地之公序良俗互有密切之關係，所以婚姻之方式依婚姻擧行地法。此原則爲各國所一致採取。但關於其應如何適用婚姻擧行地法，則有兩種不同之立法例，有將其與當事人之本國法選擇適用者，德國民法施行法卽採斯制。有專一適用婚姻擧行地法者，法國判例卽採斯制。吾國涉外民事法律適用法第十一條第一項但書之規定係倣德國民法施行法而採取選擇適用主義。依涉外民事法律適用法第十一條第一項但書之規定，婚姻當事人固可依婚姻擧行地法所規定之方式擧行婚姻，但亦可依各該當事人之本國法或當事人之一方之本國法所規定之方式而擧行婚姻。此規定爲當事人解除其因在外國舉行婚姻所可能遭遇之困難。蓋婚姻若在當事人本國以外之國家舉行而婚姻之方式依婚姻舉行地法雖屬無效，但仍不須在駐婚姻舉行地國之本國使領館內舉行所謂「外交或領事婚姻」（*Mariage diplomatique ou consulaire*）以爲救濟也。只要依各該當事人之本國法或一方當事人之本國法所規定之方式而舉行婚姻卽可。

三、婚姻之效力

(1)　身份效力

婚姻所發生身份效力，及於同居、扶養等義務事項，深淡夫妻之身份的家族生活關係，應有統一的準據法予以規定，固未便如婚姻實質要件之場合，分別適用當事人之本國法。所以涉外民事法律適用法第十二條規定，關於婚姻之效力，視夫爲夫妻共同生活之中心，而一律適用夫之本國法。玆所謂「夫之本國法」係指關於婚姻身份效力之訴訟原因發生時夫之本國法。結婚後於該訴訟原因發生前夫之國籍有所變更者，適用其新本國法，此係採變更主義之本國法爲準據法也。

(2)　財產效力

(a)婚姻於其成立後發生何種財產效力，此係所謂夫妻財產制問題。關於夫妻財產制之準據法之立法主義，現有意思主義及屬人法主義兩種。法國判例採取意思主義，謂關於夫妻財產制，依當事人意思所決定之法律。所以夫妻財產制依當事人之意思，或爲當事人之本國法，或爲當事人之住所地法，或爲標的財產所在地法，不能固定。反之，德國民法施行法第十五條採取屬人法主義，由當事人之意思獨立而適用夫之本國法，以收確定應適用之法律之效。涉外民事法律適用法第十三條倣德國之立法例而採取屬人法主義，而以夫之本國法為夫妻財產制之準據法，並特定其為「結婚時」夫之本國法。即使夫之國籍於結婚後有所變更，仍依結婚時夫之本國法，可謂其係採取不變更主義。

(b) 對上述夫之本國法主義有兩種例外

第一，為保護國內交易而設之例外

「結婚時夫所屬國之法律」為外國法律時，該外國法律所規定夫妻財產制之內容，若漫無限制地予以承認，時或威脅國內交易之安全。因而各國法制之中，為保護國內交易之安全，對於外國夫妻財產制之適用設定限制者，為例頗多。德國民法施行法第十六條第一項規定「夫妻雙方為外國人或夫妻於結婚後取得德國國籍者，如在德國有住所」，對其夫妻財產制應準用德國民法第一千四百三十五條關於管理夫妻共同財產之配偶之義務之規定；而「外國法定夫妻財產制，則應視同約定財產制」，便是其例。涉外民事法律適用法第十三條亦對於夫妻財產制，規定在特定情形下，得適用中華民國法律以限制外國夫妻財產法之適用。一者，夫妻財產制依中華民國法律成立者，縱依「夫結婚時所屬國之法」為不成立，仍得成立（涉民十三Ⅰ）。二者，外國人為中華民國國民之贅夫者，關於其夫妻財產制專一適用中華民國法律（涉民十三Ⅱ）。

第二、因夫妻財產成份之性質特殊而設之例外

夫妻財產以不動產為其成份之一者，依「各別財產準據法打破一般財產準據法」(*Einzelstatut bricht Vermögensstatut*) 之原則，不應一律適用夫之本國法，而依該不動產之所在

地法應從特別規定者，從其規定。

四、婚姻效力準據法之適用

(1) 身份效力準據法

(a) 身份效力準據法原則上適用於一切夫妻身份關係。因此，妻應否冠用夫之姓氏，夫妻互相有無同居義務以及扶養義務等問題，均適用是項準據法。

(b) 妻之行爲能力是否受到限制之問題，與其謂一般行爲能力問題，寧爲因夫妻生活關係而發生之特殊行爲能力問題。應依涉外民事法律適用法第十二條適用婚姻身份效力之準據法卽夫之本國法，但不依其第一條適用一般行爲能力準據法卽妻之本國法（參照涉民一）。

(c) 未成年婚姻當事人是否因婚姻而成年（*Heirat macht mündig, Le mariage fait majeur*），乃是有婚姻效力之問題，所以應依涉外民事法律適用法第十二條適用身份效力之準據法。

(d) 夫妻間之扶養義務亦屬婚姻效力之一。因此，涉外民事法律適用法關於夫妻間之扶養義務雖未特別規定，但應依涉外民事法律適用法第十二條，適用身份效力之準據法卽夫之本國法，是爲比較合適之解決。

(e) 妻就日常家務有無代理夫之權，亦屬婚姻效力問題之一。所以依涉外民事法律適用法第十二條應適用夫之本國法。

(f) 夫妻之一方對於爲禁治產人之他方之監護權，與其說婚姻效力本身之問題，還不如說由於禁治產宣告之偶有事實而發生之問題。理應依涉外民事法律適用法第三條適用禁治產準據法。但不適用涉外民事法律適用法第十二條所規定身份效力之準據法。

(2) 財產效力準據法

(a) 婚姻當事人能否訂立夫妻財產契約及夫妻財產契約之內容以及效力如何等問題，悉依涉外民事法律適用法第十三條適用財產效力之準據法，即結婚時夫之本國法。但是夫妻財產契約既爲財產法的契約，即訂立該契約之夫妻之行爲能力，應另依涉外民事法律適用法第一條所規定之屬人法則，適用其本國法。關於其契約之方式，亦應另依規定法律行爲方式準據法之涉外民事法律適用第五條，選擇適用權義關係準據法及行爲地法兩者中之一。因而爲其成立，應就「結婚時夫之本國法」與行爲地法兩者中任擇一者適用之。

(b) 財產效力準據法不承認約定夫妻財產制者，應依其法定財產制定夫妻之財產關係。

第三項　離　婚

一、離婚準據法之決定

關於離婚應適用何國法律，現有法院地法主義與屬人法主義。法院地法主義，係鑑於離婚與法院地國之公序良俗有重要之關係，故主張應對其適用法院地法。此說首由薩維尼所提倡並曾於歐洲風行一時。惟由於離婚雖發生消滅夫妻身份關係之效力，仍屬夫妻身份關係之事件，所以現今大多數國家均採取支配身份關係之屬人法爲其準據法。吾國涉外民事法律適用法，固亦然。

對於離婚適用屬人法時，發生兩種問題。第一、夫妻之國籍互相不同時，應依那一方之本國法之問題。第二、當事人之國籍有變更時，應適用何一時期之本國法之問題。

關於第二個問題，有三種立法主義，卽⑴結婚時本國法主義；⑵離婚事由發生時本國法主義；⑶離婚訴訟時本國法主義，涉外民事法律適用法第十四條與德國民法施行法相同，規定以離婚起訴時夫之本國法爲離婚準據法。亦卽採取變更主義之夫之本國法。但此係限於「離婚原因」始有適用，關於離婚之效力，則未限定離婚起訴時夫之本國法而僅謂「夫之本國法」。

二、離婚原因

關於離婚原因之準據法，涉外民事法律適用法第十五條規定累積適用離婚準據法與中華民國法律。卽離婚原因，必須依離婚準據法卽「起訴時夫之本國法」與中華民國法律均爲離婚原因者，始成立。但有下列情形者，不在此限。蓋在此等情形無從累積適用夫之本國法與中華民國法律，只能適用中華民國法律一者也。

⑴　配偶之一方爲中華民國國民者，專依中華民國法律，不適用「離婚起訴時夫之本國法」（涉民十四但書）。

⑵　夫於離婚訴訟起訴時，在中華民國有住所而其本國關於涉外離婚採取住所地法主義者，依反致不能適用其本國法，但只有中華民國法律可以適用。

⑶　夫於離婚後變成無國籍者，於離婚起訴時，無夫之本國法。因此，離婚之成立，無從適用夫之本國法。若其住所在中華民國或有多數住所而其中有一住所在中華民國者，只能適用中華民國法律。

（涉民二十七）

(4) 夫之本國法所定離婚原因違反中華民國之公序良俗者，依涉外民事法律適用法第二十五條，不能予以適用，因而適用中華民國法律。

三、離婚之效力

關於離婚之效力，原則上亦應適用離婚準據法即夫之本國法（涉民十五Ⅰ）。至於應依何時期夫之本國法以決定離婚之效力，則涉外民事法律適用法第十五條未予明確之規定。離婚訴訟起訴時夫之本國法，容易被夫爲求有利於自己而應用變更國籍等方法以予操縱而侵害妻方之利益，似不宜採之。應以離婚原因事實發生時夫之本國法爲離婚效力之準據法較妥。以結婚時夫之本國法爲基準言之，似可謂其爲一種變更主義夫之本國法。

離婚效力之準據法，對於因離婚生效而發生之問題，例如離婚後夫妻間之扶養義務及其期間、姓氏之冠用、離婚後妻之行爲能力等問題，均可適用。但亦有幾個問題，雖與離婚之效力有關，惟因其與其他問題有密切關係，對之不能一概適用離婚效力之準據法以資解決。對之應分別情形決定對其所應適用之法律，此等問題有如次數種。

(1) 離婚當事人之再婚與其爲離婚之效力問題，不如謂之婚姻成立要件問題較妥，因而不宜適用離婚效力之準據法。但應依涉外民事法律適用法第十二條適用各該當事人之本國法。

(2) 離婚後未成年子女之監護權應歸屬於那一方之問題？關於此，現有離婚準據法說及親子關係準據法說兩種學說。按此問題固亦有涉及親子關係之虞，但此問題之中心在離婚對於親子關係之影響，應屬離婚效力範圍內之事，似應適用離婚效力之準據法。但此監護權之行使，係純屬親子關係之問題，理應依涉外民事法律適用法第十九條有關親子關係準據法之規定，對之適用父之本國法。

四、離婚宣告

(1) 離婚宣告管轄權

離婚訴訟，發生其應由何國管轄之問題，是即離婚管轄權問題。離婚管轄權乃是國際私法上之管轄權，與國內訴訟法上之管轄權，卽國內之何一法院對於離婚訴訟有職務管轄以及專屬管轄等問題無直接關係，應予區別。

(2) 離婚之原則管轄

關於離婚之管轄，各國法制之中，間有以明文限於其當事人一方爲自國國民或被告現在國內有住所時，始爲管轄者（德民訴六〇六Ⅰ——Ⅲ、法民十四、十五）。但一般言之，未設有明文規定者，較多。吾國亦然。玆依法理研討離婚管轄，按離婚與當事人爲夫妻之身份問題有關，所以離婚訴訟，可類推屬人案件管轄之例，認其應歸於當事人本國之管轄爲原則。關於離婚之管轄，涉外民事法律適用法第十四條設有規定，其規定係以本國之原則管轄主義爲基礎，而規定對外國人爲離婚宣告之例外管轄時所應具備之特別要件。依本國原則管轄之概念，夫妻之國籍相同者，固應由夫妻之本國管轄之。但夫妻之國籍互相不同時，應由那一方之本國管轄爲原則，卽成問題。關此，有三種見解：(a)各該當事人之本國均有管轄權；(b)只惟夫之本國有管轄權；(c)夫或妻爲離婚訴訟之被告者，由其本國管轄離婚之訴訟。按夫之本國，與婚姻之身份效力關係之密切，與婚姻效力準據法國並無二致。似概由夫之本國管轄，較妥。

(3)　住所地國之例外管轄

若絕對適用本國管轄主義，則當事人欲爲離婚時，必須向本國法院提起訴訟，尤爲不便。爲克服此不便，住所地國例外管轄主義遂被各國承認，涉外民事法律適用法第十四條係祝中華民國法院對於居住中華民國之外國人之離婚訴訟亦得爲管轄爲自明之事而不特予明文規定，可無疑義。要適用此例外管轄之原則，夫妻之住所互相不同時，何方住所地國有管轄權？關於此，似以由夫之住所地國管轄爲妥。其理由與於(2)爲闡述夫之本國管轄主義時所述者相同，玆不再贅。

(4)　離婚宣告之涉外效力

離婚宣告有無涉外效力，對於在一國受離婚宣告者能否在他國不受重婚之禁止而合法再婚有決定性作用。在外國受離婚宣告者，中華民國法院是否承認其效力，係解決其再婚是否構成重婚之前提。外國之離婚宣告之承認應視其爲外國判決之承認之方式而爲之。因而受有民事訴訟法第四百零一條之限制。此外，並須其於國際私法上有管轄權且依離婚準據法爲之者，始得承認之。因此，中華民國法院應承認中華民國國民僑居地國對於中華民國國民之離婚訴訟有例外管轄權。但須僑居地國依該國法律及中華民國法院對於中華民國國民爲離婚之宣告者，始應承認其宣告之效力。他面，外國就居住該國之他國國民，依其法律及該他國國民夫方之本國法所規定原因宣告離婚者，其離婚宣告，亦應予承認。但其內容違反中華民國公共秩序及善良風俗者，不在此限。

第三節　父母子女

一、總　說

關於父母子女之法律關係之準據法，學者間有認其有關於證據問題，因而應適用法院地法者。但普通學者，均認其爲身份問題，應受屬人法之支配。若要適用屬人法，則當應就父、母以及子女之屬人法中擇定之。涉外民事法律適用法採取屬人法主義，而規定對於父母子女之法律關係應適用本國法。並就婚生子女及非婚生子女，分別規定應適用父、母以及子女中何一方之本國法。

二、父母子女關係之發生以及確定

(1) 婚生子女

(a) 準據法之決定

婚生子女關係應從父母與子女那一方之本國法？關此問題之立法主義，現有子女之本國法主義及父母之本國法主義兩種。子女之本國法主義以保護子女之權利義務爲主旨。而在採血統主義爲出生授籍原則之國家則因爲婚生子女關係之確定與國籍之決定，尤有關係。所以適用父母之本國法，以配合血統主義。又因爲子女是否婚生子女，究竟係就子女與父母之關係而決定者，當以適用父之本國法爲合理。涉外民事法律適用法第十六第乃規定「母之夫」之本國法爲「子女之身份」之準據法，而其特謂「母之夫」而不謂其「父」者，實爲特定準據法之必要而然。卽子女之婚生地位係基於婚姻而生，爲表示此發生關係，故謂「母之夫」之本國法。涉外民事法律適用法第十六條，特定其爲子女出生時「母之夫」之本國法。懷孕只是子女出生之事實之淵源，其本身並非「出生」，故母懷孕後子女未出生前，其夫之國籍有所變動，應依其新本國法。次之，父於子女出生死亡時，無「母之夫」之本國法可予適用。在此場合，似宜解釋爲適用父死亡時之本國法。而父母於子女出生前已經離婚者，應適用離婚時父之本國法。卽使父之國籍於離婚後發生變動，仍適用離婚時之原有本國法。

(b)準據法之適用範圍

①子女應以其係在結婚後出生或離婚後特定時期內出生者爲標準，推定子女爲婚生子女？關此，應適用父卽「母之夫」之本國法。

②「誤想婚生子女」（*Putativ-eheliche Kinder*），其當事人中善意之一方是否與因該婚姻而出生之子女有婚生之關係，應依假想之母之夫之本國法。

③父否認其子女爲婚生之權及其否認權之行使之要件，亦依涉外民事法律適用法第十六條第一項，適用父卽「母之夫」之本國法。

④關於準正，有明文規定適用準正時父之本國法之立法例。德國民法施行法第二十二條便是其例。但涉外民事法律適用法，則無有關明文規定。應如何決定其準據法？準正與婚生子女之身份及認領之效力，均有關係。因此，究應適用涉外民事法律適用法第十六條，抑或應適用第十七條第三項，係爲此問題之要點。按之，依涉外民事法律適用法第十六條及第十七條第一項，關於婚生子女關係既應適用出生或認領等原因事實發生時父之本國法。所以準正父母結婚時卽成立者，適用父母結婚時父之本國法，因婚後認領而成立者，適用認領時父之本國法。

三、非婚生子女

未經父母之婚姻而發生親子關係。其方式，在實體法上，有日耳曼法系之血統主義以及羅馬法系之認領主義。依血統主義，因出生之事實而當然發生親子關係，依認領主義。只能依具備一定方式之認領，始能發生親子關係。吾國涉外民事法律適用法倣照羅馬法系，就依認領而發生之親子關係規定其準據法。

(1)　認領之實質要件

(a)　認領實質要件之準據法

關於認領實質要件之準據法，有法院地法主義，謂非婚生子女之認領應依屬地法，不適用外國法律。此立法主義風行於美洲國家，而亦爲布斯大門德法典（*Bustament code*）所採取。但認領爲身份行爲，尚無適用法院地法之特別理由，所以普通學者均認其應受屬人法之支配。屬人法主義之中，分有母之住所地法主義。母之本國法主義、母及子之本國法主義、子之本國法主義及各該當事人之本國法主義，涉外民事法律適用法亦承屬人法主義，並就其中採取適用各該當事人之本國法之法例。其第十七條規定：「非婚生子女認領之成立要件，依各該認領人被認領時之本國法」。依此規定，關於認領之成立要件就父或母，適用父或母之本國法，就子女，適用子女之本國法。認領須俟其分別就兩者具備要件後始得成立。認領依爲認領之父或母之本國法具備要件，但依子女之本國法未具備要件者，仍不成立。所謂父或母之本國法應爲認領時之本國法，而所謂子女之本國法，則爲被認領時之本國法。

(b)　胎兒認領之實質要件準據法

胎兒之認領，因爲胎兒不具備取得國籍之能力，而無其固有之本國法可予適用。是以，關於胎兒之認領，應視其母之本國法爲胎兒之本國法，爲妥。

(c)任意認領與强制認領

認領有任意認領與强制認領之分。認領實質要件之準據法，對於任意認領或强制認領（*Recherche de la paternité ou maternité*）均有適用。於任意認領，應分別適用認領時認領人及被認領人之本國法。於强制認領，應分別適用認領判決時認領人及被認領人之本國法。

(2) 認領之形式要件

涉外民事法律適用法第十七條第一項只適用於認領之實質要件。認領所須具備方式之準據法應視其依其普通法律行爲或依遺囑而不同。其依普通法律行爲者，適用關於法律行爲方式之一般原則，即依涉外民事法律適用法第五條第一項就認領人或被認領人認領時之本國法及認領時行爲地法兩者中一者成立者，均可。依遺囑認領者，其方式應屬遺囑之方式問題，固應另依涉外民事法律適用法律第二十四條第一項適用遺囑成立時遺囑人之本國法。

(3) 認領之效力

所謂認領之效力問題，有如被認領人是否因認領而成爲婚生子女，其婚生子女身份有無溯及效力等。此等問題概依認領人之本國法（涉民十七Ⅱ）。所謂認領人之本國法，若解釋其爲現在本國法，則已依認領時認領人之本國法成立之親子關係，容易因認領人之國籍變更而受影響，固甚不妥。宜配合涉外民事法律適用法第十六條第一項適用認領時認領人之本國法。

四、收　養

(1) 收　養

收養爲身份法律行爲，故應受屬人法之管轄，現有收養人屬人法主義與被收養人屬人法主義、收養人及被收養人各該本國法主義兩種立法主義。涉外民事法律適用法第十八條第一項採取第三種立法主義。依其規定，關於收養應適用各該收養人以及被收養人之本國法。此係並行適用，不是累積適用。所以關於收養之成立，就收養人之要件適用收養人之本國法，就被收養人之要件適用被適用人之本國法。只要收養當事人一方之本國法不承認收養時，收養卽不成立。

(2) 收養之形式要件

關於收養之形式要件卽收養之方式，涉外民事法律適用法未設明文規定，收養之方式不如婚姻之方式與婚姻擧行地國之公序良俗關係重要，其與收養地國之公序良俗亦無密切關係。因而依涉外民事法律適用法第五條第一項之規定，得爲收養之成立，而就各該收養者被收養者之本國法，其一方之本國法及收養地法三者，選擇適用其中之一者。

(3) 收養之效力

涉外民事法律適用法第十八條第二項規定以收養者之本國法爲收養效力之準據法。至於應適用在那一時期收養者之本國法，則涉外民事法律適用法未予明文規定，似以依與解釋認領之效力之準據法相同之看法解釋適用何一時期收養者之本國法爲宜。

五、親子權利義務關係

適用有關婚生子女、非婚生子女、認領及收養之準據法以決定親子關係以後，親子間之法律關係應用那一國法律以決定，乃是親子權利義務關係問題。

(1) 親子權利義務關係之準據法

(a)變更主義之父或母之本國法

關於親子問權利義務關係之準據法、現有四種立法主義、卽子女本國法主義、父母本國法、子女本國法合併主義、親權行使地法主義以及財產所在地法主義，涉外民事法律適用法第十九條採取父母本國法主義乃規定：「父母與子女間之法律關係，依父之本國法。無父或父爲贅夫者，依母之本國法」。依此規定，應先行適用父之本國法。只要生父存，卽使父喪失親權，或對於子女已設置監護人，或父與母離婚，應一律適用父之本國法。次之，父死亡而非婚生子女未經認領時，適用母之本國法。至於涉外民事法律適用法第十九條所規定父之本國法或父爲贅夫時母之本國法，則爲變更主義之本國法，卽父母現在之本國法。

(b)親子權利義務關係準據法之適用範圍

親子權利義務關係之準據法卽父之本國法，無父或父爲贅夫時妻之本國法，無論對身份關係或對財產關係，均有適用。

① 適用於父或母對於子女之親權及親權應歸於父母何一方，其行使之要件以及其消滅原因如何等關於親權之歸屬及行使之問題。父母對於子女之監護教育、子女居所之指定等親權之

身份效力問題以及父母對於子女財產之管理、處分、收益等親權之財產效力問題亦受其適用。親子權利義務關係準據法爲外國法律而其所承認父母對於子女之懲戒權之範圍比中華民國法律所承認者較大，足以構成違反中華民國公序良俗之事由者，應依涉外民事法律適用法第二十五條排除其適用。

② 適用於父母對於未成年子女之撫育義務等親子權利義務關係問題。關於親子間之扶養義務亦不適用涉外民事法律適用法第二十一條所規定之扶養義務人之本國法，但仍適用親子權利義務關係準據法。

(2) 親子權利義務關係準據法與其他準據法之抵觸。

(a) 親權準據法與夫權準據法之抵觸

就已婚之女發生親權問題時，各國法制或認未成年子女得因婚姻而受夫權之支配，從而可免再受親權之支配，或認其在婚姻後仍受親權之支配。倘若父母之本國採取不因婚姻而免除親權支配之立法主義，但夫之本國法規定因婚姻而適用夫權，免除親權，則將致親權準據法（父之本國法）與夫權準據法（夫之本國法）（涉民十二）互相抵觸。此時，親權準據法與夫權準據法兩者之中，那一方應有優先適用力，胥視當該涉外關係應着重夫妻關係或親子關係而定之。按之，一經婚姻而成立夫妻關係後，對於當事人，夫妻生活關係比親子關係較爲密切，應置重夫妻生活關係。因此，應優先適用夫權準據法即夫之本國法依以定之。

(b) 親權準據法與監護準據法之抵觸

關於父母對於子女之監護，可謂之親權問題，亦可謂之一般監護問題。因而親權準據法及監護準據法均可適用。往往依親權準據法，父母在離婚及再婚後仍然對其子女保持親權，但依監護準據法，則父母之離婚及再婚爲親權消滅之原因，從而不能繼續保持親權。此時，就同一未成年人同時適用親權及監護之準據法，因重複不能確定，爲克服是項重複以利對子女監護問題之解決，應認爲監護只於行使親權者即父母不存在時，始予置設；若有父母存在時，應由親權吸收，所以應使親權準據法有優先適用之效力，因此，已於(1)(b)②述之，玆不再贅。

第四節　扶　養

一、扶養準據法之決定

各國扶養義務制度甚受各國風俗習慣、道德觀念、財產制度甚至社會福利制度之影響，因而甚有異歧，爲解決其法律之衝突而設之準據法制，當亦應考慮及此。因此，關於扶養準據法之立法主義，頗有鑑於扶養之實體法規與法院地國之公序良俗有關，而乃主張採取法院地法者，固屬必然。但以扶養義務係因一定身份關係而發生，基於此扶養義務關係之特性而乃認爲應適用屬人法者，最多。此屬人法主義，又分爲扶養權利人本國法主義及扶養義務人本國法主義。涉外民事法律適用法第二十一條規定：扶養依「扶養義務人之本國法」，乃係採扶養義務人本國法主義。

涉外民事法律適用法第二十一條所謂「扶養義務人」應解爲被請求扶養人之意。因爲特定人是否扶養義務人，只在適用扶養準據法以後，始能予以決定故也。

涉外民事法律適用法第二十一條所以規定扶養義務人之本國法爲扶養準據法者，因扶養係以義務爲本位之法律關係故也。此規定係以保護扶養義務人利益爲本旨，所以扶養義務人，不但不負擔其本國法所不承認之扶養義務，並且其所應負擔扶養義務，亦不能超過其本國法所規定之範圍。

二、扶養準據法適用範圍之限制

扶養義務問題，與婚姻效力、親子權利義務關係等有關者，頗多。如夫妻間之扶養義務、親子間之扶養義務等，均屬其例。所以婚姻效力準據法（涉民十五）、親子權利義務關係準據法（涉民十九）等亦有適用於扶養義務關係之可能。是以扶養準據法往往與婚姻效力、親子權利義務等法律關係準據法抵觸，固不待言。爲解決此項抵觸，有關規定中有積極保護作用而其性質特殊者，應優先適用之。涉外民事法律適用法第二十一條乃係保護扶養義務人之規定，其規定是一般性的，其保護是消極的。夫妻間之扶養義務以及親子間扶養義務均屬婚姻關係以及親子關係之重要效力，其規定是特殊的，其保護是以促進夫妻關係以及親子關係爲目的，乃是積極的。因其保護規定是特殊的、積極的，所以關於夫妻間之扶養義務及親子間之扶養義務，應分別適用涉外民事法律適用法第十二條所規定夫之本國法及第十九條所規定父之本國法、無父或父爲贅夫時母之本國法。而不應依其第二十一條之一般性規定適用扶養義務人之本國法。因此，涉外民事法律適用法第二十一條之規定其適用範圍，應限於兄弟姐妹間之扶養義務以及父母以外直系親屬間之一般性扶養義務等問題。

第五節　監　護

一、監護準據法及監護管轄權

監護之制旨在保護無能力人之利益，因本國法等屬人法則最適合於保護，故普通學者均主張應以屬人法為監護之準據法。但由於監護當事人有監護人及受監護人，故採監護屬人法主義者，或主張應以監護人屬人法為基本準據法，或主張受監護人屬人法為基準據法。莫衷一是。監護既以保護受監護人為其目的，故以受監護人屬法為準據法，為妥。因此，涉外民事法律適用法第二十條乃倣德國民法施行法第二十三條採取受監護人屬人法主義而規定：「監護依受監護人之本國法」。此不僅規定中華民國法院審判涉外監護案件時，應依受監護人之本國法，並且承認受監護人之本國有命令監護之管轄權。所以受監護人為外國人而其本國命令監護者，中華民國法院應承認其監護之命令。反之，中華民國國民為受監護人而外國法院命令其監護者——例如居住挪威之中華民國國民，由挪威法院依住所地法主義適用挪威法律而命令監護是——中華民國法院原則上不須承認其效力。

二、監護準據法之適用

關於監護依受監護人之本國法，乃是吾國涉外民事法律適用法第二十條所採取之基本原則，因此：

(a)　監護，在法律上係當然開始（*Tutela legitima*）或必須俟有當事人之法律行為或官署之行為始能開始之問題，均依受監護人之本國法。

(b) 監護人取得何種權利以及負擔何種義務、終止監護有何種事由等問題，適用受監護人之本國法。

(c) 不但就僑居外國之中華民國國民之監護應適用中華民國法律，並應由其本國法所承認之監護機關，執行監護之事務。

三、外國人監護之例外適用

依受監護人之本國法，固有開始監護之原因，但往往因受監護人不居住本國，而致無行使監護之職務之人者。若是，則不但不能有效保護受監護人，亦有碍中華民國之交易安全，因此，涉外民事法律適用法第二十條，關於外國人之監護，規定兩種例外情形，於此兩種情形中之任何一者，均不適用其本國法，但適用中華民國法律，以盡保護受監護人之旨。此兩種例外情形所應具備之要件如次：

(1) 第一例外必須具備下列要件：即(1)受監護人在中華民國有住所或居所；(2)依受監護人之本國法有應置監護人之原因；(3)無人行使監護之義務。

(2) 第二例外必須具備下列要件：即(1)受監護人在中華民國有住所或居所而中華民國法院對之行使監護之例外管轄權；(2)受監護人在中華民國受禁治產之宣告。

此兩種適用中華民國法律之例外是否存在，乃屬中華民國法院之職權調查事項，中華民國法院負擔調查之義務，凡是上列例外情形之一存在，必須適用中華民國法律，不適用受監護外國人之本國法。

第十四章 繼 承

第一節 繼承準據法

一、繼承單一主義——被繼承人本國法

繼承就其發生移轉財產所有權之效果言，固有財產法性質，但其移轉財產所有權係基於親屬關係，因而亦具備身份法性質，有些學者著重繼承之財產法性質，而主張繼承應依財產所在地法。但有些學者，則以繼承身份法性質較多，認爲關於繼承應適用屬人法。依財產所在地法主義，被繼承人之財產分散在數國時，關於不動產適用不動產所在地法，關於動產適用動產所在地法或被繼承人之住所地法，因爲不動產所在地法與動產所在地法或被繼承人之住所地法未必同爲一國之法律。故關於繼承分別適用數國法律。因此，其立法原則爲繼承分割主義。但關於繼承適用屬人法者，即使財產分散在數國，仍然認爲單一體（*Nachlasseinheit*），此單位國家之法律即係繼承人之本國法或住所地法，所以屬人法之適用，應屬繼承單一主義。

繼承單一主義淵源於羅馬法，初由意大利學派所提倡，又復爲德意瑞等國家所採取，遂乃成爲現代最普遍之立法主義。涉外民事法律適用法第二十二條承德國民法施行法第二十四條之例而採繼承單一主

義爲基本原則。依其規定，繼承依被繼承人之本國法，如被繼承人之國籍有變更者，依被繼承人死亡時之本國法。

二、不適用被繼承人本國法之例外

對於繼承準據法，有如次不適用被繼承人本國法之例外，即：

(1) 適用中華民國法律之例外

有下列情形之一者，就置在中華民國之財產適用財產所在地法，即中華民國法律，不適用被繼承人之本國法。

(a) 依中華民國法律，中華民國國民應爲繼承人者。

(b) 外國人死亡時，在中華民國遺有依其中國法爲無人繼承之財產者。

但此例外係以中華民國法律爲財產所在地法而適用，其例外適用限對中華民國之財產部分，而不及於置在他國之財產部分。因此，就置在外國之財產，則仍適用被繼承人之本國法。即使有上列情形者，亦然。

(2) 因反致原則之適用而發生之例外

被繼承人之本國，關於繼承，採取住所地法主義，而被繼承人在中華民國有住所者，依直接反致之原則，應適用中華民國法律。同樣的，被繼承人爲外國A之國民居住外國B，而A國規定住所地法爲繼承準據法，則依轉據反致之原則，應適用B國之法律，不適用被繼承人本國之A國法律。

(3) 保留條款之例外

關於繼承所適用被繼承人之本國法為外國法律時，如其規定有背中華民國之公序良俗者，例如規定所謂民事死亡（*Mort civil*）或宗教死亡（*Klostertod*）為繼承原因者，依涉外民事法律適用法第二十五條應予排除，不適用之。

第二節　繼承準據法之適用

繼承準據法適用於繼承種類之決定、繼承之開始及繼承之資格。

一、繼承種類之決定

(1)　一般說明

繼承準據法，對於繼承應屬身份繼承或財產繼承、限制繼承或無限制繼承、單獨繼承或共同繼承、以及法定繼承或遺囑繼承等有關繼承種類之問題，均有適用。所以應承認何種繼承，應依被繼承人之本國法決定之。

(2)　遺囑繼承之準據法

特定繼承是否遺囑繼承固屬繼承種類之問題，應依繼承準據法，已如上述。但遺囑繼承之成立要件等，則與繼承種類無直接關係，不能一概依上述原則定其準據法。遺囑就其繼承觀點，可適用繼承準據法即「被繼承人死亡時之本國法」。但因其係關於遺囑，故亦應顧及遺囑準據法，因而涉外民事法律適用法第二十四條所規定之遺囑準據法即「遺囑成立時被繼承人（即遺囑人）之本國法」，亦得適用於遺囑繼承。於是，乃致就遺囑繼承「被繼承人死亡時之本國法」與「遺囑成立時被繼承人之本國法」衝突。此衝突之解決應依如次觀念爲之。卽涉外民事法律適用法第二十四條只規定遺囑之意思表示一般問題，但涉外民事法律適用法第二十二條，則凡是關於繼承之法律行爲，均有適用。不因生前行爲或遺囑而有所差別。因此就兩者之中應適用繼承準據法卽被繼承人死亡時之本國法。詳言之。

(a)　遺囑繼承是否應予承認以及遺囑繼承能否絕對自由或應受限制等問題，適用被繼承人死亡時之本國法。

(b)　遺囑繼承能否採取繼承契約之方式亦應適用被繼承人死亡時之本國法。以是，訂立遺囑時被繼承人之本國法雖予承認，但因以後被繼承人之國籍變更，而被繼承人死亡時之本國法不予承認者，固不能予以承認。

二、繼承之開始

繼承之開始所應具備之原因、其處所以及開始之時期，應依繼承準據法。所以人之死亡能否視爲繼承開始之原因，應依「被繼承人死亡時之本國法」（涉民二十二）予以決定。死亡宣告是否開始繼承之原因，亦然。至於繼承開始之原因事實，例如死亡之完成，則不依繼承準據法。應適用其原因事實固有之準據法，如適用涉外民事法律適用法第四條所規定死亡宣告之準據法，便是其例。

三、繼承人之資格及繼承之順序

繼承人應具備何種資格屬於繼承固有問題之範圍，因此，應適用繼承準據法。次之，特定人要能繼承而成爲繼承人之能力，並有最優先之繼承順序，此類繼承能力及繼承順位之問題，亦應適用繼承準據法。

(a) 繼承資格

一特定人是否有成爲另一特定人之繼承人之資格，胎兒有無繼承資格等問題均依繼承準據法卽「被繼承人死亡時之本國法」。此外，受遺贈之能力，亦有繼承資格問題之性質。因此，亦應適用被繼承人之本國法。

特定人要取得繼承能力，固須先有一般權利能力。是項權利能力應與繼承能力區別，應另行適用有關特定人之權利能力準據法卽本國法。

(b) 繼承順序

繼承順序依繼承準據法。代位繼承之承認，亦屬繼承順序問題，所以應適用被繼承人之本國法。因同時遇難而發生之死亡順序關涉繼承順序問題者，不適用一般權利能力之準據法，應另適用繼承準據法卽被繼承人之本國法。

四、繼承財產

(1) 繼承財產之構成

關於繼承財產應由被繼承人之那幾種權利義務構成之問題，適用繼承準據法卽被繼承人死亡時之本國法。因此，卽使被繼承人之特定權利義務之準據法承認特定權利義務爲繼承財產之一部分，倘如繼承準據法不予承認，則應由繼承財產除外，但依繼承準據法決定爲繼承財產之權利義務，能否爲繼承客體，則屬該權利義務本身之問題。該權利義務之準據法認其爲被繼承人之一身專屬權者，不得爲繼承。

(2)　特留分

特留分係特定人所保留之遺產部分，具備限制遺囑自由之特殊性質。就此特殊性質以言，特留分乃屬限制被繼承人處分能力問題，所以應依照繼承準據法卽「被繼承人死亡時之本國法」決定之，特留分權利人之本國法則無予適用之餘地。

特留分是否因被繼承人之遺贈而受侵害之問題，及扣減請求權之問題，亦均適用被繼承人之準據法。其中，扣減請求權之行使發生物權效力所應具備之要件則依個別財產之準據法。

(3)　無人繼承之財產

就遺產有無繼承人之問題，固應依繼承準據法卽被繼承人死亡時之本國法。但依繼承準據法，無人繼承遺產時，遺產之歸屬如何，與遺產所在地國之公益尤有關係，故涉外民事法律適用法第二十二條，乃採取屬地法主義。倘若無人繼承之遺產分散數國，則就分散之遺產各部分，分別適用其所在地法，是以依涉外民事法律適用法第二十三條，中華民國法律只就在中華民國國內之遺產有適用而已。

第三節　遺　囑

第一項　遺囑準據法問題之界限

遺囑準據法問題，有形式及其實質內容兩種觀點。是不特定人以俟其死亡後發生法律上效力爲目的而爲意思表示時，該意思表示於外表、形式上確爲遺囑，此係其形式問題。如依該意思表示於法律上成立遺囑時，欲依該遺囑所爲之遺贈、收養等法律行爲，於法律上能否有效成立，此係其實質內容問題。

就其形式問題觀點言。遺囑係身份法的法律行爲，乃是意思表示之一定方式而可不爲遺囑意思表示之各種不同內容所影響，一律適用該方式。故關於遺囑之成立要件，可超越其意思表示各種不同之內容而有統一的固有準據法。玆所謂「遺囑之成立要件」，因遺囑爲身份法的法律行爲，其方式與財產法的法律行爲之方式有區別，與涉外民事法律適用法第五條所規定「法律行爲方式」之準據法，互無密切之關聯，自可視爲包括其方式及實質要件，而其準據法與遺囑之效力，併成遺囑之「固有準據法」。屬於遺囑「固有準據法」之適用範圍內者，可分爲如次兩部分。一者，其成立要件，有如遺囑能力、遺囑之方式等問題。二者，其效力，有如：⑴遺囑如成立，則於何時發生效力；⑵已生效之遺囑能否予以撤銷；⑶遺囑是否只能單獨成立，或能與其他意思表示併成設立財團之捐助等法律行爲（民六十Ⅰ）等問題。

遺囑之實質內容，有其準據法，但與遺囑之「固有準據法」間有明確之界限。例如遺囑捐助、遺囑認領，遺囑指定監護人、遺贈等，均係以遺囑成立爲前提，而係以遺囑爲其必要的成立因素，但其成立要件、成立時期及效力之內容，則屬於遺囑之實質內容準據法問題，與遺囑之固有準據法，在範圍上，有界限存在。

因遺囑之成立要件及效力，均適用遺囑之同一「固有準據法」，卽遺囑人之本國法，如自遺囑成立時起至遺囑人死亡時止，其國籍有變更，則必引起其準據法變更問題，在吾國本國法主義下，對於前者適用舊本國法，對於後者適用新本國法，無庸贅述。在本節限就遺囑之固有準據法予以闡述，而對於遺囑之實質內容準據法，則不予論及。

第二項　遺囑之成立要件

一、緒　說

繼承依被繼承人之屬人法則，在吾國國際私法上，即依被繼承人之本國法，此一原則，其適用範圍及於依遺囑所爲之死因遺產處分。因而遺囑是否成立，亦適用此一基本原則，在前面已有所闡析，茲不再贅。在本項，另就關於遺囑之成立要件之幾個特別問題，列述該基本原則之適用情形如次。

二、遺囑能力

(1)　遺囑須遺囑人具備其能力要件，即所謂「遺囑能力」（*Testierfähigkeit*），始能成立。遺囑能力可謂係身份法的法律行爲之能力，其準據法退出於涉外民事法律適用法第一條第一項所規定「行爲能力準據法」之範圍外。唯無論依「行爲能力準據法」或依遺囑成立要件準據法，法律適用之結果相同，即均應適用遺囑人之本國法，兩者之間，尙無不同。而且於遺囑人開始作成遺囑時與其遺囑完成時，此兩個時期間，如其本國法有所變動，則依關於準據法變更之法理，應適用遺囑成立要件事實完成時之本國法即「新本國法」。

(2)　遺囑能力之適用遺囑人之本國法，係依涉外民事法律適用法第二十四條第一項規定而然。同法同條雖無關於遺囑能力準據法之特別明文規定，但比較法上及能力準據法之法理上，得作如此解釋。就比較法言，德國民法施行法第七條第三項第二段規定「對於親屬法及繼承法上法律行爲，（中略）不適用本項（關於外國人在德國境內為法律行為時之行為能力）準據法之規定」。此規定，係限於外國人在德國境內為交易時，始基於德國國內交易保護主義而予以適用，但如此不適用一般行為能力準據法，亦可謂例示對於如遺囑能力等身份法的行為能力，大率應不適用一般行為能力準據法。涉外民事法律適用法第一條第三項之規定略同。由是，對遺囑能力應適用身份法的行為能力固有之準據法。該準據法雖亦係本國法，但非依涉外民事法律適用法第一條第一項關於一般的行為能力準據法之規定而然。詳言之，同法同條第三項，雖只規定「關於繼承法之法律行為」不適用同法同條第二項之規定，但此係因對於遺囑能力無類似之保護規定，為免準用而混淆起見特為注意規定而然。至於同法同條第一項，則法理上，不適用於遺囑能力，已屬自明之事，不需要特為規定也。

三、遺囑之方式

(1) 關於遺囑之方式準據法，夙有住所地法（*law of domicili*）主義與行為地法（*lex loci actus*）主義之對立，此係淵源於十三世紀，而至十九世紀兩者已各自代表普通法（*common law*）國家及歐陸法系小國家，其對立狀況更加明顯。於十九世紀普通法國家適用遺囑人死亡時之住所地法（屬人法）則。歐陸法系國家，則限於動產之遺囑繼承，採取行為地法主義，而且其行為地法主義特有强行法性質，不容其他準據法與其選擇適用之餘地。而係上述立法主義上之對立，逐漸緩和，行為地法之原有强行法性質已改變為任意法的準據法則，乃致其能與遺囑人之屬人法「卽歐陸法系之本國法及英美法系之住所地法）選擇適用。（註）

（註）依拉貝爾（*Rabel*）教授，所指出，此係因繼承準據法適用於遺囑之成立要件之結果。而依此項準據法

原則，關於不動產物權，適用物之所在地法，而關於動產物權，適用遺囑人死亡時之本國法。參照 *Rabel, The Conflic of Laws, val.* 4,1958, *p.* 289. 美國「國際私法述例」(*Restatement of Conflicts Law*) 第二四九項、第三〇六項。

(2) 遺囑之方式準據法與一般法律行爲方式之準據法，大略相同，以策有利於其方式之成立爲其法律政策上之基本意旨。故對其特地準用涉外民事法律適用法第五條之規定，自非無據。況且同法第五條第一項、第二項及其他條文又均無排除之規定。由是，對於遺囑之方式，得就遺囑準據法，即「遺囑成立時遺囑人之本國法」與遺囑作成地法兩者中選擇有利於成立遺囑方式之任何一者。

(3) 遺囑人死亡時之本國法關於遺囑之方式，在法理上有無被選擇適用之餘地？同法同條第一項所謂「該行爲所應適用之法律」，宜解釋爲限指準據法之種類即「遺囑人之本國法」而未特定其何一時期之本國法，若是，則遺囑人死亡時之本國法有利於成立遺囑之方式者，亦應能予以適用。而就現今國際立法之發展趨勢言，如此解釋亦尙屬健全而無妨碍。一九六一年之「解決關於遺囑之法律衝突之條約」擴大選擇適用其準據法之範圍，即係其明證之一。依該條約，遺囑具備如次數種國家法律中任何一者所規定之方式者，即視爲有效，即：(1)遺囑人作成遺囑之國家之法律；(2)遺囑人作成遺囑時或死亡時見有其國籍之國家之法律；(3)遺囑人當時有住所之國家之法律；(4)遺囑人當時通常有居所之國家之法律；(5)（遺囑有關於不動產之部分時）該不動產所在地之法律。

四、遺囑之意思表示及其代理之禁止

(1) 遺囑人所爲之特定意思表示，是否成立法律上所謂「遺囑」，固依遺囑人之本國法而玆所謂「

遺囑人之本國法」，固係指其遺囑成立時之本國法而其採變更主義之本國法爲準據法則，固不待言。茲所謂遺囑人之特定意思表示，與其方式無關，因此，其是否必作成書面、或另須經公證等方式問題，則不包括於該準據法之適用範圍內。又依該準據法之變更主義，雖依遺囑人已開始寫立而尚未臻遺囑成立時之日本國法，遺囑之意思表示成立，但而後其國籍有所變動，如依遺囑作成時遺囑人之新本國法，遺囑不成立者，該遺囑仍不成立。另一方面，涉外民事法律適用法第二十四條第一項既只謂「成立時遺囑人之本國法」，縱其國籍於遺囑成立後再變動，於其死亡時，其本國法已變更爲另一他國法律，亦仍不適用——該另一他國法律。

(2) 如遺囑人欲依以成立遺囑之意思表示，如因被脅迫，被詐欺或錯誤而有瑕疵時，該遺囑不成立，或仍然成立而在未經遺囑人撤銷前維持其有效之狀態，亦依遺囑成立時遺囑人之本國法。

(3) 遺囑之作成能否代理，亦係與其成立有關之問題，亦適用遺囑之成立要件準據法卽遺囑成立時遺囑人之本國法。

第三項　遺囑之效力

一、遺囑效力問題之種類

遺囑之效力，包括遺囑如依其成立要件準據法成立，何時生效；該遺囑，遺囑人能否予以撤回；其撤回權能否予以抛棄等問題。上列遺囑之效力問題，依涉外民事法律適用法第二十四條第一項之規定，原則上，均適用「遺囑成立時遺囑人之本國法」。

二、遺囑效力準據法之立法例

(1) 關於遺囑效力之準據法，現有如次四種立法例。一、適用遺囑成立時遺囑人之本國法。二、適用被繼承人死亡時本國法。三、適用遺囑人死亡時住所地法。四、適用遺產所在地法。第一、第二，及第三立法例，採屬人法爲遺囑效力準據法，而第一及第二立法例採本國法而第三立法例採住所地法，實係因關於屬人法現有本國法主義與住所地法主義對立互不妥協，局面存在於歐陸法系國家與英美法系國家間而然。

(2) 德國民法施行法第二十四條第三項採本國法主義其規定比諸涉外民事法律適用法第二十四條第一項之規定較詳。德國民法第二十四條第二項規定：「外國人如爲死因處分之作爲或撤銷者，如其取得德國國籍，其是項作爲或撤銷之效力，依其爲是項作爲或撤銷時所屬國之法律（下略）」，雖其規定只限對外國人取得德國國籍者，始有其通用，其適用範圍較受限制，但表現本國法主義，甚爲明顯。至於日本「法例」第二十六條第一項，則更單純採取本國法主義規定：「遺囑之成立及效力，依其成立時，遺囑人之本國法」。涉外民事法律適用法第二十四條第一項，除其所使用「成立要件」一詞，與日本「法例」第二十六條第一項廣汎謂「成立」者不同外，其他規定內容與日本「法例」同條同項同其立法主義。

三、遺囑成立時遺囑人本國法之適用

(1) 遺囑之效力，與其成立要件相同，依遺囑成立時遺囑人之本國法。玆所謂「遺囑成立時遺囑人之本國法」，係限就遺囑本身之效力適用，至於遺囑爲因素之法律行爲，其效力，則不予適用。關於此類法律行爲之效力，應另依其權利準據法。略就其擧例分述如次。一、遺贈之效力，依被繼承人死亡時之本國法（涉民二十二）。二、遺囑認領之效力，依認領人之本國法（涉民十七Ⅱ）。三、遺囑收養，其效力依收養者之本國法（涉民十八Ⅱ）。

(2) 遺囑成立時，遺囑人之本國法適用於下列「遺囑效力問題」。一、遺囑成立時，有無溯及既往之效力或只向將來發生效力？二、遺囑有無撤回可能性？三、遺囑如能予以撤回，其撤回能否予以放棄？

(3) 適用於遺囑效力問題之「遺囑成立時遺囑人之本國法」，係一種不變更主義本國法。縱其國籍於遺囑成立後有所變動，仍不能適用新本國法，對於列遺囑之效力問題，應適用其遺囑成立時之舊本國法。

第四節　遺囑之撤銷

一、遺囑之撤銷之意義

(1) 涉外民事法律適用法第二十四條第二項就遺囑之撤銷專設規定謂：「遺囑之撤銷依撤銷時遺囑人之本國法」，依此將其準據法問題與遺囑之效力準據法問題分開。遺囑撤銷準據法，係以遺囑人之意思表示無瑕疵而有效成立爲前提適用於遺囑人欲撤銷該遺囑時，所應具備之要件及效力。其適用範圍自有限定，而爲使其適用能臻正確而無不當，固有予限定之必要。

(2)　如遺囑依成立時遺囑人之本國法未具備成立要件，則該遺囑不生效，因而不致有遺囑撤銷之準據法適用之餘地。即遺囑之撤銷係限指經已成立生效之遺囑由遺囑人任意撤銷而言。另一方面，遺囑人作成遺囑之意思表示有瑕疵者，能否視爲得予撤銷之事由，又係超出於遺囑撤銷之準據法適用範圍外之問題。此問題寧屬遺囑之成立要件及能力準據法即其成立時遺囑人之本國法（涉民二十四Ⅰ）之適用範圍內。

(3)　又有所謂遺囑之「法定擬制撤銷」者，其與玆所謂「遺囑之撤銷」甚類似，易被誤認爲對其應適用遺囑撤銷之準據法，兩者雖如此容易互爲混淆，但前者實係以遺囑爲要素之法律行爲之內容問題而已。於前者，遺囑人於遺囑成立後縱無撤銷遺囑之意，但因其爲特定之行爲依法被認爲遺囑之撤銷。即其有無爲撤銷遺囑之意思表示，於「法定擬制撤銷」，無關重要。例如遺囑人於遺囑成立後，欲依該遺囑處分之特定物轉讓他人者，是否當然視爲撤銷遺囑，此係遺囑之「法定擬制撤銷」，於遺囑撤銷固不能對其適用遺囑之撤銷準據法，對其亦適用遺囑人之本國法，惟其本國法之時期與遺囑之成立要件及效力，有區別。關於遺囑之成立要件及效力，所應適用之遺囑人本國法，係以其遺囑成立時之國籍爲連結因素。對此關於遺囑之撤銷，則依遺囑人撤銷遺囑之國籍爲基礎而決定對其應適用之法律。

(4)　基於上述，涉外民事法律適用法第二十四條第一項所規定遺囑撤銷之準據法，屬其適用範圍內之問題，有撤銷行爲之方式、撤銷能力、撤銷行爲生效之時期等。

二、遺囑撤銷行爲之方式

遺囑人撤銷已成立之遺囑，其行爲之方式，應依何國法律，涉外民事法律適用法無明文規定。同法

第五條第一項及第三項亦均無特別規定。宜認其爲法理問題。法律行爲之方式準據法與實質準據法，原則上應予區別。但法理上，尙無對於法律行爲之方式，絕不準用實質準據法之理由。比較法上，日本「法例」第二十六條第二項規定「遺囑之撤銷，依撤銷遺囑時遺囑人之本國法」，但依「法例」同條第三項之規定，「關於遺囑之撤銷之方式，不妨依行爲地法」。此項「法例」規定於涉外民事法律適用法關於遺囑撤銷之準據法規定之解釋，可作爲參考。余意關於遺囑撤銷行爲之方式，得就「撤銷遺囑時遺囑人之本國法」與撤銷行爲地法兩者間選擇適用其中一者。在遺囑自由原則之下，遺囑人撤銷遺囑之自由之利益應受保護。爲此，其得依選擇上列準據法而採取有效撤銷其遺囑之方式，應無置疑之餘地。

第六編　涉外商事關係準據法上之幾個問題

第一章　緒　說

涉外民事法律適用法爲吾國之主要涉外單行法律，但其條文共只有三十一條，而且早已於二十八年前即民國四十二年六月六日由總統公布施行，立法上，只是將原有涉外法規「法律適用條例」修正，稍微加詳而取代該條例，藉期使其更能適應處理現代涉外法律問題之需要。但不僅其各條規定之內容簡略，將其規定之範圍囿於涉外民事關係準據法問題之框內，未能試圖將其規定着實發展，而伸入涉外商事關係準據法之範域。同法第五條第二項「行使或保全票據上權利之法律行爲，其方式依行爲地法」，可謂係關於涉外商事法律關係準據法之唯一規定，關於其他涉外商事法律關係準據法，則付諸闕如。此外，尚有關於涉外商事準據法之規定設置於公司法及其他商事實體法內，但其數目極寥落。在此情形之下，涉外商事關係準據法之探討，甚需應用法理，易可明瞭，而爲解明其法理，國際條約、比較法及國內外學說，有重要作用，亦無庸贅述。

玆就公司、票據、海商及保險等之涉外法律關係，主要是基於法理，分章闡論其于重要準據法及其他有關問題如次。

第二章　公司涉外法律關係準據法及其他有關問題

第一節　緒　說

一、公司之主體地位與國籍

(1) 比較法上，依英美公司法及德國公司法，無限公司及兩合公司帶有合夥性質，因其比諸合夥較有團體組織而且得爲商事交易之主體，甚且與「無權利能力社團」比較，權利主體之色彩亦稍多，唯仍尚非社團法人。但其他國家之公司法上該兩種公司，均爲營利社團法人。至於股份有限公司及有限公司之有社團法人資格，則爲英美法系及歐陸法系國家之公司法所一致承認。吾國公司法亦然。

(2) 因公司爲營利社團法人，有權利主體地位，故有國籍，而依有中華民國國籍或外國國籍而分爲中國公司與外國公司。其爲外國公司者，如欲在中國境內營業則須經經濟部認許給予認許證並領有分公司執照（公三七一Ⅱ）。

二、公司之屬人法

(1) 但特定之人合組織須依其準據法卽所謂「公司屬人法」（*Personal law of a corporation*）

具有公司之營利社團法人資格，始能有權利主體地位，而依此具有國籍。其有外國國籍而非中國公司者，始爲外國公司，而俟其經經濟部認許乃得在中國境內營業。據公司法第四條之規定，外國公司須「以營利爲目的」，「依照外國法律組織登記」之公司同條此段規定特意味外國公司須係特定人合組織，其組織登記，均須以特定外國法律爲依據，而依此組織成爲公司。於此，其所依以組織登記爲公司之外國法律即係其「公司屬人法」。

三、公司屬人法與外國公司之認許之關係

唯於特定之營利人合組織，依「公司屬人法」爲公司時，始有外國公司之認許。即外國公司之認許即係適用「公司準據法」之結果。如公司欲將其營業活動之範圍，由自國領域伸延至他國領域內，則需要經他國政府之「外國公司之認許」之程序。依公司法第三百七十一條第一項之規定，「外國公司非在本國設立登記營業者，不得申請認許」。就此規定闡析，外國公司須依其屬人法已先具有公司之社團法人資格，而後在其本國已有其「營業之範圍」。此事實存在爲前提，始得向中華民國政府之中央主管機關即經濟部申請認許。外國公司之屬人法及認許，均屬國際私法上公司準據法及有關問題，於其討論，尤須注意兩者間之上述關係。

第二節　公司屬人法

一、學　說

(1) 公司爲人合營利團體，固此，所謂「公司屬人法」問題，其重點在於特定人合營利團體，能否爲公司之營利社團法人而依此權利主體資格在中華民國境從事營業，因此，應先由如次問題開始討論，卽：其爲公司之營利社團法人所依據之「公司屬人法」係何國法律？

(2) 關於「公司屬人法」爲何國法律，於國際私法之實務上及學者間，向有爭論，而至今已有如次數種重要學說，卽住所地法說、設立地法說及設立準據法說。玆將上述三種學說分別略述如次。

(3) 住所地法說

公司以本公司爲其住所（公三Ⅰ）。所謂本公司當係管轄公司全部組織之總機構（公三Ⅱ）。本公司卽係管轄公司全部組織之總機構，而其所謂「管轄」則係指揮管理（*Verwaltung*）之意。基於此以股份有限公司之實際爲例言，本公司應係由對於公司業務之執行有決定，指揮之權並且對於公司之業務及財產有管理權之董事會爲軸心組成之機構。而該機構之所在地卽係本公司之實際所在地，卽所謂「主要管理中心」（*Hauptverwaltung, lieu de la direction*）所在地。但公司章程旣以本公司所在地爲其絕對應記載事項，則章程所規定本公司所在地亦屬公司之住所所在地。前者爲公司之實際住所，後者爲公司之章定住所，前者無明文禁止其設在章定住所之外，其設在甲國而章定住所設在乙國，亦係可能，則在此情形，兩者之所在地國可能互不一致。因此，以闡言住所地法，亦已可分爲實際住所地法與章定住所地法。兩者中以何一者爲適妥？實際住所所在地，係公司實際上爲營業活動之地，而其與第三人簽訂契約從事商事交易之行爲，亦通常在該地發生。就準據法之實在性及交易安全之保護言，實際住所地法說固較優於章定住所地法而後者之欠缺實在性，有虛僞性等缺點，亦早已爲學者所指摘。如今所謂「住所地法」通常係指「實際住所地法」，實有其理由。（註）玆須另有一言者，住所地法之連結因素「管理中心」，分設於數個國家之情形，公司法及國際私法之實際上尚非絕無。如特定公司本在甲國設有管理中心，但因甲國之政情不安，恐業務之管理及業務之決定有甚受妨礙之虞，乃另在乙國設「管理中心」之一部分以致一公司而有數個「管理中心」存在，卽該公司有數個住所。於此情形爲確定其住所地國，應就其數個「管理中心」中，擬定最重要一者，如其董事長駐在而實際主持業務管理之事務所所在地國爲其住所地國，以該國法律爲其住所地法爲妥。

（註）與「管理中心」應有區別者，爲所謂「經營所」（*seat of exploitation, siège dèxploitation*）。「經營所」係公司推行生產、交易及其他技術性作業之場所，而於大型公司，往往有數個「經營所」，但無管轄公司全部組織及管理公司業務全部之廣泛權限。在英美法上，有公司之「商業住所」（*commercial domicile*），但尚非固有意義之「公司住所」，寧係專爲課稅管轄權之行使等特殊目的而被擬制爲公司住所而已。現代各國學者咸認不能視其所在地法爲公司住所地法。關於此。參照 *Rabel, The Conflict of Laws, vol.2, 1960, pp.28-30.*

(4) 設立地法說與設立準據法說

此兩說，大致可謂係在法人「擬制說」（*fiction theory*）之影響之下，被創導。依此說，基本觀念上，公司只係法律之產物，因法律之作用而發生及存在。而依其據以設立之法律生存。英美不信「法人實在」英美法上，只有人合組織因特定國家之法律被創造爲公司社團法人之觀念，而公司因依該國法律「設立之事實」(*fact of incorporation*)而在該國創立及存在。設立地國既係公司成立之國家，其法律自與公司之主體地位、能力及組織等尤有密切關係，故以該國法律爲公司屬人法，既適宜且便當卽使公司在他國從事營業活動者，亦然。而唯有憑依該國法律「設立之事實，始得要求他國認許（美國「法律述例」（*Restatement of Law*）「國際私法」第一百五十四項）。」至於設立準據法說雖係於設立地法說之外，另立之一說，但因與公司設立有關之法規中，有不少行政、管制登記程序法規及罰則摻有公法色彩，依公法之「屬地原則」（*territoriality principle*）設立地法者，排除他國法律之作用在設立地國設立之公司，當係以設立地國法律爲其設立之準則，設立地法通常卽係設立準據法由是，可知幾無於設立地法說之外，另立設主準據法說爲關於「公司屬人法」之學說之必要。而設立準據法卽是設立地法，爲此準據法之適用，重要者，公司依據何國法律，而公司企圖在何國營業，則幾無法律上意義。

(5) 吾國公司屬人法

吾國法律關於公司屬人法尚無明定。因此，在吾國國際私法上，公司屬人法究係何國法律，迄仍屬法理問題，自宜參考比較法及學說，予以研討。査涉外民事法律適用法第二條規定「外國法人（中略）以其住所地法爲其本國法」。此規定因公司爲營利社團法人，似亦與公司有關係，但同法主要係就涉外民事規定準據法，此條文之規定難謂對於涉外商事之公司亦有適用。況且此條文只明定外國法人之本國法爲何國法律，但未規定本國法適用於外國法人之何種特定涉外法律關係。故而無從據以闡明其是否可準用於公司以確明其「公司屬人法」。由是在吾國國際私法上，已不能輕言非營利社團法人係以住所地法爲其屬人法，公司更是如此。公司法第四條旣就外國公司規定其須「依照外國法律組織登記」成立，依此取得營利社團法人資格，始得申請認許，則其顯然以外國法律爲依據取得公司之地位，卽其所以能爲公司社團法人者，實係基於該特定外國法律而然。該外國法律卽係其「公司屬人法」。而對於如此解釋，無明文規定之阻礙，已如前述。余意，在吾國國際私法上，「公司屬人法」，應爲公司設立準據法。

二、公司之本國法與公司屬人法之區別

(1) 外國公司「無本國法」(*has no law of home state*),此係漸爲一部分學者所主張之新學說。採此公司無國籍說之學者,甚且指出公司應無國籍。詳言之,公司雖得分爲內國公司與外國公司,惟其爲內國公司或外國公司,則視有關法規之不同而異。特定公司在甲法規之適用上,爲內國公司,而在乙法規之適用上,却爲外國公司。因其依有關法規之不同,或爲內國公司,或爲外國公司,由此可謂其無國籍。另方面,關於自然人之國籍,固有專有法規卽「國籍法」,但關於公司之國籍,則無此項法規,由此亦可明公司無有其國籍之依據,謂公司之國籍係一種法理上之擬制,諒尙非過言。而此須擬制爲使對於公司之涉外對人管轄有其基礎,確有必要。

(2) 本國法以國籍爲其連結因素,而國籍又非權利主體不能有之。「獨資或合夥組織之商業」,經商業登記後,雖亦爲商事交易之主體,惟法律尙未對其賦予權利能力,自未臻爲權利主體,似不能具備國籍。反之,公司旣爲營利社團法人,固屬權利主體,故可有國籍,因而以此連結特定國家法律爲其本國法。姑引涉外民事法律適用法第二條之規定爲例論,社團法人明有國籍,公司自亦然,由是,以此爲基礎而乃有其本國法。

(3) 本國法之連結因素國籍,或係自然人之國籍之摹倣,甚且或可謂法律之擬制,但唯有權利主體,始得有之,此爲各國學者所咸認。特定人合組織之爲公司,是基於「公司屬人法」,由是應先行適用「公司屬人法」而後公司之權利主體地位始能確立,因其如此爲權利主體,故有國籍,依此連結因素乃有其本國法。綜之,有「公司屬人法」此一原因,乃有公司之權利主體地位,由此發生公司之國籍,而有「公司之本國法」。「公司屬人法」爲原因,「公司之本國法」爲結果。原因與結果兩者之發生層次不同,自屬互異不可混。基於上述,公司本國法並非公司屬人法,已足可明瞭。

三、公司屬人法之適用範圍

(1) 公司屬人法卽公司之設立準據法，其適用範圍相當廣泛而及於公司之成立及存在，組織機關之職務、公司責任旣且解散及清算等事項。玆就上列事項之主要者分述公司屬人法之適用情形如次。

(2) 公司之存在。公司屬人法卽設立準據法，決定特定公司有無存在，卽其關於公司之存在有積極及消極兩種作用。就其積極作用言，公司屬人法係依以肯定公司之存在之法律。該法律，就其消極作用言，公司係依以否認公司之存在之法律。公司依其設立準據法尙未取得其「法人格」(*legal personality*) 以前，只能認其係未完成設立因而尙未成立之團體而已。而其無完備設立之條件，亦依該準據法。凡爲其設立及成立須具備之絕對必要事項及非絕對的但應具備之事項，均應受其適用。由是如股東之最低人數認股或出資之方式等，與公司設立及成立之因素，均依其設立準據法。

(3) 公司之設立。發起人爲設立公司所訂立之合夥契約，其契約本身之成立要件及效力，寧係債權行爲，應受涉外民事法律適用法第六條第一、第二、第三項之適用，依發起人之意思所定之法律，如發起人意思不明，而均同國籍時，依本國法，如國籍不同時，依行爲地法等等。但關於該契約是否公司之設立行爲之一部分，則依「公司屬人法」設立準據法。因特定人合組織是否公司，依「公司屬人法」，該準據法自對於公司之設立行爲亦有適用。並非俟公司成立以後始有其「公司屬人法」也。縱公司尙未設立完成由是成立而取得營利社團法人，仍已有「公司屬人法」，卽是否是以該後行發生之準據法，適用於先行發生之設立行爲，由是而有犯「惡性循環」(*circulus inextricabilis*) 之弊。在公司設立過程上所發生爲認定出資或認股之成立要件及效力，尤其是認資人或認股人之責任，亦屬「公司屬人法」之適用內。章程是否須經股東全體之簽名蓋章等方式問題，因章程爲公司團體法上法律行爲，一個行爲而兼有團體法的行爲及法律行爲雙重性質。由是，自然發生其爲公司設立之團體法行爲而應適用公司屬人法之說及因其爲債權行爲而應適用該行爲方式準據法之說兩種學說。德法判例有謂認資人或認股人認定出資或認股時，默示接受將來成立之「公司之屬人法」之支配，可認爲係採前者學說。此種見解，似較健全。但因其究竟係法律行爲之一種，故亦可通用「場所支配行爲」(*Locus regit actum*)之原則，具備行爲地法即訂立章程地國之法律所規定方式者，亦可發生效力。

(4) 公司之能力。公司具備其章程及其設立準據法所規定之能力。此項規定有限制力，公司不能違反該法律之限制，如其是否能轉投資爲合夥人，或爲他公司之無限責任股東，不能享受，負擔專屬於自然人之權利義務，不得爲保證人，不得經營其登記範圍以外之業務，即不得爲「權限外行爲」(*ultra vires acts*)凡是上列限制均是關於公司之「能力」，亦即公司之所謂「特殊權利能力」所受之限制。凡是公司之社團法人屬性均依能力準據法，因而公司之名稱及名稱權，依「公司準據」。依有權利能力者，於民事訴訟法上有當事人能力，能獨立以法律行爲負義務者，有訴訟能力之原則，關於公司之當事人能力及訴訟能力，亦依該上有特殊之行爲主體之要性，公司有無此商人身份，亦依「公司屬人法」設立準據法。但何人能代表公司爲公司而爲訴訟行爲，此問題已退出公司能力準據法適用範圍之外，不適用「公司屬人法」。

(5) 公司之組織。凡是公司內部組織之問題，原則上適用「公司屬人法」，因而關於其組成份子「股東」資格之取得及喪失，均依該準據法。關於股東出資證明書，股單或股票，其與股東地位之關係，其持有人享有股東權利之程度等問題，適用該準據法，但股單或股票之轉讓，則不然。尤以股票其證券流通性之程度，記名式股票依背書轉讓，其自由是否受限制，如受有限制，限制之程度如何，因股票有動產之性質，上列關於股票之事項，悉依股票所在地法，依大多數學者之看法，應視轉讓股票之地之法律爲其所在地法，故應適用股票轉讓地法。該準據法，其適用範圍是否及於非依轉讓之方法移轉股票所有權之情形？拉貝爾採取肯定說，認爲國家强制收買（*compulsory purchase*）即徵收股票，亦受其適用，甚且股票之沒收，亦然（註）此說似尚未臻週全而有欠妥之處。在此情形如股票轉讓地國爲徵收國或沒收國，其轉讓有採取依背書轉讓之方式則該國取得股票之公權行爲，不因他國主張徵收或沒收法規之「屬地原則」而致被採行否認其對於該地國之涉外效力，如持有該股票之股東，就在該外國境內之該公司財產，據其股東權利依訴訟否認徵收國或沒收國之權利，該外國法院仍有認定股東之主張爲理由，排除徵收國或沒收國對於該項公司財產之權利主張。另一方面，該外國關於該項公司股票之對價，應得否認徵收國或沒收國所爲對價給付之正當性。拉氏雖未考及此情形，實有美中不足之感，但仍爲一種值得參考之學說。

（註）此問題其所涉及範圍廣泛，包括敵產股票（如敵國所有之內國公司之股票）之沒收問題。關於股票沒收之通常情形，參照美國聯邦最高法院一九五〇年 *Sandard Oil Co. v. New Jersey* (1950) 341 *U. S.* 428 之判決。關於拉氏之學說，參照 *Rabel, Conflict of Laws, vol.* 2, 1960, *pp.* 57-60.

(6) 公司之對外關係。「公司準據法」即設立準據法適用於公司對外關係上之涉外問題。如次問題，均屬此類，應適用該準據法。一爲公司對於第三人（如公司之債權人或債務人是）之權利及責任問題。二爲公司股東對於第三人應負何種權利及責任，如無限公司股東就公司債務對於公司債權人是否應行負擔連帶清償責任及該責任發生之條件之問題是。三爲公司之權限是否限於經登記之「所營事業」，其是否不得爲「權限外行爲」，闡析之，(1)如其爲「權限外行爲」，該法律行爲是否當然無效？(2)其代表機關卽代表公司之負債人爲該項法律行爲時，該行爲不生效力則是否經股東同意或股東會很快就同意而生效力？四爲發起人關於公司設立之責任問題。五爲股份有限公司或有限公司之董事之責任問題。六爲股東責任問題包括公司設立有瑕疵被撤銷時，股東個人應否就因設立公司發生之債務負擔責任之問題。

(7) 變更章程。「公司屬人法」卽設立準據法適用於與變更章程有關問題。凡是關於章程記載事項之變更之問題，原則上依該準據法。玆分數點，析言此項問題如次。一爲公司資本總額，各股東出資額或每股全額之變更問題。二爲資本總額之增加或減少問題。三爲公司存價期間之變更問題。四爲組織變更之公司種類及條件之變更問題。五爲合併條款之變更問題。六爲章定解散事由之變更問題。

(8) 解散及清算。公司解散，依「公司屬人法」卽設立準據法。因此，除章定事由外，公司因何種事由發生而解散，當依該準據法。公司解散時，清算尚未完法前，其法人格卽已消滅，仍於清算範圍內，以「清算公司」(*Abwicklungsgesellschaft*)之地位，繼續存在之問題。

四、公司住所之遷移與「公司屬人法」之適用

(1) 公司將其在甲國之住所移至乙國時，在住所地法主義之下，自然引起新「公司屬人法」與舊「公司屬人法」間之衝突。於此準據法之變更，就舊住所地法卽甲國法律與新住所地法卽乙國法律兩者中，應選擇適用何者？觀諸現在學說之發展趨勢，舊住所地法說及新住所地法說似均未被廣泛採取而均未足認爲係有力說。兩者之累積適用，似已成爲有力說。玆就公司之存續硏討其適用問題如次。一、公司依舊法存續但依新法已消滅者，仍應視爲消滅。二、公司依新法存續，但依舊法已消滅者，仍應視爲

消滅。三、公司新法存續，依舊法亦同者，應視爲存續。

(2)　在採住所地法主義之國家，「公司屬人法」之適用，易因公司住所之移遷而受影響。已如前項所述。吾國既採設立準據法主義而公司依以組織，設立登記之法律，卽設立準據法，則不然。縱公司之住所遷移，設立準據法既只有一種，公司存續或消滅之問題，無論其住所有無遷移，槪依該準據法。

五、控制說與公司之本國法

(1)　公司之國籍，本係就公司本身以其住所卽本公司或管理中心設置於何國爲標準而決定。卽公司國籍之決定標準，係由其股東或負責人獨立，就公司本身決定。因此，其股東人數全部或二分之一以上不具備其國籍仍對於公司之國籍無影響，此係傳統的，自有公司國籍制度以來一向支配該制度之基本觀念。「控制說」係推翻此項基本觀念而使公司、股東或其負責人之國籍對於公司國籍之決定發生影響。卽如有特定國家國籍之股東其人數逾公司股東全部之二分之一，有特定國籍之股份數逾股份總數二分之一，或有業務執行決定權之公司負責人全體或大部分均同有特定國家國籍者，就控制該公司者之特定國家國籍視該公司有該特定國家之國籍。

(2)　美國聯邦最高法院史特恩（*Justice Stone*）曾在一九三三年普特黎谷一案（*Puerto Rico V. Russel & Co*）之判決有謂：「爲決定聯邦法院就訟爭事件有無裁判管轄（中略），我們應以公司之住所爲其基礎，股東之住所不能作爲標準。史大法官之此段闡釋，申述謂公司有其固有之住所及國籍，股東之住所或國籍與其既無關聯，亦不對其發生影響。依此觀念，控制說應不能用以決定公司之國籍，拉貝爾（*Rabel*）氏指出，在關於公司國籍之「平時條款」（*Peace provision*），通常不使用「控制」觀念以決定公司之國籍，亦卽此意。其實，此說原淵源於第一次世界大戰時關於處理敵產及公司之「敵性」(*enemy character*) 問題之法制，一向爲衆所週知。而「控制」，至今幾未被利用以作爲決定公司本國法之因素。

(3) 惟法國尼泊爾 (*Niboyet*) 教授，却認爲「控制說」，旣已於第二次世界大戰前，被採爲「緊急法」上之決定公司國籍之特殊標準，何妨將其範圍稍加擴大，適用於平常涉外商事法律問題上，以資決定公司國籍並確明公司本國法爲何國法律。尼教授以其爲世界上聞名之國際私法學權威地位，如此提倡「控制說」應爲決定公司國籍之理論基礎，其影響必將深鉅。但迄今各國司法裁判之實際，仍在猶豫不敢苟同斯說，亦値得注意。(註)

(註) 詳見 *Rabel, The Conflict of Laws, vol. 2, 1960, pp. 60-63.*

第三節　外國公司之認許

一、外國公司之認許之意義

(1) 外國公司並非因依其「公司屬人法」卽設立準據法爲營利社團法人而於此權利主體地位具有公司立法人格，此固係其涉外商事法律關係準據法上關於公司之基本問題之一，但該公司並非因此而卽當然能在中國境內營業，其爲在中國境內營業，須經中國政府中央主管機關卽經濟部之認許 (*recognition, Anerkennung*)。

(2) 外國法人之認許，經濟部不能逕行依其行政裁量任意爲之，應先依該公司之屬人法確明其爲公司社團法人，始能予以承認。「公司屬人法」之作用，固不限於外國公司之認許，但因認許係爲公司從事對外投資及國際交易所宜履行之程序，而「公司屬人法」，則須以外國公司之認許爲基礎，乃能於國際間發揮其作用，其與外國公司之認許間關係至密，亦甚明顯。於國際私法上之公司問題，公司屬人法與外國公司之認許有互連之關係，猶如權利能力準據法與死亡宣告間，行爲能力準據法與禁治產宣告間之密切關聯一般。

(3) 外國公司基於公司之地位而得具有之權利及應負擔之義務，「公司屬人法」，對其爲決定之準據，而外國公司之認許，亦對其非無作用，如外國公司欲在中國境內，與中國公司同其權利義務，須經認許（公三七五），卽如其欲使其權利義務發生實在的權義作用，須完成認許之程序。由是可謂「公司準據法」與外國公司之認許兩者相輔，其公司之權義，始能臻名實均有。因此，於國際私法上之涉外公司問題，「公司屬人法」與「認許」管轄，就其兩者中不能偏廢其一。

(4) 拉普（*Raape*）教授在其第二次世界大戰後之著名專作「國際私法」（*Internationales Privatrecht*）（一九六一年版）一書第一百九十九頁至第二百頁，略有謂：「公司社團法人不外乎是其準據法之適用法果（*Folge der Anwendung der massgebenden Sachnormen*）（中略）。其基於（公司）社團法人屬人法所取得權利能力，本係絕對的，空間上不受限制的，並非相對的，空間上受有限制的，卽其效力非限於其住所所在地國的(*eine absolute, örtlich beschränkte und nicht etwa einer elative, örtlich beschränkte, nämlich auf das Gebiet eines Sitzstaates beschränkte*)」，拉教授所言上引一節，足可認充份指明於國際私法上「公司屬人法」與「認許」兩者間兼收並蓄之一體關係。

二、外國公司認許之學說

(1) 國際主義亦稱「自由說」(*liberal theory*) 關於國家有無認許外國公司之義務現有「國際主義」(*internationalism*) 與「屬地主義」(*territorialism*) 兩種不同看法。前者肯定此項義務之存在。此派學者，考察晚近國際商事條約之發展趨勢而後遂採斯說。尤以一九五一年第一次海牙國際私法會議所擬成有關認許公司公約草案規定條約國負有認許外國公司之義務。惟至今此說尚未成爲有力說。「國際主義」，係以公司在設立地國依該國法律爲準據而設立成立者，其設立及成立卽有「國際效力」(*international effect*) 爲其基本思想。因如採此思想，外資勢力擅恣侵入，致對國內公司營業有侵害之虞，故有「國家主義」(*nationalism*) 興起，以糾正上引國際主義之錯誤。

(2) 國家主義

國家主義並非復歸於「屬地主義」亦採「限制說」(*restrictive theory*) 之思想，但就時間及思想之架構說，可謂係比「屬地主義」稍進一步之學說。「屬地主義」其特點之一在於狂信國家應有決定是否使外國公司能在自國境內享有「法人格」(*legal personality*) 之自由裁量權。斯說顯然欲將公司社團法人之「行爲機能」(*functions*) 範圍制限於其所成立之國家境內。歐克斯大銀行一案 (*Bank of Augusta V. Earle*) 之美國聯邦最高法院一八三九年判決常爲學者爲闡釋「屬地主義」所採用。而唐尼法官 (*Judge Taney*) 之如次論述一節，尤爲法界所援用以釋明「屬地主義」之涵義，卽：「公司不能超出於創造該公司之國家領域之外而有其法律上之存在。公司只是因法律之造作 (*in the contemplation of law*），並憑依法律，乃能存在。於該法律停止其作用而已無法效力之處，公司則已無其存在。公司務必於其被創造之地繼續存在，不能轉移於他國」。拉貝爾（*Rabel*）氏指摘此說採取一、公司係因國家特許始能設立成立；二、外國公司應受歧視；三、公司只存在於想像中（*imaginary*），是虛構（*fictitious*），只是法律創造之存在（*mere creature of law*）等落伍、不健全之思想。縱使在英美二國「法人擬制說」仍有其影響力，「屬地主義」已被該二國法界認爲荒誕不經，幾無敢爲苟同者。於是，「國家主義」終於得勢而取代之。（註）「國家主義」係順應現代國際私法上力求外國人與國民間平等待遇之潮流而出現之一種修正「屬地主義」。此修正之學說有二。一爲國際禮讓（*international comity*）說：依斯說外國公司在其設立地國設立成立係限於該國領域內始有其存在，退出此地區之外，則無其存在（*Non-existence*），在他國境內當無其存在（*Non-existence*），但他國基於「國際禮讓」，仍得許其在該他國境內有其存在。二爲國家裁量說：依此學說，外國公司依其設立準據法具備公司法人格者，在他國境內亦得繼續存在，但該地國既得依裁量容許其在自國境內存在並爲營業，亦得拒絕准許其在自國境內存在，或規定其具備特定條件者，始容許其在自國境內存在。

(3)　管見。　在上引三說中，第一說寧係誇言「必要認許」之理想，「屬地主義」，係早期國際私法學應用尚未如現在發達時被提倡之落伍而粗糙之觀念構成之學說，於現今頗不妥適。採取修正的屬地思想之「國家裁量說」，諒係合乎中庸之佳說。惟於此應指出者，「屬地主義」與「國際主義」此兩種學說，於其底蘊有對於外國公司在內國境內法律行爲放任自由或嚴加限制之法律政策的考慮存在。而又常有經濟的，政治的因素影響此項考慮，亦不可否認。就此點言，「國家裁量說」，恰似得當，而與「相互原則」、「公序良俗」等之考慮又較能配合。其漸成有力說，亦有理由。

三、外國公司之認許之性質

(1) 特定人合組織依設立準據法國之法律爲公司社團法人後，既在該國有其存在，在他國亦應能有其存在，此非僅因「公司屬人法」有涉外效力使然，並且公司一經在其設立地國成立，卽在該國存在，惟其存在不受國家間疆界之限制，其既在該國有存在，卽在他國亦得存在而爲營業。但有一點需予指出者，其在該國之存在爲「完全存在」，而在他國，則只有不完全存在。由是，其在該國當然有營業之權利。因其在他國之存在爲不完全，故須經「認許」始得與該他國之內國公司一般，有當然營業之能力。亦可謂認許有補救其存在之不完全，卽使其本在該國享有之營業能力伸延，進入爲「認許」之他國，在該他國境內亦得亨有之。詳言之。外國公司如在設立地國未完成設立程序而成立，既尙無其法人格而未臻有其公司社團法人之存在，他國對其自不能給予「認許」，使其在該他國之存在能臻完整，且使在該他國享有營業能力，可謂「認許」不以創造其法人格及存在爲作用，而只是確認其在該他國有存在及營業能力。由是可知「認許」並非「再創造」外國公司在認許國境內之存在，其關於其在該國境內之存在及營業能力無創造效力，但只有宣言的效力。卽「其自體不是予以法人格之行爲，而是承認已被給予之法人格之行爲」(*nicht selber Verleihung, sondern Bejahung dessen, was verliehen ist*)。

(2) 理論上，「認許」止於確認外國公司有法人格，但尙未臻准許該公司從事營業。雖然外國公司之法人格帶有營業能力，但此項能力只屬所謂「民事能力」(*civil capacity*)。尙非其實際上得爲營業行爲之所謂「機能能力」(*functional capacity*)，而「認許」尙無確認其有「機能能力」之作用。吾國公司法第三百七十一條第二項之規定似亦採此觀念，同法同條同項之規定第一段要求外國公司爲

「得在中國境內營業」，應經主管機關「認許給予認許證」，但仍不以此「認許」爲足，其第二段並規定其「並領有分公司執照者」。由此可謂其規定第一段指明外國公司應先經「認許」確認其有「民事能力」，而後再依分公司執照之發給，以作爲准許該公司在中國境內享有「機能能力」之條件。

四、外國公司認許之限制

(1) 外國公司，依其「公司屬人法」卽設立準據法取得之法人格在他國境內亦享有之，並且觀念上其依該準據法具有之權利，負擔之義務，在該他國境內亦具有、負擔之。但其如此在該他國境內具有、負擔之權利義務，該他國有權予以限制，且得依「國民待遇原則」(*Principle of national treatment*)對其權義設定最高限制，使其不得違反此項限制。吾國公司法第三百七十五條規定「外國公司經認許後，其法律上權利義務及主管機關之管轄，(中略)與中國公司同」，此卽係「國民待遇」條款之一，而外國公司則不能援引其設立準據法之規定要求比諸較優之待遇。蓋「認許」只有確認外國公司依其「公司屬人法」卽設立準據法具有法人格之作用，但無保障該公司依該準據法在設立地國具有之權利在他國境內亦得享有也。美國之「法律述例」(*Restatement*)(國際私法)第一百七十一項有謂：「外國公司僅憑依設立地法所取得之權，仍不能獲得爲凡是公司依行爲地國法律均得爲之行爲之權利」。

(2) 外國公司之認許可分爲無條件認許與限制的認許兩種。前者係凡是外國公司依其設立準據法具有公司法人格者，不須經申請認許之他國程序於法律上當然予以認許而在該他國境內具有公司法人格。採取此立法主義之國家，尚不多，如英、美、瑞士、荷蘭、西班牙、希臘及巴西等國家之外國公司認許制，便是其例。卽在此等國家，關於外國公司是否經認許，在交易安全之保護上，總是需要明確之標明，故德國，則限於外國公司爲訂立契約等交易時，須請法院爲認許宣告，由是，可謂外國公司之無條件認許，尚難謂係絕對的而可不經他國政府明確之公權的表示，例如德國要求其須作成「認許宣告」，便是其一例。對此，吾國採取限制的認許制，外國公司必須具備公司法第三百七十三條所列舉之情事者，始得予以認許。其實，其限制認許者，並非外國公司依設立準據法所具備之法人格及其爲公司社團法人之存在及「民事能力」，而是其「機能能力」。玆應注意者，限制認許之條件，有政策條件與情事條件之分。玆分述此兩種條件如次。

(a)先就政策條件言。此項限制條件本係就中華民國與外國公司之本國間，考慮該公司之本國待遇中國公司之政策的態度而設定者。因於此限制條件，只考慮該公司之本國對於中國公司採取認許或不認許之一般的政策，不包含特別因素，故亦可謂相互的一般限制條件。公司法第三百七十三條第二項明定此項限制條件謂：「外國公司所屬之國家，對於中國公司不予認許者，得不予認許」。此規定與其係禁止認許，寧係就認許或不認許授權依裁量選擇決定。由是，縱外國公司之本國對於中國公司不予認許，主管機關卽經濟部仍得依裁量予以認許。

(b)次就情事條件言。外國公司有公司法第三百七十三條第一項所列舉情事之一者，不予認許。此規定並非授權主管機關卽經濟部以得就認許或不認許依裁量予以選擇決定。經濟部，於外國公司有該規定所列舉情事之一時，應駁回認許之申請，卽駁回是項申請，係該部於其主管機關之地位，依職權應爲之裁決，卽其爲是項駁回之裁決，係依其職權義務，並非出於其裁量。玆再分項將情事條件說明如次。

一、外國公司之目的或業務未有違法或違反公序良俗者。

(1)外國公司之目的，係指其申請認許之目的而言。因而必須其非企圖在中國境內從事違法之事業者，始得予以認許。因此，其以取得土地法第十七條所列舉土地之所有權，或租賃權等爲其目的者，不予認許。其業務爲經營礦業法第二條所列舉之鑛者，或承租同法第八條第一項所列鑛者，有違法性，固亦不予認許。但外國公司，俟中華民國國民或中國公司將同法第二條所列之鑛之鑛業權設定後，始以依同法第五條第三項入股合組股份有限公司合辦鑛業之經營者，其認許之申請，既合乎規定，似應不解釋爲違反限制條件。至於外國公司欲以在中華民國境內依自備航空器方式經營民航業者，其認許之申請亦違反限制條件，故不予認許。

(2)外國公司，其目的或業務雖未違反法律，但違反公共秩序或善良風俗者，其認許之申請，亦違反限制條件，應不予認許。

二、其設分公司之地區限制外國人或其業務限制外國人經營者。

三、認許之申請有虛僞情事者。

外國公司申請認許時，應報明並備具公司法第四百三十五條第一項第一款至第十四款所列事項及文件。如其報明事項及文件之內容不眞實，有虛僞情事者，應視爲其認許之申請違反限制條件，應予駁回，不予認許。

(3)外國公司之目的或業務雖無違反法律之情形，但有足以認爲有脫法行爲者，因外國公司之認許，係中華民國政府之管轄行爲，涉及公益之情形嚴重，應視爲「違反中華民國法律」，故不予認許。而比較法上，亦有作此解釋之趨勢。玆所謂脫法行爲，並非指外國公司本身有脫法行爲，而是中華民國國民或中國公司，藉設外國公司爲掩護，以圖脫避中華民國法律之禁止或强制規定之行爲。舉例言之。一、中華民國國民或中國公司爲逃避稅法而依外國公司法組織設立公司而登記爲該外國之公司者。二、中華民國國民或中國公司，爲於特定外國國民或公司在吾國享有比中華民國國民或中國公司優惠之特權時，企圖享有此項優惠特權，乃利用該外國法律取得該外國之公司法人格者，其情形，因外國公司本身無違法，不能謂與公司法第三百七十三條第一項第一款之規定完全符合，故中央主管機關卽經濟部就其情形尚可謂無不予認許之職權義務，但尚宜依裁量裁定不予認許，以期適應同法同條同款規定之旨趣，較妥。

四、申請認許之要件

外國公司爲要向主管機關經濟部申請認許，必須具備如次要件。

(1)　必須該公司先行在其本國設立登記營業。外國公司之爲公司，公司法第四條有明文規定。由是，爲其認許之申請，外國公司必須證明其已在其「本國」，設立登記並爲營業。其所謂「本國」，依據設立準據法國主義，係指其設立準據法國而言，亦可謂係其設立地國，詳如已前述。所謂該公司已在其本國設立登記者，指其已經設立程序而成立，取得具備公司法人格。亦可謂須其已依其「公司屬人法」取得具備公司法人格，爲其申請認許之要件之一，但以此尚不爲足，必須並有營業之事實。如其僅取得空虛之公司法人資格，但尚無營業可認有公司營利活動之實者，尚不得申請認許。因此，其在本國開始營業之年、月、日爲其申請認許時，應報明事項之一（公四三五Ⅰ6）。

(2)　外國公司應專撥其在中國境內營業所用之資金，並應遵守主管機關對其所營事業最低資本額規定之限制（公三七二Ⅰ）。爲明此係外國公司申請認許之要件，公司法第四百三十五條第一項第四款規定，要求外國公司申請認許時，應報明其「在中國境內營業所用資金之金額」並備具其文件。

(3) 外國公司應由本公司之執行業務股東或董事，或於中國境內之代表人或其代理人，向中央主管機關即經濟部呈示，或經地方主管機關即省建設廳或直轄市建設局或社會局向該中央主管機關，呈送公司法第四百三十五條第一項各款所列應報明事項之文件，申請認許。上述各類文件，其屬外文者，均須附具中文譯本（公四三五Ⅱ）。上列呈請人，應附送證明其國籍之證件，及本公司之授權證書或委託證書（公四三四Ⅱ）、

五、認許之撤回及撤銷

(1) 撤回與撤銷之區別。認許之撤回與撤銷不同，前者係外國公司已經認許後，因無意在中國境內繼續營業，向主管機關所爲引致特定法律效果發生之意思表示。後者，係因法定原因發生，經主管機關爲銷除已對於外國公司給予之認許之行政處分。在前者，亦有銷除已給予之認許之主管機關之行政行爲，但此行政行爲係就外國公司申請爲撤回認許之意思表示而爲者，可謂一種雙方行爲之因素之一。換言之，外國公司之認許，僅有外國公司爲撤回之申請，不足發生消滅認許之法律效果，尙須經主管機關之一方的意思表示，而該意思表示有該機關依職權所爲行政處分之性質並依此發生消滅認許之法律效果。

(2) 認許之撤回

(a)外國公司認許之撤回，係指主管機關基於外國公司之申請撤銷其認許而言。外國公司經認許後，如無意在中國境內繼續營業者，應撤銷原認許證件，向主管機關申請撤回認許（公三七八）。外國公司在中國境內設立分公司並有分公司經理人，而又不能證明在中國境內另設有指定之代表人者，該分公司經理人屬該公司負責人，該公司未履行所負之責任或債務前卽撤回認許者，違反公司法第三百七十

八條但書之規定，依公司法第二十三條應對於被害人與該外國公司負連帶損害賠償責任。

(b)認許之撤回，只向將來發生效力。其認許撤回以前所負之責任或債務不能免除，仍須履行完畢（公三七八但書）。

(c)外國公司撤回認許之申請經主管機關核准後，卽應進行在中華民國境內之業務之清算，其清算尚未完結前該公司在清算範圍內，視爲仍繼續以經認許外國公司之地位存在。

(3) 撤銷

主管機關於如次場合應依職權撤銷外國公司之認許，卽，(1)申請認許時所報事項或所繳文件，經查明有虛僞情事者。(2)其公司已解散或已受破產之宣告者（公三七九Ⅰ）。但該項認許之撤銷，不得影響債權人之權利及公司之義務（公三七九Ⅱ）。至於外國公司本身解散之場合，依公司法第三百九十六條第一項，固應於解散開始後十五日內聲請撤銷其登記，但關於其聲請期限之起算點，及期限懈怠之制裁能否一併準用，不無疑問，似應解釋爲自外國公司之負責人知悉其公司解散之事實之時起算，較妥。

(4) 撤銷及撤回之效果

(a)外國公司，其認許經撤銷或撤回後，應進行清算之程序，由其在中國境內之負責人或分公司經理人爲清算（公三八〇Ⅱ），並應將其在中國境內營業，或分公司所生之債務了結，所有清算未了之債務，仍由其負責清償之（公三八〇Ⅰ）。以外國公司在中國境內之負責人或分公司經理人爲清算人。關於其清算，應視其公司性質，分別準用公司法有關各種公司之清算程序（公三八〇Ⅱ）。

(b)外國公司在中國境內之財產，在清算時期中，不得移出中國國境，除清算人執行清算外，並不得處分（公三八一）。

(c)外國公司在中國境內之負責人或分公司經理人，違反於本項(a)段及(b)段所分述之規定時，對於該公司在中國境內營業，或分公司所生之債務，應與該公司負連帶責任（公司三八二）。

六、外國公司認許之效力

(1)　創造說與宣告說

(a)外國公司之「認許」，對於外國公司在國內之存在有何效力？「擬制說」與「認許創造效力說」有必然關聯。比利時最高法院檢察長黎克亞克（*Leclercg*）曾於十九世紀末作如次關於「認許」之效力闡釋，可謂代表創造效力說之說法。黎氏謂，「在他國設立之法人爲純粹法人，爲外國法律之創造物，在比利時無其存在。經比利時主管機關之行爲，依與比利時法人相同之條件成立，並經聲請由比利時國王，發給設立認許狀，始取得比利時法人相同之權利」（註一）。依此理論，若外國公司經「認許」在國內「再設立」（*reincorporation*），既然爲「設立」，而內國公司亦在內國設立，故經「認許」之外國公司與內國公司應區別。但既謂內國公司與外國公司，兩者間應有區別，則效力創造說違反此觀念，爲一錯誤之學說。反過來說，外國公司，既不因「認許」而成爲內國公司，即不能謂「認許」爲「再設立」，外國公司之國籍，不因「認許」而變更，取得中國國籍，但吾國公司法既以設立準據法爲決定公司國籍之標準，故「認許」並非「設立」。外國公司依設立準據法設立，其存在卽由設立準據法國所創設，就其於中華民國存在，「認許」只是確認其已有之存在而已。宣言效力說所以成爲有力學說者，不但是因爲法人實在說對於外國公司之「認許」理論影響甚鉅，並且因其宣言效力說觀念切實健全而然。比較法上亦可證明宣言效力說較優。

(b)比利時、西德及其他少數歐陸法系國家基於公司之國籍與股東之國籍互無關連之觀念，而以公司住所地爲決定公司國籍之標準，設立準據法不爲決定公司國籍之標準，而公司住所地國與設立準據法國未必一致。如不一致依外國法律設立之公司，只要在內國有其住所。仍爲內國公司，仍爲內國法律之「產物」。（註二）縱其未經「認許」仍能在內國有存在。依創造效力說，却不然，卽創造效力說使未經「認許」之該外國公司在內國無存在之餘地，遭遇難以克服之理論上困難。

(c)公司之存在，須視其是否依設立準據法成立而定，如其未依設立準據法成立，則根本不能予「認許」。如其依設立準據法成立，則在其設立準據法國未撤銷其設立前，仍繼續存在。卽使其未經「認許」，在內國仍屬一種「存在」，仍有其存在之射影，而因其在設立準據法國之存在，僅能射影於內國，其「存在」不能充份發揮其內國社會交易上之權利主體之能力而已，其爲無權利能力社團之說，係在其未成立爲公司之情形下，始能適用。凡是外國公司既經設立準據法成立，除英美及德國之無限公司及兩合公司爲無權利能力社團外，皆爲社團法人，而只是在內國其權利主體之能力因法律之規定而較受限制而已。仍難謂其爲無權利能力社團。外國公司一經其設立準據法成立，卽存在，但其就一切公司事業事項存在，受領域之限制，限於在其本國領域內有此「完全存在」，雖其在內國有「存在」，須經「認許」，其「存在」始能「完全」。如外國公司依其設立準據法不具備社團法人資格而爲權利能力社團者，因「認許」無創設效力，在中華民國仍爲無權利能力社團。依吾國公司法第一條，公司爲社團法人，並且須有社團法人資格，依英美德公司法設立之無限公司或兩合公司，雖爲公司，因其欠缺社團法人資格，却成問題，此類公司，應屬所謂「有社團法人與合夥混成之氣味之組織體」（*hybrid savouring of both corporations and partnership*），固非民法上無權利能力社團，當不宜適用民法，然則究屬何種營利團體？這是值得硏討之一個問題。「事實公司」(*de facto corporation*)說，就該公司因其不具備公司所應具備之社團法人資格，而主張其非屬法律意義之公司，認爲應屬設立未完成或設立有瑕疵之公司。公司之設立已臻實質上具有社團組織之程度時，「設立中公司」以公司名義所爲之法律行爲，俟公司完成設立取得公司資格後，依同一體說，其法律效果當歸屬於設立完成後之公司。但外國無限公司或兩合公司如爲「社團法人與合夥之混成體」者，爲設立完成之公司，已經過「設立中公司」之階段，難謂其爲「設立中公司」。惟依公司法第十九條，該外國公司却因無社團法人資格，不能以公司名稱經營或其他法律行爲，甚且只能有使用以其公司名稱「行爲人」之行爲，應無該外國公司固有之行爲。設立有瑕疵之公司依公司法第九條由法院裁判確定，通知中央主管機關撤銷其登記後，爲一種「事實公司」，但該外國公司經「認許」者，既非其設立有瑕疵，固無其設立登記由其本國主管機關撤銷之情形，謂其爲「事實公司」，固不適宜。「法律關係定性」(*classification*)說，主張依法院地法決定該外國公司之性質。按該無限公司或兩合公司既爲公司，該外國公司當爲公司，既爲公司，則可適用吾國公司法之規定。「法律關係定性」說，忽略公司之法人資格應由設立準據決定之原則。依此原則，縱法院地法爲公司，不能因此而謂依設立準據法無法人資格之外國公司，經依法院地法「法律關係定性」後，變成有法人格之外國公司。該外國公司經「認許」者，仍不具法人格，但因其爲公司，其非民法上無權利能力社團。蓋吾國公司法第一條只是規定公司之概念，爲公司法規定之基礎，固非禁止將公司法「準用」於英、美、德之無限公司及兩合公司法故也。依吾國公司法第一條，公司限於依吾國公司法設立之營利社團法人，外國公司既非依吾國公司法設立。即使經「認許」，除公司法第三百七十條至第三百八十六條，第四百三十四條至第四百三十七條等關於外國公司之規定。能對其「適用」外，其他規定只能對其「準用」吾國公司法。

（註一）巴杜教授指出，依此「擬制說」，內國公司與經「認許」之外國公司不能區別，因為「認許」為「再設立」，而公司在內國「設立」者，為內國公司故也。其說法雖尚正確，但似忽略「擬制說」未必僅有「認許」為「再設立」之一種法。而且「認許」難謂「再設立」。參照 *Badr, Alien Corporations in Conflict of Laws*, 1953, *p.* 60.

（註二）公司住所地國與設立準據法國不一致，此只是「理論」。比較法之實際上，未必如此，如西德股份法第五條，則限制規定，在德國依德國法設立之公司，須在德國設置其主事務所，並且其第二項規定其主事務所必須與其「管理住所」(*Verwaltungssitz*) 一致，而其「章定住所」與其「實際住所」之區別，在其規定上，實已不存在。因此，如外國公司要將其住所移至德國者，必須在德國「再設立」。參照 *Baumbach-Hueck, Aktiengesetz*, 1966, *ss.* 19–21.

(2) 認許對於外國公司之營業及法律行為之影響

(a) 外國公司之「認許」涉及其在內國之營業權利問題。其在內國之營業權係基於「認許」，甚且「准許其營業」即含有「認許」之意。學者有就「關於設立歐洲經濟共同體之羅馬條約」（一九五七年）（以下簡稱「羅馬條約」）第五十八條論歐洲經濟共同體會員國，負有准許其他會員國公司在其領域內營業之義務。蓋雖該條約第五十八條未逕行規定歐洲經濟共同體會員國有「認許」之義務，然外國公司，未經認許者，不能營業，准許外國公司營業即含有「認許」為其「重要因素」(*important element*) 故也。不外乎謂其負有「認許」外國公司之義務也。斯說雖非多數說，但就其主張外國公司之「認許」與外國公司之營業權利有必然的密切關聯言，可謂為值得注意之學說。依創造效力說，外國公司在中華民國未經「認許」以前，既無其存在，固無其營業之權利及能力，此種觀念固為採取宣言效力說者所反對。依宣言效力說，外國公司只是經「認許」而將其在其本國之存在由其本國領域伸延至中華民國，而取得法令限制內享有與中國公司相同營業權利之資格。卽「認許」之效力，由其關於外國公司之存在，而及於其權利主體之「屬性」（*attribute*）及營業行爲之系統性，因此，外國公司須經「認許」始能在中國境內設置分公司，猶如自然人在中國境內設「特別住所」（*special residence*）或「擬制住所」（*constructive domicile*）一般。其就在中國境內爲與其營業有關之行爲，除中國法令有限制者外，能力不受限制。因此，(1)該外國公司能在中國境內，爲募股募債等與其資金之籌集關係重要之行爲，因其對於中國之國內經濟影響甚大，因此，各國公司法第三百八十三條設有政策性之相互原則之藉示限制，「外國法律，不准中國公司在其境內募股募債者，該外國公司不得在中國境內募股募債。」因其只關於該外國公司本身，限制不適用於其股東，其股東仍有「依法令規定買賣股票債劵」之自由。(2)其「業務所需要之地產，得依法購置」，但須先申請地方主管機關轉呈中央主管機關轉准，此購置地產權，亦因其中國國內經濟關係重大，受政策性之相互原則之限制，其購置地產，「應以其依本國法律准許中國公司受同樣權利者爲條件」（公三七六）。(3)其在中國境內之法律行爲與中國公司相同，不受限制，因公司之行爲能力依公司法第十五條第一項受有目的上限制，其在中國境內之負責人或分公司經理人不得違反所謂「權限外行爲」之原則，其爲與登記之所營事業以外之業務有關之行爲，則其法律行爲違反此原則，公司法第十五條第一項有效力性禁止規定之性質，其法人屬人法關於「權限外行爲」之規定，依涉外民事法律適用法第二十五條所規定公序良俗之原則不適用，因其法律行爲違反禁止規定，依民法第七十二條應屬無效。其未經「認許」者，在中華民國卽使仍有其存在，但不能發生其存在之完全機能，其能力受限制，但如其在中華民國以其公司名義行爲者，亦難謂在中華民國無其存在之射影。因此，如一概否認其在中華民國之法律行爲之效力，亦有過份消極之嫌。吾國民法總則施行法第十五條，就未經「認許」之外國人，規定「以其名義與他人爲法律行爲者」。其行爲人亦應負與該外國法人連帶之責任。在通常情形，法人之代表機關以該法人之名義在其權限內所爲之法律行爲，當然爲該法人及對於該法人發生效力，除其「因執行職務所加於他人之損害」與該法人負連帶責任（民二八）外，依法人機關行爲之一之關係，只爲該法人之行爲，其責任只由該法人負擔，而其法人之連帶責任之問題，此連帶責任之民法規定，限於「行爲人」以外國公司之名義爲法律行爲時準用，公司法第二十三條雖規定公司負權行爲，不適用於法律行爲，却不因外國公司經「認許」或未經「認許」而異其適用。民法總則施行法第十五條卽規定未經認許之外國法人與「行爲人」應負連帶之責任，其既應負責任，可謂其在中華民國有其存在之射影。如其在中華民國不存在，卽無行爲之責任可言。因此，未經認許之外國公司，其在中華民國之法律行爲，不因其在中華民國不能設置分公司，不能有營業權，而卽一概無效，絕對無效說不健全，不切實，可無疑義。

(b)外國公司經認許後，主管機關於必要時，得查閱其有關營業之簿册文件（公三八四）。外國公司在中國境內設立分公司者，應於設立後十五日內，向主管機關申請登記（公四三六Ⅰ），公司負責人違反此項申請登記期限之規定時，各處一千元以上五千元以下罰鍰（公四三六Ⅱ）。至於此項申請，則應由在中國境內指定之代表人或分公司經理或其代理人申請之（公四三七Ⅰ），此時申請人應附送證明其國籍之證件及其本公司之授權書或委託證書（公四三四Ⅱ）。分公司地址遷移時，其登記，原申請之負責人若無變更，則在其本公司未撤回其授權前，無須附送國籍證明書或本公司之授權書。外國公司應於認許後，將章程備置於中國境內指定之訴訟及非訴訟代理人處所，或其分公司，如有無限責任股東者，並備置其名册（公三七四Ⅰ）。公司負責人違反此義務，不備置章程或無限責任股東名册者，各處一千元以上五千元以下罰鍰，其所備章程或無限責任股東名册有虛僞之記載時，依刑法或特別刑法有關規定處罰（公三七四Ⅱ）。

(c)外國公司未經「認許」者，無營業權，其法律行爲限於與其營業權之有系統的行使無關聯者始能發生法律上之效力，民法總則施行法第十五條，有此限制意義。而其法律行爲因受此限制，其所發生之效力，欠缺完全性及純粹性，其法律行爲不能被視爲唯有外國公司之行爲者寧爲該外國公司之行爲，與以其名義爲行爲之「行爲人」之行爲之混合行爲。其與「行爲人」之連帶責任，在制度上，不只是有依加重行爲人之責任使其愼重其行爲之意義。觀念上，外國公司未經「認許」者，其在中華民國之法律行爲，既不正當，而無有系統之營業行爲，學者有謂其行爲「偶然性行爲」(*sporadic activities*）者，其說法尙貼切。即未經「認許」之外國法人在中華民國仍有行爲能力，但其行爲能力爲一種限制行爲能力，限於其偶發的行爲能力，與民法第八十五條第一項規定，限制行爲能力人經法定代理人允許獨立營業者，關於其營業有行爲能力者，情形雖不一樣，但生效觀念上有類似性。其行爲能力雖受限制，而發生其「偶發性行爲」爲混合行爲之情形，但其在中華民國亦有權利主體之地位，固不能因而謂其爲「無權利能力社團」，由吾國公司法第三百八十六條關於外國公司因無意在中國境內經常營業，未經申請認許，偶派其代表人在中國境內爲法律行爲者，得爲「偶發的法律行爲」。但須報明下列各款事項，申請中央主管機關備案，即(1)公司名稱、種類、國籍及所在地。(2)公司股本總額及在本國設立登記之年月日。(3)公司所營之事業及其代表人在中國境內所爲之法律行爲。(4)在中國境內指定之訴訟及非訴訟代理人之姓名、國籍、住所或居所。

(3)外國公司偶派代表人之法律行爲

外國公司因無意在中國境內經常營業，未經申請認許，偶派其代表人在中國境內爲法律行爲者，時或有之。在此場合，應報明如次事項，申請中央主管機關備案，即(1)公司名稱、種類、國籍及所在地，(2)公司股本總額及在本國設立登記之年月日，(3)公司所營之事業及其代表人在中國境內所爲之法律行爲，(4)在中國境內指定之訴訟及非訴訟代理人之姓名、國籍、住所或居所（公三八六Ⅰ）。此項外國公司之代表人須經常留駐中國境內者，應設置代表人辦事處，並報明辦事處所在地，依上列公司法第三百八十六條第一項規定辦理（公三八六Ⅱ）。該辦事處之設立，須經申請指派代表人報備（公三八六Ⅳ）。外國公司爲此項申請備案，其文件應由其本國主管機關，或其代表人法律行爲所在地之領事館或指定之機構簽證證明（公三八六Ⅲ）。

第四節　多國籍公司企業

一、緒　說

晚近國際企業經濟之發達導致數國不同國籍之公司組成鉅大多國籍公司關係企業，引起許多關於公司國籍、住所及準據法的新問題。本節擬就此類新問題作幾項論述。先由

二、多國籍公司企業之意義

(1)　「多國籍公司企業」（*Multi-national Coporation*）一詞，係這一、二十年來，始出現於公

司法、國際私法及國際公法等法律部門，可知其較新穎之用語，而各國主法上尙未普通。就該用語內，「多國籍」之措詞亦可明瞭，所謂「多國籍公司企業」，係指國籍互不相同之數公司企業集而形成關係企業之系統，在特定國家領域內或在數國領域，有系統的，有組織的從事超國家領域性之營業者而言。其組識上分散於數國領域者，普通稱爲所謂「國際企業」(*international enterprise*)。

(2) 多國籍公司企業，實卽係國際經濟於最近發展過程上產生之獨占企業組織。就其嚴格意義言，該公司企業，必須係依轉投資，提供技術服務，工廠器械設備之長期租賃，市場之有計劃的分配等以形成有組織作用之長期企業法關係。因該公司企業組織，集結鉅大資本及經營之依有系統的運用方法以具力量，有高度、龐大、精密之組織由此組織而成立獨占的超級公司企業遂乃逾出一個國家之國域，而臻成爲國際性的多國籍公司企業。

(3) 多國籍公司企業爲由數公司組成之組織，其組織內自有許多公司爲其「份子公司」有互相不同之國籍，而其活動場面又有超領域性，且其集結之可動用之資本力量及資金金額異常龐大，力足影響國際經濟其主要特色。該國際獨占公司有縱橫兩種之組織方式。其採「親公司」與「子公司」間之縱的，從屬的企業組織關係時，稱爲「國際康塞因」(*internationales Konzern*) 其使用份子公司間平等的共同計算方法而分劃國際市場者，則爲所謂「國際卡特爾」(*internationales Kartell*)。

(4) 多國籍公司企業，其法律上之基本特色在於組成其國際性獨占公司企業組織之份子公司企業，其國籍皆互有不同或其份子公司企業有一部分其國籍與其他部分之份子公司國籍互相不同。如該獨占公司企業團體本身，對外以一大型公司之形態出現，則該公司之股東或經營人（大抵爲分子公司指派之該公司代表）之國籍互相不同，或其一部分與其他部分之國籍互異。

(5) 多國籍公司企業具有採多層經濟構造而其經濟機能又經多階型過程而發生，原料之採構，成品之生產及供應；裝配之服務及其他凡是該組織之生產，分配及收益效率上，所能作及所應作之活動，幾皆被編入其營業範圍內。

(6) 多國籍之公司企業原爲私人企業組織。惟因其有高度經濟效率具備鉅大資本力量及能發揮强度的組織力，故甚且比諸一般大型公司，更超强，以是，最近已有甚多國家爲推行其國際經濟政策，而利用其爲從事超出國家領域的活動工具，於此，其已視組成份子爲國家或私人公司企業而分爲國營的多國籍公司企業與私設的多國籍公司企業，前者有如「歐洲放射性燃料化學處理公司」（*European Company for the Chemi Cal Processing of Irradiated Fuels*）及「國際摩西盧公司」（*International Maselle Company*）。前者，係由歐洲十二個國家簽訂條約，據以成立者。後者，則係以法國、盧森堡及西德所簽訂之條約爲基礎而在西德登記成立者。其他尙有數例，其成立，均係據國家間條約爲基礎。私人設立之多國籍公司企業有如美國福特汽車公司，日本三井公司及三菱公司等皆是，此類多國籍公司企業，其重要性夙爲衆所共知，不需贅述。

三、多國籍公司企業之國籍

(1) 多國籍公司，其外觀上，或爲一個公司，或爲「親子公司」與「子公司」之聯合。於前者，該公司有其國籍，而該國籍卽係該有多國籍構造之公司國籍。以是於其有一個公司之該外觀時，該公司國籍之決定，固較無特殊之處，亦較不複雜。於後者之情形，則應以「親公司」與「子公司」中何一者之國籍爲國籍，或應另依其聯合構造尋覓其獨立之國籍，是一個基本問題，亦尙有其他應予研討之問題點。茲改段分述如次。

(2)　多國籍公司以超越國家領域，而從事國際性經營，為其特色之一。其為國際性營業活動，固或採設立分公司於本公司所在地國以外之國家或依轉投資，或依長期技術援助，或依組織性契約而於他國另設「子公司」。

(3)　多國籍公司，時或有由本公司與分公司合組而成為一個企業組織者。該公司在現代公司國籍制度上，以其設立準據法國之國籍為其國籍，或以其本公司住所所在所國之國籍為其國籍。前者認為，有公司依其法律組織登記之國家即設立準據法國之國籍。依後者，公司以其本公司所在地國之國籍其國籍。後者立法主義，為決定公司之國籍，尤須闡明「公司住所」實量在何國。「公司住所」分有「章定住所」與「實際住所」兩者。前者係以公司章程所記載本公司所在地為住所。後者，係於「章定住所」所在地與「實際住所」所在地不一致時，特有法律上意義。，按此項公司住所之分類，於公司之「實際住所」與「章定住所」不一致時，有實際意義，茲分述兩者不一致之情形及此不一致情形發生時公司住所之決定方法如次。

(4)　「實際住所」與「章定住所」不一致之情形就股份有限公司言。董事會為該公司「主要管理中心」(*Hauptverwaltungozentrum*)。董事會所在地，即係其「實際住所」所在地。如董事會所在地國別於該公司章程上記載為甲國，但其實際所在地國卻為乙國，則其「實際住所」與「章定住所」不一致。而且其「實際住所」，雖在甲國之外，但因該公司之董事長，常務董事等重要負責人分駐數國，而董事會又隨時擇此國之一召開，無固定之召開地點，而致可認為其「管理中心」分散在乙國、丙國及丁國等數國時，其有數「實際住所」，亦自明。在此例，其數「實際住所」中，設在乙國者，駐在各該國之公司負責人其他位之重要性職權之大小，及召開董事會之次數多少等爲比較，綜合判斷，可認爲比設在丙國及丁國者，爲重要時，可謂其「實際住所」係在乙國之管理中心。（註）

（註）依此說，在此情形因多國籍公司之國籍胥觀公司之「實際住所」設在何國而定，縱該公司董事會之控制權操在外國人之手，亦然。爲抵制「外國經濟勢力之侵入」（*über fremdung*），德國及法國及其他歐陸法系國家之一部份乃採取「控制說」（*contral theory, Kontroll-theoril*，依此認爲，凡公司董事會雖設在國內而依「實際住所」所在地說，該公司應屬內國公司，享有內國公司所受國內法律之保護及優越權利，但該公司如其經營被置在「外國人控制」（*Contro'le étranger*）之下者，仍應視其爲外國公司，不屬內國公司。尤以法國最高法院關於此問題之判例，强調此看法，關於此邑特福（*Batiffal*）教授及拉克爾特（*Lagarde*）教授於該兩教授共著「國際私法」（*Droit international Prive, t,I,1974. pp,260-264.*）一書作有闡論，値得參考。

第三章　涉外票據關係準據法

一、緒　說

(1)　票據法制，原係淵源於第十二世紀意大利都市出現於都市法規，又發展爲英國「商人法」（*law merchant*）之一部分，採集「商人法庭」、「市場法庭」等之判例，若干商人團體之規約等方式，逐漸形成票據習慣。嗣因經營貨幣兌換業之商人掌握，歐洲各地之交易網着手以「書面交換」（*cambium per litteras*）代替比較不安全、不方便之貨幣之現實交換，而各地主要滙兌市場間之來往亦更頻繁，普遍的票據習慣法遂乃成立，迨十七世紀主權國家制度建立，各國相繼着手制訂票據法制，由滙票本票法開始而後及於支票法之立法。至十九世紀各國票據立法已風行而內容又較有普遍性，但仍互有異歧，俟至二十世紀初期，各國票據法遂蔚然形成德意志法系，法蘭西法系及英美法系等三大法系。嗣至一九三〇年及一九三一年相繼在日內瓦制定關於滙票本票法公約、支票法公約而創出日內瓦統一票據法系，而德法兩大法系國家大都參加該法系。以是該兩大法系現已幾不存在，但大多數英美法系國家却不願參加，以致英美法系仍與日內瓦統一票據法系對峙，而因日內瓦統一票據法公約又另有保留條款，以使參加該統一法系之國家之票據法規亦仍有許多未能互相一致之處。於是發生英美法系票據法與日內瓦統一票據法間之法律衝突，日內瓦統一票據法國間，票據法規之衝突，又如吾國票據法以德意志法系票據法爲重要部分，參以英美票據法及日內瓦統一票據法之規定，自成特殊法制者，亦易致與他國票據法規定

發生衝突。爲解決如上述之法律衝突，固需訂有抵觸法規，詳定各種涉外票據法律關係準據法。（註）

（註）爲明瞭票據抵觸法之存在意義，對於票據法律衝突之狀況之瞭解，頗見重要。因此，試將英美票據法與日內瓦統一票據法間之主要差異摘誌爲比較並明其法律衝突如次。一、英美票據法比較不置重票據之要式性，日內瓦統一票據法，則强調票據之嚴格要式性。二、英美票據法採取票據要因證劵制，日內瓦統一票據法，則採票據無因證劵制。三、英美票據法准許背書附條件，日內瓦統一票據法，則禁止附條件背書。四、英美票據法不准許一部承兌，日內瓦統一票據法則不然。五、英美法不置重票據行爲之獨立性，前手之簽名如經僞造，即致其後行背書無效，日內瓦統一票據法，置重票據行爲之獨立性，前手簽名之僞造不影響經眞正簽名之後行背書之效力。此外，尙有其他許多比較細小之法技術性差別，已易引起涉外票據法律衝突，而其範圍尙廣泛，內容又不甚簡單。由此，自可知其涉外法律關係準據法制，相當重要。

(2) 涉外民事法律適用法第五條第二項規定，行使或保全票據上權利之法律行爲，其方式依行爲地法，此係同法關於涉外票據法律關係準據法之唯一規定。同法及其他法律尙無關於該法律關係準據法之規定。而關於該法律關係上之其他各種問題，同法及其他法律卻均未予規定，故皆須依法理。爲解明有關法理，除得應用現今吾國及外國權威學說外，亦宜比較英美票據法及日內瓦統一票據法，予以參研。

二、主要比較法源

(1) 地域性多邊條約——中南美洲涉外票據法統一法典

(a) 蒙特維特法典（*Montevideo Code*）。此國際私法法典制成於十九世紀末期，美洲國家，在如此早期，卽已制成如此有規模而條文數目多之抵觸法法典，確係國際立法上驚人之史蹟。該法典關於涉外票據法問題之抵觸法條文內容尙詳。參加該法典公約者，有阿根廷及其他四個國家。至一九二八年布斯達門特國際私法法典（*Codigo Bustamente*）能有十五個中南美國家參加，而成爲適用地域又相當廣泛實有來自。

(b)布斯達門特統一法典。此統一法典之條文共有四百三十七條，其中僅關於解釋私法法律衝突之抵觸法規定，卽共有二百九十五條之多，關於票據法之抵觸法規定卽係包括於該統一法典之此部分內。此統一法典內容詳細，又尙健全，故逐有中南美洲十五個國家批准之。

(2) 海牙統一規則（*Hague Uniform Regulation*）（一九一〇——一九一二年）。此統一規則發展成爲一九三〇年海牙公約（*Hague Convention*），土耳其及厄瓜多爾、瓜地馬拉、維尼瑞拉（*Venezuela*）等南美洲國家，參加此公約。其內容特色甚少，姑且略述。

(3) 日內瓦統一票據法。此統一票據法分有一九三〇年之滙票本票抵觸規則統一公約及一九三一年之支票本票抵觸規則公約兩種公約，係其參加國之範圍廣及於全世界，已成重要法源，除西歐方面有德國、法國、意大利、瑞士、奧大利亞、葡萄牙、荷蘭、比利時、丹麥及其他北歐數個國家外，尙有蘇聯、日本等共十八個參加國。但英美則拒未參加。該公約之一個特色是其受德國及意大利兩個國家之法制之影響，而致其規定比諸法國之原法制，較苛刻。

(4) 日內瓦法系與英美法系之對立。研討票據法律抵觸法時日內瓦法系與英美法系間之對立，尤不能予以忽略，而爲比較，英國一八八二年之「滙票法」（*Bills of Exchange Act*）與美國「統一流通證券法」（*Uniform Negotiable Instrument Law*）當甚重要，尤以英國「滙票法」第七十二條向爲重要之比較抵觸法規定。但英美既爲判例法國家，欲就其與日內瓦統一票據法之抵觸法規爲比較研究，對其抵觸法之判例，尤須予以研析，固不待言。

三、債權行爲準據法對於涉外票據行爲之適用

(1) 票據行爲之實質成立要件

(a)票據係以支付一定金額卽票據金額爲目的之完全流通證券。票據權利，係由此有價證券表彰之權利而亦係與票據之付款直接有關之債權，該債權之標的金額須有「金額確定性」(*certainty as to sum*)，其付款須不附條件，因而票據權利爲無條件金錢債權。而票據行爲則係發生是項無條件金錢債權之法律行爲。卽該項法律行爲乃是債權行爲，而屬於金錢債權行爲。因其有債權行爲之性質，故其涉外法律問題自屬債權行爲準據法之適用範圍內。現代歐美學者咸認當事人就票據債權行爲亦享有決定應適用之法律之自由。卽涉外票據行爲，勿宜以本國法、行爲地法等法定準據法爲其基要準據法，其基要準據法與普通涉外債權行爲同，應適用當事人自治原則，以其選擇法律之意思爲連結。曾有沙爾比斯(*Salpius*)等學者，主張其應依履行地法。按付款地本係票據權利人實現其票據債權之地。析言之，票據既以支付一定金額爲其目的，就發生票據債務及依滙票支票之無條件委託付款文句或本票之無條件擔任付款文句或依此等票據之指示文句造出受款人或執票人之票據權利言，該地卽係其目的實現之地，該地與票據行爲之法律機能最有密切關聯，以該地法律行爲準據法爲準據，亦非無理。但斯說爲少數說。

(b)當事人自治原則說爲有力說。著名之布斯大門特法典亦卽採此說。惟如學者所指出，此說於適用上易遭指定準據法之意思表示之方式問題，卽如當事人指定應適用法律之意思未經明示時，如何決定何國法律爲當事人默示應適用之法律?有關學說，有如次兩種。一爲發票地法或背書地法說。二爲付款地法說。依第一種學說，票據行爲人爲發票或背書時，並有分別依發票地法或背書地法爲該項票據行爲

之企圖，自宜解釋其默示指定該法律為對發票或背書應適用之法律。採第二說者認為，發票人簽發票據，滙票付款人為承兌等票據行為，均係以使其所發行之票據兌現獲付，當有依付款地法之意。

(c)但亦另有一派學者，對於默示指定應適用之法律，激烈反對，主張票據係注重嚴格款式及明確文義之有價證券，如其準據法等有重要利害關係之事項，不顧證據上之文句及事項之記載，而僅憑解釋及假設，即執詞當事人默示指定特定國家法律為應適用之法律，過於模糊不明確，尤不適於涉外票據法之指定。拉貝爾（*Rabel*）指摘於票據等流通證券尤不宜在票據證券之書面外，試圖發見當事人之協議（*party agreements outside the writing*），非在票據證券上能見之條款，不能生效。

(d)基於上面的比較研討，可明涉外民事法律適用法第六條應能準用於票據行為。惟關於指定對於票據行為應適用之法律之意思表示，則應記載於票據證券上之準據法條款而明確表示。余意，民法第九十八條所規定「解釋意思表示，應探求當事人之眞意，不得拘泥於所用之辭句」之原則，勿宜適用於涉外票據行為準據法。因而該準據法條款未於票據證券上載明者，應不能發生指定該準據法之效力。如票據上未載該準據法條款者，應視為當事人關於指定該準據法之意思不明，於此情形，當事人同國籍者，依其本國法，國籍不同者，依行為地法（涉民六Ⅱ）等等。至於涉外票據行為之因素「簽名」之偽造，是否影響於票據上之其他眞正簽名，則應就票據證券上之簽名直接予以辨認，勿應用狀況證據輕率認定。

(2) 票據行為之方式準據法

(a)票據為嚴格的要式證券，故其行為方式準據法問題，尤有特殊意義。對其究應適用涉外民事法律適用法第五條第一項所規定法律行為方式準據法，或認其排除同法同條同項之適用而須另依法理決定對其應適用之特別準據法？依一般學說，此準據法應屬行為地法，後者係日內瓦統一票據法系國家所相繼採取之看法，但似尚未爲吾國學界所承認，蓋票據行爲之最重要因素之一爲行爲人之簽名，因而通常係以行爲人簽名之地爲行爲地，而以行爲地法爲其準據法，不就權義關係準據法與行爲地法兩者之中選擇適用其一也。由是，依行爲地法關於票據行爲之方式之規定，涉外票據行爲，仍可不因欠缺款式之一而無效者，應非無效。此種解釋或與日內瓦票據法律衝突公約（如滙票本票法律衝突公約三Ⅰ、Ⅱ、是），未克一致，但因吾國迄未參加日內瓦統一票據法系，諒容有與日內瓦統一票據法行爲地法單元準據法主義不同之解釋之餘地也。余意仍以就權義關係準據法與行爲地法中選擇適用其中一者，較合於涉外民事法律適用法第五條關於法律行爲方式準據法之規定，而且可適應法律行爲方式準據法之適用應有利於法律行爲方式成立之選法趣旨。因此，宜採多元準據法主義較妥，另一方面，票據行爲係以於票上記載應記載事項並經行爲人簽名而發生票據債務之票上法律行爲，同法同條第二項所謂「行使或保全票據上權利之法律行爲」，似非指票據行爲而言。因而據其亦仍難謂係採多元準據法主義。就此觀點言，亦可謂多元準據法主義似較合乎同法。

(b)關於票據行爲之方式應適用之法律，其決定，無論係依據單元準據法主義或係依據多元準據法主義，「L、R、A原則」仍爲應適用準據法原則之一，行爲地法仍爲可適用之準據法，因此，如何決定票據行爲之行爲地，於票據行爲方式準據法之討論，係不可忽略之一個重要問題。由是何指票據行爲地，自成爲爭論之中心，而於日內瓦統一票據法會議上曾經是一個辯論之對象。查關於票據行爲地應採行爲人爲簽名於票據上之行爲之地，而此項簽名地又分爲「事實上簽名之地」（*locus vertus*）與「票上記載之簽名地」（*locus scriptus*）兩種。據於上引國際會議之討論上，國際立法關係者爲其解釋所作成之決議，所謂「簽名地」，係指於票據上事實上爲簽名之地。而此「事實上簽名地說」即係現今有力說。但「票上載明之簽名地」，爲決定票據行爲地法，亦非無意義。卽解釋上，應推定此地卽爲簽名地，如主張他地爲事實簽名地者，應負擧證責任。甚且亦有一派學者主張，因票據注重文義，票上所載明簽名地爲確定的簽名地，其與「事實簽名地」不符，仍不容許主張事實上在他地簽名，以爲抗辯。

(c) 對於無效票據行爲之有效解釋。如依權義準據法，涉外票據行爲因欠缺法定方式而無效，但如依其行爲地法卻具備方式而有效者，其效力仍不因前行票據行爲之無效而受影響，此係參照日內瓦解決票據法律衝突公約第三條之規定所作解釋，而在各國學者間，尙屬有力說。按依「票據行爲效力牽聯性原則」，前行票據行爲之無效本將致後行票據行爲因而無效，如後行行爲之行爲地法不採取「票據行爲獨立原則」，則此解釋實有維繫後行票據之效力之作用，頗有利於國際票據交易之安全，諒係一健全之見解。

四、票據行爲能力

(1) 因票據行爲係以發生票據債務爲其效果之票據上法律行爲而涉外票據行爲能力之概念，亦比較特殊，其範圍比較狹小。票據行爲能力，則係專指行爲人依票據上要式行爲負擔票據債務之行爲能力而言。日內瓦解決統一滙票本票法律衝突公約第一項及日內瓦統一支票法律衝突公約第三條所以均明票據行爲能力之概念爲「依票據負擔義務」之能力，而未言及其取得權利之能力者，卽因此而然。

(2) 關於票據行爲能力以何國法律爲其準據法之問題，有本國法主義、住所地法主義，及行爲地法主義等三種立法主義。日內瓦統一票據法採取本國法主義，似避不適用與一般行爲能力不同之準據法。住所地法主義，係英國所採之立法主義。美國，則另採行爲地法主義。按票據行爲能力，係自然人之能力屬性，無與一般法律行爲之行爲能力，明確區別之理，理論上，當以本國法主義，較合乎票據行爲能力之本質，因而日內瓦統一票據法採取本國主義，可謂頗有理由。涉外民事法律適用法第一條第一項既就人之行爲能力準據法採取本國法主義而明定「人之行爲能力，依其本國法」，則關於行爲人之票據行爲能力，亦應依其本國法，應無庸議。

(3) 因票據行爲能力應以行爲人之本國法爲其準據法，而依據涉外民事法律適用法第一條第一項作此解釋，則關於該項行爲能力，有同法第二十九條關於反致之規定所謂「依本法適用當事人本國法時」之情形，當應適用反致。其反致之範圍，當須依同法同條決定之。因此，對於票據行爲能力適用本國法而發生反致之適用法律上迴翔現象時，其反致應包括直接反致、轉據反致及間接反致，幾無疑義。

(4) 關於票據行爲能力，除適用本國法外，有無補充適用行爲地法之可能？涉外民事法律適用法上，關於涉外票據行爲能力，既只有一般行爲能力準據法一種，而無規定票據行爲能力之特別準據法，詳如上述。而該行爲能力又屬財產行爲能力，如同法第一條所規定者然。以是同法同條第一項及第二項均能適用於票據行爲能力。由是，同法第一條第二項採國內交易保護主義之規定，亦可適用於票據行爲能力。析言之，就在中華民國之票據行爲行爲人依其本國法，應視爲非有票據行爲能力者，如依中華民國法律得視爲有票據行爲能力，仍視爲有此項行爲能力。即其規定係限就以中華民國爲行爲地之票據行爲始適用之。何謂此項「行爲地」？依通說，票據行爲之行爲人爲簽名之地卽係票據行爲之行爲地，所謂在中華民國之票據行爲，當係指經行爲人在中華民國簽名於票據上而爲之票據行爲而言。至於票據行爲之行爲人之簽名地，則有實質及形式兩義。實質意義之簽名地係行爲人實際上於票據上爲簽名之地，其爲簽名之地與票上所記載之發票地等行爲地不同者，仍以其實際上爲簽名之地爲簽名地卽票據行爲之行爲地。形式意義之簽名地係指票據上所記載發票地、付款地等行爲人爲發票、承兌等行爲之簽名之地。票據行爲之行爲人在爲票據行爲之簽名，究竟係事實問題，固應以行爲人實際上爲簽名之地爲行爲地。但其在何地爲簽名之事實，應由行爲人負擔舉證責任。至於票上記載有票據行爲之簽名地者，應推定該地爲簽名地，否認其爲事實者，應負擧證責任。

五、票據行爲之效力

(1)　票據行爲具備成立要件而生效時，所發生效力之內容，應依何國法律決定？關於此項票據行爲之效力準據法，現有統一主義及獨立主義兩種立法主義。因票據行爲，除發票爲基本票據行爲外，並有背書、(滙票)承兌、保證、參加承兌及(支票)保付，共分爲六種，自需就上列六種票據行爲之效力，不分票據行爲之種類統一適用單一之準據法或視票據行爲之不同而分別適用不同之準據法。單一準據法主義，係不分票據行爲之種類，一律適用如付款地法或行爲地法等單一之準據法。對此，獨立主義，則避不適用統一的準據法，而就各種票據行爲分別適用不同之準據法，例如就滙票承兌及本票之發票等票據主債務人之票據行爲之效力適用付款地法，但對於滙票之發票，背書、保證、參加承兌等附屬票據行爲，則另適用行爲人簽名地法是。

(2)　獨立主義係日內瓦解決票據法律衝突公約所採之立法主義，在比較法上相當重要，該公約就附屬票據行爲，認爲其行爲人有依行爲地法負擔票據債務之意思，因此，應就各票據行爲，分別適用行爲地法即該公約所謂「簽名地法」。但吾國涉外民事法律適用法、票據法及其他法律，則均無有關規定，宜準用涉外民事法律適用法第六條第一項所規定債權行爲效力準據法而認爲，應適用依票據行爲人意思所定之法律，當事人意思不明時，分別情形適用本國法、行爲地法等法定準據法。

六、行使或保全票據權利之行爲

(1) 行爲方式準據法

(a)涉外民事法律適用法第五條第二項，可謂係同法唯一與涉外票據法法律關係準據法直接有關之規定，其規定之內容如次，即：「行使或保全票據上權利之法律行爲，其方式依行爲地法」。該規定所指行爲，據票據法第二十條及第二十一條之規定，即係所謂「爲行使或保全票權上權利，對於票據關係人應爲之行爲」。該規定與同法同條第一項第二段「物權之法律行爲，其方式依物之所在地法」之規定，均係對於同法同條同項本文之規定設例外之規定。即「行使或保全票據上權利之法律行爲」，其方式唯以行爲地法一種爲其準據法，不就涉外權義準據法與行爲地法兩種準據法中選擇其中一者適用。

(b)依涉外民事適用法第五條第二項之規定適用行爲地法者限於爲行使或保全票據權利必須爲之行爲。關於此，將於本項(3)段另予詳細說明，玆姑且不予詳述。玆先應一言者，此等行爲，性質上，不能依行爲地法以外之法律爲準據，應須排除權義關係準據法，限於適用行爲地法一種，此固與同法就一般法律行爲之方式採選擇準據法主義者，所應準據法迴異。

(c)涉外民事法律適用法第五條第二項之規定所謂「行爲地」係指何地？其所言「行使或保全」之行爲爲何種行爲？就該行爲言，同法同條同項所謂「行使或保全票據上權利」之行爲，於追索權，當係指作成拒絕證書而言。日內瓦解決滙票本票法律衝突公約第八條就此點設有詳規謂「拒絕證書（中略）之方式及其他爲行使及保全滙票或本票上權利所必要其他行爲之方式，依應作成拒絕證書之地或爲有關行爲之國家之法律」。此規定可謂係例示規定，玆將其作參考爲解釋，可謂同法同條同項所謂「行使或保全票據上權利」之行爲包括拒絕證書、提示票據，通知拒絕事由等與行使或保全票據上權利有關之行爲。執票人爲上列行爲之一時，關於何國法律爲依以決定其行爲有無具備法定方式之行爲地法，英美判例採取付款地法主義，主張無論有關行爲之種類如何，一概適用票載付款地之法律。對此，日內瓦解決票據法律衝突公約上規定，則採個別主義的行爲地概念，例如有關保全行爲爲拒絕證書之作成時，關於其方式適用拒絕證書作成地法是。又其所謂拒絕證書作成地法，並非執票人事實上作成拒絕證書之地之法律，寧係其應作成拒絕證書之地之法律，縱該地與其事實上作成拒絕證書之地不一致，仍然如此。

(2)　行爲期間準據法

(a)關於作成拒絕證書及拒絕事由之通知等票據權利保全行爲，其期間多久，其計算方法如何等所謂「期間」（*time*）問題，與其方式問題不同，應予區別。此等行爲之方式準據法自不予適用。此項行爲期間問題，不屬於涉外民事法律適用法第五條第二項之適用範圍內，固宜採比較法而依法理作解釋。

(b)比較法上，有關上述保全行爲之期間之準據法，英美法及日內瓦解決票據法律衝突公約以均採付款地法主義，此兩大法系之間似無顯著之對立存在。先就作拒絕證書及票據之提示（例如提示付款、匯票承兌之提示等是）言，兩大法系均採付款地法主義，而如故羅連普（*Lorenzen*）教授在其所著「關於滙票、本票之抵觸法。」(*The Conflict of Laws Relating to Bills and Notes*)（一九一九年版）已有所指出，此可謂係普遍於各國之立法主義，其實，日內瓦解決票據法律衝突公約第八條卽係採此立法主義。此立法主義所以能普獲支持者，實因付款地法爲發票人、及付款義務人應知悉之唯一法律而然也。而在吾國國際私法上，付款地法主義亦爲法理解釋上可予採認之健全的立法主義，應無疑義。

尤以以外國爲發票地之國際支票，須其付款地在中華民國境內者，其提示付款期限始依票據法第一百三十條第三款之規定，爲發票日後二個月內，在此情形，中華民國票據法係付款地之票據法，可謂係採付款地法主義之適例。

七、止付通知及公示催告

(1) 票據權利人於喪失票據時得爲之止付通知及公示催告之聲請，與提示付款，作成拒絕證書等票據權利之行使及保全行爲無直接關係，尙非票據法上所謂「爲行使或保全票據上權利應爲之行爲」，前者實係爲票據權利人利益而設之爲防止票據被盜領，制止付款人付款或宣告被遺失之票據爲無效之程序，兩者之性質不同，應予區別。因此，涉外民事法律適用法第五條第二項之規定對於止付通知及公示催告應不能適用。止付通知及公示催告程序之準據法，應另依法理決定之。

(2) 日內瓦解決票據法律衝突公約，關於票據之遺失，被竊盜等情形發生時之補救手續，規定亦適用付款地法，其準據法，與票據上權利之行使及保全行爲之準據法相同。而其所謂「手續」是否包括訴訟外手續及訴訟上手續，該公約，則無設有特別限制之規定。其所規定之準據法，將公示催告之聲請有適用，卽止付通知之訴訟外手續亦包括於其適用範圍內。由是，法理上，宜解釋爲關於止付通知及公示催告之聲請等票據法上手續，亦適用付款地法。

八、成立要件之形式準據法與實質準據法之關係

(1) 涉外票據法律關係準據法，在涉外民事法律適用法上，幾無詳規，同法第五條第二項雖就行使

或保全票據上權利之行爲之準據法有所規定，但其規定只能適用於涉外票據法律關係上問題之一部分，而關於該項問題之大部分，則無直接有關之規定可適用，而票據法，則除關於第一百三十條第三款關於支票「發票地在國外，付款地在國內者」有規定外，（註）可謂其條文亦屬實體法，無另設抵觸法規定。因而該法律關係準據法問題，大都須藉法理研明，詳如前述。

（註）此票據法規定屬於所謂「隱匿抵觸法規定」，雖未採類如案件A依B國法律之抵觸法規定方式，但因發票地在外國，於行爲觀點上有外國因素，故引起涉外票據法律問題。票據法之上引規定，既在付款地爲中華民國之情形下，始予適用，票據法之上引規定依「平衡適用」（*Harmonie-Anwendung*）原則，應視爲付款地法之票據法規定。由是可謂關於提示支票請求付款之該項期限問題，可解釋爲以付款地法爲其準據法。

(2)　涉外票據法律關係，其準據法理應有形式準據法與實質準據法之分，兩者，是否如於涉外債權關係準據法互有嚴別，係於法理上值得研討之一個問題。對此問題英美判例及學說與歐陸法系國家學者之說，間亦相對並立。而兩者看法之異歧實歸因於對於票據關係與其實質間之關係觀念不同。英美判例及學說一向對於票據之要式性，採取嚴格之看法，而又令實質關係上之「約因」（*Consideration*）對於票據之效力及票據關係上債務人之抗辯等，發生重要作用。另一方面，票上款式如有所不具備，不因此而卽一概使票據無效，或影響票據關係之存在。卽英美判例及學說不十分置重票據之要式性及票據關係之無因性，因而不願嚴別票據關係之形式要件準據法與實質要件準據法。美國判例上如次原則，可引用以明所以不嚴別兩者之理由，卽：契約(發生票據關係者)，其成立要件包括「形式及實質」(*form and substance*)。日內瓦解決滙票本票法律衝突公約關於此項問題未設直接有關之明文規定。其第二條第一項規定，關於票據行爲能力、本國法主義謂「滙票本票負擔義務者，其能力依本國法云云」，嗣於其第二項規定，依「前項所列法律不具有能力者，於他國領域內爲簽名時，如依該地國法律有能力，應負責任。」即其第二條，關於滙票本票之票據行爲能力，適用本國法爲基要準據法並爲使行爲人負擔票據上責任，又參以行爲地法、簽名地法爲準據法。但關於實質成立要件固有之準據法，則付諸闕如。惟關於滙票本票之方式準據法，則依「簽名地所屬之法律」即行爲地法。由於上述可謂其實質準據法與形式準據法間究竟容有區別，而應適用之法律又未臻完全一致。其所以如此者，實因歐陸法系票據法，尤其對於日內瓦統一票據法有深刻影響之德國票據法，採取票據之要式性及無因性爲基本制度，嚴格區別票據行爲之「方式」與「實質」故也。

(3) 如實質準據法，未經明文規定爲何國法律，則應依形式成立要件準據法之適用範圍及於實質之原則，以決定實質準據法，係現今普遍的法理之基本觀念之一。日內瓦解決滙票本票法律衝突公約第三條第一項規定滙票本票之票據行爲之方式依行爲地法即特定票據行爲之行爲人簽名於票上之地所屬國之法即所謂「簽名地法」，而日內瓦統一票據法系國家之判例、學說及英美判例及學說大率趨將該方式準據法適用爲實質準據法。但涉外民事法律適用法，則即關於票據形式準據法之明文規定，亦有所欠缺。能否不採用上述之比較法例，尚難遽予決定。余意票據關係既有債權關係之性質，寧依涉外民事法律適用法第六條第一項所規定當事人自治原則，適用當事人所指定之準據法較妥。

第四章　涉外海商侵權行爲準據法

一、船舶碰撞

(1) 緒　說

(a)數船舶互爲碰撞時，事件當事船舶應基於公平原則而分擔風險及求償，此係船舶碰撞問題之基本規範。船舶碰撞，論其性質，應屬侵權行爲，因此，其危險負擔及賠償責任，甚受侵權行爲責任制度之影響。由是而一般侵權行爲責任，既採過失主義，關於船舶碰撞之損害賠償責任，固亦然。而因船舶碰撞所發生之損害賠償責任，不僅是應視過失之有無而決定，並且無需取決於是否遵守「航行規定」(*rules of navigation*) 及其遵守之程度，並且其當事船舶，中國船舶及外國船舶均有，而其發生之海域，又不限於領水，且及於鄰接海域及公海，其發生地屢超出自國海域外，由此數點已足可明瞭其容易帶有涉外性質。

(b)船舶碰撞，有涉外性質時，其成立要件及效力，均須有準據法予以規定。除此之外，船舶本有所謂「移動物」(*res in transitu*) 之性質，於國際海上運送上在尙未達到目的港前，常經數國港口，如就其發生船舶碰撞之訴訟，則須明瞭其涉外裁判管轄問題。該訴訟既易帶涉外裁判管轄性，必然地與其準據法問題發生密切之關聯。

(2) 船舶碰撞之準據法

(a)涉外民事法律適用法無與船舶碰撞直接有關之準據法之規定。而「海商法」本身亦然。另一方面，船舶既航行於國際間之海域，其又易發生於不同國籍之船舶間，固非屬稀有之事。於是，內外船舶碰撞所引起之危險分擔及損害賠償責任，容易引起法律衝突，而爲解決其衝突，關於其應以何國法律爲應適用之法律，訂定國際公約予以規定，自甚必要。於安特維普（*Antwerp*）公元一八八五年所舉行之「國際海事會議」（*International Maritime Conference*）訂有解決關於船舶碰撞之法律衝突之規則，此項抵觸規則所規定之準據法，於吾國國際私法上就船舶碰撞準據法爲法理解釋，確有重要之參考價值。

(b)安特維普抵觸法規則，傾向於法院地法，凡是與船舶碰撞有關之形式準據法問題及實質準據法問題，概依該準據法。依此應適用法院地法之事項，其主要者，有一、損害賠償義務人之抗辯，二、被害人及其他利害關係人所得主張損害賠償請求權，三、該請求權之消滅時效等。關於上列事項，無論當事船舶有何國國籍，仍然一概適用法院地法。對於上述法院地法主義，固於該準據法以外，另有適用其他特殊準據法之例外情形。玆將該情形扼要分別析述如次。

一、船長之損害賠償請求權之特殊準據法。船長因在公海上之船舶碰撞而受損害者，其損害賠償請求權等權利，其行使之手續及所受期限之限制等程序，得就其搭乘指揮航行之船舶之船旗國法、加害船舶之船旗國法律，或最先避難之港口所屬國家之法律三者，選擇適用其中一者。

二、在公海上航行之船舶碰撞者，各船舶應負損害賠償等責任，其消滅時效之期間，依船旗國法之規定。而且其所得主張之權利不得超過船旗國法所規定之限度。

三、如船舶在港口及內水碰撞時，無論當事船舶有何國國籍，其損害賠償請求權之時效或對於該項請求之抗辯等問題及該請求權之實質的成立要件，概依碰撞地法。

(3) 一般海事法之適用力

船舶於公海上航行時因碰撞所造成損害，一向有所謂「一般海事法」(*general maritime law*)者，相沿適用良久而曾經被認爲一種有普遍適用力的「國際慣例」(*international usages*)。此慣例主要係外國船舶或當事船舶之一方爲外國船舶而於公海上碰撞時，始適用。因其有國際性，各國均負有適用義務。蓋當事船舶國籍不同而在公海上碰撞時，任何國家之法律均無「排他的適用力」，尤需有此項國際慣例爲可作依據之法則也。但自二十世紀初期以來，船舶碰撞與「公安」(*public policy*)，關係重大，各國不再輕易適用該項國際慣例以排除自國法律。由是可謂，該國際慣例現已非得超越各國國內法而普遍適用於船舶碰撞之準據法也。而各國學者亦前後相繼指出，無該項國際慣例存在，或比較消極地評謂該慣例雖仍存在，但其適用範圍已縮少。

二、領水內侵權行爲之準據法

(1)　於港口、河川、水道及領海等水域內發生之侵權行爲事件，無論其係發生在船上或係因有過失之航行所生，應適用所謂「屬地法」(*territorial law*)即該領水所屬國家之法律，此可謂係有力說之看法。

(2)　因於船上違反紀律及管理秩序之不法行爲所發生之侵權行爲事件，却原則上依船旗國法，例外適用「屬地法」。

(3)　當事船舶，雙方國籍相同時，不適用「屬地法」，而應適用當事船舶之本國法即「船旗國法」。此係依據於侵權行爲事件原告及被告兩造之本國法相同時，應優先適用本國法之原則而作之例外規定。此例外規定固另有其比較衡量當事人利害關係而採爲依據之理由，即：當事船舶既同國籍，不涉及其他國家之利益，應專一適用當事船舶之本國法。對此，有亞爾密浪（*Arminjon*）等學者激烈反對，其理由如次，即：

一、「屬地法」，係關於侵權行爲一向風行國際間而經各國判例普遍支持之準據法則，無獨唯於領水內侵權行爲事件乃始偏不適用之理由。

二、該侵權行爲事件之利害關係人甚多，除船舶所有人外，並有船舶所運送旅客、貨物託運人、船舶保險之保險人、船舶所裝載貨物，或旅客之保險人等。上列利害關係人均需分擔危險，而其因船舶碰撞所受影響又甚大。此等關係人之利益亦應予顧及，既然如此，則實勿宜僅因事件發生在領水內即一律適用「屬地法」。

三、公海上侵權行爲之準據法

(1) 船舶上侵權行爲事件

船舶在公海上航行時，在船舶上對於旅客或船舶所載運貨物有不法侵害之事件發生時，該侵權行爲應依該船舶之船旗國法。關於對於船上海員之侵權行爲，亦然。

(2) 船舶碰撞事件

(a) 公海上之船舶碰撞，雙方當事船舶同國籍時，大多數國家均採當事船舶之本國法即船旗國法。此原則，係以在此情形，無其他國家法律可與船旗國法競相適用之理由，而以此爲依據而適用該國法律。當事船舶不同國籍時，既無上述之理由可爲依據，其準據法，則比較不易確定。終於就此發生如次數種不同之看法。

(b)門特維特法典第十二條採選擇適用說，規定當事船舶之船旗國法中，比較有利於被告者，均得選擇適用。

(c)故比烈（*Pillet*）教授及德國聯邦最高法院第二次世界大戰前之裁判例，則認爲應視違反航行規則者，爲雙方當事船舶，或僅爲其一方而分別適用不同之法律。如其僅爲當事船舶之一方者，應適用有過失而應負責任之該船舶之船旗國法，如雙方當事船舶均有違反之情形者，依如次基準合兩項金額估計併算損害賠償金額。一、爲依己方船舶旗國法所計算應賠償金額之二分之一。二、爲依對方船舶之船旗國法所計算應賠償金額之二分之一。

(d)適用損害賠償義務人之本國法。此主要係英美判例所採之看法。

(e)總之，上列數種立法主義，各有其理由。但重要者，在於如何就各別碰撞事件衡量利害關係人之利益而求取合乎「公平誠實」（*ex aequo et bono*）原則之法律適用。

第五章　涉外不正競業準據法

一、緒　說

(1)　自第一次世界大戰後，企業以削價、傾銷及其他足以影響生產或市場狀況之行爲從事「限制競爭」(*Wettbewerbsbeschränkungen*)之不公正活動者，劇烈增加，遂致產業發達之國家漸趨制定禁止不正競業法以維持健全之經濟秩序。此項立法，其目標固在於將保護交易自由之經濟政策法制化。由於此管制經濟之性質，故乃使該項法律之內容已難維持私人自由之純粹私法秩序，遂帶有公私混合法之色彩。

(2)　各國不正競業法，對於違反該禁止法規之交易行爲，或規定爲其無效或不規定其爲無效，但關於其行爲人應被科刑事罰或行政罰，各國規定，內容互有出入，因而致各國不正競業法間發生法律之衝突。由於現今國際貿易之發達及國際商業交易範圍之擴大，其有涉外性者，日多，故對於此項不正競業行爲應以何國法律爲應適用之法律，作爲確明該行爲之性質、類型及效力之準據，愈成重要之涉外法律適用問題之一。

(3)　關於不正競業之準據法則，各國至今仍乏詳細法規定，尤以吾國爲甚。既然如此，其大部分爲法理問題，自須依法理予以決定其準據法。本章自依法理論析涉外不正競業準據法。

二、屬地原則

(1) 不正競業禁止法，既配合上述經濟政策而有公法成份，限就此部分，關於涉外不正競業依「屬地原則」，專行適用國內法，不適用行爲地法，當無依債權行爲準據法則適用依當事人意思所定法律之餘地。拉貝爾（*Rabel*）指出，不正競業禁止法，係依「抑止獨占性共謀以保護國內商業，而個人私益之保護，則屬次要之事」（*Such repression of monopolistic conspiracies is intended to protect the domestic commerce than the individual interests included*）。據此，法院地國，則適用自國公法法規，藉期爲私人利益發生間接有利作用（*with the reflections in private spheres*）。

（註）參照 *Rabel, Conflict of Laws, ol.* II2, 1960, *p.* 300.

(2) 依上述「屬地原則」，法院地國得排除他國法律而適用自國法律者，尤有如適用經濟管制法規及經濟刑法法規於不正競業之部分是。甚且有依所謂「技術的擴張適用屬地原則」（*Technical extension of territoriality priuceiple*）之國家。西德「禁止妨碍競業行爲之法律」（*Gesetz gegen Wettbewerbsbeschränkungen*）（註），便是採此立法例。同法第九十八條第二項宣明「屬地原則」謂，同法適用於同法之適用區域內，但不以該不正競業之「原因」及不正競業行爲均發生在德國境內者，爲限。甚且依「屬地原則」之「技術性擴張」（*Technical extension*），該行爲係「被誘發」（*veranlasst ist*）於他國，但其行爲本身却發生在德國境內者，仍亦依「屬地原則」對其適用德國之該法律。此立法例，一方面擴張不正競業行爲受同法適用之範圍，另一方面，又加强排除他國不正競業禁止法之適用。

（註）此法律亦另稱「卡特爾法律」（*Kartellgesetz*），與一九〇九年之「不正競業禁止法」（*Gesetz gegen deu unlautereh Wettbewerb*），組合成爲不正競業法之法律體系。

三、不正競業之法律行爲方式及侵權行爲準據法

(1) 不正競業行爲通常爲法律行爲，其有無具備法定之方式，依一般學說，仍屬私法問題，應就行爲地法及債權行爲準據法中，選擇一者予以適用（涉民五Ⅰ）。

(2) 不正競業有不法性，行爲人因該行爲而致他人之權利受損害者，其對於被害人所應負擔賠償責任，依侵權行爲地法。但中華民國法律亦應予抵制適用而限制其成立及損害賠償範圍及金額。

第七編　準則規範

第一章　國籍法則

第一節　國際私法上之國籍之意義

關於國籍之定義之學說，大別爲地位說及關係說兩種。依地位說，國籍爲個人隸屬於國家之地位。依關係說，國籍爲個人「忠順」(*allegiance*) 於國家之關係，係以個人向國家負擔納稅、服兵役等義務爲其內容。現在多數說採取關係說。

國籍在國際法上爲對人高權及對人管轄 (*Personal jurisdiction*) 之基礎。國際刑事管轄上，所謂「積極的對人管轄」以及「消極的對人管轄」卽是以犯罪人或被害人具備管轄國之國籍爲標準而決定。在國際私法上，國籍爲本國法之連結因素，自然人之本國法爲何國法律，其決定是否合法，取決於自然人國籍之決定爲合法。

國際法上，個人國籍之決定應屬國家之「內國管轄」(*Domestic jurisdiction, domaine reservé*)，凡是一國依其國籍法律決定特定個人爲其國民，具備國籍者，除非其決定顯然有於國際法上可認爲濫用權力之處，否則，其決定至少就該個人與該國間之關係，有確定的效力。只是在國際訴訟上訴訟國籍之決定效力，或外交保護上國籍之效力問題，即所謂「國籍之國際效力」(*International effect of nationality*)問題，則「國際判例及慣例」相沿適用國際法院在一九五五年努特保姆（*Nottebohm*）一案之判決所謂「純正連繫之原則」(*Principle of genuine connection*)，即於個人與特定國家間，必須就經濟、社會、情緒、生活等觀點綜合判斷足認有密切關係，可認比該個人與任何他國更甚者存在，該國始得就其國籍對於他國主張其國際效力。

由於國籍之決定，屬於「內國管轄」，個人之國籍歸由國家單方決定，而表現個人取得、變更國籍之自由之「國籍權」（*Right to nationality*），則只屬理想，尚非法律上之權利。

第二節　國籍之衝突及其解決原則

一、國籍衝突之分類

國籍之衝突，分爲積極衝突及消極衝突兩種。前者指同一個人同時具備數國籍，因而發生「重國籍」（*Multiple nationality*）。後者指個人出生時即不具備國籍或喪失其原來所具備之國籍，由是發生「無國籍」（*Statelessness*）。

二、國籍衝突之原因

國籍之決定屬於國家之「內國管轄」，國家就定國籍之標準，有決定之自由。因此，就國籍之生來取得，各採「血統主義」、「出生地主義」、兩者之併合主義等不同之決定標準。在同一決定標準中，有程度強弱、次序高下之分。又就國籍之傳來取得，除歸化以外，並分別規定婚姻、收養、認領等為取得國籍之原因。國家既有若是廣汎之採取不同國籍標準之自由，易因其所採取標準不同而致國籍發生積極衝突及消極衝突。玆將其情形，分別簡述如次。

(1) 積極衝突之原因

(a) 出生取得

第一、血統主義與出生地主義間之衝突

由「血統主義」國民之父母所出生而其出生地國採取出生地主義者，發生國籍之積極衝突。父母之本國採取出生地主義，而子女出生在血統主義國者，該子女之國籍亦發生積極衝突。

第二、血統主義或出生地主義與併合主義間之衝突

併合主義，實際上常易與血統主義發生衝突，但其與出生地主義發生衝突，亦屬可能。先就血統主義與併合主義之衝突言。血統主義國國民之子女在以出生地主義為原則之併合主義國出生者，其國籍發生積極衝突。次就出生地主義與併合主義之衝突言。出生地主義國國民之子女在以血統主義為原則之併合主義國出生者，亦發生國籍之積極衝突。

第三、同一立法主義間之衝突

國籍標準之同一立法主義間，原則上不致於發生衝突，但亦有其相互衝突之例外情形。即如父母之國籍於子女未出生前變更時，該子女依舊本國法應取得的本國之國籍，依新本國法應取得新本國之國籍，則該子女取得雙重國籍，其國籍發生積極衝突。出生地主義，因其程度有強弱之分，而有絕對性

的，亦有相對性的而規定子女由於服務於本國之父母所出生。但其出生地在國外者，取得其父母之本國之國籍及出生地國之國籍，因而使其取得雙重國籍。

(b) 傳來取得

因爲個人無「國籍變更權」（*Right to change nationality*），出生取得一國國籍後，其與他國人民結婚，爲他國國民所收養、認領，或歸化他國者，其國籍爲雙重國籍或重國籍，發生國籍之積極衝突。

(2) 消極衝突

(a) 生來消極衝突

在血統主義國家，由無國籍人所生之子女，無國籍。亦有如次因立法主義之衝突所發生之消極衝突之情形。

第一、血統主義與出生地主義之衝突

血統主義與出生地主義之衝突，亦可能造成無國籍，例如出生地主義國國民之子女在血統主義國出生者是。

第二、併合主義相互間之衝突

以血統主義爲原則之併合主義與以出生地主義爲原則之併合主義，可能產生無國籍人，例如依前者，歸化國民之子女在外國出生者，不能取得該國之國籍、依以出生地主義爲原則之國家之法律，又有例外不能取得該國國籍之情形，因而變成無國籍人。

第三、同一立法主義間之衝突

先就血統主義間之衝突，造成無國籍之情形言。由因服務於外國政府而喪失血統主義國國籍之國民所生子女，其出生地國又採血統主義者，成爲無國籍人。次就出生地主義間之衝突造成無國籍之情形言。出生地主義國之一，對於爲外國政府服務者，例外不適用出生地主義，另一出生地主義國國民之子女在該國出生者，成爲無國籍人。

(b) 傳來衝突

出生後變成無國籍，以削籍爲其原因者，居多，尤以在第二次世界大戰期間，德國納粹政府對於猶太人採取「集體削籍」(*Collective denationalization*) 之措施，對其未取得他國國籍者，造成無國籍，最甚。其他，在各國國籍法律上，女性往往因成爲外國人妻者，喪失國籍之規定，而其夫之本國國籍法律又不以婚姻爲取得該國國籍之事由。在此情形者，該外國人妻成爲無國籍人。

三、國籍衝突之解決原則

(1) 積極衝突之解決原則

國籍之積極衝突，分內國國籍與外國國籍之衝突以及外國國籍相互間之衝突兩種。玆將其解決原則分別說明如次。

(a) 內國國籍與外國國籍之衝突

在此場合，依「內國國籍優先」(*Vorrang der inneren Staatsangehörigkeit*) 之原則，應由中華民國國籍優先。涉外民事法律適用法第二十六條但書規定，「依中華民國國籍法，應認爲中華民國國民者，依中華民國法律。」此但書規定係對於依涉外民事法律適用法「應適用當事人本國法，而當事人有多數國籍」之情形而設。稽其含意，可謂因國籍之衝突而就同一身份能力案件及其他應適用本國法時，依「內國國籍優先」之原則，由中華民國國籍優先，因而應適用以中華民國國籍爲連結因素之本國法，卽中華民國法律。惟此規定限於身份能力及其他應適用本國法之涉外案件，對於其他場合之國籍衝突，則不適用之。亦可解釋其係表現吾國法律採用「內國國籍優先」之原則，其規定只是其適用之例示而已。

(b) 外國國籍相互間之衝突

外國國籍相互間之衝突，分異時取得及同時取得兩種。關於前者，適用最後國籍優先之原則，涉外民事法律適用法第二十六條就此規定，「當事人有多數國籍時，其先後取得者，依其最後取得之國籍。」關於後者，適用「有效國籍之原則」，卽由其「關係最切之國之國籍」優先。

(2) 消極衝突之解決

國籍之生來消極衝突，其解決原則，在通常情形下，爲以住所地國代替其本國，住所不明時，以居所地國代替其本國（涉民二十七 I）。至於未成年人有父母者，另以其父母所屬國爲其本國，婚生子女以父所屬國爲其本國，非婚生子以母所屬國爲其本國。其無父母或其父母無國籍時，以當事人現有住所地國爲其本國。

第二章　住所法則

一、住所之概念

「以久住之意思，住於一定之地域」者，該「一定之地域」，即係住所。而住所又依其取得是否出生時法律所賦予，或由於出生後之自由選擇，或未自行設定而出於法律之擬制（如吾國民法第二十一條所規定，「無行為能力人或限制行為能力人，以其法定代理人之住所為住所」，便是其一例），分為原始住所、選擇住所以及法定住所。

二、住所衝突之種類

住所之衝突，分積極衝突及消極衝突兩種。前者指一人具備原始住所及選擇住所兩種住所而言。後者或因法律適用之關係，或因各種事實關係而發生。先就因法律適用關係所發生消極衝突言。若有移住之事實發生，依舊住所地法，當事人喪失住所，依新居住所地法，未具備取得住所之要件。因此，亦未取得住所。結果，發生無住所之情形。次之，因事實關係所發生消極衝突之情形。其重要者，有三，即：(1)拋棄舊住所而未取得新住所；(2)無家可歸終身旅行者；(3)無業飄泊者。

三、住所衝突之解決原則

(1) 積極衝突

住所積極衝突之解決原則，應分內國住所與外國住所之衝突及外國住所相互間之衝突兩種情形說明之。在前者情形，依內國住所優先之原則，由內國住所優先，以國內法為「住所地法」。涉外民事法律適用法第二十七條第二項採取此原則而規定：「當事人有多數住所時……在中華民國有住所者，依中華民國法律。」在後者情形，無論其係異時取得或同時取得，概由「其關係最切之住所」優先。

(2) 消極衝突

當事人無住所時，以居所為「代用住所」而代替住所（涉民二十七Ⅰ）。但因當事人有數居所而致不能確定代用住所時，由關係最切之居所優先，至於其居所不明者，以「現在地」代替居所（涉民二十七Ⅲ）。

第三章 外國人地位法則

一、外國人之法律地位

現今國際法上，尚無所謂「外國人權利」（*Alien's right*），國家對其有不法侵害時，得逕依國際法向國際審判機構提起訴訟，尋求救濟者。其法律地位不外乎是國家對於個人統治權關係上之問題。外國人之法律地位問題主要是發生在其被許可入境以後，亦卽係在此階段以後所應受待遇之問題。外國人在其被國家許可入境後，雖應服於該國之統治，亦不至於負擔服兵役之義務。在國際法上，外國人應免服兵役。但爲維持公共秩序而徵召外國人擔任地方警察之職務者，不在此限。外國人之待遇事項，其重要者，有如納稅、就業、居住、財產之所有、營業等是。

二、外國人權利思想之演進

在古代，「文化未開，國之四鄰，皆仇敵」，敵視外國人成習，自無承認賦予外國人權利之餘地。迨後，社會逐漸發達，互相來往交流趨盛，敵視外國人之意識愈衰，於焉，不再排外而消除歧視外國人之閉鎖觀念。在權利之享有方面，趨於不差別內外國人，除如參政權等國民獨有之權利，性質上不宜使外國人享有者外，倫理上、社會生活上以及經濟上之權利，均漸使外國人享有之。學者大多將外國人權利思想之演進，按次序，分爲敵視主義、賤外主義、排外主義、互惠主義以及平等主義等五個時期，爲瞭知其情形，可謂妥適矣。

三、外國人權利義務之分類

外國人之權利義務，尚非國際法上之權利，寧爲國內法上權利，關於其分類，現在尚無一致之看法。有按公法上之地位及私法上之地位而分類外國人之權利者。依其看法，屬於前者之權利義務，有個人自由權、國家保護請求權、參政權以及納稅其他公法上之義務等。屬於後者之權利義務，有人格權、財產權、親屬權以及繼承權等。在此，吾人不依公法、私法之區別分類，但將外國人之權利義務分爲自由權、財產權、就業權、營業權以及訴願訴訟權。

(1)　自由權

自由權謂個人對於國家請求排除干涉之權利。吾國憲法第八條規定，「人民身體之自由應予保障」，其第十條至第十四條並規定各種自由，均屬「人民之權利義務」。外國人得享有身體自由權，固可無庸議，至於其享有之程度，是否與內國人相同，學者之看法尚未一致。有力說認爲，除非條約另有規定，否則未必如此。如一九四八年之中美友好通商航海條約第六條第一項規定：「締約此方之國民，在締約彼方領土全境內，關於其身體及財產，應享受最經常之保護及安全」。若無另有如此條約之規定，外國人享有自由權之程度，則不能與中華民國國民完全相同。

(a)　身體自由權

中華民國國民身體之自由，獲有憲法之保障，非依法律不得逮捕、拘禁、審問、處罰。吾國憲法第八條規定：「人民身體之自由應予保障。除現行犯之逮捕由法律另定外，非經司法或警察機關依法定程序，不得逮捕拘禁。非由法院依法定程序，不得審問處罰。非依法定程序之逮捕、拘禁、審問、處罰，得拒絕之。」條約之中，不乏設有保障此自由之條款者，如中美通商航海友好條約第六條第一項規定，「締約彼方」之國民卽美國國民之身體自由應受保護，「凡被控犯罪之人，應迅付審判」，便是其例。縱使無有關條約之規定可適用，外國人之身體自由權，在法令限制之範圍內，應與中華民國國民，無甚差異。

(b) 精神上之自由

外國人能否與中華民國國民同享「言論、講學、著作及出版之自由」（憲法十一）、「信仰宗教之自由」（憲法十三）以及「集會及結社之自由」（憲法十四）等所謂「精神上之三大自由」，僅是程度問題。外國人原則上能與中華民國國民同享此種自由，但其與中華民國之安全及公共秩序有重要關係者，不在此限。有力說認爲，外國人在中華民國爲政治上之結社集會，應予禁止，亦卽基於斯旨也。

(c) 往來、居住及遷徙之自由

關於外國人往來、居住及遷徙之自由，條約有規定者，固不乏其例。例如中美友好通商航海條約第二條第一項規定：「締約此方之國民，應許其進入締約彼方之領土，並許其在該領土全境內，居住、旅行及經商。」原則上，任何國家在國際法上均負有接收回國之自國國民之義務，尤其對於由外國放逐或護送而來之自國國民爲然。學者亦引吾國憲法第十條所規定人民之居住及遷徙自由作爲國家之是項接收義務之根據。至於對外國人之入境，國家是否具有准許之義務，在國際法上現有四種學說，卽：(1)國家負有准許所有外國人入境之義務；(2)國家負有准許所有外國人入境之義務，但其有毒癮，或患傳染病，或其他在國家公益上不宜准許其入境者，不在此限；(3)國家負有准許外國人入境之義務，但對其入境得附條件；(4)國家得任意拒絕所有外國人之入境。第一說與國際慣例有違，固未便採取，即使第二說及第三說承認國家負有准許外國人入境之義務之說法，亦未為一般學者所支持。在國際實際上，國家就其准許或不准許有自由決定之「無限制權利」（*Unqualified right*），而此權利被認為國家領土主權之屬性。外國人之入境，自不能逕依吾國憲法第十條之規定，承認中華民國負有無條件准許之義務。條約規定上，亦往往就有關准許締約彼方之國民入境、居住、遷徙等事項規定，「不得解釋為影響締約任何一方有關入境移民之現行法規云云。」（中美友好通商航海條約二Ⅳ）又中華民國國民「自海外回國，即使係犯人或患傳染病者，亦不得不認許其入境」，此係一般學者所共認之原則。但對於外國人患傳染病，或為犯罪人，或有危害中華民國公益之虞者，均得拒絕其入境，甚至有學者主張，即使友好通商條約保障入境自由者，亦然。

次之，經許可入境之外國人，在中華民國境內原則上有居住及遷徙之自由，其在法令限制之範圍內，並享有與中華民國國民平等之待遇，固不待言。友好通商條約往往有設定有關外國人在中華民國境內之居住遷徙自由之平等待遇條款者，即使無此規定，亦同。外國人入境特定國家後，對於該國負有所謂「暫時忠順」（*Temporary allegiance*）之義務，應受該國法律之拘束，除與該國國民受同樣法律之拘束外，即使該國對其設有較嚴之法律上之限制，亦應遵守。在無此法律上限制之情形下，其居住及遷徙之自由與該國國民所享有者，相同。

最後，外國人違反入境之規定或對當地國公益有重大妨害之情形者，該國固得依警察命令或行政處分或法院之命令等將其逐出於國境之外。此逐出境權為國家領土主權屬性之一，國家通常對於自國國民不得行使此權，即使對於外國人行使此權時，基於既許其入境應對其忍受（*Indulgence*）之觀念，必須有正當理由始得將其逐出境，而其逐出境之方法，又須合乎合理的原則。

(b) 人犯之引渡

引渡謂，一國對於他國基於該他國之請求而將因違反該他國之法律被其偵緝或判刑之個人交付該他國。在通常情形，人犯限於其在請求國領土內或具備該國國籍之船舶或航空機內犯罪並向被請求國避難者，始得引渡。引渡應循外交途徑請求之。斯制之目的在乎防杜重大犯罪脫避法律之制裁及懲罰。國際法上，國家不負有引渡之義務，亦無不引渡之義務，寧爲其限於條約有特別規定時始負擔之所謂「不完全義務」(*Imperfect obligation, unwollkommene Verantwortlichkeit*)。條約無規定時，引渡係基於相互原則而定之。引渡之許可及其法律程序，通常係依引渡國之國內法律，如請求引渡之人犯所應具備之條件，請求國所應提出人犯有罪之證據、裁決引渡之管轄機關等均依國內法律定之。依吾國引渡法(民國四十三年四月十七日公布施行)，引渡應具備如次要件。

第一、關於請求引渡之人犯之要件

(1) 必須該人犯爲外國人

必須請求引渡之人犯爲外國人，始得引渡。人犯爲中華民國國民者，不得引渡，對於引渡之請求，應予拒絕(引四)。但該人犯取得中華民國國籍在請求引渡後者，不在此限。(引四但書)。

(2) 必須該人犯爲向中華民國尋求避難者

第二、關於可引渡犯罪之要件

(1) 必須爲在請求國領域內犯罪者

在請求國領域內犯罪，包括在該國領土及領海內犯罪，在具備該國國籍之船舶及航空機犯罪等情形

(引二)。但具有引渡法第二條第二項所規定「雙重罪行」之條件者，不在此限。

(2) 必須請求引渡之人犯爲犯重罪者

重罪之決定標準，與其在於犯罪之種類，在乎刑之輕重。在英美法上，罪行有「重罪」(*Felony*)及「輕罪」(*Misdemeaner*)之分。凡如僞證、公害等，科一年以下有期徒刑、拘役，科或併科罰金之犯罪，均屬輕罪。如謀殺(*Murder*)、强姦、竊盜等科一年以上有期徒刑或較重之刑之罪刑屬之。吾國引渡法，純以科刑之輕重爲標準而決定人犯之可引渡性，其第二條第一項之規定，採取與英美法之重輕刑類別類似之觀念，限於重罪，即限就科有期徒刑一年以上以及較重之罪行始得引渡人犯。因此，「中華民國法律規定法定最重本刑爲一年以下有期徒刑者」，不得引渡之。

(3) 必須犯罪行爲不具有軍事、政治、宗教性

犯罪行爲具有軍事、政治、宗教性者，「得拒絕引渡」(引三)。犯罪行爲有下列情形之一者，易被與政治性犯罪行爲混淆。吾國引渡法乃特以明文規定其不得視爲政治性犯罪行爲，仍得引渡，即：(a)故意殺害國家元首或政府要員之行爲；(b)共產黨之叛亂活動(引三但書)。

(4) 必須犯罪行爲具備「雙重罪行」之條件

依「雙重罪行」(*Double criminality*)之原則，請求引渡之罪犯，其犯罪行爲依請求國及被請求國雙方之法律均應處罰者，始得引渡之。該原則自美國最高法院在一九三三年法克特一案(*Factor V. Laubenheimer*)之判決予以援用以來(註)，尤爲各國法律及判例所採認，吾國引渡法亦相倣採取之，其第二條第一項規定：「凡於請求國領域內犯罪，依中華民國及請求國法律規定均應處罰者，得准許引渡。」

（註）在本案，居住美國伊利諾州之法克大（*Factor*）因其曾經在倫敦犯有詐取錢財之罪行而被英國政府追緝。英國政府請求美國政府將其引渡。依美國伊州刑法，法克大之罪刑並非可罰之行爲。但美國最高法院在該案之一九三三年判決謂，只要依美國之一般刑法，其行爲爲可罰之罪刑，則因其既依英國刑法應予處罰，仍應引渡。

290 *U.S.* 276 (1933)

(5) 必須具備「特定罪行」之條件

「特定罪行」（*Speciality of Criminality*）之原則，不僅常爲引渡條約所規定，亦爲各國引渡法律或判例所適用。依此原則，請求國不得將罪犯，以其請求引渡之罪名以外之罪名，予以處罰。吾國引渡法亦採取此原則，其第七條第一項規定：「請求國非經中華民國政府同意，不得追訴或處罰引渡請求書所載以外之犯罪。」但設有不適用此原則之例外，即「引渡之人犯在請求國之訴訟程序終結或刑罰執行完畢後，尚自願留居已達九十日以上者」，不適用此原則。又特定犯罪之原則，限於人犯引渡前在請求國所犯者，始有適用，其在引渡後另有犯罪者，不在此限。因此，吾國引渡法第七條第二項規定：「引渡人犯於引渡後在請求國另犯他罪者，該請求國仍得追訴或處罰之。」

(6) 必須請求引渡之犯罪無業經中華民國法院不起訴，或判決無罪等情形

犯罪須無如次情形者，始得引渡人犯。即：第一、請求引渡之犯罪，業經中華民國法院不起訴，或判決無罪、免刑、免訴、不受理，或已判處罪刑或正在審理中，或已赦免者（引五Ⅰ）；第二、請求引渡之人犯另犯他罪已繫屬中華民國法院而訴訟程序未終結或執行未完畢者（引五Ⅱ）。

請求引渡之犯罪具備引渡之要件而數國對同一人犯請求引渡時，應依如次順序定其解交之國，即：(1)依條約提出請求引渡之國；(2)數請求國均爲締約國或均非締約國時，解交於犯罪行爲地國；(3)數請求

國均爲締約國或均非締約國，而無一國爲犯罪行爲地國時，解交於犯人所屬國；(4)數締約國或數非締約國請求引渡而指控之罪名不同者，解交於最重犯罪行爲地國，其法定刑度輕重相同者，解交於首先正式請求引渡之國（引六）。

(2) 財產權

吾國憲法第十五條規定：「人民之財產權應予保障。」但有其第二十三條所規定「避免緊急危難，維持社會秩序，或增進公共利益所必要」等情形者，仍得以法律限制之。而對於外國人之取得，享有財產權，得比諸中華民國國民更加以限制。尤其對於不動產爲然。如外國人在中華民國取得或設定土地權利，必須具備吾國土地法第十八條所規定相互原則之條件者，始可。其爲住所、商店、工廠及醫院等用途，得購買或租賃土地。但應受該管市縣政府依法所定之限制（土十九）。惟外國人租賃或購買之土地，經登記後，依法令之所定，享受權利，負擔義務（土二十四）。礦業權爲準不動產物權（鑛十一），除依有關法律所定國家保留之各礦外，中華民國國民得依法取得礦業權（鑛五Ⅰ），但外國人，則於礦業權設定後，被准許入股，合組股份有限公司經營礦業，但應由經濟部核轉行政院核准，並受如次限制，即：(a)公司股份總額過半數應爲中華民國人所有；(b)公司董事過半數應爲中華民國人；(c)公司董事長應以中華民國人充任（鑛五Ⅱ）。漁業權亦同爲不動產物權，但限於有中華民國國籍者，始得呈請該管行政官署核准登記取得之，外國人，則不然（漁八）。

(3) 就業權

吾國憲法第十五條規定中華民國國民之就業工作權應予保障。外國人在中華民國境內，除中華民國法律另有限制外，亦應得享有就業之自由及權利。但自由職業，各國大多不許或嚴格限制外國人執行。

在吾國，限於律師，基於相互原則准許外國人充任律師。律師法第四十七條第一項規定：「凡外國依其法律准許中國人充任律師者，其人民得依中國法律應律師考試。」律師法第四十七條第二項規定：「前項考試及格，領有律師證書之外國人，在中國執行律師職務，應經法務部之許可。」

(4) 營業權

普通工商業之經營，外國人得與內國人民享有相同之自由。間有通商友好條約特別規定强調其保障者，例如依中美友好通商航海條約第二條第二項之規定，締約彼方之國民卽美國人在中華民國領土全境內，得從事並經營商務、製造、加工等事業，並「應許其不受干涉」，便是其例。但非經國家特許或核准之營業，則不在此限。外國人不能享有與中華民國國民相等之待遇。尤如銀行業務，外國銀行欲在中華民國境內從事經營者，固須依公司法呈請認許，但在其未呈請認許前，應向中央主管機關卽財政部呈請特許，非經特許，不得在中華民國境內設立分行經營之（銀一百十七）。

(5) 訴願及訴訟權

外國人對於中華民國行政官署之違法或不當處分，得依訴願法提出訴願尋求救濟。如未獲救濟，得提出再訴願，經再訴願仍不服行政主管官署之決定者，得提起行政訴訟。稽諸晚近行政法院有關專利權或商標權之判決以外國人或外國公司爲原告者，良多，亦可知之。

審判公開之原則，對於內外國人一律平等適用。外國人在吾國民事訴訟程序上，享有當事人能力及訴訟能力，得爲原告或被告，亦得選任律師或其他有適格之人爲訴訟代理人或輔佐人（民訴六十八、七十六），進行訴訟。因爲當事人能力係基於當事人之權利能力而設（民訴四十Ⅰ），外國人自須依其本國法有權利能力者，始有當事人能力。惟現代各文明國家幾乎均相沿採取自然人不分職業、身份、年齡、國籍等而一律自出生時起享有權利能力之制。故關於外國人有無權利能力，幾不發生法律衝突之問題。但吾國民法總則施行法第二條規定，外國人於法令限制內有權利能力，如就土地法第十八條、礦業法第五條等情形發生訴訟，外國人能否有當事人能力，非無疑義。

關於外國人之訴願及訴訟權，友好通商條約特以明文規定加强保障者，亦屢有之。如中美友好通商航海條約第六條第四項規定：「締約此方之國民，法人及團體，不論爲行使或防衞其權利，應享有在締約彼方領土向依法設立之各級有管轄權之法院、行政法院及行政機關陳訴之自由；在此項法院，行政法院及行政機關內，於行使或防衞其權利時，應有選僱律師、翻譯員及代表人之自由云云。」即使無條約之特別規定，外國人仍得享有訴願及訴訟權並且對其訴訟不能有不公開，偏袒內國國民、澁滯等情形而構成「審判之拒絕」(*Denial of justice, déni de justice*)。

第八編　管轄法規範

第一章　管轄之意義

國際私法上所謂「管轄」（*Jurisdiction, Gerichtsbarkeit, compétence*），亦稱「法域管轄」，其基本觀念爲特定涉外案件應由何國管轄，與應由何國何一特定法院管轄之問題，無直接關係。因而與民事訴訟法上「管轄」一詞有所不同，應予區別。後者謂國內之特定法院受事件之分配之範圍，亦可謂依法律之規定分配事件於國內特定法院之標準。或因法院之職務而分者，爲職務管轄。或因土地之區域（如被告之住所地等）而分者，爲土地管轄。因事件之種類而分者，爲事物管轄，或因上級法院之命令而定者，爲指定管轄。或因當事人之協議而定者，爲合意管轄。論者謂，國內訴訟管轄之決定標準，可準用於國際私法上之管轄，而在如吾國及其他多數國家尙未明文規定其統一的決定標準之情形下，斯說確屬適當。惟國際私法上之管轄寧爲分配事件於特定國家之標準，與爲於國內法院間分配事件而設定決定標準之民事訴訟法上管轄比較，前者有一般性，後者有特殊性，前者可稱謂「一般管轄」（*Compétence générale*），後者可稱謂「特殊管轄」（*Compétence spéciale*），資以區別。

國際私法上之管轄，論其性質，應屬裁判管轄（*Compétence*），即特定國家受理、裁判特定涉外案件之範圍，與特定國家就特定涉外案件所具有之制定法律之權，亦即國際私法上之「立法權」(*Compétence législative*)，互異。蓋後者為國家就特定涉外案件或對於特定涉外關係，決定對其所應適用之法律亦即「準據法」之權而與涉外案件之裁判管轄無關也。

國際私法上之管轄，若專就內國之立場言，或可以「屬地管轄」(*Territorial jurisdiction, compétence territoriale*) 形容之。依「屬地管轄」之觀念，內國法院對內國領域內之訴訟，不分其發生在內國人相互間，或內國人與外國人，或外國人相互間，原則上均有裁判管轄權。法國民法第十四條及第十五條分別就法國國民為原告及被告之情形，規定法國法院之裁判管轄，而法國法院判例又基於法國民法之此兩條廣泛規定之基礎，進而確立以對外國人為一方當事人或為雙方當事人之訴訟之管轄法則。此係屬地管轄主義。但法國學者，如巴特福沃(*Batiffol*)教授，却批評其「圖將法律關係就管轄地方化」(*Pour objet de localiser les relations juridiques quantála jurisdiction compétente*)，據此決定國際私法上裁判管轄，不甚適當。(註)

(註)法國民法第十四條及第十五條為關於國際私法上管轄問題之極少數設置明文規定之立法例之一。因其規定在措詞上偏向於法國國民，解釋上一向引起許多爭論。巴特福沃教授對於上引法國民法之規定作些評論，其看法可代表現今法國學者之看法。*Cf.* Batiffol, *Traité élémentaire de droit international privé*, 1949, *pp.* 691–692.

國際私法上之管轄，與權利之取得及其涉外效力，均有密切之關係。當事人欲在國際私法上取得權利，應向國際私法上具有管轄權之國家之法院起訴。又只有向該國之法院起訴以取得權利者，其權利始能獲得他國之尊重及承認。甚至有學者指出，「一國對於某種權利雖不准許外國人享有，但若該外國人在他國已取得此項權利，有時不能不尊重之。」

關於涉外訴訟管轄法是否國際私法之一部分，採取反對說之學者，愈益減少。卽在一向反對將涉外訴訟管轄法包括於國際私法之範圍內之德國學者中，亦有構想於國際私法內應有「國際訴訟程序法」（*internationales Verfahrensrecht*）之部分法域者（註）。惟他們就該部分法域之範圍，却採取比較消極之看法。卽該部分法域雖包括訴訟及非訟程序，但應限於民事訴訟程序法則及民事非訟事件手續法則兩部分。

（註）參照 *Kegel, Internationales Privatrecht*, 1964, *S. 372ff.* 雖然如此，克苛爾（*Kegel*）教授，却因德國學者關於國際私法傳統上採取限制主義，故「國際訴訟程序法」在克教授之上述著作中只是「附錄」（*Anhang*），並未於該者本文編章中，佔有其地位。諒係克教授欲期於德國之嚴格限制主義（稍採英美及法國之限制主義或概括主義，以使其趨於溫和而免與英美及法國之國際私法學差異過多。

第二章　管轄之豁免

第一節　緒　　說

外國人與中華民國國民同享向中華民國法院提起訴訟之權利。但基於重要公益上之考慮，應有外國人不能享有此項權利之例外。關於此，吾國法律雖無有關法規可稽，從法理觀點可以作此解釋。在英美國際私法上，被認爲具有「敵國國籍」(*Hostile nationality*) 者，爲「敵性外國人」(*Alien enemy*)，基於「公安」(*Public policy*) 上之考慮，禁止其向英美法院起訴。被認爲具有「敵國國籍」或至少可準此而視爲敵性外國人者，包括如次兩種情形，卽：(1)具有敵國之國籍而現在敵國領土境內者，在英國法上，其獲有英國政府之許可而居住英國，並處於所謂「英王和平」(*King's peace*) 之狀態者，可暫時消除其敵性而准許其向英國法院提起訴訟；(2)自國國民或中立國國民自動居住敵國領土或敵國所佔領領土，或在敵國領土或敵國所佔領領土經營事業者。有此兩種情形之一者，爲敵性外國人，不僅不能提起訴訟，卽使其在戰爭狀態未發生前卽已提起，仍應停止訴訟。此法例可引用爲法理解釋之根據。

外國人得爲被告。甚至該外國人具有外國政府官員之身份者，亦然。但在特定情形下，因其享有管轄豁免權，除非其自動應訴，或其他依法拋棄管轄豁免等情形發生，否則，不得對其提起訴訟。玆將管轄豁免之事由、管轄豁免權人及管轄豁免權之範圍分別闡述如次。

第二節　管轄豁免之事由

在國際私法上，管轄豁免之事由，可大別爲國際法上之事由以及國內程序法上之事由兩大類，分別析述如次。

一、國際法上之事由

(1) 基於國家平等原則，應豁免管轄

在國際法上，有一法諺云：「平等者之一方不能對於他方行使權力」（*Par in parem non habet imperium*）。因爲平等權爲國家在國際法上所享有基本權利之一，若一國對於他國行使裁判管轄，必將侵害他國之國際法上基本權利。由是，應對其豁免管轄。

(2) 基於相互原則，應豁免管轄

一國對於他國豁免管轄，該他國卽基於禮讓而豁免對其管轄，在境內不對其行使裁判管轄權。不過，此相互原則作爲管轄豁免之基礎，不具有充份之效力及適宜性，因而頗受各國法例及學說之非議（註）。

（註）其最代表者，爲英國博特爾（*Porter*）卿在 *United States and Republic of France V. Dollfus Mieg et Cie S.A. and Bank of England*, 〔1952〕 A. C. 582, *at p.* 613. *as cited by Starke, An Introduction to International Law*, 1957, *p.*219, *n.*2. 博卿不僅就豁免管轄，並且就限制豁免管轄，亦否定此原則之效力及適宜性。

(3) 基於一國法院判決不能對於他國執行之理由，應豁免管轄

依聯合國憲章第九十四條第二項之規定，國際法院之判決對於訴訟當事國有執行力。依其規定，訴訟當事國應履行國際法院判決所定之義務。如該國不履行其義務者，安全理事會得決議關於該判決之執行提建議，或決定採取爲執行該判決所必要之措施。但一國法院之判決，不能對於他國執行。如試圖對於他國執行法院判決者，至少被視爲對該他國有不友好之行爲。

(4) 國家對於他國負有默許豁免管轄之義務

一國准許他國在其領土境內爲行爲，或他國元首訪問，可認爲對於他國或其元首准許管轄豁免，因爲他國不致於在被該國管轄之狀況下在該國境內行爲，他國元首訪問該國時亦然故也。

二、國內程序法上之事由

(1) 停止訴訟（*Lis pendens*）之原則

當事人對於二個以上國家提起訴訟時，依停止訴訟之原則，國家法院所受理之訴訟，已向外國法院起訴者，應命令停止訴訟。在此場合，若被告爲外國人，則對於該外國發生相當於豁免管轄之效力。就比較法制之觀點言，亦有未採此原則之國家，例如法國巴黎高等法院十月二十二日之判決，就居住法國之美國國民與其瑞士籍之妻間之訴訟判決謂，雖然該瑞士籍之妻曾向瑞士法院起訴，仍得受理該訴訟並予判決（註）。但如美國法院判例及其他大多數國家，採取此原則。

（註）法國較前之判例似採此原則。詳見 *Batiffol, op. cit. supra, pp.* 805-806. 對此，美國法院判例，則相沿堅持停止訴訟之原則謂，在外國法院未作成判決前，應停止訴訟。關於此，*Delaume, American-French*

Private International Law, 1961, *pp.* 150-151. 作有有價值之比較研究，可作參考。

(2) 法院有不便利情形（*Forum non conveniens*）之原則

依法院有不便利情形之原則，法院得視有無如次情形而依裁量決定不行使裁判管轄。(a)有就受理訴訟更見便利之法院者。(b)若繼續行使裁判管轄，勢將對於被告造成不當之負擔者。此原則，尤為英美法院判例所相沿適用者，茲引美國最高法院在一九五〇年古爾杜一案（*De Sairigne V. Gould*）之判決爲例，說明之。在本案，原告爲居住法國之法國女性，向美國法院對於居住法國之美國國民提起關於違約之訴訟，請求美國法院以判決命令被告給付損害賠償。原告主張其依法國法律應有損害償賠請求權，而有關本案之證人均在法國。被告又在法國有財產，足以給付原告所請求之損害賠償。在此情形之下，美國法院自認應有權利拒絕受理該訴訟。(註) 國家亦可據此原則，就對於外國或外國元首所提起之訴訟，造致相當於豁免管轄之效果。

(註) 339 *U.S.* 912 (1950) 此外，尚有援用此原則以拒絕受理訴訟之美國法院判決，其較重要者，有如 *Catapodis V. Onasis*, 151 *N.Y.S.* 2*d.* 39 (*Sup. ct.* 1956); *Lesser V. Chevalier*, 138 *F. Supp.* 330 (*S.D.N.Y.* 1956)

第三節 管轄豁免之限制

在國際交易愈益發達之現代，國家與外國人，因購買軍需品及其他公用物材而訂立契約，或因其居於所謂「貿易國家」（*Etat Commerçant*）之地位，爲營利之目的而與外國人交易，已屬常見之事。

若國家濫用其管轄豁免權，規避其因該交易而發生之責任，以坐享「貿易」與「豁免」之雙重利益，實有違背公平交易之意旨之嫌。因此，最近各國管轄豁免法制均廢除管轄豁免絕對主義而趨向於限制管轄豁免。限制管轄豁免，係基於國家之訴訟行爲之區別而爲之。國家之涉訟行爲，可分爲「公法行爲」（*Act jure imperii*）及「私法行爲」（*Act jure gestionis*），因前者而涉訟者，豁免對其管轄，因後者而涉訟者，不豁免對其管轄。此兩種涉訟行爲，其區別標準如何，現有如次數種學說。

(1)　主體說

依主體說，國家以其政府之政治權力地位行爲時，該行爲純屬主權行爲，應歸類於「公法行爲」。因該行爲涉訟時，固應對其豁免管轄。但國家依其「經濟地位」（*Etat-fisc*）而爲取得財產所有權，管理特定不動產，或經營企業等行爲時，該行爲不能認爲純粹之主權行爲，應歸類於「私法行爲」，其因該行爲而涉訟者，不宜對其豁免管轄。

(2)　目的說

依目的說，國家爲其政府機能而爲採購軍需品等行爲者，該行爲應屬「公法行爲」。反之，國家爲營利目的而交易者，該行爲應屬「私法行爲」。

(3)　性質說

依性質說，涉訟行爲，國家及私人均得在管轄國爲之者，應屬「私法行爲」，唯有國家始得爲之者，爲「公法行爲」。因此，一般商事交易未必悉屬「私法行爲」，其有國家獨行性者，應爲「公法行爲」。

在上面三種學說之中，主體說易使國家在其與外國人之交易上居於濫用管轄豁免以侵害該外國人之公平利益之地位，而目的說又因就目的主觀之探求易生困難，易滋爭議，似均不甚妥適。性質說以國家獨行性為客觀標準，較易辨別，故一般學者認其較妥，終於成為有力說。

至於上述三種標準中應依何一者決定涉訟行為，因其與管轄國之公益，關係重大，故大多數立法例，均採法院地法主義。而國際法協會一九五四年大會決議第三條第二項亦謂：「涉訟行為是否為公法行為，依法院地法決定之。」

第三節　管轄豁免之種類

一、緒　言

管轄豁免，原係為國家以及國家元首所享有。但在現今國際法及各國法制上，除國家之管轄豁免外，尚有應用國家管轄豁免而設之外交管轄豁免、船舶豁免、外國軍隊之豁免以及國際組織之管轄豁免。玆分別析述如次。

二、外國及外國元首之管轄豁免

依外國及外國元首之管轄豁免，外國以及其元首，得向管轄國法院提起訴訟，惟不為被告而應訴。但其自動應訴或條約另行規定其負有應訴之義務者，不在此限。外國以及其元首之管轄豁免，無論其所涉及訴訟之性質如何，一概適用之。因此，無論其所涉訴訟係關於精神損害、不動產占有之返還，或金錢損害賠償，概應對其豁免管轄。

三、外交管轄豁免

(1) 外交管轄豁免之趣旨及維也納公約

外國之外交使節及特定之外國外交人員，在管轄國享有管轄豁免。斯制之設定，與其係基於其享有治外法權之觀念，寧係爲使其能不受干擾而有效率地執行其外交職務以策國家間關係之順利發展。關於外交管轄豁免，一九六一年四月十八日之「維也納外交關係公約」（*Vienna convention on diplomatic relations*）（以下簡稱「維也納公約」）第三十一條、第三十二條等設有規定，爲關於外交管轄豁免之重要依據。玆依之說述斯制如次。

(2) 外交管轄豁免之內容

外交管轄豁免，因其爲刑事管轄豁免或民事管轄豁免而有所分別。其刑事管轄豁免爲絕對的豁免，在任何情形之下，一律豁免對其管轄。依維也納公約第二十九條之規定，外國外交使節及其他所定之人員，就刑事管轄，應屬「不可侵犯」（*Inviolable*），管轄國不能對其有逮捕、收押等行爲。對此，其就民事訴訟所享有管轄豁免，是相對的，容有就如次訴訟不豁免管轄之例外，卽：(a)關於純屬私有之不動產之訴訟；(b)其以私人資格所涉及之繼承訴訟；(c)就其私人或商業性行爲而涉及之訴訟（維也納公約三十一）。

(3) 外交管轄豁免權人

享有外交管轄豁免權者，主要係外國之外交使節，但依維也納公約第三十七條之規定，如次人員亦享有之，卽：(a)外國大使館館員，包括一等秘書、二等秘書、三等秘書、領事以及專員；(b)外國外交使節之眷屬。此等人員通常應編列名冊按期遞交管轄國之外交主管機關備案，而依慣例，該國外交主管機關依此對於該國法院所爲之通知，有決定效力。在上列外交管轄豁免權人中，外國領事不具有嚴格意義之外交代表身份，其所享有管轄豁免，與外國使節有所差別。除條約另有規定外，只就領事權限內之職務上行爲享有之，其就自己之私人行爲所涉訟者，不然。但其兼有外交使節之身份者，不在此限。因此，其管轄豁免有「限制性豁免」（*Limited immunity*）之稱。

(4) 豁免之期間

外國之外交使節享有管轄豁免權，係基於其使節身份而然。因此，對其豁免管轄之期間，理應於其卸任時，卽告終止。但維也納公約第三十九條第二項設定調整性之合理的期間，於此期間內，續許豁免。其卸任，因此而不再具備外交使節身份後尚未離開管轄國者，限於就因其外交使節職務之行使所發生訴訟，享有管轄豁免。惟外國之外交使節被其本國撤職者，或其館員之管轄豁免權被其拋棄者，不然。

四、船舶豁免

(1) 外國公船之管轄豁免

外國公船（*Public ships of foreign state*），就其固有意義言，係指外國之軍艦及其國有船舶而言。雖然其不屬外國之所有，但由其爲運送軍隊、作戰軍隊等目的而予傭備者，亦屬外國公船。此三種外國公船均享有管轄豁免。玆將其豁免之理論根據以及豁免之範圍分別析述如次。

(a) 外國公船管轄豁免之理論根據

外國公有船舶之享有管轄豁免，其根據如何？關於此，學者所作之解釋有兩種。第一、外國船舶之法律地位，類似島嶼，在國際實際上以及學說上向有「浮動島嶼」（*Floating island*）之稱，可視其爲外國領土之一部分，管轄國之管轄權力應不能對其行使，猶若其不能對外國之領土行使者然。第二、管轄國依其法律准許外國公有船舶進入領水，此行爲含有對其給予管轄豁免之禮遇之意，若是旣已默許豁免，自應對其豁免管轄。此兩種理論上之解釋，各有利弊。先就第一種解釋言。船舶卽屬私有，仍被認爲「浮動島嶼」，不限於公船，固亦可與公船同視爲外國領土之一部分，管轄國應不能對其行使管轄。但其在管轄國領海內時，該國仍得對其行使管轄，爲何唯有對公有船舶不行使管轄。此不能由第一種解釋闡明之。次就第二種解釋言。稽諸國際實際，管轄國所以對外國公有船舶豁免管轄，寧係基於國家間相互關係之必要而然。其以禮遇之觀念作解釋，不甚切實。按外國公有船舶爲其本國負有特定之國家任務，其法律地位固可比擬該國之機關，爲使其能在與當地國之相互關係上，免受干擾而有效執行其任務，應對其豁免管轄。

(b)　外國公船之管轄豁免

外國公船之管轄豁免，係其就其本國與管轄國相互關係上爲執行其國家任務之必要始被准許。因此，原則上，外國公船在管轄國領水時，該國不得就因請求返還船舶，或因船舶碰撞等所發生損害賠償等訴訟而對其施予管轄，甚至不得干預該船舶之內部事務。對在該船舶上所發生之犯罪，若其非對於管轄國國民所爲者，專屬其本國之管轄，該國不得對其行使管轄，該船舶甚且有庇護在管轄國陸上犯罪之人之權。但有如次情形者，例外可對其不豁免管轄，卽：⑴其違反管轄國有關禁運、管制港口，衞生等法令，破壞該國之安全，或違背其公共秩序者，⑵其從事商業性海上運送，足以視其超過執行國家任務之範圍而爲「私法行爲」者。

(2) 外國所有商船之管轄豁免

茲所謂外國所有之商船，係指外國爲自行從事貿易所有之船舶而言。此類船舶，就其使用目的言，與國家之公共事務無直接關係，因而其能否如外國公船享有管轄豁免權，引起爭議。對此問題，現有肯定說及否定說兩種不同看法。茲將此兩種看法分別析述如次。

(a) 肯定說

主張對於外國所有之商船應豁免管轄者，根據如次兩種理由，即：(1)該船舶係由外國所有，其所有關係有公的性質，與不享有管轄豁免之私有船舶，有所不同，應對其豁免管轄；(2)外國所有並爲貿易而使用該船舶，有維持並策進其人民平時福利之作用，此用途自可與爲軍事目的所有使用公船比擬，對該船舶自應與對公船一般，豁免管轄。

(b) 否定說

主張對於外國所有之商船不應豁免管轄者，根據如次兩種理由，即：

第一、外國所有之商船，係屬外國所有財產之一，對其豁免管轄，原係對於外國主權國家，因尊重其尊嚴、平等權以及獨立地位而作之讓步，亦可謂其係基於國際禮讓而然。但其在國際貿易上從事競爭，與其國家之尊嚴，有所不合，實不宜對其豁免管轄。

第二、外國所有之商船，就因其與管轄國國民貿易所發生之訴訟，爲被告時，享有管轄之豁免，但却能就該訴訟，對於管轄國國民提起訴訟，對於管轄國之國民，顯屬不公平。

按國家所有使用商船從事貿易，既爲加强國家經濟，增進國民福利之目的，其用途類似公船，固可使其與公船同享管轄豁免。卽使因而致其交易對方當事人之他國國民不能對其提起訴訟，訴請法院尋求救濟，該他國國民自可請求其本國行使外交保護權，提起國際訴訟，依請求該國恢復原狀或給付損害賠償，予以救濟。但該他國國民爲能依此方法尋求救濟，必須該國違法侵害該他國國民。其不履行交易上契約義務，只應負國內法責任，未必違反國際法。如其不違反國際法，固不能依此方法尋求救濟。該國既然享有管轄豁免，亦不能循國內訴訟程序，尋求救濟，爲期能使其交易上正當利益獲得保護，實須限制其豁免權。因此，各國法制頗有限制外國所有商船之管轄豁免之趨勢。例如美國最高法院在哈芙曼一案（*Republic of Mexico V. Hoffman*）之判決（一九四五年），對於由外國政府所有，但不爲其占有使用之船舶，不豁免管轄。而美國政府，已自一九五二年以戴特函（*Tate letter*）限制管轄豁免以來，對於外國船舶被使用於國家之公共目的，始豁免管轄，對於該船舶被使用於商業目的者，則不然。英國典寧（*Denning*）卿在拉希姆杜拉一案（*Rahimtoala V. Mizam of Hyderbad*）之判決（一九五八年）表示意見謂，對於外國政府從事商事交易者，應不豁免管轄，對於外國所有之船舶從事貿易者，亦然。一九五八年之「領海及鄰接海域公約」（*Convention on the Territorial Sea and Contiguous Zone*）第二十條及第二十一條規定，對外國公船被使用於商業目的者，就對物民事訴訟（*Civil process in rem*），於其在領海內或通過領海時，不豁免管轄。一九二六年「關於政府船舶豁免權之統一規則之普魯塞爾公約」（*Brussels Convention for the Unification of Certain Rules Concerning the Immunities of Government Vessels*）（一九三七年生效）亦設有對國有商船之管轄豁免之限制規定。依該公約，對政府爲商業目的所有之船，船或其所載運之貨物，與私有船舶適用同一之責任原則，對其當不豁免管轄。但其專爲政府之非商業目的而所有及使用之船舶，如巡邏艇、軍艦、等，則不在此限。此公約之限制豁免規定，現爲聯合國國際法委員會所支持。

五、公司管轄豁免

玆所謂公司管轄豁免，係指國營或公營事業公司之管轄豁免而言。至於私人公司，則不享有管轄豁免權，固不待言。因爲外國公司依其法人屬人法（註），具有社團法人資格者，與自然人同樣享有權利能力依吾國民事訴訟法第四十條第一項之規定，有當事人能力，得對其提起訴訟，該公司負有應訴之義務。再從比較觀點言，法國民法第十四條及第十五條爲常被引用以確定外國公司在訴訟程序上之地位。依法國之著名國際私法學者，如尼伯耶（*Niboyet*）、巴特福爾（*Batiffol*）、杜拉姆（*Delaume*）等之解釋，依法國民法第十四條之規定，法國國民或法國公司對於他國公司，卽使該他國公司不在法國設有住所，仍得提起訴訟。縱使訴訟原因之事實發生在他國者，亦然。在法國法上，他國公司雖然依法國民法第十四條之規定不享有管轄豁免之權，但亦得依法國民法第十五條之規定，就其與法國國民或法國公司之訴訟，得爲原告。蓋依法國民法第十五條之規定，「法國國民就因其在外國所訂立契約而發生債務涉訟者，有在法國法院應訴之義務。卽使該債務係對於外國人所負擔者，亦同。」

（註）關於應以何國法律爲公司屬人法，應依各國抵觸法決定之。吾國倣英美法，採取設立準據法主義（公四）。西德、法國等歐陸法系國家，則採取住所地法主義，以所謂「管理中心」（*Verwaltungszentrum*）或所謂「公司之實際住所」（*Siège social effectif*）所在地法爲其準據法。關於此，參照 *Wolff*, *Das internationale Privatrecht Deutschlands*, 1954, SS. 114-116.; *Delaume*, *Les conflits de jurisdictions en matière de sociétés*, *Juris-Classeur Périodique*, 1950, *I. p.* 849 *et seq.*; *Batiffol*, *p. cit. supra*, *pp.* 209 *et seq*; *Raape*, *Internationales Privatrecht*, 1961, SS. 195 *et seq.*

國營或公營公司，經公司之設立登記後，爲獨立之權利主體，其能否依此地位而享有管轄之豁免？依支配說，應視國家政府對其控制之程度如何而定。如其控制甚緊密，達至可視爲國家政府機關之一者，對其可援引國家管轄豁免之原則，而豁免管轄。反之，如其控制鬆弛而該公司與國家政府間之一體關係不明確者，不能享有管轄豁免，因爲在此情形，該公司不能視爲國家政府機關之一故也。

六、外國軍隊之管轄豁免

(1) 外國軍隊管轄豁免法制之特色

外國軍隊之管轄豁免係對外國軍隊之正式團體組織所賦予者。該外國軍隊團體編制外之單純武裝人員不享有之。例如外國軍人單獨訪問管轄國，與其人民混居者，原則上不享有管轄之豁免。外國軍隊之管轄豁免係基於軍事職務執行效率上之必要而設。一國軍隊赴往他國時，若能免受該他國之管轄，其職務執行上之效率固儘能發揮，故乃有斯制之設。（註）斯制已成「國際慣例」，但爲使其內容更臻詳確，各國爲推行互防及其他軍事合作之必要而互訂外國駐軍協定之風，日益旺盛。外國駐軍協定大多設有外國駐軍之管轄豁免條款，其範圍以及內容，依該協定之不同，互有異別。吾國亦與美國訂有在華美軍地位協定，內有關於在華美軍之管轄豁免之規定。玆先闡述關於外國駐軍之管轄豁免之「國際慣例」，然後就外國駐軍協定上外國軍隊之管轄豁免條款，予以說明。

（註）中美共同防禦期間處理在華美軍人員刑事案件條例（民國五十五年二月十日公布施行）第一條規定：「中華民國政府本於合作精神，爲期圓滿執行中美共同防禦條約，依據中華民國與美利堅合衆國間關於在中華民國之美軍地位協定處理在英美軍人員刑事案件云云」，即表現此趣旨。

(2) 國際慣例上外國軍隊之管轄豁免

管轄國准許外國軍隊入境或駐紮，並無完全拋棄對該外國軍隊之管轄之意。因此，該國雖然原則上負有豁免對外國軍隊之管轄之義務，但在特定情形下，仍得對之實行管轄。原則上，外國軍隊司令對該外國軍隊在其駐區內所發生之事件，或其所犯之罪行，或因執行其職務而在該區域外所發生之事故或所犯之罪行，有專屬管轄權。從而當地國對外國軍隊之是項事件或犯罪行爲，應豁免刑事管轄及民事管轄。但外國軍隊在駐區外，非因執行職務而犯罪者，不享有管轄豁免，管轄國仍得對之行使管轄。

(3) 駐軍協定上外國軍隊之管轄豁免

(a) 在第二次世界大戰後，由於實施「地域安全措施」(*Regional security arrangement*) 之必要，互成共同防禦之關係並制定外國駐軍協定確明駐在境內外國軍隊之法律地位及對其管轄者，已有數起。其中尤以美國與北大西洋國家間之「關於北大西洋條約當事國間軍隊地位之協定」(一九五一年)(以下簡稱「大西洋協定」)，成爲後來同類協定之楷模。該協定就刑事管轄採取「競合管轄」(*Cu-rrent jurisdiction*) 之概念，規定派遣軍隊之外國及接受國 (*Receiving state*) 對於該外國之駐軍均有管轄權。但當事國一方之法律對於特定犯罪設有規定，而他方不設此法律規定者，前者就該犯罪，有專屬管轄權，專一由前者管轄之。外國駐軍之本國就如次情形有管轄之基本權 (*Primary right*)。第一、外國駐軍人員，就其本國之財產法益以及安全犯罪，或其犯罪對象，純屬外國駐軍人員 (包括武職人員及文職人員) 或其眷屬之身體或財產者。第二、外國駐軍人員因執行職務作爲或不作爲而犯罪者。關於民事管轄，該協定規定，外國駐軍人員，除非其因執行職務而涉訟，否則不享有管轄之豁免。

(b) 吾國與美國經前後四年之雙方會商研討後，於民國五十四年八月三十一日，簽訂「在華美軍地位協定」，對軍職人員之犯罪，採取與大西洋協定類同之「競合管轄」之觀念，並規定其競合問題之解決原則。美國就美軍軍職人員之罪行，係對美國國家本身之利益或美軍武職人員、文聯單位人員及其家屬之身體財產所犯者，或係因執行職務所犯者，均有管轄之基本權（協定十四Ⅲ甲）。至於其他罪行之管轄基本權，則歸屬於吾國。但美國對於犯有是項罪行之美軍人員，在吾國法院判決尙未確定前，具有看管權（協定十四Ⅴ丙）。該協定另採專屬管轄之制，規定專歸中美兩國一方管轄之情形，依其有關之規定，美軍人員之罪行依一方之法律應處罰，但依他方之法律不處罰者，其刑事管轄專屬有處罰規定之一方，他方則不能管轄之（協定十四Ⅱ）。因此，美軍人員所犯罪行（包括涉及美國安全之犯罪行爲在內），依美國法律應予處罰，而依吾國法律不予處罰者，專屬美方管轄，吾國法院不管轄之（處理在華美軍人員刑事案件注意事項，民國五十五年四月十四日司法行政部令，㈣乙）。又中美兩國對於美軍人員在協定地區內之犯罪案件有「共同管轄權」時，原則上吾國捨棄管轄權，由美國行使。但如處理在華美軍人員刑事案件注意事項所列「危害我國安全、致人死亡、搶刼」等案件，吾國撤回已捨棄之管轄權者，不在此限。

七、國際組織之管轄豁免

國際組織享有管轄豁免，係基於如次理由，卽爲使其職務之執行能獨立、公正以及有效率，應豁免對其管轄。按國家間有相互關係，而此相互關係爲國家對於他國之不公平待遇，裁判之拒絕或不合理之干擾，發生保護作用。國際組織在此地位上，不能與國家相比，比諸國家更需有管轄豁免權以免因國家或其法院自由行使管轄而致其職務之執行被妨碍。聯合國大會，於一九四六年二月以決議通過「關於聯合國之特權及豁免權之公約」（*Convention on the Privileges and Immunities of the United Nations*）。依此公約，聯合國所有之土地以及其他財產，對於其所在地國，享有免因搜索、徵用以及沒收其他管轄行爲而被干擾之權，而管轄國官員不得不經聯合國之同意而進入行使其職權。此豁免權爲對於聯合國之管轄豁免最低限度之保障，聯合國得依其與會員國所訂立有關聯合國之特權以及豁免權之雙邊條約，享有比諸更廣泛之聯合國以及其官員之管轄豁免權，例如一九六一年十一月二十七日之聯合國與剛果共和國間「關於聯合國在剛果執行任務時特權及豁免權之協定」（*Agreement relating to the Privileges and Immunities of the United Nations Operation in the Congo*）便是其例。其他，專門性國際組織憲章亦得作有關該組織及其官員之特權及豁免權之較詳規定。

第四節　管轄豁免之拋棄

一、緒　言

倘若外國政府拋棄管轄豁免，其管轄豁免即喪失其效力，管轄國得對其行使管轄。其拋棄管轄豁免之方式有二，即法定的拋棄豁免及約定的拋棄豁免。玆分述兩者如次。

二、法定的拋棄管轄

外國政府雖未表示拋棄管轄，但有如次情形之一者，視其拋棄管轄。

(1) 外國政府向管轄國法院提起訴訟而爲原告者，限於該訴訟程序，不享有管轄豁免權，管轄國對其有裁判管轄權，其被訴而提起反訴者，亦然。他面，外國政府提起訴訟而被告提起反訴者，因反訴與本訴屬於同一訴訟程序，外國政府就反訴部分亦不享有管轄之豁免，但須具備如次條件，卽：第一、必須依管轄國之法律被告有提起反訴之權；第二、必須反訴與本訴之間互有「充分牽連」（*Sufficient connection*）之關係存在。

(2) 因外國政府涉訟行爲具備「私法行爲」之性質，並且其行爲地又在管轄國領土境內者，管轄國對該外國政府可不豁免管轄。

(3) 外國政府在管轄國領土境內購置不動產者，擬制其就有關該不動產之涉訟，有接受管轄國之裁判管轄之意思，對其可不豁免管轄。

三、約定的拋棄管轄豁免

(1) 依契約約定拋棄管轄豁免者

外國政府與他國國民間之契約訂定拋棄管轄豁免者，發生拋棄豁免之效力，不須另向管轄國法院聲明拋棄豁免。雖有英國法院在塔芙公司一案（*Duff V. Government of Kelantan*）之判決（一九二四年），限制解釋謂尚須外國政府向英國法院聲明拋棄管轄豁免，始發生拋棄豁免之效力，但該判決之見解被認爲太過於嚴格且保守，而大多數國家之法例亦未採取如此嚴格限制之看法，咸以在契約設有拋棄豁免之條款爲足。

(2) 依條約表示拋棄管轄豁免者

外國政府與管轄國政府訂有條約，設有「不得請求或享有豁免」之拋棄條款者，該條款發生拋棄之效力，即使外國不另作拋棄豁免之表示，管轄國仍得對其行使裁判管轄。

四、拋棄管轄豁免之特別情形

(1) 外交管轄豁免之拋棄

外交使節、特定之外交人員及領事，雖然享有外交管轄豁免之權。但未必能自將其管轄豁免權拋棄。玆分別情形說明如次。

(a) 外國之大使及其他外交使節得拋棄其管轄豁免。

(b) 外國大使館屬員及外國外交使節及其屬員之眷屬享有外交管轄豁免者，不能自行拋棄豁免。其拋棄必須由其本國政府或大使及其他主持大使館館務之外交使節爲之。志雪爾（*Cheshire*）在其所著「國際私法」（*Private International Law*, 1952）一書，九十九頁，關於此作有妥適之闡述，玆引述如次。志氏謂：此等人員之「豁免權卽係其大，同時亦卽其大使所代表國家政府之豁免權，因此，於其大使或政府拋棄之時，卽告終止。」

第五節　管轄豁免與執行豁免之效力關係

一、緖　言

管轄國就他國因其置在管轄國境內之財產而發生訴訟時，對於該他國豁免管轄或不豁免管轄，對於該財產之執行如何影響，爲管轄豁免與執行豁免之效力關係問題。管轄國就他國因其財產而發生之訴訟豁免管轄者，在任何情形，均豁免對該財產之執行。該管轄國如對該他國不豁免管轄，該他國涉訟財產是否因而免被執行。關於此，現有效力分別說及同一效力說兩種學說。茲將此兩種學說分述如次。

二、效力分別說

效力分別說否認管轄與執行之間有任何關聯，兩者互無效力上之因果關係，因此，不豁免管轄未必導致對於涉訟財產豁免執行之結果。依此說，即使特定國家就其財產所發生之訴訟，管轄國對其豁免管轄，該國之涉訟財產，仍可豁免執行。此說係根據如次三種理由。第一、他國在管轄國國內執行程序上地位與管轄國相等，依平等權關係，應享有執行豁免之權，其執行豁免不因對其不豁免管轄而受影響。第二、依判決確認或創設權利後，即使該判決未必付諸執行，仍得因該判決之權威，借重說服，勸告等方法，即可使涉訟財產之所有國，履行其義務，管轄不豁免雖不導致執行不豁免，管轄仍可有其實效。第三、對於他國不豁免管轄，足可謂有違其國家尊嚴，管轄國對於其涉訟財產予以執行，損害其國家尊嚴更甚，爲維護國家尊嚴之國際法觀念，即使不豁免管轄，亦應豁免執行。

三、同一效力說

同一效力說謂，涉訟財產之執行爲管轄之效果，管轄國就他國所涉訴訟有無管轄，與對於該他國之涉訟財產，應否豁免執行，互有因果關係。管轄豁免導致執行豁免，不豁免管轄導致不豁免執行。兩者之效力前後貫通。因此，管轄不豁免逕行發生執行不豁免之效果。

四、兩說之利弊

同一效力說力主管轄不豁免導致執行不豁免，對於國際交易上，私人之正當公平利益之保護，雖然頗有裨益，但從國家尊嚴之國際法觀點言，頗不妥適。而就國家相互關係論，亦不切實。美國國務院一九五九年之戴特函指出，「管轄豁免」與「執行豁免」應予區別，以免兩者在效力上混合為一，固有其理由。效力分別說，雖無如此弊端，但在任何情形下，不論管轄之豁免或不豁免，均豁免執行，從保護私人之正當公平之交易上利益觀點言，實不適宜。晚近各國法例趨採折衷限制之看法，認為限於涉訟財產權益與管轄國有密切之「屬地關聯」者，管轄不豁免始致使執行不被豁免，諒屬佳見也。

第三章　裁判管轄之基本原則

一、緒　言

被告不享有管轄豁免時，管轄國對其行使裁判管轄，應具備何種條件？關於此，可依據其意思，或依據其與管轄國之屬地關聯，或依據當事人訴訟上之便利而決定其所應具備之條件。關於此，有英美判例上，三種管轄原則，應予注意。一爲所謂「自動管轄之原則」(*Principle of submission*)，此原則係依據訴訟當事人之意思而決定管轄。第二原則爲所謂「有效原則」(*Principle of effectiveness*)，係依據訴訟當事人之住所或居所或其涉訟財產在管轄國境內之事實，即其與管轄國之屬地關聯而決定管轄。第三原則爲所謂「裁量管轄之原則」(*Principle of assumed jurisdiction*)，係在特定情形下，即使被告不在管轄國內，管轄國仍得依裁判對其行使裁判管轄。此三種有關裁判管轄之原則，當有主要不主要以及輕重之別，其中尤以「有效原則」爲主要之原則而於裁判管轄之決定之實際上，尤稱重要。歐陸法系國家有關裁判管轄之原則，雖不若英美判例完整，但如法國法院判例等所採取「屬地管轄原則」(*Régles de la compétence territoriale*)，則係相當於英美判例所謂「有效原則」。吾國關於國際私法上裁判管轄原則，尚未作統一的規定，只於涉外民事法律適用法第三條關於禁治產宣告，其第四條關於死亡宣告等就裁判管轄之個別用途，設有規定而已，其內容簡單而又不完整，不足以之作爲統一的裁判管轄原則之依據。在法理上，英美判例所採取關於裁判管轄之三原則，頗可援用以作爲決定吾國法院之裁判管轄之依據，因而分別析述之如次。

二、自動管轄之原則

在通常情形，則管轄國不致行使裁判管轄之場合，因訴訟當事人基於其意思，接受該國裁判管轄而致其不能對於該國法院所作成判決之效力，有所異議。此即所謂「自動管轄之原則」。該訴訟當事人之意思，其表示之方式無特定之限制，除其明示接受裁判管轄者外，依行爲可推定其有此意思之表示者，亦屬之。但對於依國際私法上裁判管轄之原則，管轄國以外之國家有專屬管轄權之案件，不能依自動管轄之原則，決定管轄。茲引用英國判例闡釋之。依英國判例，離婚訴訟管轄權專屬於當事人住所他國法院，因此，夫或妻在他國有住所者，不能向英國法院提起訴訟，英國法院不能依自動管轄之原則受理訴訟，行使裁判管轄。

三、有效原則

依有效原則，管轄國若不能就特定案件之判決予以執行者，不得就該案件行使裁判管轄，作成判決。美國最高法院哈姆士（*Holmes*）法官在馬克杜那一案（*Mchold V. Mabee*, 243 *U.S.* 90）（一九一七年）之判決謂：「裁判管轄係以實際支配力爲基礎。」（*The foundation of jurisdiction is physical power*），以闡釋有效原則之此一趣旨。有效原則所謂「實際支配力」指涉訟財產置在管轄國境內，或被告於訴狀、法院通知書等送達時在管轄國境內等情形而言。有一法諺云：「原告應向被告之管轄法院提起訴訟」（*Actor sequitur forum rei*），此法諺常被英美國際私法判例引用以表現原告只能向對於被告有「實際支配力」之國家法院提起訴訟。國際私法學者常謂，「有效原則」爲國際私法上裁判管轄之最基本原則，而英國法院在塔拉克一案（*Tallack V. Tallack*）之判決（一九二七年）主張，有效原則與自動管轄原則衝突時，應由有效原則優先，即此意也。

四、裁量管轄之原則

若僅依自動管轄原則或有效原則確定裁判管轄，則由於訴訟之便利以及當事人間之「自然公平」（*Natural justice*）關係，管轄國法院理應管轄訴訟，而却不能管轄。有此情形，管轄國得依其裁量管轄以資糾正。依此原則，管轄國得就對於不在其境內之被告所提起之訴訟，行使裁判管轄，受理訴訟，傳喚在他國之被告到庭應訴，而不問該被告爲管轄國國民或他國國民，均然。依自動管轄原則或有效原則所決定之裁判管轄有「必需行使性」（*Must be exercised*），但依裁量管轄原則所決定之裁判管轄，其行使係基於管轄國之裁量，即有「得行使性」（*May be exercised*）。前一裁判管轄之不行使，違反管轄國之管轄義務，係一裁判管轄尚無義務性質，其行使與不行使，管轄國就其有選擇之自由，管轄國之所以行使裁判管轄，乃是因爲該國法院處於「便利之法院」（*Forum conveniens*）之地位而然。因此，被告爲他國國民現居管轄國國外，而若其到管轄國法院應訴，費用顯屬昂貴而且太過於不便利者，不宜依裁量行使管轄。若無此種情形，管轄國行使裁判管轄合法傳喚在管轄國外之被告而被告不到庭應訴者，該國法院當能就其訴訟有效作成缺席判決。

五、結　語

在上述有關裁判管轄之三種原則中，尤以有效原則最重要。該原則居於主要原則之地位，其他兩個原則輔之。而其他兩個原則之中，自動管轄，若具備條件，則有行使義務，裁量管轄，則無此義務，因而互有區別而已。國際私法學者，就對物訴訟之管轄、對人訴訟之管轄等個別管轄咸主應以有效原則作爲其決定之基準，實有理由。

第四章　訴訟當事人之國籍與裁判管轄

從訴訟當事人國籍與裁判管轄之關係，可分當事人一方爲管轄國國民，以及其雙方爲他國國民兩種情形，討論裁判管轄問題。

先就當事人之一方爲管轄國國民之情形言。原則上當事人之一方爲管轄國之國民者，該國對其涉訟案件有裁判管轄權，其訴訟原因事實在該國境內發生者，固然。卽使其訴訟原因事實發生在他國，仍可依上述自動管轄、裁量管轄等原則，對之行使裁判管轄。法國民法第十四條以及第十五條常被學者引用以確定此項裁判管轄。法國民法第十四條規定：「外國人縱使不居住法國，法國法院，得就因其在法國境內與法國人所訂立契約之義務之履行而傳喚該外國人到庭應訴；法國法院亦得就外國人在外國與法國人所訂立契約之義務，傳喚該外國人到庭應訴。」法國民法第十五條規定：「法國國民因其在外國所訂立契約而負擔債務者，法國法院得傳喚應訴，縱使其契約當事人爲外國人者，亦同。」法國民法第十四條及第十五條均僅就契約債務涉訟案件，予以規定。但法國法院判例及法國國際私法學者均對其作有擴張解釋，將如關於不當得利、無因管理等準契約之訴訟，因侵權行爲而發生之訴訟及親屬其他人事訴訟，亦包括在其適用範圍之內。但訴訟係關於不動產而該不動產又在法國國外者，不在此限。至於當事人一方之法國國籍，其決定時期如何？關於此，法國學者咸主應以訴訟開始時爲標準。但最近法國法院判決（如一九五九年維大爾一案——*Vidal V. Marshall* 之瑞偉尼（*Seine*）民事法庭判決），則比

諸作更放寬之解釋，即只要當事人於訴訟原因事實發生時有法國國籍，縱使其國籍在訴訟開始時變更，

仍得對其訴訟行使裁判管轄。至於管轄國法院亦可能就當事人一方為外國人所涉訟之案件，因案件之性

質特殊而裁定不管轄。在此場合，即使該當事人歸化取得管轄國之國籍，該裁定仍屬有效。至於起訴之

當事人一方為外國人，因其在管轄國境內未設住所而致管轄國法院不管轄者，只要其在該國境內設住所，即得由該國法院管轄。

次就當事人雙方均為外國人之情形言。關於雙方當事人均為外國人之訴訟，管轄國法院有無裁判管轄權之問題，有不管轄主義以及管轄主義之分。不管轄主義所根據理由有如：(1)訴訟之管轄為國家對民之義務，外國人不屬該義務關係之範圍內；(2)外國人大多在管轄國內無住所難以確定管轄法院；(3)外國人間之訴訟容易引起調查適用外國法律之困難之問題等。管轄主義所根據理由有如：(1)訴訟管轄為超越國籍之異別之社會責任；(2)外國人如在管轄國國內，必須受該國法律之支配，其訴訟，自應受該國法院之管轄；(3)外國人間之訴訟事件，適用準據法，而該準據法未必限於外國法律，他面，管轄國國民相互間或其與外國人間之訴訟，亦因抵觸法之規定而往往必須適用外國法律，即使外國法律之調查及適用上有困難，管轄國仍應管轄。按即使管轄訴訟為管轄國對其國民之義務，該義務並無排除性而可依以否認其對於外國人相互間之訴訟。又由於國際間人民來往愈益頻繁，故外國人在管轄國內有住所或居所者，愈益增加，而外國人涉訟者，大多在該國有住所或居所，或在該國境內所有財產，僅因其在管轄國內無住所而即否認其訴訟管轄，理由似不充足。因不管轄主義有如此弱點，對此，管轄主義無如此弱點而立法主義上，又切實，比較妥適，故為現代代表的看法，為一般國際私法學者所支持，亦為各國判例所採取。例如英美法院判例依據「內外國人平等原則」及「訴權為人民公權」等觀念，力主外國人相互間

之訴訟，其法院應予管轄，以免受差別待遇之譏。即使以往採取不管轄主義之法國判例，自一九三〇年代起亦已改採管轄主義，尤以就離婚訴訟及其他人事訴訟事件，與外國人在法國境內有住所而涉訟及其他人事訴訟事件，與外國人在法國境內有住所而涉訟之事件，爲然。吾國涉外民事法律適用法第三條關於對外國人之禁治產宣告之規定，第四條關於對外國人之死亡宣告之規定以及第十四條關於離婚訴訟之規定，均詳確對於外國人所涉訟案件之例外管轄之條件，雙方當事人均爲外國人之場合當亦包括在內，其亦採取管轄主義，可無庸議。

第五章　個別訴訟管轄

一、緒　言

涉外訴訟管轄，通常係依管轄對象爲人、物或身份而分對人訴訟管轄、對物訴訟管轄以及人事訴訟管轄。除此之外，因契約、準契約（不當得利及無因管理）或侵權行爲而發生之債之訴訟，其管轄另成一類。關於此四種個別訴訟管轄，是否應準用民事訴訟法上決定管轄之原則，向有爭論，在尙無關於此四種個別訴訟管轄之詳規之情形下，除民事訴訟法上決定管轄之原則外，並宜比較參考各國國際私法上有關個別訴訟管轄之法例及學說，以求覓比較妥適之決定原則。

二、對人訴訟管轄

對人訴訟管轄問題上所謂「人」，其含意約略與民法第二章「人」相同，包括自然人及法人兩者。因此，分對於自然人之訴訟管轄及對於法人之訴訟管轄，析述其決定原則如次。

(1)　對於自然人之訴訟管轄

關於自然人之訴訟管轄之決定標準，法國等歐陸法系國家與英美法系國家，法例互有異別。前者採取住所主義而認爲，被告之住所設在管轄國境內者，該國始得對其訴訟有管轄權。後者，則以被告現在管轄國境內有居所，爲該國訴訟管轄之條件。惟如杜拉姆（*Delaume*）教授在其所著「美法國際私法」

(*American-French Private International Law*, 1961) 一百四十九頁賅切地指出，兩種主法立義之異別只在理論上有意義。實際上，其異別尚無重要性，例如被告在管轄國有住所並現在該國而在該國受訴訟文書之送達者，該國依住所主義及居所主義，均有訴訟管轄之權。志雪爾主張，對於自然人之訴訟管轄，其決定應依有效原則，固係配合英美法上居所主義之主張，要以被告於送達訴訟文書開始訴訟時，居住或現在管轄國境內為要。對人訴訟管轄，固以管轄國之裁判管轄不伸延至該國境外，為要，但當事人即使不現居該國境內，若在該國境內保有住所，在觀念上，應與現居者，有所異別。因此，其在該國境內有住所或現居該國境內者，該國對其有裁判管轄之權。此僅為原則，固容有另依條約之規定，加嚴限制國裁判管轄之例外餘地。吾國學者大多主張，「凡在內國之當事人，或當事人在內國有住所者，皆受內國法院之管轄」，亦即斯意。依此伸釋，凡現居管轄國之當事人，無論其在該國境內設有住所或居所，或為所謂「巡遊人」(*Itinerant*)，因過境在極短促時間內即離開該國，均受該國法院之管轄。他面，只要其在該國有住所，即使不現居，亦受該國法院之管轄。對於此原則有一不受其限制之重要例外情形，即：當事人有管轄國國籍者，無論其在該國境內有無住所或居所，或是否現居該國境內，一律應受該國法院之管轄。再依自動管轄原則研析對人訴訟管轄，如當事人關於受管轄國法院管轄有明示或默示之合意者，不可不顧慮其是否在管轄國有住居所或現居該國境內，皆應受管轄。

(2)　對於法人之訴訟管轄

法人不如自然人之有實體。因此，在實際上，不發生其在管轄國境內設有住居所或現居該國之情形。惟在法律上，就其特定情形，視為其在該國境內有住居所或現居該國。此特定情形，可大別為三種。第一、其在管轄國境內設立而有章定主事務所，或其「管理中心」(*Verwaltungszentrum, centre d'administration*），亦卽其「實際住所」（*wirklicher Sitz, Siége effėctif*）在該國者。第二、其雖非在管轄國設立，亦不在該國設有「實際住所」，但在該國有「經營事業」（*Doing business*）之事實卽有所謂「商業住所」（*Commercial domicile*）者。（註）第三、法人雖無實體，因其在法律上爲權利主體而享有權利能力，故有當事人能力（民訴四十I），自動在管轄國法院出庭應訴者，應受該國之管轄。至於無限公司或兩合公司，如其公司屬人法爲英美德等國家之法律者，依此等國家之公司法，應無社團法人之資格，卽使其依管轄國法律有社團法人資格者，亦然。對其自應基於其在該國境內「經營事業」之事實而定該國有裁判管轄。

（註）關於其是否限就因在管轄國內所爲營業行爲而發生之訴訟，始受管轄國法院之管轄，現有肯定說及否定說兩種不同之看法。杜拉姆等學者採取肯定說，承認限制。*Cf. Delaume, American-French Private International Law*, 1961, *p.* 150. 沃爾福等學者採取否認說反對限制。*Cf. Wolff, Private International Law*, 1950, *p.* 66. 就對人訴訟管轄問題之性質論，似無限制之必要，故以否認說較妥。

三、對物訴訟管轄

關於對物訴訟之管轄，應分不動產物權之訴訟以及動產物權之訴訟，予以討論。

(1) 不動產訴訟之管轄

關於不動產物權之訴訟，英美法系國家及歐陸法系國家，均一致採取物之所在地國管轄主義，認爲物之所在地國對於因不動產物權而發生之訴訟，有專屬管轄之權。因該裁判管轄有專屬性質，唯有物之所在地國法院（*forum rei sitae*）就該國境內不動產物權之訴訟所作成判決，始屬合法。他國法院就該不動產物權所發生之訴訟，管轄、判決者，該判決爲無管轄權之違法判決。至於關於不動產之物上請求權之訴訟以及不動產買賣契約之訴訟，則例外可不適用專屬管轄。先就不動產物上請求權之訴訟言。因不法侵害他國境內之土地（*Tresspass foreign land*）所發生損害賠償請求權之訴訟，英美法認爲該訴訟應屬土地所在地國法院之專屬管轄。因此，英美法就因該不損害賠償請求權所發生之訴訟，採取拒絕受理主義。但歐陸法系國家則不認該訴訟應屬於土地所在地國法院之專屬管轄。因此，其所在地國以外之國家法院受理訴訟判決者，亦屬合法。次就土地買賣契約之訴訟言。因該訴訟與其爲物權訴訟，另爲債權訴訟之一，英美法亦不認其應屬不動產所在地國法院之專屬管轄。因此，英美法院就因不法侵害他國土地所發生損害賠償請求權之訴訟，仍有裁判管轄之權。吾國尚無有關判決可稽，但不法侵害土地損害賠償請求權，尚非純屬不動產物權，至多爲帶有物權性質之請求權而已。對此勿宜適用不動產所在地國專屬管轄主義。土地買賣契約，純屬債權契約，更是如此。

(2)　動產物權訴訟之管轄

關於動產物權訴訟之管轄，英美法例與歐陸法系國家所採之原則，互相對比。英美法例認爲，動產既與不動產同屬於物，兩者之所有權及占有權，均有對世效力。應同受有效原則之支配，關於動產物權之訴訟，自應屬動產所在地國之管轄，與關於不動產物權之訴訟之管轄，應無二致。凡動產於訴訟開始時，置在特定國家者，其所在地國就該動產之訴訟有裁判管轄之權。但限於直接與該動產有關之訴訟，始受該國之裁判管轄，如無所有人在該國無住所或居所，或不現住該國者，對其仍不能管轄。因此，該國法院之判決，必須限於與置在該國之動產直接有關之訴訟，始有其「國際效力」（*International validity*），其無直接關係者，不然。對之，歐陸法系國家之法例，則對於動產物權訴訟，採取所有人住所地國管轄主義，其所有人有住所之國家，對於該訴訟有專屬管轄之權。吾國學者大多採取動產所在地國管轄主義，贊同英美法例，其理由約略如次，即：第一、動產與不動產均爲物，關於其訴訟之裁判管轄，並無區別所應適用原則之必要；第二、動產物權之發生於其標的物所在地，關於該物權之訴訟之管轄，實有屬地性質；第三、就訴訟及執行之進行之利便言，由動產所在地國管轄，較妥。余亦以爲然。

(3) 關於船舶之訴訟之管轄

船舶爲準不動產，雖有可移動性，海商法及其他專規對其適用類似不動產物權之許多規定。對其應適用所在地國管轄主義，與不動產物權訴訟之裁判管轄，尚無二致。而對其適用所在地國管轄主義，其範圍不限於船舶物權之訴訟，並及於該船舶所載運貨物之物權訴訟之管轄。

四、人事訴訟之管轄

關於行爲能力之訴訟，各國法例大多係以其準據法國爲管轄國。關於行爲能力，英美法採取住所地法主義，因以適用住所地國管轄之原則，歐陸法系國家之法例，採取本國法主義，因而適用本國管轄之原則。但以準據法作爲決定裁判管轄之基準，實犯有「將司法衝突與立法衝突混合爲一」之錯誤。而若僅採本國管轄主義，僑居外國之人亦須回其本國訴訟，訴訟上殊有不便等弊端。固勿宜偏採住所地國管轄主義或本國管轄主義任何一者。因此，如學者所指出，採本國管轄主義者，兼採住所地國管轄主義爲例外；採住所地國管轄主義者，兼採本國管轄主義爲例外，關於行爲能力之訴訟之管轄原則，在大多情形，類推適用於人事訴訟之管轄。茲將離婚訴訟、婚姻無效之訴、認領之訴、監護之訴、繼承訴訟等人事訴訟管轄問題分別研討如次。

(1) 離婚訴訟

依英美法例，凡當事人在離婚訴訟開始時在管轄國境內有住所者，該國法院對於該訴訟有裁判管轄之權。至於其是否在該國有居所或現住該國，或是否有該國之國籍，在所不問。對之，歐陸系法國家則就離婚訴訟採取本國管轄主義，兼由住所地國例外管轄。例如依德國民事訴訟法第六百零六條規定，離婚訴訟之管轄，原則上，由夫之住所所在地法院管轄，若其無住所，則由其居所所在地法院管轄，若其無居所，則由最後住所所在地法院管轄。但如夫有德國國籍，或曾經為德國國民而其妻仍為德國國民；或夫妻雙方均喪失德國國籍而未獲得德國國籍等情形者，由德國法院管轄。至於雙方當事人均為他國國民者，限於依夫之本國法德國法院有管轄權時，德國法院始得管轄。此係以本國法院管轄主義為主，住所或居所地國法院管轄為從。一九〇二年之「海牙離婚公約」(*Hague Divorce Convention*) 第五至第七條，則設有折衷性規定，謂：離婚訴訟，得依原告之意思，由依夫妻雙方之本國法有管轄權之法院，或夫妻雙方之住所所在地國法院管轄，依其本國法，夫與妻之住所不同時，被告之住所為決定管轄之標準。此公約不偏向本國管轄主義或住所地國管轄主義中任何一者，任由當事人自由選擇兩者中任何一者。

應由當事人住所地國管轄之情形發生時，由於「妻以夫之住所為住所」(民一〇〇二)，依夫之住所即所謂「婚姻住所」(*Matrimonial domicile*) 決定管轄，又因「贅夫以妻之住所為住所」(民一〇〇二)，夫為贅夫時，依妻之住所決定管轄。

又依本國管轄主義，當事人之國籍不同時，原告或被告任何一方有管轄國之國籍，即可由該國法院管轄。離婚訴訟由當事人雙方或一方之本國管轄，可謂其「管轄上之特權」(*Jurisdictional privile-*

ges）。但若其因原告向他國法院起訴而自動應訴者，拋棄此特權。該他國仍對其離婚訴訟，有裁判管轄。但其出庭表示對於管轄表示異議者，不構成此特權之拋棄。此外，被告住所地國法院對於離婚訴訟，亦有訴訟，如原告能證明無有管轄其離婚訴訟之權之國家法院者，亦可由該原告之住所地國管轄。吾國採取歐陸法制，以當事人本國管轄主義爲原則，可無疑義。但如離婚訴訟之被告在吾國有住所者，準用民事訴訟法第一條第一項之規定，得由吾國法院管轄。對於離婚訴訟管轄之異議，在訴訟開始時，卽應提起（*Mlimine litis*），解釋上應於民事訴訟法第五百七十七條第一項所規定離婚調解前卽應對於離婚訴訟管轄，提出異議。

(2)婚姻無效或撤銷之訴之管轄

婚姻無效或撤銷之訴訟，其裁判管轄之決定標準，約略與離婚訴訟之管轄相同。英美法例採取住所地國管轄主義爲原則，由於妻以其夫之住所爲其住所，故以夫之住所地國爲離婚訴訟之管轄國；惟關於離婚，居所所在地或婚姻舉行地亦得爲決定管轄之標準。在歐陸法系，關於婚姻無效或撤銷之訴，以本國管轄主義爲原則，但仍得以被告住所地爲標準而決定其裁判管轄。吾國亦然。就法理觀點言，當事人雙方爲中華民國國民者，其婚姻無效之訴訟，由中華民國法院管轄，雙方當事人國籍不同時，其一方爲中華民國國民者，亦同。被告之住所在中華民國者，中華民國法院對其婚姻無效及撤銷之訴訟，有管轄權（民訴一Ⅰ）。又婚姻無效或撤銷，與所謂「婚姻不存在」（*Matrimonium non existens, nicht-Ehe, mariage non-existant*），有所不同，應予區別。在「婚姻不存在」之場合，妻爲「單獨女性」（*Femme solo*），其住所與夫之住所，在法律上，無任何關連。與在婚姻撤銷，妻在法律上當然以夫之住所爲其住所，在婚姻無效，妻可以其夫之住所爲其「選擇住所」（*Domicile of choice*）者，不同。

(3) 認領之訴之管轄

非婚生子女認領之訴，在英美法上，對其管轄，必須具備如次條件，卽：第一、必須非婚生子女在管轄國出生；第二、必須非婚生子女在管轄國有住所。此爲以住所地以及本國爲決定管轄之立法主義，非婚生子女僅在管轄國有住所，但無該國之國籍者，該國對其認領之訴訟，無裁判管轄權，其僅有該國國籍而在該國無住所者，亦然。因此，如沃爾福等學者所指出，「外國人在英國有住所者，得向英國法院提出確認婚姻無效之訴，但不得向其提起確認婚姻效力之訴或認領之訴」。歐陸法系國家之法例，就裁判管轄之決定，並未區別婚姻無效之訴與認領之訴，關於其決定，當可依婚姻無效或撤銷之訴之管轄決定標準。吾國亦然。已在本章四(2)詳予闡述，茲不再贅。

(4) 監護之訴之管轄

關於監護之訴之管轄，英美法就受監護人之住居所及國籍兩者中任選一者爲其決定標準。卽其在管轄國有住所或居所者，該國對該訴訟固有裁判管轄權，而其爲管轄國國民者，無論其在該國有無住所或居所，均同。歐陸法系國家以本國管轄主義爲原則，受監護人之本國，對於監護之訴有「原則管轄」之權，但對於外國人之監護之訴，採取住居所所在地國法院「例外管轄」之立法主義。吾國亦然。中華民國國民爲受監護人者，無論其是否在中華民國有住所或居所，中華民國法院對其監護之訴，有裁判管轄之權。但外國人爲受監護人者，中華民國法院對其監護訴訟之「例外管轄」，必須具備如次條件，卽：第一、必須受監護人在中華民國有住所或居所；第二、必須「依受監護人之本國法，有應置監護人之原因而無人行使監護之職務者」或「受監護人在中華民國受禁治產之宣告者」（涉民二十）。

(5) 繼承訴訟之管轄

關於繼承訴訟，英美法適用「有效原則」，凡是具備如次條件之一者，得管轄之。第一、被繼承人在管轄國有住所或居所者。第二、遺產置在管轄國境內者。歐陸法系國家以本國管轄主義爲原則，繼承訴訟，應由被繼承人本國之法院管轄之。吾國亦然。學者主張，關於不動產之繼承應承認財產所在地國管轄，謂：「關於不動產之繼承，依物權之原則，適用財產所在地法，故關於不動產繼承之訴訟，應由不動產所在地國法院管轄之」。但遺產在法律性質上，爲「總括財產」（*Gesamtvermögen*），無論動產或不動產，凡屬其成份者，均構成遺產之集合物整體之一部分，而涉外民事法律適用法第二十二條及第二十三條均未就「不動產之繼承」置設特別規定。似不容許「不動產繼承」之管轄之例外，較妥。

五、債之訴訟之管轄

(1) 契約訴訟之管轄

關於契約訴訟之管轄，現有締約地國管轄說、債務人住所地國管轄說以及契約履行地國管轄說三種立法主義。英美法例採取締約地管轄說，以當事人訂立契約或有相當於當事人訂立契約之情形之國家爲契約訴訟之管轄國。茲舉英國判例爲例。如英國爲締約地國（*Loci celebrationis*），英國即爲「契約訴訟管轄國」（*Forum contractus*）。有如次情形者，亦視同以英國爲締約地國。第一、契約雖係在他國訂立，但係經其現在英國從事交易或有居所之代理人訂立者。第二、契約依其規定或其當事人之默示，顯係以英國法律爲其準據法者。第三、契約當事人在英國有違反主債務或從債務之行爲者。締約地國管轄說，依薩維尼所說，淵源於羅馬法，而自近世以來相沿爲大多數國家所採用。因契約往往爲數行爲分別發生在數國者所構成，而有隔地契約之情形，以致應國何國法院管轄，難以確定，締約地國管轄說，雖有此弊，仍爲大多數國家之立法主義採之，歐陸法系國家亦然。只是契約履行地國管轄說，就契約債權之最終目的爲債務之履行，而履行地國又最能依判決之執行强制其履行言，甚合乎契約債權之目的，比諸其他立法主義另有優點，故歐陸系國家大多兼採之。（註）例如法國判例一向認爲，法國法院如居於締約地國法院或履行地國法院（*Forum solutionis*）任何一者之地位，卽對於契約訴訟，有裁判管轄權。吾國亦應可兼採締約地國管轄說及履行地國管轄說。就法理觀點言，吾國可採締約國管轄說，固不待言。民事訴訟法第十二條規定：「因契約涉訟者，如經當事人定有債務履行地，得由該履行地之法院管轄。」此規定可準用據以對於契約訴訟適用履行地國管轄國說。此規定只謂「得由該履行地之法院管轄」，但未規定有該條所規定之情形時，並不排除其他決定裁判管轄之標準，準用民事訴訟法第一條之規定，締約地及履行地均不在中華民國時，如債務人之住所或居所在中華民國，卽可由中華民國法院管轄契約訴訟。

（註）此說淵源於十九世紀薩維尼之學說。薩維尼依其「債務之本據」（*Sitz der Obligationen*）之觀念認爲，契約訴訟悉由履行地國管轄，但何國爲履行地國，應依當事人之明示或默示的意思表示決定之，若無當事人之意思表示，則依法律之規定定之。*Cf. Savigny, System des heutigen Römischen Rechts, Vol.* 8, 1849, SS. 206 *et seq.*

(2) 因侵權行爲而發生之債之訴訟之管轄

關於因侵權行爲而發生之債，其訴訟之管轄，英美法及歐陸法系國家法例均採侵權行爲地國管轄主義。依侵權行爲地國管轄主義，因債權行爲而發生之債，其訴訟，應由債權行爲地國法院管轄之。其所謂「侵權行爲地國」係指侵權行爲人爲侵權行爲之國家或被害人因侵權行爲而蒙受損害之國家而言。侵權行爲往往分散於數國，如登載誹謗記事之報紙被販售至數國者是。在此情形，該數國均有管轄權，侵權行爲地國管轄主義發生難以確定管轄之弊。因此，沃爾福等學者主張，在此情形，侵權行爲地國法院均得就管轄或不管轄裁量選擇。余亦以爲然。至於侵權行爲地國之法院，其有裁判管轄權，不問原告，被告或如保險人等損害賠償責任人是否在該國有住所或居所，均然。現今大多數國家，除採取侵權行爲地國管轄主義之外，並兼採住所地國管轄主義，例如依英國法例，侵權行爲人在英國有住所或「通常在該國有居所」（*Ordinarily resident*）者，英國法院就其訴訟有裁判管轄之權；依法國法例，該訴訟被告之住所在法國者，法國法院對其有裁判管轄權。吾國亦然。在法理觀點上，吾國亦應採取侵權行爲地國管轄主義，觀諸民事訴訟法第十五條第一項之規定亦可知之。但準用民事訴訟法第一條之規定，因侵權行爲而發生之訴訟，被告住所在中華民國，其住所不明而其居所在中華民國者，均得由中華民國法院管轄之。

(3) 因無因管理或不當得利而發生之訴訟之管轄

因無因管理或不當得利而發生之訴訟，大多數國家法例，均以「事實發生地」即無因管理地或不當得利地爲決定管轄之標準。其情形與因侵權行爲而發生之訴訟之管轄，類似。民事訴訟法第十五條第一項可援引作以爲依據。

(4) 因法律行爲方式而發生之訴訟之管轄

因法律行爲方式而發生之訴訟，其管轄通常係援用有關其準據法之如次法諺，即「場所支配行爲」（*Locus regit actum*）以定之。該法諺以行爲地法爲法律行爲方式之準據法，因此，行爲地爲決定其訴訟管轄之標準，行爲地國即締約及其他當事人爲法律行爲之國家之法院有裁判管轄權。而且因該國最能有效率地調查法律行爲之方式及其證據，該國法院管轄，最符合乎「由最便利法院管轄」（*Forum conveniens*）意旨。

第六章　民事訴訟證據程序準據法

一、緒　說

(1) 證據係法院經將其查驗確信當事人所主張事實有無存在之原因而得應用爲事實認定之根據資料。而證據程序，則係法院就訟爭事件爲判決時，必須經過之依該資料確定該事件之事實關係，並依其使未臻明瞭之法規之存在及內容明顯之程序。

(2) 「程序依法院地法」（*Procedure according to lex fori*），此係抵觸法上基本準據法則之一。民事訴訟程序裁判及當事人之舉證等，一概依法院地法，應無疑義。特就此類問題，作綜合的，有系統的研討者，卽係所謂「國際訴訟法」（*internationales Verfahrensrecht*）學，如就此部門爲全般性討論，勢將超出本著之範圍。故玆僅就其與涉外民事法律關係準據法較有關係之準據法，如舉證責任準據法等，略予論述如次。

二、證據程序準據法

(1) 訴訟當事人聲明證據、得使用之證據方法、證據資料、得爲法院心證理由之證據原因等程序上各種等證據問題，固須依法院地法。因此，中華民國法院審理涉外民事事件者，上列當事人之程序上行爲及證據之使用，均依中華民國法律。

(2)就待證事項，訴訟當事人中何一造負有主張責任及舉證責任，訴訟當事人中一造舉證者，在何種情形下，轉換由他造舉證，或舉證責任不轉換於他造，而應由其提出反證另爲主張或抗辯，有無適用證據共通原則等當事人在證據程序上之行爲及舉證責任問題，亦均依法院地法，卽依涉外裁判管轄審理涉外民事事件之國家之民事訴訟法法規。

三、訴訟當事人在證據程序上之行爲

(1)訴訟當事人在證據程序上得爲之行爲或不得爲之行爲，概依法院地法。其在證據程序上之作爲或不作爲及其程序法上效果，亦然。

(2)由是，事實於法院已顯著或爲其職務上所已知者，爲自己之利益主張該事實之當事人應否舉證（參照民訴二七八Ⅰ），如該事實非經當事人提出者，法院是否亦得予以斟酌，職務上是否應令當事人就其事實有辯論之機會（參照民訴二七八Ⅱ），固依法院地法。而關於下列事項，亦然。卽：一、當事人對於他造主張之事實，於言詞辯論時不爭執者，是否視同自認，無庸舉證（參照民訴二七九Ⅰ、二八〇Ⅰ）；二、當事人對於他造主張之事實，爲不知或不記憶之陳述者，應否視同自認（參照民訴二八〇Ⅱ）；三、習慣、地方制定之法規及外國之現行法爲法院所不知者，當事人有無舉證之責任，法院有無依職權調查之裁量權（參照民訴二八三）。

四、當事人所提出證據之證據價值

當事人所提出之書證，未必當然有裁判上證據價值。當事人有提出義務之文書，其證據力及爲發生證據力所須具備之要件，均依法院地法。因此：如一、商業帳簿必須具備何種要件，始有訴訟上證明力；二、海事報告爲能發生裁判上之證據力，是否須經海員或旅客證明（參照海五十）等問題，均依法院地法。

五、因當事人關於證據爲違背法律之行爲而發生之效果

當事人於涉外民事訴訟程序上，有違誤期限、湮滅對造當事人所提出之證據、或妨訴等違背法律之行爲時，關於該行爲之訴訟法上效果，應依法院地法。

六、與舉證責任有關之訴訟外涉外法律關係之準據法

訴訟當事人因主張有利於己之事實而須負舉證責任時，如其所使用之證據，與訴訟外之情事有關連時，關於發生該情事之訴訟外特定個別法律關係，另依該法律關係準據法，不適用法院地法。例如涉訟涉外民事事件，牽涉關係人二人以上同時遇難之情事時，該遇難事故能否視爲證明該關係人二人以上有同時死亡之事實，應依同時遇難之特定法律關係之準據法，不適用法院地法是。因此，中華民國法院審理該涉外民事訴訟事件時，依法院地法之規定卽中華民國民法第十一條，該關係人二人以上旣同時遇難，除非能證明其死亡之先後，否則，得推定其爲同時死亡。但因該事故涉及該關係人二人以上權利能力終止時期先後之確定問題，故應適用其本國法，如該關係人二人以上國籍不同時，則依各該關係人之本國法，如各該關係人之本國法規定互相不同時，似宜解釋爲不能證明其死亡之先後，因而始得依法院地法卽中華民國民法第十一條之規定推定爲同時死亡較妥。

第七章　外國判決之效力及其執行

一、緒　言

由於國際交易日益發達，外國判決之效力及其執行問題，愈加重要。因爲外國判決若能獲得承認並能付諸執行，則有如次有利於國際貿易之進行及其收益之確保之長處故也。第一、債權人在甲國法院獲有利於已之判決而債務人在該國之財產却不足以淸償債務，但在乙國另有財產均鉅額之銀行存款者，若該判決能在乙國執行，卽可滿足其債權。第二、如甲國法院所作成之判決，乙國法院願意予以承認及執行，卽可節省費用而不致發生因證人居住他國，不易傳喚作證等進行訴訟上之困難。第三、如乙國法院承認甲國法院所作成確認婚姻效力之判決，則免特定婚姻在甲國有效，但在乙國，因其法院另作否認婚姻效力之判決，變成無效，此種所謂「跛行婚姻」(*Limping marriage*) 對於身份關係所可能造成之困擾，可以避免。外國判決之承認及執行雖有如此長處，但因各國國情、審判制度以及風俗習慣等互有差異，若漫無限制，亦殊不適宜。因此，外國判決之承認及執行，附有條件及限制，可謂現今各國普遍之制度。玆就外國判決之承認及執行，闡析承認外國判決之學說、外國判決之承認與其執行之區別、外國判決之承認及判決之條件等問題。

二、承認外國判決之學說

外國判決之承認及其執行，其所依據之理由如何？關於此，有禮讓說、既得權說、義務說以及不再理說等四種學說。

(1) 禮讓說

此說謂，內國法院承認外國判決及執行外國判決，係基於對該外國之「禮讓」（*Comity*）而然。因「禮讓」在法律上不發生拘束力，容易爲相互關係上之考慮所取代，學者指出，此說無異係相互原則之一表現，實有理由焉。

(2) 既得權說

依此說，當事人一方依外國法院之確定判決對於他方所取得之權利，應屬「既得權」（*Acquired right*），內國法院既應尊重其既得權，固應承認創設或確認該權利之外國判決並准予執行。惟在一國所取得之權利，他國尚無以承認及法律上保護之義務。何以能據其爲在外國既得之權益之理由而使內國法院負擔承認並須執行該外國之判決之義務。因此，支持此說之學者，甚少。

(3) 義務說

此說謂，外國法院之判決，如該外國法院爲有管轄權之法院，發生類似契約債務之義務，內國因受此義務之拘束，應承認執行外國法院之判決。此說以擬制之契約創設判決之涉外效力，於外國法院之離婚判決等對於內國之公序良俗有深刻影響者，亦須由內國法院予以承認及執行，實有不妥。

(4) 一事不再理說

依此說，外國法院之判決，如該外國法院爲有管轄權之法院，無異乎該外國「司法權之實施」，內國法院自應尊重而本諸一事不再理之原則，不另裁判而逕予承認及執行。但一國司法權只限於該國境內有其效力，在他國尚無必被承認之絕對效力。似宜認其為「訴由」（*Cause of action*）之證據，並非對於內國法院當然發生其效力，尚需經其訴訟程序而獲得承認。

三、外國判決之承認與其執行之區別

外國判決之承認與其執行，在問題之發生次序上有前後之區別，其承認為其執行之前提。詳言之。外國判決若未經承認，則無其執行可言。但縱使其經承認，仍未必被執行。即外國判決之承認可分為可執行之承認及不執行之承認。

(1)　可執行之承認

經承認之外國判決，通常只可謂其處於可依以執行之狀態，未必當然「能」及「應」執行。因此，只限於內國法院就經其承認之外國判決作准許執行之意思表示時，該外國判決始能依以執行，並因其作准許執行之意思表示而應予執行。內國法院准許外國判決之執行，其方式，在比較法上，有如次三種，卽(a)經再審後發給「執行認許書」（*Exequatur*）；(b)基於外國判決而作成新判決；(c)登記外國判決。吾國民事訴訟法第四百零二條規定外國判決之承認，而强制執行法第四條所規定執行名義，未包括外國判決在內，必須經確定之終局判決承認其效力者，始能予以執行，似採第二種准許執行之方式。

(2)　不執行之承認

如離婚訴訟之外國判決、婚姻無效之外國判決以及駁回訴訟之外國判決，在性質上不能執行。內國法院只承認其在內國有效，但不予執行。對於外國判決之不執行之承認，尚有如次法律上之意義。第一、離婚訴訟在外國經判決後，當事人之一方再婚者，其再婚是否有效，胥視該外國判決是否獲有內國法院之承認而定。第二、駁回訴訟之外國判決經內國法院承認後，如該訴訟之原告再向內國法院提起訴訟，該外國判決得由被告用爲防禦之方法，即被告得依該外國判決提出「既判事項之抗辯」（*Exceptio rei judicatae*）。第三、被告在內國法院就原告之訴提起反訴，該反訴曾經外國法院以判決予以駁回，而該外國判決又經內國法院承認者，原告得依其提起「既判事項之辯訴」(*Replicatio rei judicatae*)，作爲防禦。

四、外國判決之承認之條件

外國判決要獲得內國法院之承認，必須具備如次條件。

(1) 必須爲外國法院之確定判決

外國判決要被內國法院承認，必須爲確定判決，即由外國法院，依通常訴訟程序，經言詞辯論而作成之確定判決。如在英國法上，由教會法庭基於「宗教裁判權」（*Ecclesiastical jurisdiction*）所作成之判決，不屬可獲承認之外國法院之判決。外國法院依非訟事件手續所爲之監護人之指定，亦然。

(2) 必須外國法院之判決爲民事判決

外國判決必須係關於民事問題或商事問題之判決，始能獲得內國法院之承認及執行。如其爲刑事判決或行政法院判決者，不然。

(3) 必須外國法院有管轄權

(a) 玆所謂外國法院「有管轄權」包括兩種意義。一者，外國就涉訟涉外案件依國際私法有「國際訴訟管轄」。二者，作成確定判決之該外國之法院依該外國之訴訟法有「訴訟管轄」。即外國法院必須

分述如次。

兼備該外國有「國際訴訟管轄」及該法院係該外國訴訟法有「訴訟管轄」，兩種要件。玆將此兩種要件

(b)必須外國法院有「國際訴訟管轄」。

玆所謂「國際訴訟管轄」，非係依個別訴訟案類而論個別訴訟管轄，而係外國法院其所作成確定判決要發生涉外效力，必須具備之普通性訴訟管轄。係一國法院之確定判決爲在國際上發生效力，必須該國法院具有「國際訴訟管轄」(*internationale Gerichtsbarkeit, la compétence internationale*)。如該國法院無該訴訟管轄之權，其所作成確定判決應無涉外效力。中華民國法院固不能認其爲有確定判決之涉外效力。作成判決，應有涉外效力。中華民國法院得承認其有確定判決之涉外效力。玆分別略述「國際訴訟管轄」之主要原則如次。

一、國籍訴訟管轄原則。當事人具有國籍之國家卽當事人之本國對於該當事人涉訟之涉外案件有國際訴訟管轄權。當事人得向該國法院提起涉外訴訟，就其所謂「土地管轄」之觀點言，兩法院依國籍原則有國際訴訟管轄者，原則上有「現有土地管轄」或「應有土地管轄」。卽該國因當事人在該國設有住所者，除其依國籍有訴訟管轄外，該國爲其本國有訴訟管轄，並因當事人在該國有住所而有「現有土地管轄」。如當事人在該國現無住所，但該國爲其本國者，在該本國理應有住所。由是，當事人有一國國籍者，該國與當事人間必有事實上或觀念上之住所之人的屬地關聯，本國尤適宜於保護當事人之利益，又併具上述人的屬地關聯，國籍訴訟管轄原則常被認爲要件最充足的國際私法上訴訟管轄。

二、準據法國訴訟管轄原則。依此原則，其法律爲應適用之法律之國家，應有涉外訴訟管轄。蓋唯

有該國始知悉應適用法律之內容而作正確之判決也。

三、保護管轄原則。如在外國處理，則將負擔過鉅或不可能在法院地國內法院尋求訴訟上之救濟者，該國法院限在有土地管轄之範圍內，得有訴訟管轄。

四、此外，如法院地國依有管轄權國之移送涉外案件而爲管轄者，亦有管轄權。

(c)外國確定判決如作成該判決之外國法院依上列涉外管轄原無。「國際訴訟管轄」之權者，法院地國法院應不予承認。關於無「國際訴訟管轄」權之外國法院所作成之確定判決是否無效，法院地國法院有無不予承認之義務，英美判例採不予承認義務說，認爲該項外國確定判決，當然無效，法院地國有不予承認之義務。西德亦採類似看法。至於法院地國法院無「國際訴訟管轄權」所作成之判決是否亦屬無效，則屬第一問題。關於此，英美判例仍採無效說，認該項英美國內法院所作成確定判決爲無效。對此，西德則採有效說，認爲該國法院無「國際訴訟管轄」權而作成之判決仍屬有效。(註)吾國法制較似德國之有效說。在此情形，中華民國法院認爲無管轄權而不能爲民事訴訟法第二十八條之裁定時，民事訴訟法上，應以裁定駁回訴訟，但如仍爲確定判決時，似可以適用法規顯有錯誤而對於該判決聲明不服，尋求訴訟程序上之救濟(民訴四九六Ⅰ1)，但未獲程序上權濟廢棄確定判決前，該確定判決之執行力，應無疑義。

(註)參照 *Kegel, Internationales Privatrecht*, 1964, S. 376.

(d)一國法院對於特定涉外案件，依土地管轄，無管轄權時，如涉訟權義之標的物之所在地在該國境內，則可以該標的物之所在地爲基礎，認爲該國法院尚有「國際訴訟管轄」，其所作成確定判決仍可能有涉外效力。德國非訟事件法第七十三條規定「被繼承人爲外國人而繼承開始時，在(德國)境內無住所或居所者，在其訴訟管轄區內遺產所在地法院關於在德國境內之遺產之任何部分，均有管轄權」。此一德國法律規定，經德國國際私法學者，指稱其係承認所謂「（標的物）所在地國管轄」（*Belegenheitszuständigkeit*)原則，德國法院依此作成之確定判決，應有涉外效力。其實，該原則實卽强調既然繼承標的物存在於該國，該國卽對於該涉訟事件，有依「實際與配力」(*physical power*）之訴訟管轄。至於關於在該國國外之遺產部分，能否作與德國非訟事件法第七十三條所規定者相同之解釋，則却頗仍容疑。

(4) 必須外國判決爲有效之判決

必須外國判決在該外國爲有效之判決者，始得予以承認及執行，外國法院之判決在該外國無效者，對於內國亦不能發生效力，不能獲得內國法院之承認。但其在該外國不生效力，係僅因程序上瑕疵所致者，限於該外國法院對於當事人及涉訟事件均有管轄權時，例外得由內國法院承認執行之。因爲程序上瑕疵在國際私法上只引起「判決之不規則性」（*Irregularity of judgment*）問題，該判決本身仍屬有效故也。

(5) 必須外國判決爲終局判決

外國判決已不再被作成該判決之外國法院變更者，爲終局判決。外國判決，仍得經該外國法院上訴，再審訴訟程序，予以撤銷，其未臻所謂「不可攻擊」(*Unassailable, rechtskräftig*）之程度者，不能謂其爲終局判決，不得由內國法院承認之。

(6) 外國判決必須合乎內國之公共秩序及善良風俗

外國判決之效力如被承認，必將改變當事人之原權義或產生其新權義，對於內國之公共秩序及善良風俗所發生之影響，比諸外國法律並無遜色。其內容合乎內國之公共秩序及善良風俗者，始能獲得內國法院之承認及執行。

至於外國法院，就其判決之作成，因有「誤用」該國之法律而發生「法律解釋之錯誤」情形，或因「誤用」應適用之國家法律而發生「法律適用之錯誤情形」者，是否因而致阻碍該判決之承認？英美法例採取承認說，歐陸法系國家之法例大多採取否認說。英美法例注重外國法院有無管轄權之觀點而對於足以影響其判決內容之法律解釋及適用，不認有若何重要性，易被濫用以致侵害當事人之正當利益。否認說似較妥。

吾國民事訴訟法第四百零二條關於外國判決之承認，採取相互原則，以「國際相互之承認」爲其條件（民訴四〇二Ⅳ）。此係承認外國判決之基本條件。除此之外，外國判決有左列情形之一者，中華民國法院不承認其效力。

第一、依中華民國之法律，外國法院無管轄權者。外國法院依該外國之法律有管轄權者，仍不爲足，尚須依中華民國之法律無管轄權，始合乎承認之條件。如涉訟事件，依中華民國民事訴訟法之規定，應屬中華民國法院之專屬管轄，因而外國法院就其無管轄權，則不然。

第二、敗訴之一造，爲中華民國國民而未應訴者。玆所謂「未應訴者」，其情形依外國採取言詞辯論主義或書狀審理主義而有所不同。其採言詞辯論主義者，如敗訴之一造之中華民國國民未到庭參加言詞辯論，則爲「未應訴」。其採書狀主義者，須敗訴之一造爲中華民國國民而該當事人未提出書狀者，始爲「未應訴」。但開始訴訟所需之通知或命令已在該外國送達本人，或依中華民國法律上之協助送達者，即使其未應訴，不妨承認該外國判決。

第三、外國法院之判決，有違背公共秩序或善良風俗者。

主要參考書

一、中　文

洪應灶著「國際私法」（民國四十三年版）

梅仲協著「國際私法新論」（民國三十五年版）

翟楚著「國際法綱要」（民國五十八年版）

唐紀翔著「中國國際私法論」（民國二十八年版）

何適著「國際私法」（民國五十三年版）

馬漢寶著「國際私法總論」（民國五十年版）

劉甲一著「國際私法新論」第一冊（民國五十三年版）

二、日　文

跡部定次郎著「國際私法論」上卷（第一、一九二三年版，第二、一九二五年版）

山田三良著「國際私法」共三冊（第一、二冊，一九三一年版；第三冊，一九三三年版）

久保岩太郎著「國際私法概論」（一九五〇年版）

江川英文著「國際私法」（有斐閣全書）（一九五二年版）

折茂豐著「國際私法」（各論）（一九七二年新版）

三、西　文

Arminjon, précis de droit internationa l privé, 3 vols; t. 1, 1947; t. 2, 1934; t. 3, 1931

Batiffol, Traité de élémentaire de droit international privé, 1949.

Batiffol et Lagrade, Droit international,t. 1, 1971, t. 2, 1976.

Beale, A Treaties on the Conflict of Laws, 1935.

Cheshire, Private International Law, 1952 and 1958.

Dicey-Morris, Dicey's Conflict of Laws, 1949.

Goodrich, Handbook on the Conflict of Laws, 1949.

Gravesfon, The Conflict of Laws, 1952 and 1960.

Gutzwiller, International privatrecht, Stammlers "Das gesamte Recht in systematischer Darstellung", Bd. I, pp. 1515-1664 (1934)

Kegel, Internationales Privatrecht, 1964.

Lérebours-Pigeonniére, Précis de droit international privé, 1958.

Rabel, The Conflict of Laws, 4 vols, 1945, 1947, 1950, 1958.

Raape, Internationales Privatrecht, 1961.

Restatement of the Law of Conflict of Laws, adopted and promulgated by the American Law Institute, 1934, Supplement, 1948.

Savigny, System des heutigen Römischen Rechts, Bd. 8, 1849.

Wolff, Private International Law, 1950; Internationales Privatrecht, 1954.

主要成文法規引用法條略稱

一、中憲——中華民國憲法；國——國籍法；涉民——涉外民事法律適用法；民——民法；公——公司法；票——票據法；保——保險法；海——海商法；民訴——民事訴訟法；強執——強制執行法；破——破產法；刑——刑法；刑訴——刑事訴訟法；外投——外國人投資條例；商仲——商務仲裁條例；土——土地法。

二、涉民一Ⅰ1——涉外民事法律適用法第一條第一項第一款，其餘類推。

三民大專用書書目——法律

書名	著者		單位
中華民國憲法與立國精神	胡佛 沈清松 石之瑜 周陽山	著	臺灣大學 政治大學 臺灣大學 臺灣大學
中國憲法新論	薩孟武	著	前臺灣大學
中國憲法論	傅肅良	著	前中興大學
中華民國憲法論	管歐	著	國策顧問
中華民國憲法概要	曾繁康	著	前臺灣大學
中華民國憲法	林騰鷂	著	東海大學
中華民國憲法	陳志華	著	中興大學
大法官會議解釋彙編	編輯部	編	
中華民國憲法逐條釋義(一)～(四)	林紀東	著	前臺灣大學
比較憲法	鄒文海	著	前政治大學
比較憲法	曾繁康	著	前臺灣大學
美國憲法與憲政	荊知仁	著	政治大學
國家賠償法	劉春堂	著	行政院
民法總整理	曾榮振	著	內政部
民法概要	鄭玉波	著	前臺灣大學
民法概要	劉宗榮	著	臺灣大學
民法概要	何孝元 著 李志鵬 修訂		前大法官
民法概要	董世芳	著	實踐大學
民法概要	朱鈺洋	著	屏東商專
民法	郭振恭	著	東海大學
民法總則	鄭玉波	著	前臺灣大學
民法總則	何孝元 著 李志鵬 修訂		前大法官
判解民法總則	劉春堂	著	行政院
民法債編總論	戴修瓚	著	
民法債編總論	鄭玉波	著	前臺灣大學
民法債編總論	何孝元	著	
民法債編各論	戴修瓚	著	
判解民法債篇通則	劉春堂	著	行政院
民法物權	鄭玉波	著	前臺灣大學
判解民法物權	劉春堂	著	行政院

民法親屬新論	陳棋炎 黃宗樂 著 郭振恭	臺灣大學
民法繼承論	羅鼎 著	
民法繼承新論	陳棋炎 黃宗樂 著 郭振恭	臺灣大學
商事法新論	王立中 著	中興大學
商事法	編輯部 編	
商事法論（緒論、商業登記法、公司法、票據法）	張國鍵 著	前臺灣大學
商事法論（保險法）	張國鍵 著	前臺灣大學
商事法要論	梁宇賢 著	中興大學
商事法概要	張國鍵 著 梁宇賢 修訂	中興大學
商事法概要	蔡蔭恩 著 梁宇賢 修訂	中興大學
商事法	劉渝生 著	東海大學
商事法	潘維大 羅美隆 合著 范建得	東吳大學
公司法	鄭玉波 著	前臺灣大學
公司法論（增訂新版）	柯芳枝 著	臺灣大學
公司法論	梁宇賢 著	中興大學
公司法要義	柯芳枝 著	臺灣大學
公司法新論	王泰銓 著	臺灣大學
稅務法規概要	劉代洋 林長友 著	臺灣科技大學 臺北商專
證券交易法論	吳光明 著	中興大學
票據法	鄭玉波 著	前臺灣大學
銀行法	金桐林 著	中興銀行
銀行法釋義	楊承厚 編著	銘傳大學
國際商品買賣契約法	鄧越今 編著	外貿協會
國際貿易法概要（修訂版）	于政長 編著	東吳大學
國際貿易法	張錦源 著	政治大學
貿易法規	張錦源 白允宜 編著	政治大學 中華徵信所
海商法	鄭玉波 著	前臺灣大學
海商法論	梁宇賢 著	中興大學
海商法修正草案	本局編輯部 編	

三民大專用書書目——政治・外交

政治學	薩孟武 著	前臺灣大學
政治學	鄒文海 著	前政治大學
政治學	曹伯森 著	陸軍官校
政治學	呂亞力 著	臺灣大學
政治學	凌渝郎 著	美國法蘭克林學院
政治學概論	張金鑑 著	前政治大學
政治學概要	張金鑑 著	前政治大學
政治學概要	呂亞力 著	臺灣大學
政治學方法論	呂亞力 著	臺灣大學
政治理論與研究方法	易君博 著	政治大學
公共政策	朱志宏 著	臺灣大學
公共政策	曹俊漢 著	臺灣大學
公共關係	王德馨、俞成業 著	交通大學
中國社會政治史(一)～(四)	薩孟武 著	前臺灣大學
中國政治思想史	薩孟武 著	前臺灣大學
中國政治思想史（上）（中）（下）	張金鑑 著	前政治大學
西洋政治思想史	張金鑑 著	前政治大學
西洋政治思想史	薩孟武 著	前臺灣大學
佛洛姆（Erich Fromm）的政治思想	陳秀容 著	政治大學
中國政治制度史	張金鑑 著	前政治大學
比較主義	張亞澐 著	政治大學
比較監察制度	陶百川 著	國策顧問
歐洲各國政府	張金鑑 著	前政治大學
美國政府	張金鑑 著	前政治大學
地方自治	管歐 著	國策顧問
中國吏治制度史概要	張金鑑 著	前政治大學
國際關係——理論與實踐	朱張碧珠 著	臺灣大學
中國外交史	劉彥 著	
中美早期外交史	李定一 著	政治大學
現代西洋外交史	楊逢泰 著	政治大學
中國大陸研究	段家鋒、張煥卿、周玉山 主編	政治大學

大陸問題研究	石之瑜 著	臺灣大學
立法論	朱志宏 著	臺灣大學
中國第一個民主體系	蔡玲、馬若孟 著 羅珞珈 譯	史丹佛大學
政治學的科學探究(一) 方法與理論	胡佛 著	臺灣大學
政治學的科學探究(二) 政治文化與政治生活	胡佛 著	臺灣大學
政治學的科學探究(三) 政治參與與選舉行為	胡佛 著	臺灣大學
政治學的科學探究(四) 政治變遷與民主化	胡佛 著	臺灣大學
政治學的科學探究(五) 憲政結構與政府體制	胡佛 著	臺灣大學

三民大專用書書目——國父遺教

書名	作者		單位
三民主義	孫　文	著	
三民主義要論	周世輔	編著	前政治大學
大專聯考三民主義複習指要	涂子麟	著	中山大學
建國方略建國大綱	孫　文	著	
民權初步	孫　文	著	
國父思想	涂子麟	著	中山大學
國父思想	涂子麟 林金朝	編著	中山大學 臺灣師大
國父思想新論	周世輔	著	前政治大學
國父思想要義	周世輔	著	前政治大學
國父思想綱要	周世輔	著	前政治大學
中山思想新詮 ——總論與民族主義	周世輔 周陽山	著	前政治大學 臺灣大學
中山思想新詮 ——民權主義與中華民國憲法	周世輔 周陽山	著	前政治大學 臺灣大學
國父思想概要	張鐵君	著	
國父遺教概要	張鐵君	著	
國父遺教表解	尹讓轍	著	
三民主義要義	涂子麟	著	中山大學
國父思想（修訂新版）	周世輔 周陽山	著	前政治大學 臺灣大學